〔実務法律講義 15〕

実務 保全・執行法講義 〔債権法編〕

佐藤歳二 著

法科大学院テキスト対応

発行 民事法研究会

はしがき

1　平成年代に入ってからのバブル経済の崩壊により、金融機関等における不良債権の処理が社会問題にもなったが、それに伴い民事執行・保全の重要性が再認識されるようになった。今日では、金融機関の法務担当者はもちろん、弁護士などの法曹関係者も、民事執行・保全についての知識と経験を携えていなければその職責を全うできないといわれている。そうしたことから、法曹養成を目的とする法科大学院では、民事執行・保全科目は必修ないし準必修科目として扱われており、多くの学生が受講していると聞いている。

　私は、民事執行法の施行直後から、東京地方裁判所の執行専門部で執行実務を担当し、その後も何らかの形でこれに関与する機会に恵まれたが、これまでの社会経済情勢の変化に伴い民事執行等をめぐる諸問題は尽きることがなく、いまなお解決していない課題も少なくないと考えている。平成13年4月から、大学法学部と法科大学院において民事執行・保全の講座を持っているが、この科目を熱心に受講する学生の多くが「民事執行・保全は難しい」との感想を私に寄せている。授業時間を充分に確保できないことや私の教え方の拙劣もあるのであろうが、それだけでなく、近年、民事執行法および関連法の大幅改正が立て続けになされたことのほか、改正後の理論と実務を連動させた学生向けの教科書・文献が少ないことが、学生の理解を妨げているのではないかと思っている。

2　そこで、本書は、債権法上の請求権を実現する場面での強制執行および民事保全について、最近の法改正をすべて取り込んで法理論を解説したうえ、その実務の動きを紹介することとし、いわば理論と実務の架橋を目指すように心がけた。もっとも、民事執行の実務からみれば、特に不動産執行においては担保権実行手続の方がより多く利用されているのであるが、民事執行法の下では、担保権実行手続は強制執行手続の規定をほとんど準用する関係にあるので、学生としては、まず強制執行の手続を中心に法理

1

はしがき

論と実務の流れを学ぶ方が理解しやすいと考え、本書では強制執行および民事保全だけを対象にしたのである（なお、担保権実行手続については、本シリーズで別に『実務　保全・執行法講義〔物権法編〕』を刊行する予定である）。

3　本書には、次のような特徴がある。
　(1)　民事執行・保全をめぐる近年の法改正については、なるべく詳細に解説した。特に執行妨害の排除を目指して、実務運用面での工夫が重ねられているが、それに関連して多くの法改正がなされている。法改正により解決された課題もあるし、その結果新たに発生した課題もあるので、法改正の動きとの関連を常に意識してもらう必要がある。
　(2)　民事執行・民事保全手続の流れの全体像を理解してもらうために各手続を図解し、また、重要な申立書・決定等については参考書式を掲載した。なお、財産開示手続および物件明細書については、本書巻末にその説明書を添付した。
　(3)　各論においては、まず実現されるべき債権（請求権）の法的性質を検討し、それに相応しい執行手続を選択して解説した。
　(4)　各手続ごとに「設問」を設け、具体的な事例に基づく討論ができるようにした。また、実務上発展する問題についても討議してもらうために、「関連設問」を設けた。
　(5)　見解が分かれる問題については、学説の紹介は最小限にとどめたが、特に重要な参考裁判例を紹介した。また、裁判例については、いわゆる判旨・裁判要旨だけでなく、必要に応じ事実関係とその理由付けをも掲載した。

以上のように、理論と実務の架橋を目指して、紙数の制限がある中で、いささか欲張った企画をしてしまい、あるいは二兎を追う形になってしまったかと心配している。しかし、上記の本書の特徴を活かしてもらえば、法科大学院の学生はもとより、大学法学部の学生、研究者、あるいは執行実務等に携わる弁護士、司法書士等の実務家の方々にも、何らかの形でご

利用いただけるものと自負している。

4　最後に、本書の刊行にあたり多大なるご尽力をいただいた民事法研究会の田口信義氏と、いろいろな面で手助けしてくれた早稲田大学大学院法学研究科博士課程の柳沢雄二君に、この場をお借りして心からお礼申し上げる。

　平成18年10月吉日

佐藤歳二

凡 例

●凡　　例●

1　参考文献一覧

　本書で参考にした主な文献は次のとおりであるが、このうち特に◎を付したのは本文で略称のうえ引用したものである。

・今井隆一＝古島正彦『書式　債権・その他財産権・動産等執行の実務〔全訂七版〕』(2004、民事法研究会)
・今井隆一＝古島正彦『書式　不動産執行の実務〔新訂四版〕』(2003、民事法研究会)
◎上原敏夫＝長谷部由起子＝山本和彦『民事執行・保全法〔第2版〕』(2006、有斐閣)
　〔略称〕→上原ほか・民事執行
・近藤崇晴＝大橋寛明＝上田正俊編『民事執行の基礎と応用〔補訂増補版〕』(2002、青林書院)
・小林秀之『平成16年改正民事訴訟法・民事執行法の要点』(2005、新日本法規)
・債権執行実務研究会編『債権執行手続の実務①②』(加除式)(新日本法規出版)
・執行官実務研究会編『執行官実務の手引』(2005、民事法研究会)
・園部厚『書式　代替執行・間接強制・意思表示擬制の実務〔第三版〕』(2004、民事法研究会)
◎谷口園恵＝菅野雅之＝佐藤歳二＝小池一利＝豊田豊＝河野玄逸＝古賀政治『改正担保・執行法の実務』(2004、金融財政事情研究会)
　〔略称〕→谷口ほか・改正担保・執行法の実務
・東京地裁保全研究会『書式　民事保全の実務〔全訂三版〕』(2005、民事法研究会)
◎中野貞一郎『民事執行法〔増補新訂五版〕』(2006、青林書院)
　〔略称〕→中野・民事執行法
・西岡清一郎＝畑一郎＝上田正俊編『民事執行の実務　不動産執行編〔上〕』(2003、金融財政事情研究会)、同上『民事執行の実務　不動産執行編〔下〕』(同上)
・西村宏一＝佐藤歳二編『不動産執行法』(注解不動産法9)(1989、青林書院)
・深沢利一著・園部厚補訂『民事執行の実務〔新版〕』(上)(中)(下)(2005、新

日本法規)
- 不動産競売実務研究会編『Q&A 不動産競売の実務』(加除式)(新日本法規)
- 三谷忠之『民事執行法講義』(2004、成文堂)
- 山木戸克巳『民事執行・保全法講義〔補訂二版〕』(1999.5、有斐閣)

2 略 称

(1) 法 令

民＝民法
民執＝民事執行法
民執規＝民事執行規則
民訴＝民事訴訟法
民訴規＝民事訴訟規則
人訴＝人事訴訟法
行訴＝行政訴訟法
民保＝民事保全法
民保規＝民事保全規則
民調＝民事調停法
民調規＝民事調停規則
特調＝特定債務等の調整の促進のための特定調停に関する法律
家審＝家事審判法
家審規＝家事審判規則

非訟＝非訟事件手続法
仲裁＝仲裁法
不登＝不動産登記法
仮登記担保＝仮登記担保契約に関する法律
借地借家＝借地借家法
滞調法＝滞納処分と強制執行等との手続の調整に関する法律
建物区分＝建物の区分所有等に関する法律
国徴＝国税徴収法
地税＝地方税法
裁＝裁判所法
刑＝刑法

(2) 裁判例

- 最決平成17・1・10民集50巻1号1頁＝最高裁判所平成17年1月10日決定、最高裁判決民事判例集50巻1号1頁
- 最判平成17・1・10民集50巻1号10頁＝最高裁判所平成17年1月10日判決、最高裁判所民事判例集50巻1号10頁
- 東京高判平成17・1・10高民集50巻1号10頁＝東京高等裁判所平成17年1月10日判決、高等裁判所民事判例集50巻1号10頁
- 東京地判平成17・1・10下民集50巻1号10頁＝東京地方裁判所平成17年1月10日判決、下級裁判所民事判例集50巻1号10頁

(3) 判例集

- 判時＝判例時報

凡　例

- 判タ＝判例タイムズ
- 金法＝金融法務事情
- 金判＝金融・商事判例
- ジュリ＝ジュリスト
- 民商＝民商法雑誌

目　次

第1章　一般債権（請求権）実現の方法

Ⅰ　任意履行と強制的実現の必要性 …………………………………… 1
 1　権利の発生と任意の履行 …………………………………………… 1
 2　判決手続等による権利の確定 ……………………………………… 2
 3　強制執行手続による権利の実現（担保権実行との関係）………… 2
 4　民事保全手続による暫定的措置 …………………………………… 4
 5　判決手続・執行手続・保全手続等との関係 ……………………… 5
 【図1】　判決・執行・保全手続の流れ …………………………… 5
Ⅱ　民事執行手続と保全手続の概観 …………………………………… 6
 1　民事執行法による民事執行手続の統一 …………………………… 6
  (1)　民事執行法の制定 …………………………………………………… 6
  (2)　旧法における構造 …………………………………………………… 6
  (3)　民事執行法における構造 …………………………………………… 7
  〔コラム〕　民事執行手続はなぜ難しいか？ ……………………… 7
 【図2】　担保権実行と強制執行等の関係・新旧比較 …………… 9
  (4)　旧法から民事執行法への移行関係 ……………………………… 9
 【図3】　旧法と民事執行法との関係 ………………………………10
 2　民事執行をめぐる法改正の経緯 ……………………………………10
  (1)　平成7年改正 …………………………………………………………11
  (2)　平成8年改正（Ⅰ）……………………………………………………11
   (ア)　保全処分の相手方の範囲の拡大とその機能の強化 ……………11
 【図4】　平成8年改正後の保全処分の相手方 ……………………12
   〔コラム〕　占有屋とは？ ………………………………………………12
   (イ)　引渡命令の相手方の範囲の拡大とその機能の強化 ……………13

7

【図5】 平成8年改正後の引渡命令の相手方……………………13
　　(ウ) 担保権実行としての不動産競売の開始決定前の保全処分の新設……13
(3) 平成8年改正(Ⅱ)……………………………………………14
(4) 平成10年改正(Ⅰ)……………………………………………14
　〔コラム〕 サービサー会社とは？……………………………14
　　(ア) 執行妨害を排除する観点からの民事執行法の一部改正……15
　　(イ) 手続の迅速処理を図る観点からの民事執行法、滞調法および
　　　　不動産登記法の一部改正……………………………………15
　　(ウ) 競売制度を利用しやすいものにする観点からの民事執行法の
　　　　一部改正…………………………………………………………15
　　(エ) 民事執行規則独自の観点からの新たな改正………………15
(5) 平成10年改正(Ⅱ)……………………………………………16
(6) 平成11年改正……………………………………………………16
(7) 平成12年改正……………………………………………………16
(8) 平成14年改正……………………………………………………17
(9) 平成15年改正……………………………………………………17
　　(ア) 不動産競売における執行妨害対策の強化と手続の円滑化……17
　　(イ) 担保不動産収益執行（不動産の収益に対する抵当権の効力）……19
　　(ウ) 不動産の明渡執行の実効性の確保……………………………19
　　(エ) 強制執行等の実効性の確保と円滑化…………………………20
　　(オ) その他……………………………………………………………21
(10) 平成16年改正……………………………………………………21
　　(ア) 裁判所内部の職務分担の合理化………………………………21
　　(イ) 執行官による援助請求の拡大…………………………………21
　　(ウ) 不動産競売関係における最低売却価額から売却基準価額への
　　　　変更…………………………………………………………………21
　　(エ) 少額訴訟債権執行………………………………………………21
　　(オ) 扶養義務等に係る金銭債権について間接強制の導入………22

3　現行民事執行の意義および範囲…………………………………22
　　(1)　民事執行法における民事執行………………………………22
　【図6】　執行手続の種類……………………………………………23
　　(2)　特別法における民事執行……………………………………23
　4　民事保全法制定による保全関係の分離…………………………23
　【図7】　民事保全法制定による移行………………………………24
　5　民事保全の意義および範囲………………………………………24
　　(1)　仮差押え………………………………………………………25
　　(2)　係争物に関する仮処分………………………………………25
　　(3)　仮の地位を定めるための仮処分……………………………26
Ⅲ　強制執行手続における通則……………………………………………27
　1　強制執行の意義……………………………………………………27
　2　強制執行手続の種類と態様………………………………………27
　　(1)　金銭執行と非金銭執行………………………………………27
　　　(ｱ)　金銭執行……………………………………………………27
　　　(ｲ)　非金銭執行…………………………………………………28
　　(2)　執行の態様……………………………………………………28
　　　(ｱ)　直接強制……………………………………………………29
　　　(ｲ)　代替執行……………………………………………………29
　　　(ｳ)　間接強制……………………………………………………29
　　　(ｴ)　意思表示の擬制……………………………………………30
　【図8】　強制執行の機能と態様……………………………………31
　3　執行機関（執行の主宰者）………………………………………31
　　(1)　執行機関の意義………………………………………………31
　　　(ｱ)　権利判定機関と執行機関との分離（迅速性の確保）…31
　　　(ｲ)　債務者等の利益配慮（適正手続の確保）………………32
　　　(ｳ)　執行機関の構成……………………………………………33
　　(2)　執行裁判所……………………………………………………33

　　　　(ア)　執行裁判所の職分……………………………………………33
　　　　(イ)　執行裁判所の管轄……………………………………………34
　　　　(ウ)　執行裁判所の手続……………………………………………34
　　(3)　執行官………………………………………………………………37
　　　　(ア)　執行官の職分…………………………………………………37
　　　　〔コラム〕執達吏から執行官へ……………………………………37
　　　　(イ)　執行官の管轄…………………………………………………39
　　　　(ウ)　執行官の手続（その権限および職責）…………………40
　　(4)　執行共助機関………………………………………………………41
　　　　(ア)　裁判所書記官…………………………………………………41
　　　　(イ)　執行補助者……………………………………………………42
　4　執行当事者、代理人および利害関係者……………………………43
　　(1)　意　義………………………………………………………………43
　　(2)　当事者能力・訴訟能力……………………………………………43
　　(3)　執行当事者の確定…………………………………………………43
　　(4)　執行当事者適格……………………………………………………44
　　(5)　執行開始後の債務者の死亡と執行の続行………………………44
　　(6)　代理人許可…………………………………………………………44
IV　強制執行の要件……………………………………………………………46
　1　執務名義と執行文……………………………………………………46
　　(1)　債務名義……………………………………………………………46
　　　　(ア)　債務名義の機能………………………………………………46
　　　　(イ)　債務名義と執行力……………………………………………47
　　　　(ウ)　債務名義の種類………………………………………………48
　　　　〔設問１〕……………………………………………………………52
　　　　〔コラム〕公証人と公正証書………………………………………57
　　(2)　執行文………………………………………………………………58
　　　　(ア)　執行文付与制度の意義………………………………………58

(イ)　執行文の付与機関……………………………………………60
　　　(ウ)　執行文付与の要件……………………………………………60
　　　(エ)　執行文の重複付与……………………………………………60
　　　(オ)　特殊執行文についての特別要件……………………………61
　　　(カ)　執行文付与に関する救済……………………………………65
　【参考裁判例】………………………………………………………………65
　〔関連設問〕…………………………………………………………………72
2　執行開始の要件………………………………………………………………72
　(1)　債務名義の送達…………………………………………………………73
　(2)　請求が確定期限の到来にかかる場合—確定期限が経過した
　　　こと………………………………………………………………………74
　(3)　請求が債権者の担保の提供にかかる場合—担保を供託した
　　　旨の証明…………………………………………………………………75
　(4)　請求が債権者の引換給付義務の履行にかかる場合—その引
　　　換給付義務を履行したことの証明……………………………………75
　(5)　請求が代償請求の場合—主たる請求の執行が不能に帰した
　　　ことの証明………………………………………………………………76
　(6)　執行障害事由の不存在…………………………………………………76
3　執行手続の終了………………………………………………………………76
4　執行の対象……………………………………………………………………77
　(1)　責任財産の意義…………………………………………………………77
　(2)　執行対象財産の選択と責任財産帰属性の判断………………………78
5　財産開示の手続………………………………………………………………78
　〔設問2〕……………………………………………………………………78
　(1)　財産開示手続の意義……………………………………………………79
　(2)　手続の概要………………………………………………………………80
　(3)　財産開示手続の申立て…………………………………………………80
　　　(ア)　管　轄………………………………………………………………80

11

目次

　　　【図9】　財産開示手続の流れ………………………………………81
　　　　　(イ)　申立ての要件……………………………………………82
　　　　　(ウ)　申立書の提出……………………………………………84
　　　(4)　財産開示実施決定……………………………………………84
　　　(5)　財産開示期日、財産目録の提出……………………………85
　　　(6)　陳述義務の一部免除…………………………………………85
　　　(7)　財産開示期日に関する部分についての閲覧………………86
　　　(8)　過料の制裁等…………………………………………………86
　　　【参考書式1】　財産開示手続申立書…………………………87
V　民事保全手続における通則……………………………………90
　　〔設問3〕………………………………………………………………90
　1　民事保全の意義……………………………………………………90
　2　民事保全の種類……………………………………………………91
　　【図10】　民事保全の分類…………………………………………91
　　(1)　仮差押え…………………………………………………………91
　　(2)　係争物に関する仮処分…………………………………………92
　　(3)　仮の地位を定める仮処分………………………………………92
　3　民事保全手続の構造………………………………………………93
　　(1)　保全発令手続……………………………………………………93
　　(2)　保全執行手続……………………………………………………93
　　【図11】　民事保全手続等の概要…………………………………94
　4　保全命令手続の特性………………………………………………94
　　(1)　仮定性（暫定性）………………………………………………94
　　(2)　緊急性（迅速性）………………………………………………95
　　(3)　附随性……………………………………………………………96
　　(4)　密行性……………………………………………………………96
　5　保全命令の発令手続………………………………………………97
　　(1)　管轄裁判所………………………………………………………97

　　　　(ｱ)　仮差押え……………………………………………………97
　　　　(ｲ)　仮処分………………………………………………………98
　　(2)　保全命令の申立て……………………………………………98
　　　　(ｱ)　仮差押えの申立て…………………………………………98
　【参考書式2】　動産仮差押命令申立書…………………………99
　【参考書式3】　動産仮差押決定……………………………………101
　　　　(ｲ)　仮処分の申立て……………………………………………102
　　(3)　裁判所の審理…………………………………………………103
　　　　(ｱ)　書面審理の原則……………………………………………103
　　　　(ｲ)　審　尋……………………………………………………103
　　　　(ｳ)　担保額の決定………………………………………………104
　　　　(ｴ)　仮差押解放金・仮処分解放金……………………………105
　　　　(ｵ)　裁判の内容…………………………………………………106
　　(4)　不服申立ての方法……………………………………………106
　6　保全執行手続………………………………………………………107
　　(1)　保全執行手続の特徴…………………………………………107
　　　　(ｱ)　保税執行の要件……………………………………………107
　　　　(ｲ)　執行期間……………………………………………………107
　　　　(ｳ)　保全命令送達前の保全執行………………………………107
　　　　(ｴ)　発令裁判所が同時に執行裁判所になる場合……………107
　　　　(ｵ)　追加担保を提供することを条件として保全執行の続行を許す
　　　　　　裁判があった場合……………………………………………107
　　(2)　仮差押えの執行手続および効力……………………………107
　　　　(ｱ)　各種の仮差押えの執行に共通の原則……………………108
　　　　(ｲ)　仮差押執行の効力…………………………………………108
　　　　(ｳ)　不動産に対する仮差押えの執行…………………………108
　　　　(ｴ)　動産に対する仮差押えの執行……………………………110
　　　　(ｵ)　債権その他の財産権に対する仮差押えの執行…………110

(カ)　仮差押執行の停止 …………………………………………………110
　　　(キ)　仮差押執行から本執行への移行 …………………………………111
　　(3)　仮処分の執行および効力 ……………………………………………111
　　　(ア)　占有移転禁止の仮処分 ……………………………………………111
　　　(イ)　不動産の処分禁止の仮処分 ………………………………………112
　　　(ウ)　不動産に関する所有権以外の権利の保存、設定または変更に
　　　　　ついての登記請求権を被保全権利とする処分禁止の仮処分 ………114
　　　(エ)　建物収去土地明渡請求権を保全するための建物の処分禁止の
　　　　　仮処分 …………………………………………………………………114
　7　特殊保全処分 ……………………………………………………………115
　【参考裁判例】 ………………………………………………………………116
　〔関連設問〕 …………………………………………………………………120

第2章　金銭債権の回収
─金銭請求債権の実現

Ⅰ　金銭債権の種類とその回収方法の選択 ………………………………123
　1　金銭債権の発生原因と種類 ……………………………………………123
　2　金銭債権回収のための執行方法の選択 ………………………………124
Ⅱ　不動産に対する強制執行 ………………………………………………128
　1　不動産執行の対象となる不動産 ………………………………………128
　　(1)　民法上の不動産 ………………………………………………………129
　　(2)　民執法上の「みなし不動産」 ………………………………………129
　　(3)　特別法上不動産とみなされる財団 …………………………………130
　2　強制競売と強制管理の特徴 ……………………………………………130
　　(1)　強制競売 ………………………………………………………………130
　　(2)　強制管理 ………………………………………………………………131

(3)　両者の長所・短所 …………………………………………131
　3　強制競売と担保不動産競売との比較 ……………………………131
　4　強制管理と担保不動産収益執行との比較 ………………………132
Ⅲ　不動産強制競売による金銭債権の回収―執行証書による連帯保
　証金の回収 ………………………………………………………………133
　　〔設問4〕………………………………………………………………133
　1　保証債務履行請求権の性質 ………………………………………133
　　〔コラム〕　内容証明郵便（電子内容証明サービス）……………134
　2　不動産強制競売手続の流れと特徴 ………………………………136
　3　強制競売の開始―差押え …………………………………………137
　　(1)　競売申立て ………………………………………………………137
　　　(ア)　管　轄 …………………………………………………………137
　　　(イ)　代理人 …………………………………………………………138
　　　(ウ)　強制競売申立ての要件 ………………………………………138
【図12】　不動産強制競売の手続概要図 ………………………………139
　　　(エ)　申立書の記載事項 ……………………………………………140
【参考書式4】　不動産強制競売申立書 ………………………………140
　　　(オ)　申立書に添付すべき書類 ……………………………………143
　　(2)　強制競売開始決定 ………………………………………………144
　　　(ア)　開始決定と告知 ………………………………………………144
【参考書式5】　強制競売開始決定 ……………………………………145
　　　(イ)　不服申立て ……………………………………………………145
【図13】　執行異議と執行抗告の関係図 ………………………………146
　　(3)　差押えの効力 ……………………………………………………146
　　　(ア)　差押えの意味（差押えの処分制限効）……………………146
　　　(イ)　差押えの効力の発生時点 ……………………………………147
　　　(ウ)　差押えの効力の及ぶ客観的範囲 ……………………………148
　　　(エ)　差押えの効力の及び主観的範囲（個別相対効と手続相対効）………149

(4) 二重開始決定 …………………………………………………155
　　　(ｱ) 二重開始決定の要件 …………………………………………155
　　　(ｲ) 二重開始決定の手続 …………………………………………156
　　　(ｳ) 二重開始決定の効力 …………………………………………156
　　(5) 滞納処分との競合 ………………………………………………156
　　(6) 競売開始決定に伴う付随措置 …………………………………157
　　　(ｱ) 配当要求の終期 ………………………………………………157
　　　(ｲ) 債権届出の催告 ………………………………………………158
　【参考裁判例】………………………………………………………158
　4　競売不動産の換価 …………………………………………………160
　　〔設問 5〕……………………………………………………………160
　　(1) 換価手続の概況と特徴 …………………………………………160
　　(2) 法定売却条件 ……………………………………………………162
　　　(ｱ) 法定売却条件の内容 …………………………………………163
　　　(ｲ) 不動産上の負担の処遇（引受主義と消除主義）……………164
　　　〔コラム〕家主に対し競売申立て＝店子に敷金が戻らない？…168
　　　(ｳ) 剰余主義（無剰余執行の禁止）………………………………169
　　　(ｴ) 超過売却の禁止 ………………………………………………169
　　　(ｵ) 法定地上権 ……………………………………………………170
　　　(ｶ) 売却基準価額・買受可能価額 ………………………………171
　　　〔コラム〕競売価額は安いか？…………………………………172
　　　(ｷ) 一括売却 ………………………………………………………173
　　(3) 具体的売約条件を確定するための手続 ………………………173
　　　(ｱ) 執行官の現況調査 ……………………………………………173
　【参考書式 6】現況調査報告書 ……………………………………179
　　　(ｲ) 評価人の評価 …………………………………………………188
　【参考書式 7】評価書 ………………………………………………191
　　　(ｳ) 物件明細書 ……………………………………………………200

【参考書式8】　物件明細書 ………………………………………204
　　(4)　競売不動産の価格の維持 ……………………………………207
　　　(ｱ)　売却のための保全処分 ……………………………………207
　　　(ｲ)　相手方を特定しないで発する売却のための保全処分等 ………209
　　　(ｳ)　買受申出をした差押債権者のための保全処分等 ……………210
　　　(ｴ)　最高価買受申出人または買受人のための保全処分等 …………211
　　【図14】　保全処分の手続の流れ …………………………………212
　　　(ｵ)　地代代払いの許可 …………………………………………212
　　【参考裁判例】………………………………………………………213
　　〔関連設問〕…………………………………………………………224
　5　売却実施の手続 ………………………………………………………224
　　(1)　売却の方法 ………………………………………………………224
　　　(ｱ)　売却方法の種類 ……………………………………………224
　　　(ｲ)　期間入札（現在の実務における売却方法）………………225
　　(2)　売却等の公告 ……………………………………………………225
　　　〔コラム〕「競り売り」の長・短所は？……………………………226
　　(3)　売却物件情報の提供・不動産の内覧 ………………………226
　　　(ｱ)　物件明細書等（3点セット）の備え置き ………………227
　　　(ｲ)　新聞・雑誌・インターネット利用による情報提供 ………227
　　　(ｳ)　不動産の内覧 ………………………………………………228
　　(4)　売却の実施 ………………………………………………………233
　　　(ｱ)　実施の主宰者 ………………………………………………233
　　　(ｲ)　買受申出 ……………………………………………………233
　　　(ｳ)　売却の見込みのない場合の競売手続の停止・取消し ………234
　　　(ｴ)　売却許可・不許可決定 ……………………………………235
　　　(ｵ)　売却の実施の終了後に執行停止の裁判等の提出があった場合
　　　　の措置 …………………………………………………………236
　　　(ｶ)　超過売却となる場合の措置（売却許可決定の留保）………236

17

目　次

　　　　㈹　売却許可決定に対する執行抗告…………………………237
　　　　㈻　不動産の損傷による売却不許可の申出等………………237
　　　　㈼　買受申出後の競売申立ての取下げ等……………………237
　　⑸　代金の納付と不納付の効果…………………………………238
　　　　㈠　代金の納付手続……………………………………………238
　　　　㈡　代金納付・不納付の効果…………………………………238
　　⑹　不動産引渡命令………………………………………………239
　　　　㈠　意　義………………………………………………………239
　　　　㈡　申立人および相手方の範囲………………………………239
　　　　㈢　審理手続……………………………………………………242
　　　　㈣　保全処分が先行している場合の執行…………………243
　　【参考裁判例】………………………………………………………244
　　〔関連設問〕…………………………………………………………250
　6　配当等の手続……………………………………………………250
　　⑴　他債権者の配当参加の意義…………………………………250
　　⑵　優先主義と平等主義…………………………………………251
　　⑶　配当要求の終期・公告と債権届の催告……………………252
　　　　㈠　配当要求の終期の定めと公告……………………………252
　　　　㈡　債権届出の催告……………………………………………253
　　⑷　配当等を受けるべき債権者の範囲…………………………254
　　　　㈠　配当等を受ける資格………………………………………254
　　　　㈡　仮差押えに後れる抵当権等の扱い………………………257
　　⑸　配当原資（売却代金）………………………………………258
　　⑹　弁済金交付手続と配当手続の選択…………………………258
　　⑺　配当手続の流れ………………………………………………258
　　　　㈠　配当期日の指定……………………………………………259
　　　　㈡　呼出し、債権計算書提出催告・提出…………………259
　　　　㈢　配当表原案の作成…………………………………………259

18

㈢　配当期日における異議・審尋・書証の取調べ ……………………259
　　　㈣　配当表の確定 ……………………………………………………260
　　　㈤　配当の実施 ………………………………………………………260
　　　〔コラム〕　100円を3人で割り勘するとき、どうする？ ……………260
　⑻　配当等の順位とその額 ………………………………………………260
　⑼　配当に対する不服申立 ………………………………………………262
　　　㈠　配当異議の申出 …………………………………………………262
　　　㈡　配当異議の訴え …………………………………………………263
　　　㈢　請求異議の訴えまたは定期金賠償を命じた確定判決の変更を
　　　　　求める訴え ………………………………………………………263
　⑽　配当金の交付（実施）と供託 …………………………………………263
Ⅳ　強制管理──強制管理による請負代金の回収 ………………………………265
　　〔設問6〕 ……………………………………………………………………265
　1　請負代金の性質等 ………………………………………………………266
　2　強制管理の手続概要とその特徴 ………………………………………266
　【図13】　強制管理（担保不動産収益執行）の手続の概要 ………………269
　3　強制管理の対象となる財産 ……………………………………………269
　4　強制管理の申立てと開始手続 …………………………………………270
　⑴　管轄裁判所 ……………………………………………………………270
　⑵　強制管理の申立て ……………………………………………………270
　【参考書式9】　不動産強制管理申立書 ……………………………………271
　⑶　強制管理開始決定等 …………………………………………………273
　【参考書式10】　強制管理開始決定 …………………………………………274
　⑷　給付義務者への陳述催告 ……………………………………………275
　5　管理人の資格・地位・権限・責任 ……………………………………275
　⑴　管理人の資格 …………………………………………………………275
　⑵　管理人の地位 …………………………………………………………276
　⑶　管理人の権限 …………………………………………………………276

19

(4) 管理人の責任 ································277
　6　強制管理における債権者の競合 ························277
　　　(1) 二重開始決定 ··································277
　　　(2) 配当要求 ······································277
　　　(3) 先行する債権差押命令等の効力の停止 ··············278
　7　強制管理における債務者の立場 ························279
　　　(1) 建物使用の許可 ································279
　　　(2) 収益等の分与の申立て ··························280
　8　強制管理の取消し・停止等 ····························280
　　　(1) 取消し・申立ての取下げ ························280
　　　(2) 強制管理の一時停止 ····························281
　9　配当等の手続 ··282
　　　(1) 配当等を受けるべき債権者（配当有資格者） ········282
　　　(2) 配当等に充てるべき金銭等（配当原資） ············283
　　　(3) 管理人による配当等の実施 ······················284
　　　(4) 執行裁判所による配当等の実施 ··················284
　【参考裁判例】 ··285
　〔関連設問〕 ··286

Ⅴ　動産執行──クレジット代金債権（支払督促）の動産執行による
　　回収 ··287
　　〔設問7〕 ··287
　1　クレジット代金債権の性質等 ··························287
　　　(1) クレジット代金請求権の性質 ····················287
　　　(2) 支払督促手続 ··································288
　2　動産執行手続の流れと特徴 ····························289
　3　動産執行の対象となる動産 ····························290
　　　〔コラム〕　軒下競売と買戻し ························290
　4　申立て・差押え ······································291

(1) 申立て ……………………………………………………291
 (2) 差押えの実施・方法…………………………………………292
  (ア) 差押えの方法等 ………………………………………292
  (イ) 差し押さえるべき動産の選択と責任財産の認定 ……292
  (ウ) 差押物の保管 …………………………………………293
5 差押えの効力………………………………………………………294
 (1) 差押えの処分禁止効…………………………………………294
 (2) 差押物の引渡命令……………………………………………295
 (3) 差押えの制限と差押禁止財産………………………………295
  (ア) 超過差押えの禁止 ……………………………………295
  (イ) 無剰余差押えの禁止 …………………………………295
  (ウ) 差押禁止動産とその範囲の変更 ……………………296
  (エ) 換価性のない動産の差押えの禁止 …………………298
6 換価（売却）手続………………………………………………298
 (1) 換価の問題点等………………………………………………298
 (2) 差押物の評価…………………………………………………299
 (3) 競り売りの手続………………………………………………300
 (4) 入札、特別売却等の手続……………………………………301
 (5) 手形・小切手等および有価証券の換価の特則……………301
7 債権者の競合（二重差押えの禁止と事件の併合）……………302
8 配当等の手続……………………………………………………303
 (1) 配当要求………………………………………………………303
  (ア) 配当要求の資格 ………………………………………303
  (イ) 配当要求の時間的制約 ………………………………304
 (2) 配当等の実施…………………………………………………304
  (ア) 配当等を受けるべき債権者の範囲 …………………304
  (イ) 執行官による配当等の実施 …………………………304
  (ウ) 執行裁判所による配当等の実施 ……………………304

21

【参考裁判例】……………………………………………………305
　　　〔関連設問〕………………………………………………………307
　Ⅵ　債権およびその他の財産権に対する執行……………………308
　　1　債権等執行の意義、通則等………………………………………308
　　(1)　債権等執行の種類等……………………………………………308
　　(2)　債権執行手続の流れと特徴……………………………………309
　　【図14】　債権執行の手続概要図…………………………………312
　　(3)　債権等執行の対象となりうる財産権…………………………313
　　　(ア)　独立の財産であること……………………………………313
　　　(イ)　金銭的評価のできる財産であること……………………313
　　　(ウ)　譲渡性があること…………………………………………313
　　　(エ)　差押禁止債権でないこと…………………………………314
　　2　金銭債権に対する強制執行──売掛代金債権（民事調停調書）の
　　　　金銭債権執行による回収………………………………………314
　　　〔設問8〕……………………………………………………………314
　　(1)　売掛代金債権と民事調停調書…………………………………315
　　(2)　債権差押命令の申立て…………………………………………315
　　　(ア)　管轄等………………………………………………………315
　　　(イ)　申立書………………………………………………………316
　　【参考書式11】　債権差押えおよび転付命令申立書………………318
　　【参考書式12】　第三債務者に対する陳述催告の申立書…………321
　　(3)　申立ての審理……………………………………………………321
　　　(ア)　無審尋で発令………………………………………………321
　　　(イ)　差押命令……………………………………………………322
　　　(ウ)　裁判の告知等………………………………………………322
　　(4)　差押えの効力……………………………………………………323
　　　(ア)　差押えの効力発生の時期…………………………………323
　　　(イ)　差押えの効力の主観的範囲………………………………325

　　　　(ウ)　差押えの効力の客観的範囲 …………………………………325
　　(5)　第三債務者に対する陳述の催告 ……………………………329
　　(6)　差押禁止債権とその範囲 ……………………………………330
　　　　(ア)　特別法による禁止 ……………………………………………330
　　　　(イ)　民事執行法上の差押禁止とその範囲 ………………………330
　　　　(ウ)　差押禁止範囲の変更 …………………………………………332
　　　〔コラム〕　新しい債権質制度 …………………………………332
　　(7)　換価手続 ………………………………………………………333
　　　　(ア)　金銭債権の換価方法 …………………………………………333
　　　　(イ)　差押債権者による取立権の行使 ……………………………334
　　　　(ウ)　第三債務者の供託 ……………………………………………337
　　　　(エ)　転付命令 ………………………………………………………341
　　　　(オ)　特別換価 ………………………………………………………347
　　(8)　債権執行における配当等 ……………………………………349
　　　　(ア)　配当要求の意義 ………………………………………………349
　　　　(イ)　配当要求できる債権者の資格 ………………………………350
　　　　(ウ)　配当要求の終期 ………………………………………………350
　　　　(エ)　配当等の実施 …………………………………………………351
　3　船舶・動産等の引渡請求権に対する執行 …………………………352
　4　その他の財産権に対する執行 ………………………………………353
　【参考裁判例】 ……………………………………………………………354
　〔関連設問〕 ………………………………………………………………364

Ⅶ　扶養義務等に係る金銭債権についての強制執行の特例──子の養育費等債権（家事調停調書）の債権執行による回収 ………………365
　〔設問9〕 ……………………………………………………………365
　1　子の養育費債権とその回収方法 ……………………………………366
　　(1)　子の養育費の法的性質 ………………………………………366
　　(2)　履行確保制度 …………………………………………………366

23

　　　　(ｱ)　履行確保 ……………………………………………………366
　　　　(ｲ)　履行命令 ……………………………………………………367
　　　　(ｳ)　寄　託 ………………………………………………………367
　　(3)　強制執行の方法と債務名義 ………………………………………367
　2　扶養義務等に係る債権（定期金債権）を請求する場合の特例 ……367
　　(1)　定期金債権の期限未到来執行（予備的差押え）…………………368
　　(2)　差押禁止範囲の特例 ………………………………………………369
　　(3)　間接強制 ……………………………………………………………370
　　　　(ｱ)　執行機関 ……………………………………………………371
　　　　(ｲ)　間接強制執行の要件 ………………………………………371
　　　　(ｳ)　間接強制の手続 ……………………………………………372

Ⅷ　少額訴訟債権執行──敷金返還債権（少額訴訟判決）の少額訴訟債権執行による回収 …………………………………………………374
　　〔設問10〕…………………………………………………………………374
　1　敷金返還請求権と少額訴訟制度 ………………………………………374
　　(1)　敷金返還請求権の法的性質 ………………………………………374
　　(2)　少額訴訟制度 ………………………………………………………376
　　〔コラム〕　少額訴訟制度の創設と簡裁事件の動向 ……………………376
　2　少額訴訟債権執行の意義・特徴 ………………………………………377
　3　少額訴訟債権執行手続 …………………………………………………378
　　(1)　少額訴訟に係る債務名義 …………………………………………378
　　(2)　執行対象 ……………………………………………………………378
　　(3)　執行機関 ……………………………………………………………378
　　(4)　執行手続の特則 ……………………………………………………379
　　　　(ｱ)　申立て ………………………………………………………379
　　　　(ｲ)　差押処分 ……………………………………………………380
　　　　(ｳ)　差押禁止債権の範囲とその変更 …………………………380
　　　　(エ)　配当要求 ……………………………………………………381

(オ)　取立権の行使……………………………………………381
　(5)　地方裁判所における債権執行手続への移行………………381
　　　(ア)　転付命令等の申立てがあった場合の必要的移行………382
　　　(イ)　配当を実施する場合の必要的移行………………………383
　　　(ウ)　裁量による移行……………………………………………384
　(6)　第三債務者の対応等………………………………………384
　〔関連設問〕………………………………………………………385

第3章　非金銭執行

I　非金銭執行の分類と執行方法……………………………………387
　【図15】　非金銭執行の分類と執行方法……………………………388
II　物の引渡・明度請求権の実現……………………………………389
　1　引渡し・明渡しの区別………………………………………389
　2　不動産の引渡し・明渡しの強制執行………………………389
　　〔設問11〕……………………………………………………………389
　　(1)　建物明渡請求権の性質と執行方法………………………390
　　(2)　対象となる不動産等（執行目的物）………………………391
　　(3)　引渡し・明渡しの執行方法………………………………391
　　　(ア)　直接強制……………………………………………………391
　【参考書式13】　催告書………………………………………………395
　【参考書式14】　公示書（催告用）…………………………………395
　　〔コラム〕　カギ屋さん………………………………………………397
　　　(イ)　間接強制……………………………………………………398
　　(4)　占有移転禁止の仮処分との関係…………………………400
　　　(ア)　当事者恒定の仮処分……………………………………400
　　　(イ)　債務者を特定しないで発する占有移転禁止の仮処分……401

25

　　　　(ウ)　仮処分の内容とその執行……………………………401
　　　　(エ)　仮処分執行の効力……………………………………402
　　　【参考裁判例】……………………………………………………403
　　3　動産引渡しの強制執行……………………………………403
　　　〔設問12〕……………………………………………………………403
　　　(1)　動産の引渡請求権の法的性質と執行方法……………404
　　　(2)　対象となる動産…………………………………………404
　　　(3)　動産引渡しの執行方法…………………………………405
　　　　(ア)　直接強制……………………………………………………405
　　　　〔コラム〕　子の引渡しと人身保護請求……………………406
　　　　(イ)　間接強制……………………………………………………406
　　〔関連設問〕…………………………………………………………406
Ⅲ　作為・不作為義務の強制執行……………………………………407
　　1　概　括………………………………………………………407
　　2　建物収去土地明渡請求権の執行（代替執行と直接強制の接合）…408
　　　〔設問13〕……………………………………………………………408
　　　(1)　建物収去土地明渡請求権の法的性質と執行方法……409
　　　　(ア)　代替執行（建物収去）……………………………………409
　　　　〔コラム〕　解体専門業者……………………………………411
　　　　(イ)　間接強制……………………………………………………412
　　　　(ウ)　直接強制（土地明渡し）…………………………………412
　　　　(エ)　仮処分執行との関係………………………………………413
　　3　不代替的作為義務の強制執行……………………………414
　　4　不作為義務の強制執行……………………………………414
　　　(1)　不作為義務の内容等……………………………………415
　　　(2)　執行方法と適用の諸態様………………………………415
　　【参考裁判例】……………………………………………………417
　　〔関連設問〕…………………………………………………………419

IV 意思表示義務の執行 ··420
　〔設問14〕···420
　1 登記請求権の法的性質···420
　2 登記請求権（意思表示請求権）の実現······························421
　　(1) 意思表示擬制の原則···421
　　　(ア) 実現方法··421
　　　(イ) 擬制の要件と効果···422
　　(2) 例外（執行文が必要な場合）···································423
　　(3) 救済方法··424

第4章　違法執行・不当執行に対する救済

I 違法執行と不当執行に対する救済方法の概括·················425
　1 違法執行···425
　2 不当執行···425
　【図16】　違法・不当執行からの民執法上の救済（金銭執行の例において）···427
II 違法執行に対する救済··429
　1 執行手続内における救済··429
　　(1) 執行抗告··429
　　　(ア) 制度の趣旨···429
　　　(イ) 執行抗告の対象となる執行裁判所の裁判··················429
　　　(ウ) 執行抗告において主張できる事由···························430
　　　(エ) 執行抗告の手続等···431
　　　〔コラム〕　即時抗告と執行妨害·····································433
　　(2) 執行異議··434

27

(ｱ)　制度の趣旨 …………………………………………………434
　　　(ｲ)　執行異議の対象 ……………………………………………434
　　　(ｳ)　執行異議の手続等 …………………………………………434
　　(3)　執行文付与等に関する異議 ………………………………………435
　　　(ｱ)　執行文付与等をめぐる救済方法の種類 …………………435
　　　(ｲ)　異議の当事者 ………………………………………………436
　　　(ｳ)　管　轄 ………………………………………………………436
　　　(ｴ)　異議の事由 …………………………………………………436
　　　(ｵ)　審理および裁判 ……………………………………………437
　　　(ｶ)　執行停止の仮の処分 ………………………………………437
　　(4)　配当異議の申出 ………………………………………………………437
　　　(ｱ)　制度の趣旨 …………………………………………………437
　　　(ｲ)　配当異議の完結 ……………………………………………438
　2　執行手続外における救済 ……………………………………………438
　　(1)　国家賠償請求訴訟 ……………………………………………………438
　　(2)　民法709条による不法行為による損害賠償請求 ……………439
　〔関連設問〕 …………………………………………………………………439
Ⅲ　**不当執行に対する救済** ……………………………………………………440
　1　執行関係訴訟等による救済 …………………………………………400
　　(1)　請求異議の訴え─不当な債務名義からの救済 …………………440
　　　(ｱ)　制度の趣旨 …………………………………………………440
　　　(ｲ)　訴えの性質等 ………………………………………………441
　　　(ｳ)　対象となる債務名義 ………………………………………442
　　　(ｴ)　異議の事由 …………………………………………………443
　　　(ｵ)　異議事由の時的制限 ………………………………………445
　　　(ｶ)　訴訟手続と裁判 ……………………………………………446
　　　(ｷ)　執行停止の仮の処分 ………………………………………446
　　(2)　定期金による賠償を命じた確定判決の変更を求める訴え ………447

28

(3)　執行文付与の訴え··448
　　　　(ｱ)　制度の趣旨··448
　　　　(ｲ)　訴えの法的性質··448
　　　　(ｳ)　審理および裁判··448
　　　(4)　執行文付与に対する異議の訴え····························449
　　　　(ｱ)　制度の趣旨··449
　　　　(ｲ)　審理および裁判··449
　　　(5)　第三者異議の訴え―責任財産に関する救済········451
　　　　(ｱ)　制度の趣旨··451
　　　　(ｲ)　責任財産の範囲··452
　　　　(ｳ)　訴えの法的性質··453
　　　　(ｴ)　異議の事由··453
　　　　(ｵ)　審理および裁判··455
　　　(6)　配当異議の訴え··456
　　　　(ｱ)　制度の趣旨··456
　　　　(ｲ)　訴えの性質等··456
　　　　(ｳ)　審理および裁判··456
　　2　執行手続外における救済··457
　　　(1)　民法703条に基づく不当利得返還請求······················457
　　　(2)　民事訴訟法260条2項に基づく無過失損害賠償請求訴訟·········458
Ⅳ　執行の停止・取消し··459
　　1　制度の趣旨··459
　　2　執行取消文書・執行停止文書······································459
　　3　執行取消し・停止の方法と効力··································462
　　　(1)　方　法··462
　　　　(ｱ)　執行取消し··462
　　　　(ｲ)　執行停止··462
　　　(2)　文書提出の時間的制約··463

29

　　　　(ｱ)　取消文書 …………………………………………… 463
　　　　(ｲ)　執行停止文書 ……………………………………… 463
　　【参考裁判例】 ……………………………………………… 465
　　〔関連設問〕 ………………………………………………… 469

第5章　民事保全における不服申立て

Ⅰ　債権者の救済 ………………………………………………… 471
Ⅱ　債務者の救済 ………………………………………………… 472
　1　保全異議 …………………………………………………… 472
　　(1)　制度の趣旨 …………………………………………… 472
　　(2)　申立て ………………………………………………… 472
　　(3)　保全執行の停止・取消しの裁判 …………………… 473
　　(4)　審理手続 ……………………………………………… 473
　　(5)　裁判と不服申立て …………………………………… 474
　2　保全取消し ………………………………………………… 475
　　(1)　本案の訴えの不起訴等による保全取消し ………… 475
　　(2)　事情変更による保全取消し ………………………… 476
　　(3)　特別の事情による保全取消し ……………………… 477
　　　〔コラム〕　保全命令・保全抗告の手数料 ……………… 477
　3　保全抗告 …………………………………………………… 477
　　【図17】　民事保全における不服申立て一覧 ……………… 479
　4　債権者に対する損害賠償 ………………………………… 479
Ⅲ　第三者の救済 ………………………………………………… 480
　【参考裁判例】 ………………………………………………… 480
　〔関連設問〕 …………………………………………………… 481

【参考資料1】 財産開示手続説明書 …………………………………483
【参考資料2】 競売ファイル・競売手続説明書（改訂版）…………495

●事項索引……………………………………………………………552
●著者略歴……………………………………………………………557

第1章　一般債権（請求権）実現の方法

I　任意履行と強制的実現の必要性

1　権利の発生と任意の履行

　私たちは、日常生活の中でも、金銭貸借や売買等のような取引行為をしており、それにより一方が貸金や売買代金につき債権者となり、他方が債務者となる。また、交通事故等のように、思いがけない事件の発生によって、被害者が損害賠償請求権を取得することになり、反対に加害者がその支払義務を負担することになる。

　このように、取引行為（契約の締結）または事件の発生（不法行為等）によって、一方が私法上の権利を取得し、他方がそれを実現する義務を負うという形で両者間に法律関係が発生し、また、それが消滅または変動することになるが、これらについては、民法をはじめとする実体私法が法的根拠を与え、かつ、これを規律している。たとえば、学生が民法の演習で、「甲が乙に対し、A商品を代金100万円で売却した場合、甲と乙との間にはどのような権利義務関係が生ずるか」との設問を解く際には、これを規律する民法555条の解釈により、その答えを出すことになるのである。

　そして、取引行為等により債務者となった者が、自己の債務につき任意に履行をするならば、その当事者間に格別紛争が起きることはない。むしろ、私たちの日常生活においては、こうした事例の方が圧倒的に多いといえよう。すべての権利関係が、このように債務者の任意履行で終了することができれば、裁判手続などは不要となるのである。

2 判決手続等による権利の確定

　しかし、残念ながら、現実の社会では権利義務関係をめぐって紛争が惹起する事例が少なくない。債務者は任意の履行を怠ることがあるし、それだけでなく、債務者の中には、自己の義務の範囲を争い、さらには義務の存在自体を後日否定してしまうこともあるだろう。その場合、近代国家においては自力救済を禁止しているのであるから、債権者としては、まず、この実体法上の権利を確定するために、裁判所に民事訴訟等を提起して、その受訴裁判所による判決手続を経て債権者の権利を確定してもらう必要がある。

　ただ、権利の確定は、紛争が起きてから狭義の判決手続によってされることが多いが、それに限らず、民事訴訟法・人事訴訟法上の請求の認諾・和解や支払督促、または民事調停法・家事審判法上の調停等のように他の手続でなされることもあるし、さらには紛争の予防的措置として、紛争が生じる前に、あらかじめ当事者が権利関係を公証人による公正証書を作成しておくことにより確認しておく方法や、いわゆる ADR（裁判外紛争解決手続）おいて仲裁判断を得ておく方法もある。

3 強制執行手続による権利の実現（担保権実行との関係）

　また、たとい判決が確定した後でも、判決主文に従って被告・債務者が任意に履行をしなければ、原告・債権者は、ここでも自力で権利実現することは禁止されているので、国家権力によってその債権の実現を図ってもらうほかはない。

　このように、国家が、国家の執行権力によって、債権者のために、その債権の実現を図る制度が民事執行制度である。とりわけ、判決等（債務名義）で確定された権利を国家の手によって強制的に実現することを目的として設けられているのが強制執行制度である。もっとも、強制執行ができるのは、給付判決等のように執行力をもつ債務名義に表示された給付請求権に限られている。したがって、判決手続で確定された権利のすべてが強制執行で実現

されるわけではない。確認判決は、裁判所による権利義務の確定自体を紛争解決の最終目標としているので、強制執行の余地がないし、また、形成判決は、判決自体の効果（形成力）によって判決の内容どおりに権利義務または法律関係の変動が実現してしまうので、国家の執行権力による強制執行の必要がない。

ただし、給付判決でなくても、確認判決等によって確認された権利義務関係を公の機関に対して届出等することにより、その内容の実現を求めることがある。これを「広義の執行」ということがあるが、登記請求関係判決、離婚等の身分関係判決の実現がその例である（本書は、強制執行手続を中心にして取り扱っているが、広義の執行についても触れている）。

なお、債務者が債務の履行をしない場合、強制執行のほかに、債権回収の方法として担保権実行手続がある。債権者が債権を確保するために、契約時に、あらかじめ債務者との合意により、あるいは法の規定により、担保物とされている物を国家機関の手で処分してもらうことにより、債権の実現を図る制度ないし手続が「担保権の実行」である。具体的事例でいえば、甲銀行が乙に対して、1000万円の融資、つまり貸金をする際に、乙が約束どおりに返済しないことを予想して、乙の所有建物に1000万円を被担保債権とする抵当権（民369条以下）を設定しておく。この場合、乙としては、自分が借金を返済できない事態になったときには、その担保物件を処分（担保不動産競売、民執180条1号）して、そこから甲が債権回収をしてもよい旨の同意を与えている。つまり、乙は甲に対して担保物権の「換価権」を与えているのである（これを「約定担保物権」という。質権、抵当権）。また、法は、債務者の物に対して、特定の債権につき債権者に担保権を与えている（これを「法定担保物権」という。留置権、先取特権）。

これが担保権実行であるが、債権者が担保不動産を競売できる根拠については、担保権に内在する換価権能の発動だと解されている。つまり、約定担保物権である抵当権の例でいうならば、その金銭消費貸借契約時に、債務者（または抵当権設定者たる所有者）が、「被担保債務について不履行を条件とし

て、債権者に換価権と優先弁済権」を与えていたから、債権者は抵当不動産を換価（競売）してその売却代金から優先的に弁済を受けられるというわけである。したがって、債務者の一般財産から満足を受ける強制執行（この場合は不動産強制競売）とは、その本質において異なるところであるが、所有者の意思とはかかわりなく国家の手により換価し、その代金をもって請求権の満足を受けるという点では、両者に基本的に変わりがない。

そこで、民事執行法は、この2つの手続を規律しているが、基本的には、強制執行手続のストーリーを担保権実行のそれに準用している。概括的にいえば、換価の根拠が異なるので、手続の開始要件と停止・終了（いわばスタートとストップおよびゴール）については独自の規定がなされているが、換価の技術的な方法については共通規定で規律されているといってよい（なお、担保権実行については、本書では触れず、同一シリーズである『実務　保全・執行法講義〔物権法編〕』で取り扱うことになっている）。

4　民事保全手続による暫定的措置

判決等の手続によって権利が確定するまで、あるいは権利が確定してからそれが実現するまでには、相当の時間がかかることも予想される。一般的にいえば、最近の民事第一審における民事訴訟事件（既済）の平均審理期間は、地方裁判所で9カ月余、簡易裁判所で6カ月余といわれているから、昔に比べれば相当の迅速審理となっている。しかし、医療過誤、薬害・公害訴訟など争点が複雑な訴訟事件や多数当事者の訴訟事件などでは、平均20数カ月間を要しているようであるし、通常の訴訟事件であっても複雑な争点を含むものについては、長時間審理を要することもある。

そして、たとえば通常の貸金請求訴訟事件であっても、その手続審理中に、被告・債務者が所有財産（責任財産）を散逸してしまえば、原告・債権者は勝訴判決を得ても、その権利の実現が実際上不可能になってしまう。また、たとえば、所有権に基づく建物明渡請求訴訟等においても、訴訟の審理中（事実審の口頭弁論終結前）に被告が係争物の占有を他人に移してしまえば、

その勝訴判決に基づく明渡強制執行は、不能に帰してしまうことになる。

そこで、このような場合に、判決手続によって権利の確定およびそれに基づく将来の民事執行に備えて、債務者の財産を確保（仮差押えによる処分禁止）したり、財産の現状を固定（仮処分による係争物の処分・占有移転禁止等）したり、あるいは暫定的に一定の法律的地位を創設（仮の地位を定める仮処分）したりして、権利実現のための暫定的な措置を執るのが民事保全手続である（本書では、この保全手続についても、各請求権ごとに必要な限度で取り扱っている）。

さらに、債務者が破産・会社更生・民事再生等の倒産手続に入った場合には、債権者の個別の権利実現が阻止されてしまい、包括的権利実現等だけが許されることになる（この点についても、本書では関連する限度で触れることとする）。

5　判決手続・執行手続・保全手続等との関係

以上のように、実際の民事紛争を的確に解決するためには、権利発生・消滅・変動の根拠となる民法・商法等の実体法だけなく、権利の確定手続である民事訴訟法、そして権利の実現手続である民事執行法、さらには暫定措置が執れる民事保全法、さらに倒産手続を規定する破産法・会社更生法・民事再生法等をも視野に入れて、これらを連動させて検討しながら解決しなければならないのである。この関係を示せば、次図のとおりである。

【図1】　判決・執行・保全手続の流れ

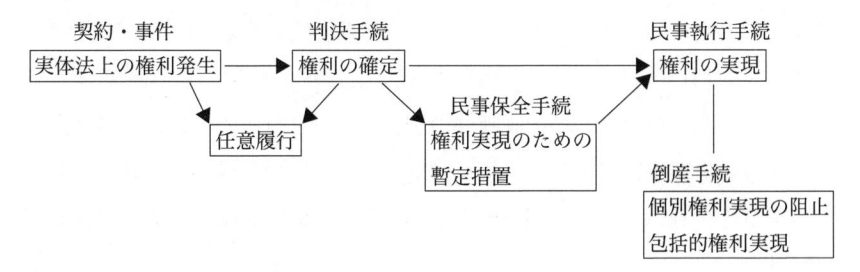

```
契約・事件           判決手続              民事執行手続
実体法上の権利発生 ──→ 権利の確定 ─────────→ 権利の実現
        │                    │                    ↑
        ↓                    │   民事保全手続      │
      任意履行               └→ 権利実現のための ─┘
                                暫定措置
                                                 倒産手続
                                                 個別権利実現の阻止
                                                 包括的権利実現
```

II 民事執行手続と保全手続の概観

1 民事執行法による民事執行手続の統一

(1) 民事執行法の制定

　民事執行法（昭和54年法律第4号）は、昭和54年年3月30日に成立し同55年10月1日から施行されている。

　制定時の民事執行法は、強制執行、仮差押えおよび仮処分の執行、担保権の実行としての競売並びに民法・商法等の法律の規定による換価のための競売（形式的競売）について規定し、これらを「民事執行」と総称し、その執行手続を定めていた（制定当時の民執1条）。なお、後に説明するが、平成15年法改正以降の現行の民事執行法は、上記の制定当初の対象のうち、強制執行、担保権実行としての競売、換価のための競売（形式的競売）のほかに「債務者の財産の開示」を追加対象にして規定し、これらを「民事執行」と総称している（民執1条。なお、「仮差押え及び仮処分の執行」等の扱いについては、後記4を参照）。

(2) 旧法における構造

　ところで、この民事執行法の制定前（旧法時代）にあっては、「強制執行」については旧民事訴訟法（平成8年改正前の明治23年法律第29号）の第6編に規定されており、「担保権実行」については、旧競売法（明治31年法律第15号）に別個に規定されていた。つまり、金銭債権の実現を図る手続では、不動産執行の中で不動産強制競売と任意競売（担保権実行であるが、実務ではこのように呼ばれていた）という2つの手続が、別個の法律により規定されていたのである。そして、この両者間の調整が十分ではなかったために、同じ金銭債権の実現手続でありながら、判例・学説の上でも統一がとれておらず、執行実務面でもいろいろな問題が生じていた。この関係は、比喩的にいえば、「債権回収という目的地に向かって2本のレールに別々の機関車（いわば国

家権力としての強制執行権によって動く電気機関車と、担保権に内在する私的換価権によって動く蒸気機関車）が走っていた」、と考えることができる。

(3) 民事執行法における構造

そこで、民事執行法は、強制執行手続と担保権の実行手続を、その金銭債権の実現としての共通性に着目して一本化して規定した。同時に、旧法下の実務で問題視されていた競売・売却手続を改善し、いわゆる執行妨害者を排除して、一般市民をはじめ、より多くの買受希望者が参加できるよう配慮し、よって迅速・適正な執行ができるよう改正したのである。

ただし、民事執行法においても、強制執行と担保権実行とは、目的物件を換価する法的根拠が異なるために、その執行手続のレールを一本化できたとはいえ、その上に種類の異なる機関車が走っていることに変わりがない（上記の比喩で言えば、一本のレール上に電気機関車と蒸気機関車が走っていることになる）。そのために、民事執行手続を初めて学ぶ者にとっては、全体的に理解し難い構造になっているのである。

コラム　民事執行手続はなぜ難しいか？

民事執行法は、全部で207ヵ条（平成16年改正後。ちなみに、民事執行法制定当時の昭和54年3月では198ヵ条であった）あるが、そのほとんどが強制執行手続を定めた規定である。担保権実行手続については、180条から194条までのうちの10ヵ条（185条および186条は平成15年改正により削除）でその固有の規定を置いているが、それ以外については強制執行の規定を全面的に準用している。そのため、民事執行の教科書は、まず強制執行について手続全体のストーリーを解説して、その後に担保権実行手続について触れるのが普通である。

ところが、実務では、たとえば不動産執行の申立件数の90％以上は担保権実行としての担保不動産競売であり、不動産強制競売は10％に満たないというのが現状である（ただし、債権執行および動産執行については、強制執行の申立件数の方が圧倒的に多い）。つまり、複雑な手続である不動産執行に限っていえば、実務では、基本的な規定をそのまま適用して手続を進めることは少なく、むしろ準用を必要とする担保権実行（担保不動産競売、担保不動産収益執行）

の方が圧倒的に多いということである。

　たとえば、申立事件の当事者（登場人物）についてみると、強制執行では基本的には「執行債権者」と「執行債務者」だけであり、例外的に債権執行手続において「第三債務者」が登場する程度であるが、担保権実行手続においては、物上保証や担保権の追及効の制度があるので、執行債権者や執行債務者だけでなく、「抵当権設定者」（契約時の設定者）、「被担保債務者」、「所有者」（現在の所有者）が現れることがある。いわば、2人分の登場人物の台本を交付されて、4、5人の舞台俳優が「それぞれの役割を自覚しながら適切に演じるよう命ぜられた」ようなものなのである。執行実務担当者としては、強制執行手続の準用と言われてみても、戸惑ってしまうことが多いのである。

　また、手続の開始・停止・取消しに関しては、担保権実行手続においては独自の規定を置いているが（民執183条）、手続が進行して他の利害関係人（担保不動産競売における買受申出人、買受人等）が現れた場合の調整規定（民執72条、76条等）については強制執行の規定を準用している。ここでも、担保権実行の停止・取消文書（民執183条）が強制執行手続における停止・取消規定に定める文書（民執39条、40条）のどれに相当するのか、判断を迷うことが少なくない。

　そうすると、担保権実行手続では強制執行の規定を準用するといっても、どの場面で、どの規定を、どのように解釈したうえで準用するのかなどについては、ベテランの実務担当者でも迷うことが多いのである。初心者には、なかなか理解し難いのは当然なのであるから、当面はあまり気にするな、と言うほかはない。とりあえずは、強制執行手続をしっかり勉強してその手続全体を頭に入れて欲しい。

　さらに、国税徴収法は、納税者が税金を正当に納税していない場合に徴収機関が強制的に徴収する方法として、滞納処分の手続を規定している。その結果、特定の財産権に対し、競売手続と滞納処分手続とが競合する事態が生ずることがある。そこで、一方の手続による差押えがある場合に、「滞納処分と強制執行等との手続の調整に関する法律」（昭和32年法律第94号）が民事執行手続との両手続の調整を図る目的で制定され、滞納処分による差押えの

ある財債権に対しても民事執行法よる開始決定をすることができ、また反対に、民事執行法による差押えがある財産権に対しても滞納処分に差押えができるように調整されている。

この関係を図示すれば、次のとおりである。

【図2】 担保権実行と強制執行等の関係・新旧比較

民事執行法制定前（旧法）

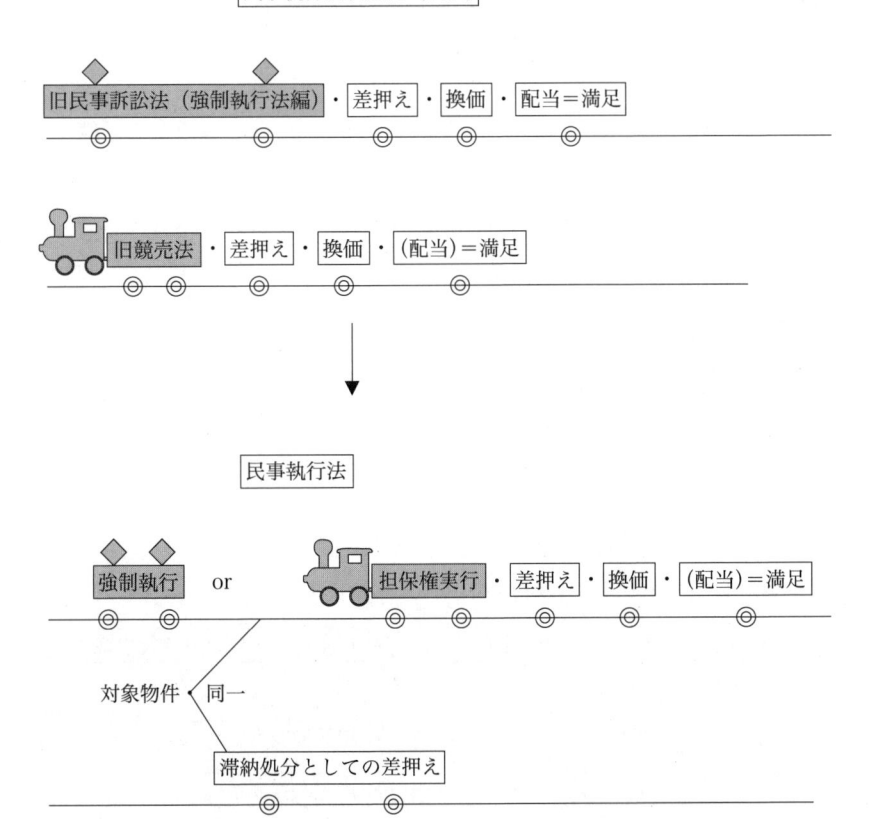

旧民事訴訟法（強制執行法編）・差押え・換価・配当＝満足

旧競売法・差押え・換価・(配当)＝満足

民事執行法

強制執行 or 担保権実行・差押え・換価・(配当)＝満足

対象物件 — 同一

滞納処分としての差押え

(4) 旧法から民事執行法への移行関係

旧法で規定されていた内容が、民事執行法（制定時）ではどのように規定

されることになったか。その移行関係は次のとおりである。すなわち、上記のように、

① 旧法時代においては、旧民事訴訟法〔第6編〕中に定められていた「判決等の債務名義に基づく強制執行の手続」および
② 「仮差押え・仮処分の裁判（命令）手続」と
③ 「同上の執行手続」
④ 旧競売法に定められていた担保権実行のためのいわゆる「任意競売の手続」および
⑤ 「形式的競売手続」

の各手続のうち、民事執行法は、上記のうち①、③、④および⑤の手続をまとめて単一の法律で規制したのである。そして、②の仮差押え・仮処分の裁判（命令）手続については、旧民事訴訟法〔第6編　仮差押及ビ仮処分〕として残されることになった（その後の民事保全法制定による分離については、後記4参照）。

以上の移行関係は、次の【図3】のとおりである。

【図3】　旧法と民事執行法との関係

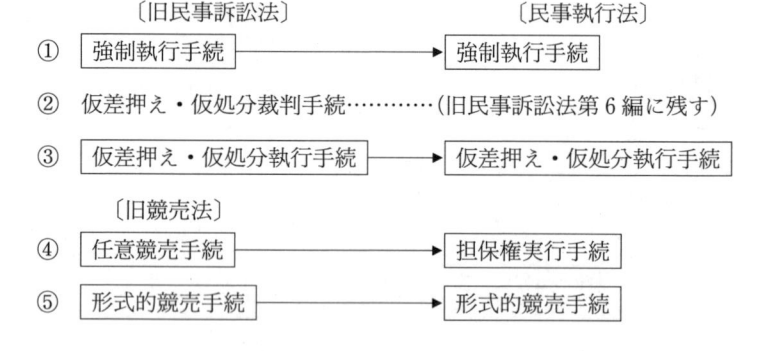

　　　　　　　〔旧民事訴訟法〕　　　　　　　　〔民事執行法〕
① 強制執行手続　　──→　強制執行手続
② 仮差押え・仮処分裁判手続………（旧民事訴訟法第6編に残す）
③ 仮差押え・仮処分執行手続　──→　仮差押え・仮処分執行手続
　　　　　　　〔旧競売法〕
④ 任意競売手続　──→　担保権実行手続
⑤ 形式的競売手続　──→　形式的競売手続

2　民事執行をめぐる法改正の経緯

民事執行法が制定された後も、次のとおり、民事執行をめぐって多くの法

改正が行われている。その中でも、近年における平成8年改正（下記(2)）、平成10年改正（下記(4)）、平成15年改正および平成16年改正は、執行実務上、重要なものであるといえよう。

とにかく、民事執行法を勉強する際には、こうした法改正の動きを把握しておかないと、これまでの判例や文献等について正しく理解することができない。すなわち、ある時点では重要な課題といわれていたものがその後の法改正により既に解決済みになっていることもあるし、反対に、法改正により新たに創設されたものについて実務上の課題が浮上していることも少なくないのである。

そこで、これまでの民事執行をめぐる法改正について、その内容について重要と思われるものを取り上げて、次に概括的に説明しておくことにする。

(1) **平成7年改正**（平成7年法律第91号）

同年5月12日刑法の一部改正（同年6月1日施行）に伴う改正で、民事執行法65条3号の該当条項を改正刑法のそれに直す形式的な改正である。

(2) **平成8年改正（Ⅰ）**（平成8年法律第108号、同年最高裁規則第4号）

住宅金融専門会社（住専）の不良債権の回収を実効あらしめるための諸政策の一環として行われた改正である。すなわち、住専の担保付貸付債権の回収のための抵当権実行としての不動産競売が、暴力団関係者等による不動産の不法占有等の執行妨害により、価額の下落だけでなく不動産の売却自体を困難にしているとの現状認識に基づいて、不動産競売の手続における不当な妨害を排除し、競売手続のより迅速な遂行を図ろうとする改正である。主な内容は、次のとおりである。

(ア) **保全処分の相手方の範囲の拡大とその機能の強化**（民執55条、77条）

民事執行法55条1項の売却のための保全処分（禁止・行為命令）について、債務者（所有者）のほか「不動産の占有者」に対しても命令できるようになり、同法55条2項の売却のための保全命令（執行官保管命令）および同法77条の買受人のための保全命令について、債務者（所有者）のほか「不動産の占有者で、その占有権原を買受人に対抗することができない者」に対しても

命令できるようになった。

【図4】 平成8年改正後の保全処分の相手方

〔保全命令〕　　　　〔改正前の相手方〕　〔改正後の相手方〕

| 禁止命令・行為命令 | 債務者・所有者 → 債務者・所有者・占有者 |
| 執行官保管命令 | 債務者・所有者 → 債務者・所有者 |

　　　　　　　　　　　　　　　　↘買受人等に対抗できない占有者

　また、執行官保管命令の要件（民執55条2号）を緩和して、特別の事情があるときには、禁止命令等を前提にしないで直ちに執行官保管命令ができるようになった。そのほか、審尋の規定（民執55条2号、77条2号）を新設したが、これらの改正により、いわゆる占有屋等の不法占拠者の排除が従来より容易になった。

> **コラム　占有屋とは？**
>
> 　執行妨害の態様にはいろいろなものがあるが、その中に実務で「占有屋」と呼ばれている輩がいる。古典的なものとしては、まったく権原のない不動産の不法占拠者が、看板、張り紙等によって暴力団関係者であることを誇示し威嚇したり、更地にプレハブ小屋を建築するなどして物理的に抵抗したりする場合、あるいは抵当不動産上に改正前民法395条の短期賃貸借等を仮装・作出したうえ名目だけの占有（本来の用益的占有でない占有）を続ける場合などがあるが、要するに、占有妨害行為により、買受申出人が現れ難い状況を作り出し、執行裁判所に入札の続行を繰り返させて売却基準価額（従前は最低売却価額）を低く評価させ、最終的に自らが低廉に競売不動産を落札することを目指したり、それが実現しないときは、買受人となった者に対して立退料名義の金銭の支払いを要求するのである。
>
> 　ほかに執行妨害の態様としては、執行抗告、執行異議等の申立てを乱発して競売手続の進行遅延を図るなどして自己使用の継続を目的とする執行妨害（執行妨害屋といわれる）、執行機関に虚偽の陳述や書類の提出をしたり、執行官の現況調査を妨害したり、物権明細書を破棄したりするなどして手続の進行を

阻止する執行妨害、後順位の担保権者や一般債権者等が自己の債権回収目的で改正前民法395条の短期賃貸借契約等を仮装作出する債権回収型の執行妨害などがある。

　もちろん、こうした執行妨害に対して、これまで執行実務においては、執行妨害排除を目指して運用面で種々の工夫を重ねてきたのであるし、また、執行妨害対策としての法改正がたびたび行われてきたところである。しかし、執行妨害をしようとする者は、次々と新たな巧妙な方法による妨害を行っており、なかなか完全に消滅しないのが実状である。

　(ｲ)　引渡命令の相手方の範囲の拡大とその機能の強化（民執83条）

　引渡命令の相手方について、差押えの効力発生前から権原により不動産を占有している者に対しても、その権原を買受人に対抗できない場合には、引渡命令を発することができるようになった。改正前は、使用借権者や対抗要件を欠く賃借権者に対しても引渡命令を発することができなかったが、改正後はこれらの者に対して発令することができるようになった。

【図5】　平成8年改正後の引渡命令の相手方

	改正前の相手方	改正後の相手方
引渡命令	▲債務者・所有者および一般承継人 →	債務者・所有者および一般承継人
	▲不動産の占有者で債務者等に対して権原がない者 →	不動産の占有者で買受人に対抗できる権原がない者

　(ｳ)　担保権実行としての不動産競売の開始決定前の保全処分の新設（民執187条の2）

　不動産競売の開始前であっても、債務者・所有者または占有者が担保不動産の価値を著しく減少する行為やそのおそれがあった場合で、特に必要があるときは、担保権者は民事執行法55条と同様な保全処分ができることになった。

13

(3) 平成 8 年改正（Ⅱ）（平成 8 年法律第110号、同年最高裁規則第 6 号）

同年 6 月26日に成立した新しい民事訴訟法の施行に伴う関係法律の整備等に関する法律による改正であり、執行関係では、債務名義の拡大（民執22条）、支払督促制度の新設（民執33条）、定期金による賠償を命じた確定判決の変更を求める訴え（民訴117条）に伴う改正（民執90条）などが実質的な改正であるが、旧民事訴訟法の条文を引用している民事執行法の該当条項を新民事訴訟法のそれに直す形式的な改正が多い。

(4) 平成10年改正（Ⅰ）（平成10年法律第128号、同年最高裁規則第 5 号）

金融システムの危機に対処するため、いわゆる金融再生関連法案として、同年10月12日に「金融機関等が有する根抵当権により担保される債権の譲渡の円滑化のための臨時措置に関する法律」「債権管理回収業に関する特別措置法」（いわゆるサービサー法）のほか、「競売手続の円滑化等を図るための関係法律の整備に関する法律」が成立し、これに伴い民事執行法および関連法が改正された。なお、上記 2 法により、金融機関は不良債権を債権回収会社等に売却・譲渡して、その債権処理を迅速かつ円滑に進めることが可能となり、また、債権回収会社（サービサー）による競売申立てができるようになった。

> **コラム　サービサー会社とは？**
>
> 弁護士でない者が他人のために代理人となったりまたは他人の権利を譲り受けて債権回収を業とすることは、一般的に法律で禁じられているが（弁護士法72条、73条）、平成10年の民事執行法の一部改正が行われた金融再生国会の際に、金融再生関連 6 法の 1 つとして債権管理回収業に関する特別措置法（サービサー法と略称されている）が成立した。これが平成11年 2 月 1 日に施行されている。
>
> この法律により法務大臣の許可を得た債権回収会社（サービサー会社）は、業として特定金銭債権の管理および回収を行うことができるようになった。同法の施行以来、サービサー会社は増加の一途をたどり、平成18年 9 月現在では

> 全国で96社に及んでいる。また、不良債権の早期処理ということで取り扱った債権総数は791万件、その債権総額は27兆円に達している。

　この改正は、不動産競売手続において不当な執行妨害行為により手続の遅延が生じているとの現状認識に基づき、手続のより円滑かつ適正な遂行を図るなどのために、次に記載するような観点から、民事執行法・同規則のほか、「滞納処分と強制執行等との手続の調整に関する法律」および「不動産登記法等」の各一部改正が行われた。

　　(ア)　執行妨害を排除する観点からの民事執行法の一部改正

　執行手続を不当に遅延させることを目的とする執行抗告の簡易却下制度の新設（民執10条、民執規7条の2）、執行官・評価人の調査権限の拡充（民執18条、57条、58条、168条）、買受けの申出をした差押債権者のための保全処分制度の新設（民執68条の2、民執規51条の4）等がある。

　　(イ)　手続の迅速処理を図る観点からの民事執行法、滞調法および不動産登記法の一部改正

　売却の見込みのない場合の措置の新設（民執68条の3、民執規51条の5）、配当期日の呼出状の送達手続の改正（民執85条）、民事執行と滞納処分とが競合した場合に民事執行手続を続行させるための手続の簡素化（滞調8条、滞調規12条、19条の2）、抵当不動産について他の抵当権等が差押えをしたことを知った時から2週間を経過した場合の根抵当権の元本の確定の登記手続の簡素化（民398条の20第1項3号）等がある。

　　(ウ)　競売制度を利用しやすいものにする観点からの民事執行法の一部改正

　買受人の銀行ローン活用のための移転登記の嘱託方法の改善（民執82条、民執規58条の2）等がある。

　　(エ)　民事執行規則独自の観点からの新たな改正

　競売不動産の評価の充実等を目指したもの（民執規29条の2）、債権者等と裁判所との協力による円滑な手続の進行を目指したもの（民執規10条の3、

23条の２、51条２項)、国民に開かれた迅速な売却手続を目指したもの（民執規36条２項、38条６項、51条１・２項）等の改正である。

(5) **平成10年改正(Ⅱ)**（平成10年法律第129号、同年最高裁規則第６号）

上記(4)の改正と同時に、「特定競売手続における現況調査及び評価等の特例に関する臨時措置法」および「特定競売手続における現況調査及び評価等の特例に関する臨時措置規則」が制定され、特定債権者（預金保険機構、住宅金融債権管理機構または整理回収銀行（同法２条１項））の申立てにかかる特定競売手続においては、申立人から不動産の現況を明らかにする書面または不動産の評価を記載した書面が提出され、かつ執行裁判所が相当と認めたときは、これらの書面を執行官の現況調査（民執57条）または評価人の評価（民執58条）に代わるものとして手続を進めることができることになった。

(6) **平成11年改正**（平成11年最高裁規則第４号・11号）

日本電信電話株式会社の組織替えに伴う電話加入権執行の関係規則（民執規146条等）の改正と、動産の引渡請求権の差押執行における執行官の受領調書の作成提出に関する規定（民執規142条の２）が新設された。

なお、同年12月22日に成立した民事再生法（同年法律225号、最高裁規則３号）による民事再生手続において、担保権実行による競売手続の中止命令が可能となり（同法31条）、また、同年12月13日に成立した特定債務等の調整の促進のための特定調停に関する法律（同年法律158号、同年最高裁規則第２号、「特定調停法」と略称される）による特定調停手続において、担保権実行による競売だけでなく強制競売についても民事執行手続の停止ができるようになった（同法７条、同規則３条）。

(7) **平成12年改正**（平成12年法律第130号、同年最高裁規則第15号）

公職にある者等のあっせん行為による利得等処罰に関する法律が制定されたことに伴い、民事執行法65条３項（不動産競売における売却の場所の秩序維持として入場制限等を受ける者）に、上記法１条１項、２条１項もしくは４条の規定により刑に処せられた者が加わる、などの改正が行われた。

(8) **平成14年改正**（平成14年最高裁規則第6号）

競売不動産に関する物件情報について、それまでは、日刊新聞や住宅情報誌等に掲載されていたが、この改正により、執行裁判所に備え置かれる現況調査報告書、評価書および物件明細書（いわゆる3点セット）の内容を含む物件情報を、インターネットを利用する方法により公示することができるようになった（民執規4条3項、36条2項、49条、83条1項、97条の改正。36条の2の削除）。

(9) **平成15年改正**（平成15年法律134号、同年最高裁規則第22号）

執行妨害対策の強化と、それに関連して、それまでの課題となっていた実体法上の制度の合理化を図り、さらに執行手続の一層の迅速化を図るために、同年7月25日に「担保物権及び民事執行制度の改善のための民法等の一部を改正する法律」が制定され、民法のほか、民事執行法、民事保全法、不動産登記法等の一部改正が行われた。この改正は、民法上の担保物権制度について、社会経済情勢の変化への対応という観点から、その実行手続を含めた見直しを行うとともに、実体法上の権利実行の実効性をより高めるという観点から見直しが行われた。これまでも、執行妨害対策および執行手続の迅速化、合理化という観点からは、上記(2)の平成8年改正および(4)の平成10年改正の各改正があるが、この平成15年改正はそれを上回る大規模な改正であり、金融および執行実務に与える影響は大きい。民法における抵当権その他の担保権の規定等についても重要な改正が行われているが、執行実務面から分類すると、主な改正点は次のとおりである。

㋐ **不動産競売における執行妨害対策の強化と手続の円滑化**

(A) 民事執行法上の保全処分の強化

売却のための保全処分等について、その発令要件の緩和、公示保全処分、相手方の特定性緩和、占有移転禁止の保全処分の当事者恒定効、保管費用の扱い等（民執55条、55条の2）の改正をしたほか、買受けの申出をした差押債権者のための保全処分等（民執68条の2）、最高価買受申出人または買受人のための保全処分等（民執77条）および担保不動産競売の開始決定前の保全

17

処分等（民執187条）についても、同旨の改正をした。

　　(B)　短期賃貸借制度の廃止等（賃貸借に対する抵当権の効力）と明渡猶予制度の創設（民395条、387条、民執83条2項。ただし、附則5条に経過措置）

　短期賃貸借制度が廃止され、抵当権設定登記後の賃借権は（長期・短期にかかわらず）、抵当権者・買受人に対抗できなくなることとし、その代わりに建物明渡猶予制度を創設し、優先する抵当権者の同意とその登記により、登記した賃借権に対抗力を与える制度を創設した。

　　(C)　土地と建物の一括競売（民389条）

　抵当権設定後に第三者が築造した建物につき、原則として、土地の抵当権者が建物も一括して競売することが可能となった。

　　(D)　滌除制度の見直し（抵当権消滅請求）と増加競売の廃止（民378条－386条、577条。改正前民381条および民執185条、186条の廃止）

　「滌除」の名称を「抵当権消滅請求」に改め、増価競売制度を廃止し、第三取得者の請求に対しては通常の競売申立てでよいことになった。抵当権消滅請求権者には用益物権者を除くこととし、第三取得者に対する抵当権実行通知義務を廃止し、競売申立可能期間を延長した。また、増価競売買受義務が廃止され、競売取下げ等による承諾擬制等の規定が設けられた。

　　(E)　不動産の内覧制度の創設（民執64条の2）

　執行裁判所は、差押債権者の申立てがあるときは、権原のある占有者がいる場合で当該占有者が同意しないときを除き、執行官に対し、内覧（不動産の買受希望者をこれに立ち入らせて見学させること）の実施を命じなければならないことにした。

　　(F)　根抵当権者の請求による根抵当権の元本確定請求等（民398条の19、398条の20）

　担保すべき元本の確定すべき期日の定めがあった場合を除き、根抵当権者らの請求によって元本を確定できることにした。また、根抵当権者はそれによる元本確定の登記を単独で申請できることになった（旧不登119条ノ9、改

正不登93条)。

　(G)　競売手続における差引納付に係る代金の納付時期（民執78条）

　買受人が債権者であって配当異議の申出があった場合における差引納付に係る代金の納期時期について、従来の「直ちに」から、「配当期日から1週間以内に納付」となった（同条4項）。

　㈣　担保不動産収益執行（不動産の収益に対する抵当権の効力）（民371条、民執180条2号、188条）

　不動産担保権の実行の方法として、不動産競売（改正法では「担保不動産競売」と呼称される）のほかに、担保不動産収益執行（不動産から生ずる収益を被担保債権の弁済に充てる方法）の手続が創設され、債権者は、いずれかを選択することができるようになった。この手続には、基本的に従来の強制管理の規定（民執93条～111条）が準用される。この制度の創設に伴い、強制管理または担保不動産収益執行における配当受領者等の見直し（民執法105条、107条）、抵当権に基づく物上代位（賃料等に対する債権執行）等と強制管理等の手続の調整（民執93条の4）の規定が設けられた。

　㈦　不動産の明渡執行の実効性の確保

　(A)　相手方を特定しないで発する占有移転禁止の仮処分（民保25条の2、55条の2、62条）

　執行前に相手方を特定することを困難とする特別事情があるときは、執行裁判所は、相手方を特定しないで、執行官保管の保全処分、占有移転禁止の保全処分を発令することができるものとされた。同様の趣旨から、民事保全法上の占有移転禁止の仮処分についても、相手方の特定を緩和することができるものとした。

　(B)　債務者を特定しない承継執行文の付与（民執27条3項）

　占有移転禁止の仮処分等があらかじめ執行されている場合における不動産の引渡し・明渡しの強制執行において、債務名義上の債権者以外の占有者を通常の方法により特定して表示することが困難である特別の事情があるときは、承継人等の表示を「明渡執行時の不動産の占有者」として、承継執行文

19

を付与することができるものとした。

　(C)　明渡しの催告と目的外動産の取扱い（民執168条の2、168条5項・6項）

　不動産の引渡し・明渡しの強制執行において、執行官は、引渡期限を定めて明渡しの催告ができるものとした。それに伴い目的外動産の売却を容易にした。

　(エ)　強制執行等の実効性の確保と円滑化

　(A)　財産開示制度（民執196条～203条、206条）

　執行力ある債務名義の正本を有する金銭債権の債権者（仮執行宣言付判決、仮執行宣言付支払督促、確定した支払督促、執行証書を除く）、または一般先取特権者の申立てにより、裁判所が財産開示手続の実施決定をして債務者を呼び出し、非公開の期日において、債務者に宣誓のうえで自己の財産について陳述させる手続を創設した。

　(B)　扶養義務等に係る金銭債権に基づく強制執行の特例（少額定期給付債務の履行確保、民執151条の2、152条3項）

　扶養義務に係る定期金債権について、期限未到来のものでも債権執行をすることができるものとし、また、差押禁止債権の範囲について債務者が受けるべき給料等の2分の1に縮少することとされた。

　(C)　差押禁止財産の見直し（民執131条2号・3号）

　標準的な世帯の必要生活費の推移等を踏まえて、「政令で定める額」や差押禁止財産の範囲などの見直しを行った。

　(D)　間接強制の適用範囲の拡張（民執173条）

　間接強制の補充性を見直し、物の引渡債務、作為債務または不作為債務についても、債権者の選択により間接強制ができるものとした。

　(E)　動産競売の開始要件（民執190条、192条、123条2項）

　改正前の民事執行法190条では、動産競売の開始要件として、債権者が執行官に対して当該動産を提出するか、占有者の差押えについての承諾書を提出する必要があったが、改正法では、担保権の存在を証明する文書により執

行裁判所の開始許可を受けることにより、動産競売の開始ができるようになった。

(F) 雇人給料の先取特権の拡大（民306条2号、308条）

雇用のみならず請負、委任等の契約により労務を提供する者を含む使用人が有する雇用関係に基づいて生じた債権のすべてについて、期間の限定なく、一般先取特権が認められることになった。

(オ) その他

指名債権の債権質設定をする場合、債務譲渡につき証書の交付が必要とされるような特別の債権（証券的債権等）を除き、債権証書の交付を質権設定の効力発生要件とはしないものとした（民363条）。

(10) **平成16年改正**（平成16年法律第152号、17年最高裁規則第5号）

同年12月3日に「民事関係手続の改善のための民事訴訟法等の一部を改正する法律」が公布されたが、その中で執行関係についても重要な改正が含まれている。平成17年4月1日に施行された。主な改正内容は、次のとおりである。

(ア) 裁判所内部の職務分担の合理化

従前、執行裁判所の職務とされていたものを、裁判所書記官の職務とした（民執14条、47条、49条、62条、64条、78条、85条）。

(イ) 執行官による援助請求の拡大

執行官も執行裁判所と同様に、民事執行のために必要がある場合に、官庁または公署に対して援助を求めることができるようになった（民執18条1項）。

(ウ) 不動産競売関係における最低売却価額から売却基準価額への変更

従前の「最低売却価額」を「売却基準価額」に変更し、新たに「買受可能価額」なる概念を取り入れ、これに伴う改正を行った（民執58条2項、60条1項・3項、63条1項・2項）。

(エ) 少額訴訟債権執行

訴額（60万円まで）に見合った経済的負担で紛争の適正・迅速な解決を得られるように設けられた少額訴訟（民訴368条以下）に係る債務名義による金

銭債権執行を、地方裁判所が行うほか、申立てにより、簡易裁判所（少額訴訟に係る債務名義が成立した裁判所）の裁判所書記官が行う、とする少額訴訟債権執行が新設された（民執167条の2〜167条の14）。

　(オ)　扶養義務等に係る金銭債権について間接強制の導入（民執167条の15）

　この種の金銭債権の強制執行については、債権者の申立てがあるときは（ただし、一定の制限がある）、間接強制の方法によることができるようになった。

3　現行民事執行の意義および範囲

(1)　民事執行法における民事執行

　以上のように、民事執行法は、その制定後これまでに多くの改正を経てきたが、その結果、現行の民事執行の意義および範囲は、次のとおりとなった（民執1条）。

①　判決その他の債務名義に基づいて行われる「強制執行」であり、これは、同法の第2章に規定されている。

②　質権、抵当権、先取特権等の「担保権の実行としての競売等」であり、これは、同法第3章に規定されている。

③　留置権による競売など「民法、商法、その他の法律の規定による換価のための競売」であり、「形式的競売」と呼ばれている。これは、強制執行や担保権実行としての競売とは異なり、債権回収など債権者の権利実現のための競売ではなく、たとえば、遺産分割をする際に相続財産を売却して金銭に換えたうえで分割するような事例のように、とにかく、物を売却して金銭に換える（換価処分）ための手続である。これについては、第3章の中の195条により「担保権実行としての競売の例による」とされている。

④　「財産開示制度」は、平成15年改正により創設された制度であるが、第4章に規定されている。これは、確定判決その他一定の種類の金銭債権の債務名義を有する債権者または一般の先取特権を有する債権者が、

債務者の知れている財産に対して執行してもその完全な弁済を受けられないことの疎明があった場合その他一定の要件を具備する場合に、執行裁判所に申立てをし、執行裁判所が債務者に対する財産開示手続の実施決定をすることによって開始される手続である。民事執行の手続の1つとして位置付けられているが、強制執行等の手続に通ずる性質を有しているものの、強制執行等とは異なり、債権者にとって最終的な満足に至るものではない。

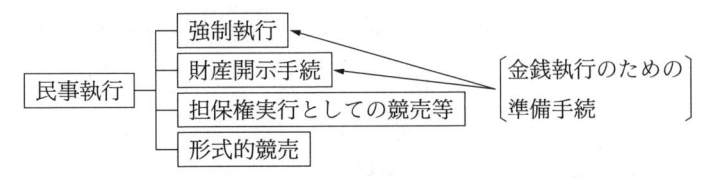

【図6】 執行手続の種類

```
                ┌─ 強制執行 ──────────┐
                ├─ 財産開示手続 ──────┤ ┌金銭執行のための┐
    民事執行 ───┤                      ├─┤              │
                ├─ 担保権実行としての競売等  └準備手続      ┘
                └─ 形式的競売
```

(2) 特別法における民事執行

そのほか、たとえば、鉄道財団抵当権について、その実行については鉄道抵当法に定められているように、他の法律によって民事執行法の特例が認められていることがあるし、また、登録航空機、登録自動車、登記済みの建設機械、電話加入権、預託株券等については、それぞれの関係する法律の委任により、民事執行規則にその執行手続が規定されている（民執規74条、84条、86条、98条、146条、150条の2等参照）。

なお、私債権の実現のための手続である民事執行は、不動産、動産、債権等と個別の財産ごとに執行手続が異なるので、「個別執行」と呼ばれ、債務者の総財産に対して執行される破産、民事再生、会社更生等の「包括執行」とは区別される。

4 民事保全法制定による保全関係の分離

平成元年12月に民事保全法（同年法律第91号）が成立した。この法律は、

それまで、上記Ⅱの1(4)【図3】のとおり、旧民事訴訟法に残されていた②の「仮差押え・仮処分の裁判（命令）手続」の部分と、民事執行法（第3章）に移行規定されていた③の「仮差押え・仮処分の執行手続」の部分（旧民執174条～180条）について、これに大幅な改善を加えて統合したうえ、新たに仮処分の効力に関する規定を加えて、民事保全（仮差押えおよび仮処分）に関する基本法として、まとめて規定されたものである。

このように民事保全法が制定された結果、民事執行法（平成15年法改正前）には、上記Ⅱの1(4)【図3】のうち①の強制執行手続、④の担保権実行手続および⑤の形式的競売手続が残されたが、保全に関しては、裁判（命令）手続およびその執行手続のすべてが民事保全法により統一的に規定されることになった。この関係を示すと、【図7】のとおりである。

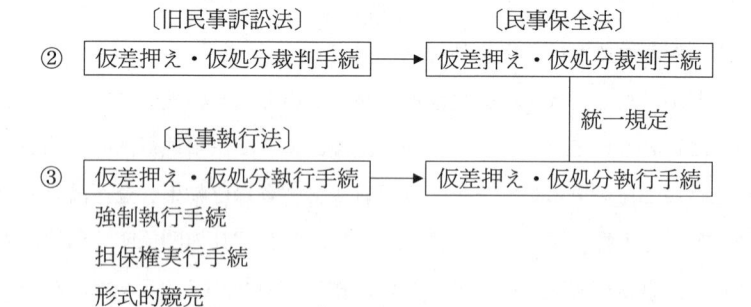

【図7】　民事保全法制定による移行

〔旧民事訴訟法〕　　　　　〔民事保全法〕
② 仮差押え・仮処分裁判手続 → 仮差押え・仮処分裁判手続
　　　　　　　　　　　　　　　｜統一規定
　〔民事執行法〕
③ 仮差押え・仮処分執行手続 → 仮差押え・仮処分執行手続
　強制執行手続
　担保権実行手続
　形式的競売
　（その後の平成15年改正で
　　財産開示手続が追加）

5　民事保全の意義および範囲

民事保全とは、「仮差押え」、「係争物に関する仮処分」および「民事訴訟の本案の権利関係につき仮の地位を定めるための仮処分」の総称である（民保1条）。

(1) 仮差押え

　これは、金銭債権の強制執行を保全することを目的とする。

　たとえば、甲は、乙との間で商品売買の取引を継続して、その売掛代金の残高が1000万円に達しているが、乙は、最近、資金繰りが苦しいらしく約束どおりに支払わない。そこで、何度も支払いを求めたが、乙が応じないので、契約を解除して、売掛残代金の支払いを求める訴訟を準備している。ところが、乙は、これを察知して、自分の所有財産をすべて他人に譲渡してしまい、無一文になってしまった。そうすると、甲が、時間をかけて勝訴判決を得たとしても、乙には責任財産がなくなっているから、その債権を回収することができなくなる。

　このように、金銭債権の将来の強制執行による債権者の満足を確保するため、暫定的に債務者の財産を差し押さえておいて、その処分を制限する措置を講じておくのが「仮差押え」の制度である。

(2) 係争物に関する仮処分

　これは、物に関する給付請求権（たとえば、物の引渡し・明渡請求権、所有権移転登記手続請求権等）の強制執行を保全するため、その目的物の現状を維持する処分である。将来の強制執行の保全を目的とする点では、仮差押えと共通の機能があるが、金銭請求以外の給付請求権の保全を目的としている。

　これは、給付義務不履行の際に、債務者が係争物の現状の変更により債権者が権利実行を妨げられるおそれがあるとき、または権利実行に際し著しい困難を生ずるおそれがあるときに発令するものである。我が国の民事訴訟においては訴訟承継主義を採っているので、訴訟係属中に係争物の権利移転のおそれがある場合には、原告（債権者）が処分禁止・占有移転禁止等の仮処分を得てこれを執行をしておけば、これにより当事者恒定の効力が与えられることになっている（民保58以下）。たとえば、建物明渡請求訴訟で原告が請求認容の判決を得たとしても、被告が事実審の口頭弁論終結前に自己の占有を第三者に移転してしまうと、その判決に基づいて第三者（新占有者）に対する明渡執行ができなくなるので、原告としては、あらかじめ「占有移転禁

止の仮処分」を得てこれを執行しておく必要がある。

(3) 仮の地位を定めるための仮処分

これは、争いある権利関係について暫定的な処分を行うことによって、債権者の現在の危険を除去し、将来における終局的な権利の実現が不可能になることを防止するものである。債権者に生ずる著しい損害または急迫の危険を避けるために、これが必要なときに発令する。たとえば、解雇無効確認訴訟を提起する労働者は本案判決をもらうまで生活しなければならないので、とりあえず賃金仮払いの仮処分により生活費を得て訴訟を維持できるようにするのである。本案訴訟の権利関係は問わないし、上記(1)、(2)の保全のように強制執行の保全を目的としていない。

III　強制執行手続における通則

1　強制執行の意義

　強制執行とは、執行機関、すなわち執行裁判所または執行官が、国家権力を用いて債権者のために債務名義に表示された私法上の給付請求権を強制的に実現するための制度と手続である。近代国家においては、国民が私権を実現しようとする場合に、「自力救済」が禁止されており、権利を実現する執行権は国家が独占している。そこで、実体法上の権利者としては、国家に対して執行機関による当該執行の実施を要求することができるのであり、この請求権者の法的地位を「民事執行請求権」と呼んでいる。判決手続の「訴権」に対応するものであり、公法上の権利である。これに対して、強制執行の目的達成のために、国家が債務者やその関係人に受忍を要求したり抵抗を排除することができる権能を「強制執行権」[1]と称している。

　なお、担保権の実行としての競売は、執行債権や担保権に内在する実体法上の換価権に基づいて実施されるので、その点の区別が必要となる。

2　強制執行手続の種類と態様

(1)　金銭執行と非金銭執行

　強制執行手続は、それによって実現されるべき請求権（執行債権）が金銭債権（金銭の支払いを目的とする）であるかそれ以外の請求権であるかによって、「金銭執行」と「非金銭執行」とに分けることができる。

(ア)　金銭執行

　金銭の支払いを目的とする執行は、債務者の所有財産を差し押さえ（処分禁止）、これを換価して、それによって得られた金銭を債権者に交付または

---

[1]　中野・民事執行法21頁以下。

配当するという手順で進行するが、債権者が執行対象として選択した財産（価値）の種類によって、その具体的手続が異なる。

すなわち、不動産に対する強制執行には、強制競売と強制管理の2つの方法があり、動産に対しては動産執行、債権その他の財産権に対しては債権執行がある。

もっとも、動産と不動産の区別は基本的には民法のそれによるが、差押え・換価の技術的理由等から民法の分類と一致しないことがあるので、注意しなければならない。たとえば、その性質は動産といえる船舶、航空機、自動車、建設機械等については一定の規格以上のもの（登記・登録制度があるもの）について、準不動産として不動産と類似の強制執行手続によることになるし、また、不動産の共有持分はみなし不動産として不動産執行の方法によることになっている。

なお、平成16年改正により、少額訴訟手続において債務名義を取得した債権者は、その手続を行った簡易裁判所の裁判所書記官に、少額訴訟債権執行の申立てができることになった（民執167条の2以下）。この少額訴訟債権執行手続の対象は金銭債権執行に限られ、その中で転付命令等が申し立てられ場合や配当が必要になる場合、あるいは執行裁判所（簡易裁判所）の裁量によって、地方裁判所における債権執行手続に事件が移行することになっている。

　　(イ)　非金銭執行

金銭の支払いを目的としない請求権の満足のための執行は、その請求の目的の違いに応じて執行手続は様々の形態があり、それらの執行手続の間に共通性があるわけではなく、不動産の引渡し・明渡請求権、動産の引渡請求権、作為（代替的作為・非代替的作為）請求権・不作為請求権あるいは意思表示請求権によって、それぞれ執行方法が異なることになる。

　(2)　執行の態様

強制執行は、債務者に対して加える強制の態様によって、直接強制、代替執行、間接強制の方法に分けることができるが、特殊のものとして意思表示

請求権につき意思表示の擬制がある。

(ア) 直接強制

　これは、義務者の履行の意思や都合に関係なく、執行機関がその権力作用により、直接に執行の目的財産に対する債務者（所有者）の支配を強制的に排除して請求権を実現する方法である。最も直截かつ効果的な執行方法であり、金銭執行や不動産の引渡し・明渡し、動産の引渡しの執行は、この直接強制の方法による（金銭請求につき民執43条～167条、引渡等請求につき民執168条～170条）。

(イ) 代替執行

　代替的作為債務（建物取壊しのように債務者以外の者がその作為をなして実現することが可能）等について、債権者が自らまたは第三者により作為内容を実現できる旨の授権およびその費用を債務者から取り立てうる旨の授権を執行機関たる裁判所より受けて、これに基づき債権者または第三者が権利内容を実現し、それに要した費用を債務者から取り立てるという方法である（民執171条、民414条2項本文・3項）。つまり、裁判所の授権を媒介として債務名義上の債務の内容たる作為を金銭支払いに切り替えて執行するものであり、一種の代償的執行である。

(ウ) 間接強制

　これは、不代替的作為債務（債務者以外の者が実現できない性質のもの）や継続的不作為義務等につき、債務者に対してその不履行に一定の不利益（相当額の金銭の支払い）を賦課することを予告して債務者の意思を圧迫し、あくまで債務者による履行を強いる方法である（民執172条）。

　我が国では、伝統的に、直接強制は債務者の自由意思の抑圧が最も少ない方法であるとして、それが可能な場合には代替執行や間接強制を許すべきでないとする考え方が支配的であったが、これに対し、直接強制が可能な場合であっても債権者は間接強制の方法を選択できると考える学説も有力であった。[2]

　そこで、平成15年改正により、不動産の引渡し・明渡し、動産の引渡しま

たは代替的作為の強制執行として、債権者の選択により間接強制の方法によることもできるようになり（民執173条）、さらに平成16年改正により、金銭執行でも扶養義務等に係る金銭債権の強制執行については、債権者の申立てがあるときは（ただし、債務者が支払能力を欠くためにその金銭債権に係る債務を弁済することができないとき、またはその債務を弁済することによってその生活が著しく窮迫するときを除いて）、間接強制の方法によることができるようになった（民執167条の15）。

　(エ)　**意思表示の擬制**

　所有権移転登記請求のように意思表示を求める請求権の執行は、判決その他の裁判の確定または和解や調停等の成立の時点で債務者が意思表示をしたものとみなされる（民執174条）。意思表示の義務は、不代替的作為義務の一種であるが、法は特異な執行形態を認め、現実の執行処分を必要としないものとしている。

　以上の強制執行の種類と態様を図式化すれば、次のとおりである。

2　中野・民事執行法10頁。

【図8】 強制執行の機能と態様

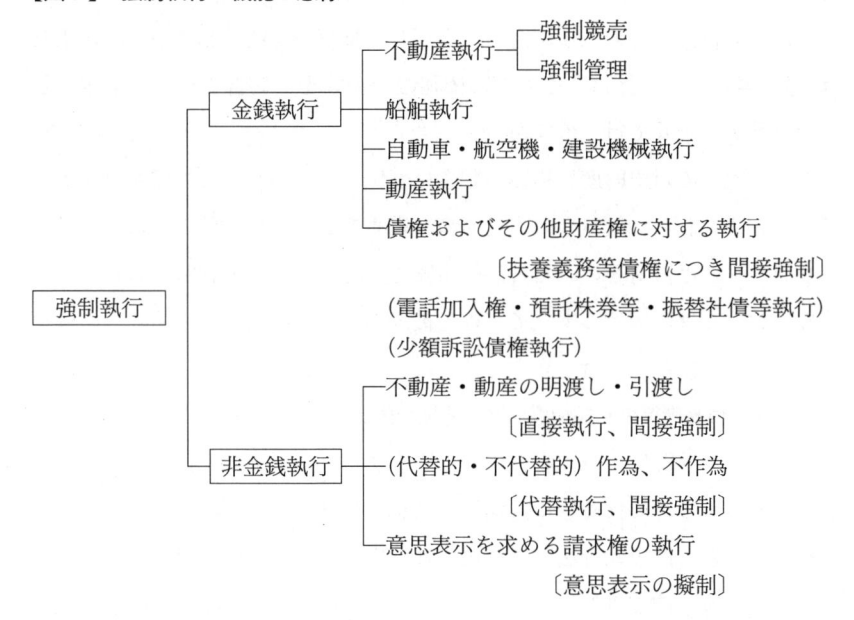

```
強制執行 ─┬─ 金銭執行 ─┬─ 不動産執行 ─┬─ 強制競売
         │           │              └─ 強制管理
         │           ├─ 船舶執行
         │           ├─ 自動車・航空機・建設機械執行
         │           ├─ 動産執行
         │           └─ 債権およびその他財産権に対する執行
         │                〔扶養義務等債権につき間接強制〕
         │              （電話加入権・預託株券等・振替社債等執行）
         │              （少額訴訟債権執行）
         └─ 非金銭執行 ─┬─ 不動産・動産の明渡し・引渡し
                       │    〔直接執行、間接強制〕
                       ├─（代替的・不代替的）作為、不作為
                       │    〔代替執行、間接強制〕
                       └─ 意思表示を求める請求権の執行
                            〔意思表示の擬制〕
```

3　執行機関（執行の主宰者）

(1)　執行機関の意義

(ア)　権利判定機関と執行機関との分離（迅速性の確保）

　執行手続は、私人の権利（請求権）の終局的な実現を目的とするものであるから、債権者の利益の保護を図るために、できるだけ簡易・迅速に執行手続が行われなければならない。近時の民事訴訟でも迅速性が要請されているが、執行手続には一層の迅速性が求められている。

　そのため、法は、執行手続を担当する執行機関（執行裁判所・執行官）を判決手続（権利確定手続）を担当する機関（受訴裁判所）から分離している。

　債権者に実体上の請求権が存在するかどうかについては、後者の機関である受訴裁判所に委ねており、執行機関としては、執行すべき請求権の存在を表示した債務名義等が作成されていれば、それを形式的に審査したうえで簡

易・迅速に手続を進め、その請求権の実現に専念することになる。比喩的に言えば、旅行業者等の正規の窓口で発行した乗車券を所持している者が来れば、JR等の鉄道会社は、その者の権利の存否等を一切審査せずに乗客として扱い列車に乗せて行くのである。

　また、執行の対象財産の帰属の判定についても、いわゆる外観主義を採っている。すなわち、債務者の責任財産に属するかどうかについては、不動産は登記、動産は占有といった外形的事実だけで所有権者と判断するし、また、債権においては債権者の申立てだけで被差押債権を特定し、その存否の確認さえ行わないで差押命令を発することになっている。

　(ｲ)　**債務者等の利益配慮（適正手続の確保）**

　他方、執行手続は、債権者の権利を実現するために国家の強制力を行使するのであるから、それは適正に執行されなければならない。

　そのために、民事執行法および民事執行規則により各執行手続が厳格に規律されており、違法執行に対しては手続内で救済手段（執行異議、執行抗告等）があるほか、不当執行に対しては別途の訴訟手続での救済手段（請求異議の訴え、第三者異議の訴え等）が用意され、場合によっては、違法な執行処分によって被害を受けた者からの国家賠償請求が認められる。

　債務者が自然人である場合には、人間としての生活を不可能にしたり、その尊厳を害するような執行方法・内容は許されない。たとえば、金銭債権執行の場合、債務者の財産のうち生計を立てるのに必要最小限の範囲のものは執行対象外（差押禁止財産）とされるし、一定年齢以上の幼児の引渡請求を直接強制執行によることは認められない。

　また、たとえば不動産強制競売手続においては、売買基準価額ないし買受可能価額を設けて広く買受希望者を募って適正価額での換価を目指しているが、これは債権者の債権回収の満足を図ると同時に、資産価値の低下を防ぐということで債務者の利益を配慮しているし、さらに不動産が低価格で濫売され市場が混乱することがないよう社会全体の利益にも配慮しているのである。

(ウ) 執行機関の構成

　執行機関とは、国家の執行権を行使する権限を有する国家機関であり、民事執行の実施を担当する国家機関である。我が国では、明治23年に旧々民事訴訟法を制定する際、ドイツ法に倣って、執行機関を執達吏、執行裁判所および受訴裁判所とする、三元的構成を採った。民事執行法においては、執行機関としての受訴裁判所を執行裁判所の観念の中に含ませることにし、執行機関は、「執行裁判所」と執達吏から執行吏さらに執行官と改めた「執行官」の2つとする二元性が採られている（民執2条）。ちなみに、民事保全執行についても、同じく裁判所と執行官である（民保2条2項）。

　執行裁判所は、権利関係の判断を中心とする観念的処分に適する種類の執行を行う。たとえば、不動産執行、船舶執行、債権執行、代替執行、間接強制およびこれらの金銭執行に準じる担保権の実行としての競売等は執行裁判所が行う。

　執行官は、随所に臨み威力を伴った事実的行為を中心とした処分に適する種類の執行を行う。たとえば、動産執行、不動産・動産の引渡し・明渡しの強制執行など、事実的要素の多い実力行為を必要とする執行処分が中心となる執行を担当する。さらに、執行官が行う執行処分に関しては、裁判所がこれに協力し監督するものとされている。

　民事執行に関して執行処分を行い、また、執行官の行う執行処分について協力または監督を行う裁判所を、民事執行法上は「執行裁判所」と呼ぶ。ちなみに、民事保全法上は「保全執行裁判所」という。

　なお、旧民事訴訟法では、作為・不作為執行に関して第一審の受訴裁判所を執行機関と定めていたが、民事執行法では、明確にこれも執行裁判所と位置付けられた。

(2) 執行裁判所

(ア) 執行裁判所の職分

　執行裁判所とは、①民事執行に関して特定の執行処分を自ら行い、②執行官の行う執行処分に関する執行異議の処理や執行官の職務について協力およ

33

び監督をすることを職分とする執行機関である（民執3条）。

(イ)　執行裁判所の管轄

　民事執行のうち執行裁判所の職務とされている執行行為は、原則として地方裁判所の権限に属し、これは単独裁判官によって構成される（裁25条、26条1項）。

　例外的に、作為・不作為請求権の強制執行については、債務名義作成に関与した第一審裁判所または和解・調停の成立した裁判所という資格で簡易裁判所または家庭裁判所が執行裁判所となることがある（民執171条2項、33条2項）。また、平成16年改正により少額訴訟債権執行の制度が設けられたが、同手続においては、裁判所書記官が行う執行処分（差押処分）に関しては、その裁判所書記官の所属する簡易裁判所が執行裁判所となる（民執167条の3）。

　土地管轄については、①裁判所が行う民事執行に関しては、民事執行法の規定により執行処分を行うべき裁判所にあり、その各則においてそれぞれの民事執行ごとに定められ、②執行官に対する協力および監督に関しては、その執行官の所属する地方裁判所（民執3条）にある。また、③代替執行および間接強制（民執171条2項、172条6項）においては、簡易裁判所、家庭裁判所または高等裁判所が執行裁判所となることがあり、土地管轄もそれに応じて決まる。

　また、④少額訴訟債権執行においては、少額訴訟判決、和解、認諾等の債務名義が形成された簡易裁判所の裁判所書記官に申し立てられることになり、その裁判所書記官の所属する簡易裁判所が執行裁判所となる（民執167条の2、167条の3）。

　なお、民事執行法に規定する裁判所の管轄は、専属管轄である（民執19条）。

(ウ)　執行裁判所の手続

　執行裁判所の手続については、各種の執行手続ごとに詳細な規定があるが、特別の規定がある場合を除き、民事訴訟法の規定が一般的に準用される（民

執20条)。たとえば、裁判官・書記官の除斥、忌避、回避（民訴23条以下）、当事者能力・訴訟能力等（民訴28条以下）、訴訟上の救助（民訴82条）、期日および期間（民訴93条以下）、送達（民訴98条以下）等である。

執行裁判所の手続における共通事項は、次のとおりである。

(A) 執行申立ての方式等

執行裁判所に対する民事執行の申立ては、書面でしなければならない（民執規1条）。ただし、付随的申立てや執行手続内における申立てについては、口頭でもできる場合もある。申立人は手続費用を予納しなければならず、予納がないと申立てが却下されたり取り消されたりすることがある（民執14条4項）。

(B) 審理および裁判

① 任意的口頭弁論（審尋）　民事執行の手続における執行裁判所の裁判は、口頭弁論を経ることを要せず（民執4条）、決定の形式でなされる。迅速性の要請から、あらかじめ債務者の審尋をしないでするのが普通であり、むしろ審尋が明文をもって禁止される場合がある（民執145条2項）。反面、債務者保護のために審尋を必要的とするもの（民執161条2項、171条3項）がある。

執行裁判所のする裁判は、口頭弁論を経ないですることができるので（民執4条。任意的口頭弁論)、すべて決定の形式で裁判される（民訴87条1項但書・2項)。ここで、執行裁判所のする裁判とは、民事手続においてする裁判を指すものであるから、不服申立ての方法としての、第三者異議の訴え、配当異議の訴え等は、執行裁判所の管轄であるが（民執38条3項、90条2項）、民事執行手続における裁判ではないので、口頭弁論を経て判決の形式で裁判がなされる。

執行裁判所は、執行処分をするに際し、必要があると認めるときは、利害関係を有する者その他の参考人を審尋することができる（民執5条）。民事訴訟手続においても審尋ができるが（民訴87条2項、88条）、決定で完結すべき事件については、原則として当事者を対象として（当

35

事者が申し出たときに限り参考人も）、無方式で陳述や資料提出をする機会を与え、証拠調べもできる手続であって、弁論の一態様でもある。これに対し、民事執行手続における審尋は、執行裁判所が裁判をする場合に限らず、裁判とはいえない執行処分（現況調査、売却基準価額の決定等）をする際にも行うことができ、また、当事者だけでなく広く利害関係人や参考人についても認められるので、非定型的な証拠調べないし事実調査の方法としての性格を有し、特に現況調査や売却基準価額の決定に関する審尋については、罰則が置かれている（民執205条）。

② 調書の作成　執行裁判所における期日については、裁判所書記官が調書を作成する（民執規12条1項）。

③ 裁判の告知等　執行裁判所の執行処分は決定で裁判がされるので、相当と認める方法で告知すべきものとされている（民訴119条1項）。裁判の告知をすべき者の範囲は、民事執行規則において明確になっている（民執規2条）。

④ 通知・催告・公告　民事執行の手続における催告および通知に関して、その方法その他について一般的な規定が定められている（民執規3条）。公告は、公告事項を記載した書面を裁判所の掲示場その他裁判所内の見やすい場所に掲示して行う。公告を補充するために、場合によっては公告事項の要旨を日刊新聞紙に掲載する等の方法によって公示される（民執規4条）。

⑤ 送達の特例　執行裁判所に対し申立て、申出もしくは届出をし、または執行裁判所からいったん文書の送達を受けた者は、「送達を受けるべき場所」を執行裁判所に届けなければならないし、この場合には「送達受取人」をも届けることができる。そして、送達を受けるべき場所の届出をしない者に対する送達は、事件記録に表れたその者の住所等においてするものとし、この場合において、民事訴訟法106条による送達（補充送達・差置送達）ができないときは、住所等に宛てて書留郵便に付して発送すれば足りる（民執16条、民執規10条の2）。なお、文書を送達

することができなかったときは、裁判所書記官は、差押債権者に対して、送達すべき場所について必要な調査を求めることができる（民執規10条の3）。

⑥ 官公署に対する援助請求等　民事執行のため必要がある場合には、執行裁判所が行う民事執行についても、また、執行官が行う民事執行についても、執行裁判所または執行官は、官庁または公署に対し、必要な援助を求めることができ、執行の目的財産（財産が土地である場合は地上の建物を、財産が建物である場合はその敷地を含む）に対して課せられる租税その他の公課について、所管の官庁または公署に対し、必要な証明書の交付を請求することができる（民執18条1項・2項）。

(3)　執行官

(ア)　執行官の職分

　執行官は、官署としての地方裁判所に置かれ、法律の定めるところにより、裁判の執行、裁判所の発する文書の送達、その他の事務を行う独立の国家機関であって、単独制である。（裁62条1項・3項）。手数料を受けてその収入とし、国家から給与を支給されない（裁62条4項）。

> **コラム**　執達吏から執行官へ
>
> 　我が国の執行制度は古くから存在するが、現行憲法制定前の裁判所構成法時代の「執達吏」から、裁判所法施行後の「執行吏」となり、さらに昭和41年の執行官法により「執行官」と変わっている。
>
> ① 執達吏　裁判所構成法時代の呼称である。所属の区裁判所（現在の簡易裁判所に相当するが、それよりも若干管轄が広いので地方裁判所支部に匹敵すると考えてもよい）の管轄区域内に役場を設けるという「役場制」を採っていた。また、同一の裁判所に数人の執達吏が所属する場合には、当事者はそのうちから任意に1人を選択して執行委任することができるという「自由選択制」を採っていた。さらに、その職務は完全に公務としての国家権力の行使であるが、国から給料をもらうのではなく、手数料によ

って生活するという「報酬制」を採っていた。この3制度を採っていた結果、債権者は、自己の言い分を聞いてくれる執達吏に好んで執行委任をするようになり、本来中立的立場を維持しなければならない執行機関である執達吏が、債権者の代理人のようになっているとの批判が絶えなかった。そのため、巷では、「シッタク吏」などと揶揄する者もいた。

② 執行吏　裁判所法の制定によって呼称が変わったが、上記の役場制、自由選択制および報酬制を維持したために、本質的には執達吏と変わらなかった。

③ 執行官　昭和41年制定の執行官法に基づく呼称である。上記の執達吏および執行吏時代の批判を受けて、強制執行制度の改革の中で制度の見直しが行われ、「役場制」が廃止されて公務員化を徹底し、かつ、「自由選択制」が廃止された。すなわち、執行官は、所属の地方裁判所の定める裁判所で、他の裁判所職員と同様に勤務し、その事務分配も所属裁判所の定めるところにより機械的に配点されることになった（裁65条、執行官法2条2項）。

ただし、「報酬制」については、その見直しを検討されたものの、結局、そのまま維持されることになった。当時の執行官の平均年齢が高く、その中には高額の収入を得ている者が少なくなかったので、これらの事情が障害になってしまい、全国的規模でこれらを公務員に取り込んで完全俸給制にすることができなかったのである。

それでも、この制度改革の結果、執達・執行吏制度に付着していた個人経営的な色彩を払拭して公務員としての性格を強化することができ（「官」になったことに意味がある）、これを裁判所の機構内に同化して、裁判官・監督官による監督を強化することになったのは大きな変化である。ただ、俸給制に切り替えられなかったことから、国家権力を行使するのに手数料収入によって生活するという異色の公務員になったのである。

執行官は、かつてはほとんど裁判所書記官から任用されていたが、数年前から公募制になり、たとえば債権管理部門に長く勤務した銀行員等からも選考任用されている。現在は、一般の公務員より収入も高いので、希望する者が多く、その社会的地位も高く評価されるようになっている。

執行官は、独立の国家機関である。執行官は、所属地方裁判所の監督を受け、一定の場合、執行裁判所の監督を受けるが、民事執行の執行処分は、自己の判断と責任において実施する。

　執行官が、その職務を行うについて故意または過失によって違法に他人に損害を加えたときは、国が国家賠償責任を負う（国賠1条）。他方、執行官は、債権者との間で私法上の委任関係に立つものではないから、債権者の代理人ではない。

　　(イ)　**執行官の管轄**
　執行官の取り扱う事務（職分管轄）は、次のとおりである。
① 　民事訴訟法、民事執行法、民事保全法その他の法令において執行官が取り扱うべきものとされている事務

　　これには2種類あって、第1は独立の執行行為としてなすもので、金銭執行における動産執行および動産競売（ただし、配当を除く。民執122条、190条、195条）、不動産および動産の引渡し等の強制執行（民執168条、169条）、それらについての仮差押えおよび仮処分の執行（民保49条、52条）などである。第2は、執行裁判所が行う民事執行の事務の一部を補助的に取り扱うものであり、たとえば、不動産強制競売および担保不動産競売における現況調査（民執57条）、売却の実施（民執64条3項、188条）、債権その他財産権に対する金銭執行における債権証書の取上げ（民執148条2項）、動産引渡請求権に対する執行における動産の受領と売却（民執163条）等である。
② 　民事執行法の規定による民事執行、民事保全法の規定による保全執行その他の私法上の権利を実現しまたは保全するための手続を構成する物の保管、管理、換価その他の行為に係る事務で、裁判において執行官が取り扱うべきものとされたもの（執行官法1条）

　　各個の裁判において執行官が取り扱うべきものとされている事務であり、たとえば、不動産の強制管理における管理人の事務（民執94条1項）、授権決定による代替執行（民414条2項本文）、占有移転禁止仮処分にお

39

ける不動産の保管（民保62条）等がこれに該当する。これらの執行官の取り扱うべきものとされている事務は、主として、事実行為を要する執行処分である。

　土地管轄については、執行官の職務執行区域が所属地方裁判所の管轄区域に限られることから（執行官法4条）、執行処分の対象たる所在地を標準として定まる。

　(ウ)　**執行官の手続（その権限および職責）**
　(A)　執行の申立て
執行官に対する執行の申立ては、書面でしなければならない（民執規1条）。
　(B)　職務の執行
執行官が行う執行処分は事実的行為を中心とするが、執行官は、債務者および第三者に対して、国家機関として執行実施に必要な強制力を行使する権限を有する。たとえば、動産執行においては、債務者の住居その他の場所に立ち入り、目的物を捜索し、その際閉鎖した戸扉や金庫その他の容器を開くことができる（民執123条2項）。執行官は、職務の執行に際し抵抗を受けるときは、その抵抗を排除するために、威力を用い、または警察上の援助を求めることができる（民執6条1項）。

　もっとも、執行官の強行権限の行使は、常に適正でなければならない。こうした適正確保の面から、執行官は、その職務執行の際には、身分証明書等を携帯し利害関係人から請求があったらこれを提示する義務があり（民執9条、執行官規則11条）、人の住居に立ち入って（実力行使をする場合には人の住居に立ち入らないときでも）、職務執行する際に、住居主、代理人、同居の親族、使用人その他の事情のわかる者に出会わないときは、一定の身分のある者を立ち会わせなければならないし（民執7条）、休日または夜間の執行には執行裁判所の許可が必要になる（民執8条）。さらに、記録の保管等については特別規定がある（執行官法17条、18条）。

　(C)　任意弁済受領権
　執行官は、債権者の代理人ではないが、法律は、執行官に特別の実体法上

の権限を認めている。すなわち、動産執行、動産の引渡執行、動産競売において、債務者または第三者による任意弁済を受領することができる（民執122条2項、169条2項、192条）。

(4) 執行共助機関

執行裁判所または執行官の行う民事執行の実施に際し執行手続上の付随的事項を担当する他の機関を、執行共助機関と呼ぶことがある。

(ア) 裁判所書記官

裁判所書記官は、一般的に、その職務を行うについて裁判官の命令に従い、民事執行手続でも裁判官を補助する職務が多いが、その固有の権限とされるものがある。民事執行手続は、判決手続に比べると高度・複雑なものではなく定型的な行為が多いので、実務上、従来から裁判所書記官の果たしている役割が多かった。そこで、民事執行法および民事執行規則は、裁判所書記官の固有の権限を決めているが、特に平成16年改正では、大幅にそれを拡張している。

(A) 少額訴訟債権執行手続における権限

少額訴訟債権執行手続においては、裁判所書記官は、少額訴訟手続に係る債務名義を持つ債権者の申立てにより、差押処分等の執行処分を行うものとされている（民執167条の2第2項）。

この差押処分では、債務者に対する取立禁止、第三債務者に対する弁済禁止のほか、通常の債権差押命令（民執145条2項～4項）と同趣旨の執行処分をすることができ（民執167条の5第1項・2項）、また、弁済金の交付もできる（民執167条の11第3項）。ただし、同手続において、債権者から転付命令等が申し立てられた場合や配当を実施する必要がある場合などにおいては、地方裁判所における債権執行手続に事件を移行させるべきものとしているので（民執167条の10～167条の12）、裁判所書記官の権限は、差押処分の発令と弁済金交付に限定されているものである。

この少額訴訟債権執行手続を創設した平成16年改正では、執行機関を定義づけた民事執行法2条を改正しておらず、この手続において裁判所書記官が

41

行う執行処分に関しては、その裁判所書記官が所属する簡易裁判所をもって執行裁判所とする旨の規定（民執167条の3）を置いているから、裁判所書記官は、執行機関ではないが、この手続においては、これに準ずる扱いをしているものと考えることができる。

　(B)　その他の権限

　従来から、裁判所書記官の権限とされていたものには、差押えの登記・登録の嘱託または抹消（民執48条、54条、82条、111条、121条、150条、164条、167条5項等）、執行手続における各種の公告ないし催告（民執49条2項・4項、64条4項、121条、147条等）および通知（民執規14条、22条2項等）、売却代金の交付または供託金の支払委託（民執規61条、73条、83条、84条等）および配当等の額の供託（民執91条、111条、121条、142条、166条2項）があるが、平成16年改正により、費用の予納を命ずる処分（民執14条）、不動産競売における配当要求の終期を定めまたはこれを延長する処分（民執49条1項・3項・4項）、物件明細書の作成・備置き（民執62条）、売却実施を命ずる処分および売却決定期日を指定する処分（民執64条）、代金納付期限を指定または変更する処分（民執78条）および配当表の作成（民執85条5項）が、新たに裁判所書記官の権限（裁判官からの権限委譲）となった。

　(イ)　執行補助者

　執行官以外の者で、執行裁判所の命令により民事執行に関する職務を行う者があるが、これを執行補助者という。不動産執行等における評価人（民執58条）、強制管理における管理人（民執96条）、船舶保管人（民執116条）などである。

　これらの者が職務の執行に際し抵抗を受けるときは、執行官に援助を求めることができる（民執6条2項）。また、代替執行における授権決定を執行する者は執行官以外の第三者であることが多いが、これらの者が執行に際し抵抗を受けるときは、執行官の援助を求めることができる（民執171条6項）。

4　執行当事者、代理人および利害関係者

(1)　意　義

　民事執行の手続は、判決手続と同様に、対立当事者の関与を基本構造とする訴訟形態で行われる。執行機関のほかに、民事執行を求める者、これを受ける者を対立する手続の主体とし、執行手続はこれら各主体の行為の有機的連続によって形成せられ、かつ進展する。

　かつての競売法では、担保権実行としての競売・任意競売においては、債権者のための換価手続という思想が強く、担保物の所有者や債務者が手続の主体としての地位を必ずしも保証されていなかった。しかし、民事執行法の下では、担保権実行としての競売も、強制執行と同様に、手続上の地位を明確に認められている。

　一般に、執行を求める者を「債権者」あるいは場面ごとに「差押債権者」「配当要求債権者」と呼び、その相手方を「債務者」と呼び、担保権実行としての競売では「所有者」と呼ぶ。付随的申立てにおいては、申立人、相手方と呼ぶこともある。債権執行においては、執行債務者の債務者（被差押債権の債務者）を「第三債務者」と呼んでいる。

(2)　当事者能力・訴訟能力

　当事者能力は、判決手続における当事者能力と同じである（民執20条）。

　訴訟能力についても、民事訴訟の規定が準用される（民執20条）。債権者は、執行の申立て、配当要求をする際には、訴訟能力がなければならない。他方、債務者は、執行を受忍すべき地位にあるが、必ずしも執行法上の行為をするものではないから、その限りでは訴訟能力は要しない。しかし、裁判の受領その他の告知を受けもしくは審尋されること、その他債務者の協力を要する場合や、債務者が積極的に執行抗告、執行異議の不服申立てをする場合には、訴訟能力を備えていなければならない。

(3)　執行当事者の確定

　強制執行においては、具体的な執行手続において現に執行当事者となる者、

つまり債権者・債務者が誰になるかは、執行力のある債務名義の正本の表示によって確定する。執行当事者は、執行文の付与を要する債務名義による執行においては、執行文の付与によって定まる（民執26条2項）。

ちなみに、担保権実行としての競売においては、執行当事者は、担保権の存在ないし承継を証する法定文書等と一体としての競売申立書の表示によって確定する。通常の競売申立てでは、登記簿謄本に記載されている抵当権者たる債権者、債務者および所有者で決まる。

(4) 執行当事者適格

特定の請求権または担保権の執行において、債権者または債務者となり得べき資格を執行当事者適格という。強制執行においては、基本となる債務名義の執行力の主観的範囲により定まる（民執23条）。ちなみに、担保権実行としての競売においては、債権者は担保権者またはその承継人たるべきであり、債務者は担保物の所有者その他の権利帰属者たるべき者である。

(5) 執行開始後の債務者の死亡と執行の続行

執行開始後に債権者または債務者につき当事者適格の承継があった場合には、執行の続行を求める債権者は、承継執行文の付された債務名義の正本の提出などの当事者変更の手続をとるが（民執規22条）、債務者が死亡した場合（法人が合併した場合）については特則を設けている。すなわち、強制執行においては、その開始後に債務者が死亡しても、承継執行文を要せずにそのまま執行を続行することができる（民執41条1項）。この場合に、相続人の存在または所在が不明のときは、相続財産または相続人のために特別代理人が選任される（同条2項）。ちなみに、担保権実行としての競売においても、これに準ずる（民執194条）。

(6) 代理人許可

執行裁判所でする民事執行手続においては、訴え（第三者異議の訴え（民執38条））、配当異議の訴え（民執90条）、または執行抗告（民執10条）の手続を除き、民事訴訟法54条1項により代理人となることができる者（弁護士および法令により裁判上の行為をすることができる代理人）以外の者も、執行裁判

所の許可を受けて代理人となることができる（民執13条1項、民執規9条）。執行手続は、債務名義で確定された請求権の存在を前提として開始されるものであり、手続の内容が定型的に法定されていて当事者の能力によって左右されるものでないから、民事訴訟手続におけるほど代理人の資格を制限する必要がないからである。なお、平成16年改正により、認定司法書士（法務省の指定する研修課程を修了し法務大臣が認定した司法書士）は、少額訴訟債権執行手続において、請求の価額が140万円を超えないものについては、許可なくして代理人になることができるようになった（司法書士法3条1項6号ホ、裁33条1項1号）。

　代理人の許可の申立ては、申立書に、代理人となるべき者の氏名、住所、職業および本人との関係、その者を代理人とすることが必要であることの理由を記載してしなければならないとされているが（民執規9条1項）、執行裁判所は、代理の必要性と代理人の適格性を判断してその許否を決めることになる。本人と雇用関係や親族関係にある者が代理人として許可されている。サービサー会社（債権回収業者）が金融機関等から委託を受けて執行申立てをする場合（委託型）は、サービサーの従業員はもちろん、委託者たる金融機関等の従業員も許可代理人として認められる（債権管理回収業に関する特別措置法1条、11条）。

　この許可代理の制度は、執行裁判所でする手続に限られるから、執行官が執行機関となる手続においては、代理人の資格や選任につき全く規制はない。したがって、動産執行では、弁護士等でない者も許可を受けないで、代理人となって申し立てをすることができる。また、執行裁判所を執行機関とする執行であっても、執行官が実施する不動産の売却（民執64条3項）、債権の売却（民執161条1項）などの手続は執行裁判所でする手続ではないので、代理人の選任については執行裁判所の許可は不要である。

Ⅳ　強制執行の要件

1　執務名義と執行文

(1)　債務名義

　(ア)　債務名義の機能

　強制執行は、国家機関の関与により債務者の意思に反してでも、その義務の履行の実現を図り、債権者に満足を与えることを目的とするものであるから、その手続の基礎となる債権者の債務者に対する「給付請求権」の存在は、慎重な手続によって確定されていなければならない。他方、債権者の権利が確定された以上、その権利の実現手続は迅速になされる必要がある。

　このように、給付請求権の存否を判定する手続と、これを実現する手続の性格の違いから、給付請求権の存否の判定機関とその実現のための執行機関は、分離独立して設けられている（裁判機関と執行機関の分離）。

　そうすると、給付請求債権の存在および内容を執行機関に明らかにする手段が必要である。そこで、このような仕組みと必要性から、強制執行には、それによって実現されることが予定されている私法上の給付請求権の存在、範囲、執行当事者を表示した公の文書が不可欠になる。これが「債務名義」というものであり、強制執行は債務名義により実施することになっている（民執22条。ただし、執行費用は、その執行手続において、債務名義を要しないで、同時に、取り立てることができる。42条2項）。たとえば、金銭債権であれば、「乙（債務者）は、甲（債権者）に対して、金100万円を支払え」というように、誰と誰との間で、どのような性質・内容の給付請求権が存在しているかを表示している。これにより、執行機関は、甲の権利の存否について格別の判断をすることなく、安心して執行行為に専念できるのである。

　このように、債務名義は、強制執行という手続に乗るための、いわば「切符」であると思えばよい。その切符に、一定の権利が表示されている限り、

執行機関の担当者としては、その所持者が本当に切符に表示されている実体上の権利を有しているのかどうか、今なお正当な権利者なのかどうかなどについて、一切詮索しないで執行手続に乗せるのである。

(イ) **債務名義と執行力**

民執法22条は、強制執行は債務名義により行うと規定としているが、これは、債務名義に表示された給付請求権につき強制執行による実現が図れることを意味するのであり、この効力を「執行力」という。

(A) 執行力の客観的範囲

強制執行により実現されるべき請求権の内容および範囲（執行力の客観的範囲）は、債務名義の表示によって決まる。債務名義の表示内容は、執行機関がその記載自体から判断して決める。債務名義が判決正本の場合には、主文だけでなく理由中の記載も併せて読みその請求権を解釈して確定するが、判決では訴訟物（請求）を特定して記載しているから、請求権の内容および範囲について疑義が持たれることは少ない。これに反し、債務名義の中でも、当事者の合意によって成立する民事・家事調停調書、和解調書あるいは執行証書等の場合には、実務上、執行力の有無やその範囲について問題になることが少なくない。

(B) 執行力の主観的範囲（執行当事者適格を有する者の範囲）

強制執行をすることができる者の範囲（執行当事者適格を有する者の範囲・執行力の主観的範囲）も、債務名義における表示によって決まることになる。

すなわち、判決その他執行証書以外の債務名義の場合には、①債務名義に表示された当事者、②債務名義に表示された当事者が他人のために当事者となった場合のその他人、③上記の①、②に掲げる者の債務名義成立後の承継人（判決にあっては、口頭弁論終結後の承継人。承継人には、一般承継人も特定承継人も含まれる）に対し、またはその者のために強制執行をすることができる（民執23条1項）。また、上記①、②、③に掲げる者のために請求の目的物を所持する者に対しても、強制執行をすることができる（民執23条3項）。

債務名義が執行証書の場合には、①執行証書に表示された当事者、または

②執行証書作成後の承継人に対し、もしくはこれらの者のために強制執をすることができる（民執23条2項）。執行証書の場合には、他人のために当事者となることはなく、また特定物給付の請求については債務名義としての効力がない（金銭・その他の代替物・有価証券の給付請求に限り、執行証書になる）ので、請求の目的物の所持に関する点は、上記判決等の場合と異なり問題にならない。

(ウ) 債務名義の種類

債務名義には、次のものがある（民執22条）。

(A) 確定判決（民執22条1号）

確定した終局判決（上訴による取消しの余地がなくなった判決をいう）で、その内容が「被告に給付義務があることを宣言した判決」である。確定判決は、実務上、強制執行を行ううえで、最も典型的な権利・請求権の存在を明らかにできる文書ということになる。

ただし、強制執行は、債務名義の内容を実現する手続であるから、当該給付について強制執行に適した給付を命じた給付判決が必要であり、また終局判決でなければならず、中間判決（民訴245条）は含まれない。いわゆる調書判決（民訴254条2項、374条2項）は、判決書に代わる調書であるが、これに含まれる。

給付判決であっても、その内容によっては、債務名義にならず、強制執行ができないものがある。たとえば、夫婦の同居を命ずる判決（民752条。大判昭和5・9・30民集9巻11号926頁、後掲参考裁判例〔1〕）は、債務者の人格や自由を著しく害するおそれがあり文化観念に反するものであり、強制執行になじまないものであるから、結局、その義務違反に対する損害賠償で解決するほかはない、としている。

単に権利関係の存否を判断する確認判決、法律効果の観念的な形成を目的とする形成判決は、債務名義にならない。所有権等の移転登記請求、抵当権登記等の抹消登記請求の判決は、形式上は給付判決ではあるが、これは被告（登記の義務者）の意思表示を求める裁判であり、原則として、その裁判が確

定したときに意思表示が擬制されるものであり（民執174条）、狭義の強制執行により実現する必要はない。

確定判決に対しても、特別上告（民訴327条）、再審（民訴338条以下）の不服申立てができるが、これによって確定判決に基づく執行が当然に妨げられるものではなく、一定の要件の下で強制執行の停止または取消しの仮の措置を得て（民訴403条1項）、これを執行機関に提出しなければならない（民執39条、40条）。

(B) 仮執行宣言付判決（2号）

給付判決で、仮執行の宣言（民訴259条）が付された判決である。

仮執行の宣言があれば、その判決が形式的に確定しなくても、その終局判決に即時に執行力が与えられる。すなわち、仮執行の宣言は、未確定の終局判決に執行力を付与し、強制執行を可能にする形成的裁判である。未確定の給付判決に対して債務者側には上訴の機会が保障されているので、債権者に対しても判決の確定を待たずに強制執行ができるようにして、両者の利益の調整を図ったのである。

財産上の請求に関する判決について仮執行の必要が認められる場合には、債権者の申立てまたは職権により仮執行が宣言される。具体的には、判決の主文に、「この判決は、（原告において金○○万円の担保を供するときは）仮に執行することができる」などと記載される（民訴259条1項）。なお、少額訴訟において請求を認容する判決には必ず職権で仮執行宣言がされる（民訴376条）。

仮執行宣言付判決による強制執行も、通常の強制執行と変わらない。ただ、その後の上訴審等の審理で判決の結果が逆転して、原告の請求が全部または一部棄却されたときには、被告が強制執行を受けたことによる損害について原告に対し賠償を求めることができる（民訴260条）。そのことを考慮したのが、担保付きの仮執行宣言である。

反対に「この判決は仮に執行することができる。ただし、被告において金○○万円の供託をするときは、右仮執行を免れることができる」と仮執行免

49

脱宣言を主文に書くことがある（民執259条3項）。この場合、債務者がその担保（免脱担保）を供したことを証する文書（供託証明書等）を停止文書（民執39条1項5号）として執行機関に提出すれば、強制執行を停止または取り消すことができる。

さらに、仮執行宣言付判決により強制執行を受けた被告は、上訴をして執行停止の裁判を求めることができる（民訴403条）ので、これを得て執行機関に提出すれば、強制執行を一時停止または取消しをすることができる（民執39条、40条）。

(C) 抗告によらなければ不服を申し立てることができない裁判（確定しなければその効力を生じない裁判にあっては、確定したものに限る。3号）

裁判のうち決定、命令に対する不服申立方法は、民事訴訟法上は「通常抗告」と「即時抗告」があり、また、民事執行法上は「執行抗告」がある。このように、不服申立てが抗告によることとされている決定、命令で、その内容が給付を命ずるものは、債務名義になる。たとえば、法定代理人等の費用償還命令（民訴69条）、訴訟救助決定の取消しまたは猶予した部分の支払命令（民訴83条3項、84条、85条）、不出頭証人に対する過料等（民訴192条）、代替執行の費用前払決定（民執171条4項）や間接強制の強制金決定（民執172条1項）などである。

このように抗告に服する決定、命令は、原則的に、告知と同時にその効力が生ずるから（民訴119条）、通常は確定を待たずに債務名義となるが、不動産引渡命令のように、確定しなければその効力を生じないものもあり（民執83条5項）、こうした例（たとえば、破産財団に属する財産の引渡命令（破156条））では、確定しなければ債務名義にならない。

不服申立てが抗告ではなく、異議である決定・命令等の場合、たとえば、①仮執行宣言付支払督促（民訴391条）、②仮差押命令（民保20条）、③仮処分命令（民23条）、④調停に代わる決定（民調17条）、⑤合意に相当する審判（家審23条）、⑥調停に代わる審判（家審24条）は、本条3号にいう債務名義には当たらない。しかし、①（旧民事訴訟法下での裁判官の「支払命令」では

50

なく、裁判所書記官の「支払督促」である）は、後述のように本条4号の債務名義として規定されているし、また、③の仮処分命令のうち「物の給付その他の作為又は不作為を命ずる」仮処分については、これを債務名義とみなして、仮処分の執行ができるとしている（民保52条2項）。さらに、④、⑤、⑥については、これらにつき異議がなく確定すると、その決定や審判は、裁判上の和解と同一の効力を有したり（民調18条3項）、確定判決と同一の効力を有する（家審25条3項）ことになるので、結局、債務名義として扱われることになる。

　決定、命令が直ちに債務名義になると、債務者の救済が問題になるが、抗告の申立て、あるいは再審抗告の申立てに伴い、執行停止の仮の処分を得て（民訴334条2項、336条3項、民執10条6項）、その正本を執行機関に提出すれば、停止または取消しを求めることができる（民執39条1項6号、40条）。

　(D)　仮執行の宣言を付した支払督促（4号）

　金銭債権や代替物などの一定数量の給付を内容とする請求権については、簡易裁判所の裁判所書記官は、債権者の申立てにより、債務者を審尋等しないで、支払督促を発することができる（民訴382条以下）。これは、債権の存在や数額等に争いがないのに任意に履行しない債務者がいた場合に、債権者に速やかに債務名義を得させる制度である。

　旧民事訴訟法の下では、裁判官が発する「支払命令」といわれるものであったが、現行民事訴訟法では、裁判所書記官が発する支払督促となった。支払督促が送達されて、債務者が2週間内に異議の申立てをしないと、30日以内に債権者の申立てにより、仮執行の宣言をする（民訴391条、392条）が、この仮執行宣言付支払督促が債務名義になる。

　なお、債務者が督促異議を申し立てた場合には、支払督促は失効して、通常の訴訟へと移行する。また、仮執行宣言付支払督促に対して、債務者が期間内に督促異議の申立てをしないとき、または督促異議を申し立てたが不適法却下決定されそれが確定した場合には、支払督促は、確定の終局判決と同一の効力を有する（民訴396条）。

51

(E) 費用額確定処分（4号の2）

訴訟費用もしくは和解の費用の負担の額を定める裁判所書記官の処分（民訴71条、72条）、または執行費用および返還すべき額を定める裁判所書記官の処分（民執42条4項）で確定したものは、債務名義となる。

これは、平成8年の現行民事訴訟法によって、これらの確定権限が裁判官から書記官に権限委譲されたために、追加改正されたものである。

設問1

A会社が、平成10年10月1日、B銀行から500万円を借り受けるにあたり、C信販会社は、その委託に基づいて連帯保証をし、その翌日、A会社およびD（A会社の代表取締役）とC信販会社の3者間で、「C信販会社が、将来、上記保証債務を弁済したときは、その弁済した元金および遅延損害金と同額の金員をA会社は支払うこと、また、Dはその債務の支払いを保証すること」などを定めた公正証書を作成した。

C信販会社は、平成15年7月31日、上記保証債務の履行として、B銀行に対し350万円の代位弁済をしたことを理由に、本件公正証書に基づき、D所有の不動産に対し、上記弁済金にかかる求償権の強制執行として不動産強制競売の申立てをした。

このような保証人の事後求償を目的とした公正（執行）証書は、債務名義として有効か。

(F) 執行証書（5号）

公証人がその権限に基づき作成する文書を［公正証書］という。その中で、金銭の一定の額の支払いまたはその他の代替物もしくは有価証券の一定の数量の給付を目的とする請求で、債務者が、裁判を経ることなく、不履行をしたら直ちに強制執行をされても異議がない旨を約束するとの陳述、すなわち

「執行受諾文言」の記載がある公正証書を「執行証書」という（執行証書は、公証人法28条ないし43条に定める手続、形式に従って作成することを要する）。

執行証書は、訴訟その他の手続による給付義務の確定を待たず、全く裁判所の関与なしに成立し、直ちに強制執行ができるという点で、判決等の他の債務名義とは著しく異なる。作成手続が簡便であるために、実務でも結構多用されるが、「金額の一定性」、「執行受諾文言」の有効性等をめぐって、後日、執行の段階で紛争が起きることが珍しくない。次に、執行証書の要件との関係で、実務上問題となる事例について検討しておく。

① 一定額の金銭の支払いまたはその他の代替物・有価証券の一定数量の給付の合意を記載してあることが要件である。この「金額・数量の一定性」については、執行証書の上で、金額または数量が計数的に明確に記載されているか、または証書の記載のみから算定・確定し得ることが必要である。したがって、証書以外の資料を見なければ金額の確定ができないような公正証書は、金額の一定性を欠き、執行証書として無効となる。

公正証書上で債務の総額が記載されていれば、その後に一部弁済があった場合も、その残額について債務名義の効力を有する（最判昭和46・7・23判時643号37頁）。

委託を受けた保証人の求償権について作成された公正証書は、事前の求償権（民460条）については、金額の一定性が認められるとするのが一般的見解である[3]（東京高決平成元・1・20金法1230号36頁等）。

実務でよく問題になるケースは、〔設問1〕のような、委託を受けた保証人の求償権につき作成された公正証書に事後求償（民459条）の記載がある場合である。事後求償権については、古くから積極説（将来発生債権の1つとして金額の一定性を認める見解。事後求償の最大限が一定金額をもって明示されている限り、保証人の弁済の事実が執行文付与の際証明[4]

---

[3] 中野・民事執行法209頁。
[4] 吉川大二郎「執行証書」民訴講座4巻1002頁等。

されることによってこれを補充し、債務名義性を認める見解[5]。証明責任事項を付加する条項を加えれば金額の一定性を満たすとする見解[6]）と消極説[7]とがあり、下級審の裁判例も分かれるが消極説を採るのが多数である（大阪高決昭和58・6・8判タ509号149頁、参考裁判例〔2〕等。最高額が明記されるなどの条件下で一般的に肯定するが、当該事例では否定したものとして大阪高決昭和60・8・30判タ569号84頁、参考裁判例〔3〕、また原則肯定したものとして神戸地姫路支決昭和60・4・19判タ560号196頁、参考裁判例〔4〕、福岡高判平成2・4・26判時1394号90頁）。

　保証人の事後求償権は、保証人が保証債務を現実に弁済した金額に応じて具体的に発生するものであり（民459条2項、442条2項）、執行証書の作成時には未だ発生していない。そうすると、これを債務名義として認めるためには、執行文付与の条件として他の文書により弁済額を認定するほかない。しかし、執行文付与の条件（民執27条1項）は「債務名義となる給付義務の到来が債権者の証明すべき条件に係る」ものである場合をいうのであって、執行文の付与により給付義務の内容が確定して、債務名義でなかったものが債務名義となるものではないから、消極説が相当と考える。

②　公証人がその権限に基づき正規の方式により作成したものであることを要する。この要件との関係では、証書の作成に裁判所が関与しないだけに、債権者または債務者の代理人が本人と偽って公証人に対し公正証書の作成嘱託をしたうえ、証書に本人の署名・署名代行または署名代理をした場合（いわゆる署名代理・代行）、その執行証書の効力をどのように考えるべきか争いがある。

　判例は、無効説を採っている（債務者代理人の署名代行につき最判昭和51・10・12民集30巻9号889頁、参考裁判例〔5〕、債権者代理人の署名代行

5　中野・民事執行法209頁等。
6　倉田卓次・金法1071号21頁。
7　浦野雄幸『条解民事執行法』106頁、昭和36・10・10甲2560号法務省民事局長回答。

につき最判昭和56・3・24民集35巻2号254頁、参考裁判例〔6〕）。無効説[8]は、公証人法が代理人の作成嘱託による公正証書の作成につき慎重な方式を定めているのは（公証人法32条、39条）、公正証書が正当な権限を有する者により嘱託され、その記載事項が真実に合致することを担保するためであるから、その署名につき署名代理を認めるのはこれに背馳するものであり、代理人が本人として為した作成嘱託に基づき作成された公正証書は効力を生ぜず、執行証書としては無効であるとする。

これに対して学説の多くは有効説を採るが、有効説[9]は、署名代行により公正証書が作成されてしまった以上、その効力が本人に及ぶか否かは債務名義の効力とは切り離して考えるべきであるとか、また、無効にすると、債務者側の代理の場合には債務者側の責任がありながら、その結果を債権者側に押し付けることになるし、債権者側の代理の場合には、代理人の行為に問題があるにもかかわらず、新たに公正証書を作成したりして、当事者に無用な負担をかけることになることを理由にしている。

③　債務者の執行認諾の意思表示があることが要件となる。この執行受諾行為は、執行力という訴訟上の効果を生ずる行為であり、また、公証人という準国家機関に対してする行為であることから、訴訟行為であるとされる。一般的に、訴訟行為には民法の総則規定の適用がないとされているが執行受諾行為は、取引契約と一体的にされることが多いことから、民法上の意思表示に関する規定、特に表見代理、錯誤、双方代理の規定が適用されるかについて争いがある。

判例は、錯誤に関する民法95条および詐欺・強迫に関する民法96条の類推適用は認めるが（錯誤につき最判昭和44・9・18民集23巻9号1675頁）、表見代理に関する規定は適用ないし準用を認めない（民法109条につき最

---

[8] 中野・民事執行法206頁。ただし、債務者側の署名代行につき、債務者が自己の署名代行を理由に無効を主張するのは、自らの惹起した債務名義性の不備をかりて執行回避を図るものとして信義側に反し、許されないとする。
[9] 竹下守夫・判評275号53頁、小林・ジュリ昭和56年度重要判解140頁以下。

判昭和42・7・13判時495号50頁、参考裁判例〔7〕、同昭和44・10・31判時576号53頁、民法110条につき最判昭和32・6・6民集11巻7号1177頁、参考裁判例〔8〕、同昭和33・5・23民集12巻8号1105頁)。学説は、いずれも肯定する見解が有力である。[10]

(G) 確定した執行判決のある外国裁判所の判決（6号）

外国の裁判所で取得した判決も、外国判決承認の要件（民訴118条）を満たす限りにおいて、国内の確定判決と同一の効力を持ち、債務名義となる。

外国の判決に基づき強制執行をするためには、その判決が日本の執行の基本である債務名義としての適格性を有するかどうかを審査しなければならない。そこで、外国の判決を持っている執行債権者は、債務者の普通裁判籍所在地を管轄する地方裁判所等に対し執行判決を求める訴えを提起すると（民執24条1項）、裁判所は、その請求権の存否、つまり裁判の内容の正当性を判断しないで（民執24条2項）、外国判決が確定しているかどうか、外国判決承認要件（民訴118条の各号）を満たしているかどうかについて審理をし、これを具備していれば、執行判決において、その外国判決による強制執行を許す旨の宣言がなされる（民執24条4項）。

この場合、外国判決と執行判決とが合体して1つの債務名義になる。

(H) 確定した執行決定のある仲裁判断（6号の2）

仲裁判断とは、仲裁契約に基づき当事者が選定した仲裁人（または合議体の仲裁廷）の判断をいう。裁判手続外の紛争解決方法（ADR）によるものであるが、当事者の合意を尊重して、その仲裁判断に確定判決と同一の効力を認める（仲裁45条1項本）。また、仲裁手続の進行中において、仲裁手続に付された民事上の紛争について、当事者間に和解が成立し、かつ、当事者双方の申立てがあるときは、当該和解における合意を内容とする決定をすることができ、その決定は、仲裁判断としての効力を有する（仲裁38条1項・2項）。

もっとも、仲裁判断には、無条件で債務名義性を認められない。仲裁判断

---

10 竹下守夫「訴訟行為と表見法理」（実務民事訴訟法Ⅰ）193頁、中野・民事執行法214頁等。

は、私的な自主的紛争解決制度であり、その内容および形成が適法であることの確実な保証がないために、これに当然に執行力を付与するのが妥当でないからである。そこで、仲裁判断に執行力を具備させるためには、債権者は、債務者を被申立人として、裁判所（管轄は仲裁46条4項）に対し、執行決定の申立て（民事執行を許す旨の決定を求める申立て。仲裁45条1項但書）をして、外国判決と同じように、執行決定を求める必要がある（仲裁46条1項）。

仲裁判断とそれについて確定した執行決定とが合体したものが債務名義となる。

> **コラム** 公証人と公正証書
>
> 　公証人は、公証人法に基づき法務大臣から任命される。多くは、判事、検事や法務省事務官から任命されるが、東京23区内等の都市部では、地方裁判所所長、地方検察庁の検事正の経験者から選ばれている。もっとも最近では、公募制を採って一部外部から試験でも任命するようになった。
>
> 　各人が単独または複数で公証役場を持ち、当事者などの嘱託により法律行為その他の私権に関する事実につき公正証書を作成し、あるいは私署証書や定款に認証を与える権限を持つ。建物明渡請求のような特定物の給付を目的とする請求については、公正証書は作成することができるが、債務名義である執行証書とはならない。
>
> 　昔の執行吏制度のように、役場制、自由選択制および手数料制を採っている。かつては、自動車、電気製品等の高額商品の割賦販売などでは必ず執行証書を作成していたようであるが、近時は企業のコストダウンということからか、必要な事例を厳選して作成しているため、その分野での利用数はかなり減少したようである。ただ、公正証書遺言（民969条）のように、一般市民の利用については、徐々に増加しているともいわれている。

(I) 確定判決と同一の効力を有するもの（7号）

民事訴訟法やその他の法律が「確定判決と同一の効力を有する」ことを定

57

めている文書がある。たとえば、金銭の支払い等の給付義務を内容とする裁判上の和解調書（民訴267条、275条）、請求の認諾調書（民訴267条）、和解に代わる決定（民執275条の2）、民事調停による調停調書（民調16条、31条）、家事調停による調停調書（家審21条1項本）、調停に代わる決定（民調17条、18条3項、家審24条、25条3項）、労働審判書または労働審判調書（労働審判法20条3項〜7項、21条4項）、破産手続における債権表等（破124条3項、131条2項）、民事再生債権を確定する判決（民再111条2項）、民事上の争いについて刑事訴訟手続における和解の内容を記載した公判調書（犯罪被害者等の保護を図るための刑事手続に付随する措置に関する法律4条）等である。

　また、民事執行法22条とは別に、他の法律によって「執行力のある債務名義と同一の効力を有する」旨定められている文書がある。たとえば、家事審判（家審15条、21条1項但書）、罰金、科料等の財産刑（刑訴490条）、過料（民訴189条）の裁判等である。

(2)　**執行文**

(ｱ)　**執行文付与制度の意義**

　強制執行の実施は、執行文の付された債務名義の正本に基づかなければならない（民執25条）。

　債務名義が存在していても、現在、それが執行力を有するか、また、誰と誰との関係で執行力を有するかについては、さらに調査を要することになる。債務名義を得てから、それに基づく強制執行を開始するまでには時間的間隔があるから、その間に権利関係の主体が変更したり条件付請求権につき条件成就等の事由が生ずる可能性がある。そのため、執行機関としては、執行を開始する段階で、当該債務名義に基づき強制執行を実施してよいのかどうかの判断をしなければならない。

　そこで、当該債務名義により強制執行を実施できることの証明をさせるのが執行文付与制度である。執行文を付与する機関としては、債務名義の作成機関と執行機関が分離していることから、執行力の存否についての調査を執行機関がするのは適当でないということで、「債務名義を作出した機関」に

行わせることにした。

　執行文付与制度は、強制執行の要件の調査を、執行機関と他の機関とが分担するためのテクニックといえる。我が国では、ドイツ法系の民事訴訟法典が成立される際に、フランス法の執行吏制度を導入し、強制執行の正当性を自ら調査するに適しない執行吏を執行機関に入れたため、その対応措置として、別の機関が執行力の存否を判定する執行文制度が必要になったといわれている。[11]

　このように、執行力のあることの証明を行うために、債務名義の正本の末尾に付記される文書を「執行文」といいい、執行文が付記された債務名義を「執行力ある債務名義」という。

　原則として、債務名義に執行文が必要であり、仮執行宣言付判決（確定前でも強制執行できる、というだけである）にも、執行文が必要である。しかし、例外として、執行の迅速性、簡易性等の理由から、執行文が付されていなくても、「執行力ある債務名義」となるものもある。たとえば、少額訴訟における確定判決、仮執行の宣言を付した少額訴訟の判決および支払督促については、これに表示された当事者に対し、またはその者のためにする強制執行は、執行文が付されていなくても、その正本に基づいて強制執行ができる（民執25条但書）。

　もっとも、「これに表示された者」に限定しているから、当事者に承継等があった場合には、原則どおり、執行文が必要になる。仮差押え・仮処分の保全命令も同じである（民保43条1項）。

　また、法文上、特に「執行力のある債務名義と同一の効力を有する」とされる文書、たとえば、罰金、過料その他の制裁を科する裁判の執行命令、国庫の立替費用・猶予費用の取立ての裁判、家事審判における給付の審判（家審15条）等は、当該文書自体の中に司法機関による執行力の公証を含むものとされているので、執行文を要しない。ただし、この場合も、債務名義上

11　中野・民事執行法259頁。

「これに表示された者」に限定しているから、これらの例外となる債務名義であっても、当事者の承継等があった場合には、誰と誰との関係で執行力があるのか確認する必要があるので、原則どおり、執行文が必要となってくる。

　(イ)　執行文の付与機関

執行文の付与機関は、原則として、債務名義についての「記録」のある所ということで、執行証書については、その原本を保存する公証人（公証人法25条1項）、それ以外の債務名義については、事件の記録を保管している裁判所の裁判所書記官が、それぞれ付与機関として付与することになる（民執26条1項）。具体的には、第一審裁判所の書記官か、上訴した場合は上訴裁判所の書記官である（民訴313条、民訴規185条、186条）。

　(ウ)　執行文付与の要件

執行文は、債務名義の執行力を公証するものであり、その執行債権の実体的存否について判断するものではない。したがって、執行文付与の一般的要件としては、次の要件を備えることが必要である。

① 債務名義となり得る性質の文書が存在していること。
② 強制執行に親しむ請求権が表示されていること。
③ その執行力が既に発生し、なお存続していること。
　　判決ならば、再審・上訴・仮執行宣言の取消し、訴えの取下げ、訴訟上の和解等により債務名義が失効したり、請求異議の訴え（民執35条）の認容判決により執行力が消滅していないかどうか。
④ 執行文付与の申立人のために、またその相手方に対して、債務名義の執行力が及ぶものであること。

　(エ)　執行文の重複付与

同一の債務名義の正本について一度の執行文を付すのが原則である。執行正本を重複して発行すると、不当執行が行われる危険があるからである。ただし、同一の執行債権につき数カ所でまたは数個の財産に対し、強制執行を併用実施するため、執行文の付与された債務名義の正本を数通必要とする場合には、または、前に持っていた執行文の付された債務名義を滅失してしま

ったような場合には、同一の債務名義の複数の正本執行文を重複して付与できる（民執28条1項）。

(オ) 特殊執行文についての特別要件

執行文については、債務名義の内容そのままの執行力を公証する「単純執行文」と、債務名義の内容を補充したり変更したりして執行力を公証する「特殊執行文」がある。

(A) 単純執行文

債務名義の末尾に「上記の正本は、被告乙に対し強制執行のため原告甲に付与する」とする（民執26条2項）。債務名義として適式かつ有効で、執行力が発生・現存していることを確認して、これを付与するのである。

(B) 補充（条件成就）執行文

請求が債権者の証明すべき事実の到来にかかる場合の執行文である。債権者は、その事実の到来したことを証明しなければならない（民執27条1項）。これを「補充執行文」または「条件成就執行文」と呼んでいる。

① 「債権者の証明すべき事実」とは、その請求権を訴訟物とする訴訟において債権者が証明責任を負担すべき事実であり、具体的には、停止条件の成就、不確定期限の到来、債権者の先履行の関係にある反対給付の履行、催告、解除権の行使などである。執行開始の要件に当たる「確定期限の到来」「引換給付の債務名義における反対給付」などは、含まない。

② その事実の内容が債務名義自体で具体的に特定して表示されている必要がある。たとえば「相手方は、申立人から負担する債務の履行を遅滞したときは、申立人に対し本件建物を明け渡す」旨の和解条項は、その条件の記載が明確性を欠くから、執行文の付与ができない。

③ 請求が、債務名義に掲げられていない停止条件の成就、債務者の証明責任を負う事実に係る場合は、債務者の方から請求異議の訴えをもってそれを主張しなければならないから、これが執行文付与の要件に当たらない。

第1章　一般債権（請求権）実現の方法

④　懈怠約款付きの請求権

　たとえば、「被告が割賦金の支払いを2回以上怠ったときは期限の利益を失い残額を一時に支払うこと」などの和解条項の場合、割賦金の支払いの事実について証明責任を負うのは被告・債務者であり、民執法27条1項にいう「債権者の証明すべき事実」ではないとするのが判例・実務の考えである（旧々民訴法518条2項につき最判昭和41・12・15民集20巻10号2089頁、参考裁判例〔9〕、同昭和43・2・20民集22巻2号236頁）。学説の中には、上記の最高裁判決の後も、債務者保護のために民事執行法174条3項の類推適用により債権者が不払いの事実を証明すべきだとする見解がある。[12] 判例の見解による限り、こうした条項がある場合であっても、原告・債権者は、被告・債務者の割賦金の「不払い」を証明しないで執行文付与を受けることができる。

(C)　承継執行文

債務名義に表示された当事者以外の者を債権者または債務者とする強制執行については、その者に対し、またはその者のために強制執行ができる。これを承継執行文という。承継の事実が裁判所書記官もしくは公証人に明白であるとき、または債権者がその承継の事実を証明する文書を提出したときに限り、付与される（民執27条2項）。承継の基準時は、債務名義が判決の場合には事実審の口頭弁論終結時であり、他の債務名義の場合にはその債務名義の成立時である（民執23条1項3号）。

承継には、一般承継と特定承継がある。

①　一般承継の証明

　自然人の死亡、法人の合併が一般承継の原因であるが、自然人の場合は戸籍謄本等、法人の場合は登記事項証明書等によって承継を証明することになる。

　自然人の場合、債権者または債務者の承継を問わず、相続人の承認ま

12　山木戸克己・民事執行・保全法講義〔補訂2版〕80頁、中野・民事執行法264頁。

62

たは放棄の熟慮期間内（相続の開始を知ったから3カ月。民915条）であっても、承継執行文を付与することができる（相続放棄は、相続人としての地位を相続開始時にさかのぼって消滅させることになるが、相続を放棄した者は、そのことを理由に承継執行文の付与に対する異議の申出（民執32条）または異議の訴え（民執33条）により執行文の付与を排除すれば足りる）。

給付の対象が可分給付の場合には、相続により相続分に応じて分割債権関係になる（最判昭和29・4・8民集8巻4号819頁、参考裁判例〔10〕、同昭和30・5・31民集9巻6号793頁、同昭和34・6・19民集13巻6号757頁）から、債権者に一般承継がある場合には、各相続人は自己の相続分についてのみ承継執行文の付与を受けられ、債務者に一般承継がある場合には、各相続人についてのみ執行のため承継執行文の付与を求めることができる。

② 特定承継の証明

債権者の特定承継の事由は様々であるが、実務上、債権譲渡（民466条）、弁済による法定代位（民499条）または任意代位（民500条）が多い。その証明文書としては、前者について債権譲渡契約書、債務者宛ての債権譲渡通知書と配達証明書、または債務者の承諾書等が考えられる。また、後者の法定代位については、弁済について正当の利益を有することの証明として弁済者が連帯債務者、（連帯）保証人として捺印した契約証書または当該債務について弁済者に対する支払いを命ずる判決正（謄）本等、弁済したことの証明として領収証書等が考えられる。さらに、任意代位については、領収証書、債権者の承諾書、債権者から債務者に対する通知書とその配達証明書または債務者の承諾書等が考えられる。

債務者の特定承継として実務上多いのは、債務引受けがあり、その合意書等が証明文書になろう。

(D) 債務者不特定執行文

債権者が不動産の引渡しまたは明渡しを命ずる債務名義を取得していても、

当該不動産の占有者が次々に入れ替わると強制執行が困難になることがあるので、執行実務では、こうした方法による執行妨害が横行していた。そこで、平成15年法改正により、これに対処するため、民事保全法上の占有移転禁止の仮処分命令を発する場合に、債務者を特定することを困難とする特別の事情があるときは、相手方を特定しないで発令できるようにし（民保25条の2）、また、不動産の引渡しまたは明渡しの請求権についての債務名義につき承継執行文を付与する場合についても、同様に相手方を特定することを困難とする特別の事情があるときに、相手方を特定しないで承継執行文が付与できるとした（民執27条3項2号）。すなわち、不動産の引渡しまたは明渡しを命ずる債務名義について、

① 当該引渡命令等の債務名義を本案とする民事保全法25条の2第1項に規定する「債務者を特定しないで発する占有移転禁止の仮処分命令」が執行され、かつ、同法62条1項により当該不動産を占有する者に対して当該債務名義に基づき強制執行をすることができるものであること、

② 債務名義が強制競売の手続（担保権実行としての競売を含む）における、民事執行法83条1項本文（同法188条により準用する場合を含む）により不動産の引渡しを命じる債務名義であり、かつ、強制競売（または競売）において、売却のための保全処分（民執55条、188条）、最高価買受申出人もしくは買受人のための保全処分（民執77条、188条）または担保不動産競売開始決定前の保全処分（民執187条）のいずれかの保全処分および公示処分の執行がなされた後、同法83条の2第1項（同法188条により準用する場合を含む）の規定により当該不動産を占有する者に対して当該引渡命令に基づき強制執行をすることができるものであること、

の各事由がある場合において、当該債務名義に基づく強制執行をする前に当該不動産を占有する者を特定することが困難な特別の事情があり、債権者がその困難性を証する文書を提出したときは、債務者を特定しないで執行文を付与することができる。

　債務者を特定しない承継執行文を付与したときは、執行官が現地において

占有者を特定することになり、特定することができない場合には強制執行をすることができない（民執27条4項）。特定ができ強制執行が完了したときは、当該強制執行によって占有を解かれた者が債務者となる（民執27条5項）。

なお、これにより付与された承継執行文に基づく強制執行は、付与の日から4週間を経過する前に限りすることができる（民執27条4項）。

(カ)　執行文付与に関する救済

執行文付与に関する債権者または債務者の救済については、後に、不当執行・違法執行からの救済として、関連する不服申立ての手続において、一括して説明するが、ここでは、執行文の付与等に関する異議の申立て（民執32条）、執行文付与の訴え（民執33条）および執行文付与に対する異議の訴え（民執34条）があることを指摘しておくにとどめる。

参考裁判例

〔1〕　大判昭和5・9・30民集9巻11号926頁

「債務者カ任意ニ其ノ債務ノ履行ヲ為スニ非サレハ債権ノ目的ヲ達スルコトヲ得サル場合ニ於テハ其ノ債務ハ性質上強制履行ヲ許ササルモノト謂ハサルヘカラス夫婦間ニ於ケル同居義務ノ履行ノ如キハ債務者カ任意ニ履行ヲ為スニ非サレハ債権ノ目的ヲ達スルコト能ハサルコト明ナルヲ以テ其ノ債務ハ性質上強制履行ヲ許ササルモノト解スルヲ相当トス本件ニ於テ抗告人ハ広島地方裁判所呉支部(タ)第2号原告抗告人被告……間ノ同居請求事件ニ付昭和5年4月15日請求通リノ勝訴判決ヲ受ケ該判決確定シタルモ被告ハ妻トシテ夫タル抗告人ニ対スル同居義務ヲ履行セサルヲ以テ間接執行ノ方法ニ依リ決定ノ日ヨリ15日内ニ抗告人宅ニ復帰シテ同居シ若シ該期間内ニ履行セサルトキハ其ノ翌日ヨリ遅延日数ニ応シ1日ニ付金5円宛ノ賠償金ヲ支払フヘキ旨ノ決定アランコトヲ申立テタルモノナルモ前示ノ如ク同居義務ノ履行カ其ノ性質上強制履行ヲ許ササルモノナル以上間接強制モ亦之ヲ許スヘカラサルヲ以テ原審力右ト同一見解ノ下ニ抗告人ノ抗告ヲ棄却シタルハ正当ニシテ本件抗告ハ理由ナキモノトス」

〔2〕　大阪高決昭和58・6・8判タ509号149頁
　公正証書が民事執行法22条5号に規定する執行証書（債務名義）となりうるためには、その請求が金銭の一定の額の支払又はその他の代替物若しくは有価証券の一定の数量の給付を目的とする請求として記載されていることを要する。そして一定の金額又は数量が記載されているといいうるためには、一定の金額又は数量が公正証書の記載自体から容易に確定しうべき程度に記載されていることを要する。一定の金額又は数量の明記がなく、公正証書の記載自体からこれを確定しえない場合は、たとえ他の資料によつてこれを確定しえたとしても、その公正証書は有効な執行証書となりえない。〔中略〕しかしながら本件公正証書3条の記載は、クレジット大阪が野村産業の保証人として、住友銀行に対し弁済をしたときは、その弁済金額に応じて求償し得ることを記載しているにとどまり、その金額が本件公正証書の記載自体によつて特定されているものということはできず、したがつて右求償権の金額が、本件公正証書上一定額に定まつているものということはできない。すなわち、本件公正証書3条には民事執行法22条5号にいう一定の金額の記載がなく（本件公正証書全体の記載によつても、その金額は特定できない）、その執行力もないといわなければならない。

〔3〕　大阪高決昭和60・8・30判タ569号84頁
1　金銭の支払を目的とする公正証書が強制執行上の債務名義である執行証書になり得るためには、民事執行法22条5号に従い金銭の一定の金額の支払を目的とする請求権について公証人が作成したもので、債務者が直ちに強制執行に服する旨の陳述が記載されているものであることを要する。
　このように法が金額の一定を要求しているのは、裁判機関でない公証人に債務名義の作成を認めるための不可欠の要件である債務者が執行に服する旨の陳述（執行受諾の陳述という）の対象を明確にして、債務者の判断に遺憾なきを期し、その保護を図るとともに、これにより執行機関が債権者の請求の範囲を明確に知ることができ、執行の迅速確実を期したものである。
　したがつて、公正証書の記載自体から一定の金額の支払が明記されていること及びそれにつき執行受託文言の記載があることを要するのであつて、公正証書以外の資料から金額の一定性を求めることは、それにつき公正証書上債務者の執行受諾がないので許されないものというべきである。
2　事件記録中の本件公正証書によると、次のような記載がある。

第1条　抗告人と債務者（猪本豊、以下、猪本という）が、昭和58年1月15日猪本がオートローン契約に基づき自動車を購入するため朝日生命保険相互会社（以下、朝日生命という）から左記金員を借り受けて抗告人にその保証を委託し、抗告人が連帯保証したことにより猪本が抗告人に対して負担する求償の弁済につき本契約を締結する。

　（債務目録）

　　借受の日　昭和58年1月15日、元金2,293,668円、利息金　344,050円、合計　2,637,718円（以下略）

第2条　猪本は抗告人が朝日生命に対して前条の連帯保証債務を履行したときは直ちに抗告人が朝日生命に弁済した金額およびこれに対する弁済期日の翌日から完済まで年29.2%の割合による遅延損害金を債務者に支払わなければならない。

第5条　猪本、その連帯保証人は本証書一定金額支払いの債務を履行しないときは直ちに強制執行に服する旨陳述した。

3　右本件公正証書の記載を検討すると、前示第2条の文言は、要するに抗告人が朝日生命に対し第1条記載の連帯保証債務を履行したときには、その弁済額及びこれに対する遅延損害金の支払を約したもので、その支払うべき具体的金額は抗告人の弁済額の多寡にかかつておりその弁済がなされるまでは定まらず、公正証書自体の記載から一定の金額を明記しているとはいえないし、また公正証書の記載事項の計算上から一定の金額が明らかになるものとも解することができない。

　　もつとも、論理上、第2条はその第1条の「連帯保証を履行したときは」なる文言に照らし、弁済額が第1条所定の金額を越えないものであるともいえなくもないけれども、肝腎の支払の対象となるべき金額の記載としては第2条において抗告人が朝日生命に「弁済した金額」及びこれに対する遅延損害金と記されているのみであつて、第1条記載の連帯保証債務額全額を最高額としこれを一定の金額の支払として記載されたものとは第2条の文言上明らかでないし、とくに第5条の強制執行受諾文言において第1条記載の金額全額を一定の金額としてその支払の債務不履行につきこれがなされたものと認めることはできない。

　　事前求償の場合はもとより本件のような事後求償の場合についても、まず主債務の元利金全額を一定金額としてその具体的金額の支払が公正証書上明記され、債務者において明確にその執行受諾がなされていれば、その後の主

債務者などの弁済により保証人の弁済額がそれに対応して減額されたときには、その限度に限り支払うとの構成をとる公正証書であつても、民事執行法22条5号にいう執行証書として債務名義たり得ると解する余地があり、その場合には抗告人主張のように連帯保証人たる抗告人の弁済及びその弁済額の証明は同法27条の類推適用により抗告人にその事実を証する文書を提出したときに限り執行文を付与する扱いとすることにより処理し得るものと考える。

しかしながら、本件公正証書においては既述のとおりそもそも最高額を一定金額とした支払が明記されているとはいえないし、債務者がなした執行受諾の対象の記載が曖昧でそれが右最高額の支払につきなされたものと認めるべき明確な記載がない以上本件証書を民事執行法22条5号にいう執行証書として債務名義となる公正証書ではないというほかない。

〔4〕 神戸地姫路支決昭和60・4・19判タ560号196頁

本件のような事後求償では保証人の弁済額に応じて具体的に求償権が発生する（民法459条2項、442条2項）ため事前に作成された公正証書に一定金額の表示（民事執行法22条5号）があるといえるか疑問がないではないけれども、記録によると、本件公正証書には相手方の求償し得る最高限度額が一定額で明示されており、執行文付与時に代位弁済の有無及び額を証明させ、これを表示することによつて債務名義の内容を補充していることが認められるから、債務名義としての効力を左右することはない。

〔5〕 最判昭和51・10・12民集30巻9号889頁

公正証書は、訴訟手続を経ることなくそれ自体で債務名義となり、債権者はこれに執行文の付与を受けて強制執行をすることが可能となるものであるから、公正証書が公正の効力を有するためには法律の定める要件を具備することを要する（公証人法2条）ところ、代理人による公正証書作成の嘱託については、代理権限を証する書面や印鑑証明等の提出を要し（同法32条）、公証人は、本人に対し代理人の氏名等所定の事項を通知し（同法施行規則13条の2）、作成した公正証書を列席者に読み聞かせ又は閲覧させたうえ、列席者各自これに署名捺印することを要するものと規定されている（同法39条）。

思うに、右法規の趣旨とするところは、公正証書のもつ重要性にかんがみ、公正証書が正当な権限を有する者によつて嘱託され、その記載事項が真実に合致することを担保するにあるものと解されるから、公正証書の作成を現実に嘱

託する者に人違いがないということは、公正証書の作成にあたり要求される最も基本的な事項というべきであつて、署名が行為者を識別する重要な方法であること、他方、公正証書に記載される執行受託の意思表示は、公証人に対してされる訴訟行為であつて、これには私法上取引の相手方保護を目的とする民法の表見代理に関する規定の適用又は準用がないものと解されている（最高裁判所昭和31年(オ)第123号同33年5月23日第2小法廷判決・民集12巻8号1105頁参照）ことなどを総合すると、代理人の嘱託による公正証書の場合には、公証人法の前記規定に定める手続を履践し、かつ、当該公正証書に嘱託者である代理人が自署することを要し、代理人が本人として公正証書の作成を嘱託することは右規定の適用を僣脱するものというべきであるから、その嘱託は違法であり、これに基づいて作成された公正証書は公正の効力を生ずるに由なく、署名代理を認める余地はないものと解するのが、相当である。

　これを本件についてみると、原審の確定したところによれば、被上告人は訴外株式会社天野商店（以下「天野商店」という。）の債権者であるが、昭和44年9月30日の配当期日において、配当表中上告人を債権者、天野商店を債務者とする東京法務局所属公証人堀真道作成にかかる昭和43年第10484号債務弁済契約公正証書による債権に対する配当金額について、右公正証書は天野商店の嘱託に基づき作成されたものではないから債務名義として無効である旨の異議を述べたこと、上告人の天野商店に対する売掛債権中1000万円につき右両者間に公正証書を作成する旨の合意が成立したが、天野商店代表取締役天野操が出張して不在のため同人からあらかじめ右内容の公正証書作成方の指示を受け、印鑑証明書等の必要書類と天野商店印の交付を受けていた天野照男及び上告人の代理人曽根茂とが公証人役場に出頭し、本件公正証書の作成を嘱託したこと、その際、天野照男は代理方式によらず、天野商店代表取締役天野操と称して右嘱託をし、かつ、同証書に天野操と署名し、その名下に天野商店印を押捺したこと、以上の事実が認められるというのである。

　右事実関係に照らすと、債務者である天野商店の代表取締役天野操は右公証人のもとに出頭せず、その代理人天野照男が本件公正証書の作成を嘱託したが、同人は公証人法所定の代理方式によらず、天野商店代表取締役天野操と称して右嘱託をし、かつ、同証書に天野操と署名したというのであるから、前記説示のとおり、本件公正証書は、その作成の嘱託に違法があり、公正の効力を有しないものというべきである。そうすると、右公正証書は債務名義として無効なことが明らかであるから、これを理由とする被上告人の本件配当異議を認めた

原審判断は、正当として是認することができ、原判決に所論の違法はない。

〔6〕　最判昭和56・3・24民集35巻2号254頁

　公正証書の作成に当たり債務者の代理人が公証人に対し債務者本人と称して嘱託をしたうえ証書に債務者本人の署名をした場合には、右証書は公正の効力を有せず、債務名義としての効力がないものと解すべきことは、当裁判所の判例とするところである（昭和50年(オ)第918号同51年10月12日第3小法廷判決・民集30巻9号889頁）。この理は、債務者の代理人からさらに同人を代理して公正証書作成の嘱託をすべき旨の依頼を受けた者が公証人に対し右の代理人本人と称して嘱託をしたうえ証書にその者の署名をした場合においても、異ならないものというべく、これと同旨の原審の判断は正当として是認することができる。

〔7〕　最判昭和42・7・13判時495号50頁

　強制執行受諾条項づきの公正証書作成嘱託について、民法109条の適用がないとした原審の判断は正当であり、原判決には何等所論の違法はない。

〔8〕　最判昭和32・6・6民集11巻7号1177頁

　原判決の認定した事実によれば、本件公正証書中被上告人に関する部分は被上告人を代理して公正証書を作成させる権限のない鈴木永久が公証人に嘱託して作成させた無効のものと認めざるを得ないから原審が本件を請求異議事件として審判したのは正当である（大正10年3月30日大審院判決参照）。所論原判決の説示は上告人の表見代理に関する抗弁の採用できない所以を説明したに過ぎないもので、本件を債務名義の効力を争う純然たる訴訟法上の案件とした趣旨ではない。また、本件のような場合所論の見地に立つても民法110条を準用する余地のないこと多言を要しないところであつて、此点に関する原判決の判断も亦正当である（昭和11年10月3日大審院判決参照）。論旨は畢竟独自の見解の下に原判決を攻撃するだけのもので、採用の限りでない。

〔9〕　最判昭和41・12・15民集20巻10号2089頁

　「賃料を延滞したときは賃貸借契約を解除できる」旨の和解調書の記載がある場合には、賃料不払による解除の事実は、旧民訴法§518Ⅱの「他ノ条件」に当たらないので、賃料不払による解除を争うには、同法§545の請求異議の訴え

によるべきであつて、同法§546の執行文付与に対する異議の訴えによるべきではない。

〔10〕　最判昭和29・4・8民集8巻4号819頁
　相続人数人ある場合において、その相続財産中に金銭その他の可分債権あるときは、その債権は法律上当然分割され各共同相続人がその相続分に応じて権利を承継するものと解するを相当とするから、所論は採用できない。

〔11〕　最判平成9・7・11民集51巻6号2530頁〔第一審は東京地判平成3・2・18判時1376号79頁、控訴審は東京高判平成5・6・28判タ823号126頁〕
　2(1)　執行判決を求める訴えにおいては、外国裁判所の判決が民訴法200条〔＝現行民訴118条〕各号に掲げる条件を具備するかどうかが審理されるが（民事執行法24条3項）、民訴法200条3号〔＝現行民訴118条3号〕は、外国裁判所の判決が我が国における公の秩序又は善良の風俗に反しないことを条件としている。外国裁判所の判決が我が国の採用していない制度に基づく内容を含むからといって、その一事をもって直ちに右条件を満たさないということはできないが、それが我が国の法秩序の基本原則ないし基本理念と相いれないものと認められる場合には、その外国判決は右法条にいう公の秩序に反するというべきである。
　(2)　カリフォルニア州民法典の定める懲罰的損害賠償（以下、単に「懲罰的損害賠償」という。）の制度は、悪性の強い行為をした加害者に対し、実際に生じた損害の賠償に加えて、さらに賠償金の支払を命ずることにより、加害者に制裁を加え、かつ、将来における同様の行為を抑止しようとするものであることが明らかであって、その目的からすると、むしろ我が国における罰金等の刑罰とほぼ同様の意義を有するものということができる。これに対し、我が国の不法行為に基づく損害賠償制度は、被害者に生じた現実の損害を金銭的に評価し、加害者にこれを賠償させることにより、被害者が被った不利益を補てんして、不法行為がなかったときの状態に回復させることを目的とするものであり（最高裁昭和63年(オ)第1749号平成5年3月24日大法廷判決・民集47巻4号3039頁参照）、加害者に対する制裁や、将来における同様の行為の抑止、すなわち一般予防を目的とするものではない。もっとも、加害者に対して損害賠償義務を課することによって、結果的に加害者に対する制裁ないし一般予防の効果を生ずることがあるとしても、それは被害者が被った不利益を回復するため

に加害者に対し損害賠償義務を負わせたことの反射的、副次的な効果にすぎず、加害者に対する制裁及び一般予防を本来的な目的とする懲罰的損害賠償の制度とは本質的に異なるというべきである。我が国においては、加害者に対して制裁を科し、将来の同様の行為を抑止することは、刑事上又は行政上の制裁にゆだねられているのである。そうしてみると、不法行為の当事者間において、被害者が加害者から、実際に生じた損害の賠償に加えて、制裁及び一般予防を目的とする賠償金の支払を受け得るとすることは、右に見た我が国における不法行為に基づく損害賠償制度の基本原則ないし基本理念と相いれないものであると認められる。

(3) したがって、本件外国判決のうち、補償的損害賠償及び訴訟費用に加えて、見せしめと制裁のために被上告会社に対し懲罰的損害賠償としての金員の支払を命じた部分は、我が国の公の秩序に反するから、その効力を有しないものとしなければならない。

3 以上によれば、本件外国判決のうち懲罰的損害賠償としての金員の支払を命ずる部分について執行判決の請求を棄却すべきものとした原審の判断は、是認することができる。

〔関連設問〕

1 賃貸借契約の締結およびこの契約に基づく賃料の支払いについて、執行証書が作成されていたところ、同賃貸借契約が更新された場合、更新前の賃貸借に関する執行証書の執行力は更新後の賃貸借にも及ぶか（神戸地決昭和31・7・31下民集7巻7号2078頁、東京地判平成8・1・31判時1584号124頁）。

2 米国の裁判所のいわゆる懲罰的損害賠償を認容する判決に基づき、我が国の執行判決を得て、強制執行することができるか（最判平成9・7・11民集51巻6号2530頁、第一審は東京地判平成3・2・18判時1376号79頁、参考判例〔11〕）。

2 執行開始の要件

特定の請求権、つまり執行債権の満足のために強制執行を実施することが許容される要件を、「強制執行の要件」と呼ぶ。

① 実体的要件としては、有効な執行力ある債務名義の存在、執行当事者適格、条件成就、期限の到来、引換給付請求における反対給付などである。

② 手続的要件としては、適法な執行申立て、当事者・対象についての民事執行権、執行機関の管轄、執行当事者能力、債務名義の送達、執行障害事由の不存在などである。

強制執行の開始またはその続行には、債権者から執行力ある債務名義の正本に基づく申立て（民執2条、25条、民執規1条、21条）が必要であるが、そのほか、次の要件が必要である。

(1) **債務名義の送達**

強制執行を開始するには、債務名義または確定により債務名義となるべき裁判の正本または謄本が、あらかじめまたは同時に債務者に送達されていなければならない（民執29条前段）。債務者に、どのような債務名義に基づいて強制執行が行われるかを知らせ、防御の機会を与えるためである。ただし、債務名義の種類によっては、執行手続の簡易・迅速性を特に図る必要から、例外的に債務名義の送達が執行開始の要件とされないことがある（民執55条9項、77条2項、民保43条3項、民訴189条2項但書）。

条件成就執行文または承継執行文が付与された場合は、当該執行文およびそれを求めるための債権者が提出した文書の謄本も、あらかじめまたは同時に送達されていなければならない（民執29条後段）。

したがって、動産執行では、執行官が送達機関になれるので、執行の現場において執行と同時に債務名義正本を送達することがあるが、それ以外の不動産執行および債権執行では、強制執行の開始と同時に債務名義正本を債務者に送達することが不可能だから、あらかじめ書記官に同正本等を送達してもらって「送達証明書」を得てから、強制執行の申立てをすることになる（これが原則である。「債務名義に執行文、送達証明そろったら、これで執行、青信号」と覚えておけばよい）。

さらに、事案によっては、執行開始の要件として、次の事実の証明が必要

になることがある。

(2) 請求が確定期限の到来にかかる場合―確定期限が経過したこと

　債務名義に表示された請求権に確定期限が付されている場合には、その期限が到来したときに執行力が生ずるはずであるが、確定期限の到来の事実は債権者が証明するまでもなく時の経過によって明らかであるから、法はこれを執行機関が判断するべき強制執行の要件とした（民執30条1項）。強制執行の申立書に、あらためて確定期限経過の主張が記載されていなくても、申立てをしたこと自体が確定期限の徒過を主張したことになるし、それは時の経過そのものであるから証明は不要である。

　これに対し、期限が不確定期限の場合は、その到来の事実は債権者によって証明されなければ明らかにならないので、執行文付与機関の判断事項になる（民執27条1項）。

　債務名義に割賦弁済の条項と期限の利益喪失条項がある場合、これが強制執行の要件として債権者は主張するだけで足りるのか、条件成就執行文付与の要件として証明が必要なのかが問題になる。たとえば、被告が一定金額の支払義務を認めて、これを20回の月末での分割払いする合意をしたうえで「被告が前項の割賦金の支払いを1回でも怠ったときは、当然期限の利益を喪失し、残金を一時に支払う」との条項が定められる和解調書がある。この場合「割賦金の支払いを怠った事実」は、債権者である原告に証明させるのではなく、反対に債務者である被告に「支払った事実」を証明させるのが相当であるから、債権者は、強制執行の申立てをする際、分割払期限の到来と上記の期限の利益喪失条項の存在を主張すれば足りる（債務者が割賦金弁済をした場合には、その事実を証明して請求異議の訴えを提起しなければならない）。

　ただし、同じ割賦金分割払いの条項があっても「被告が前項の割賦金の支払いを怠った場合において、原告が被告に対して、20日間以上の期限を定めた書面による催告をしたにもかかわらず、催告期限までに催告にかかる金員の支払いをしなかったときは、同項の期限の利益を喪失し、被告は残金を一時に支払う」との条項がある事例（割賦販売法5条参照）では、債権者であ

IV　強制執行の要件

る原告が上記の「書面による催告」をしてはじめて期限の利益喪失条項が生きるのであるから、債権者はこの事実を証明して条件成就執行文を得なければならない。

(3)　請求が債権者の担保の提供にかかる場合—担保を供託した旨の証明

　財産権上の請求に関する判決については、「この判決は、原告が〇〇万円の担保を供するときは、仮に執行することができる」との仮執行宣言が付されることがある（民訴259条1項・2項但書、民執22条2号）。こうした担保を立てることが強制執行の条件とする債務名義の場合には、債権者が当該担保を立てたことを文書によって証明したことが強制執行開始の要件となる（民執30条2項）。

　担保の提供方法は、①担保を立てるべきことを命じた裁判所の所在地を管轄する地方裁判所の管轄区域内の供託所に金銭または有価証券を供託する方法、②銀行等と支払保証委託契約を締結する方法、③当事者が特別の契約をしたときは、その契約による方法の3つがあるが（民訴76条、民訴規29条）、①の場合は供託書正本または供託官による供託証明書の提出（供託法規則49条）、②の場合は支払保証委託契約の締結証明書を提出、さらに③の場合は契約書および当該契約による履行の事実を証する文書を提出することになる。

(4)　請求が債権者の引換給付義務の履行にかかる場合—その引換給付義務を履行したことの証明

　たとえば、「被告は、原告から200万円の支払いを受けると引き換えに、別紙記載の建物を明け渡せ」という判決やこうした条項を内容とする和解調書が作成されることがある。このように、債務名義に表示された請求債権が反対給付と引換給付の関係にある場合には、反対給付の履行またはその提供の事実を証明したときに限り強制執行をすることができる（民執31条1項）。

　請求債権と反対給付の履行または提供とは同時履行の関係にあり、仮にこれを執行文付与の要件にしてしまうと債権者が先給付を強いられることになるので、執行開始の要件としたのである。

　これに対して、「被告は原告から200万円の支払いを受けたら、別紙記載の

75

建物を明け渡せ」との判決正本に基づく明渡執行では、200万円の支払いが原告・債権者が先給付になるので、この場合は、執行文付与の要件となる。

(5) 請求が代償請求の場合──主たる請求の執行が不能に帰したことの証明

たとえば、「被告は、原告に対し、○○の動産を引き渡せ。これができないときは、被告は原告に対し100万円を支払え」という判決のように、債務者の本来の給付が執行不能の場合、これに代わる給付を求めることがあり、これを代償請求という。

本来の給付についての執行が不能であったことを理由に代償請求に係る請求債権（上記の例で100万円の金銭債権）についての強制執行の申立てをするときは、本来の給付の執行（動産執行）が不奏効に終わったことを証明しなければならない（民執31条2項）。本来の給付についての執行不能については、執行機関の執行不能を証明する文書等によって容易に証明することができるので、これを執行開始の要件とされている。

(6) 執行障害事由の不存在

債務者につき、破産手続開始、民事再生開始、会社更生開始等の包括執行が開始されると、これらは執行障害となり、執行を開始しまたは続行できなくなる。債務者が破産手続開始決定を受けると、破産債権を執行債権として破産財団所属の財産に対してした強制執行は、破産財団に対して当然にその効力を失う（破42条）。民事再生手続（民再39条1項）等にも強制執行の中止の規定が置かれている。

3　執行手続の終了

強制執行手続は、一般的に、債権者が特定の債務名義に表示された請求権（執行費用を含む）の完全な満足を得た時に終了する。また、個々の執行手続においては、たとえば、不動産強制競売や動産執行では弁済金の交付または配当の終了時、強制管理では取消決定の確定時、債権執行では差押債権者による取立て終了時または転付命令確定時など、その最終段階に当たる行為が完結した時に終了し、上記の執行取消文書に基づき執行処分が取り消された

時、またはその他の事由で執行手続が取り消された時などに終了する。

　差押債権者が申立てを取り下げたときも執行手続は終了するが、取下書の提出については、執行手続の進行段階によって制限されることがある（なお、執行の取消し・停止については、後述の第4章Ⅳを参照）。

4　執行の対象

(1)　責任財産の意義

　強制執行の対象として請求権の満足に用いられるべき財産の総体を「責任財産」と呼ぶ。責任財産は、強制執行の基本となる債務名義によって決まる。物の引渡・明渡請求権の強制執行では、執行対象たるべき財産は債務名義に表示される。作為・不作為の執行のように財産を対象としない強制執行については、責任財産を観念する余地はない。もっとも、代替執行の費用や間接強制金の取立てとの関係では、金銭執行と同様に責任財産を観念することになる。

　金銭執行の場合、原則として執行債務者に属するすべての財産が責任財産となるが、動産および債権については、民事執行法（民執131条、152条）、または法政策的理由から実定法により差押えが禁止され、責任財産から除外されることがある。

　また、特定の請求権については、責任財産が一定の範囲に限定される場合があるが、これは有限責任と呼ばれる（民922条、商607条、812条、船舶の所有者等の責任の制限に関する法律33条等）。

　なお、担保権実行手続においても、責任財産を考えることができるが、一般先取特権の実行の場合には債務者の総財産を責任財産として対象にできるが、その余の担保権は、担保権の目的である特定財産に限定される。

　責任財産を構成するのは、強制執行開始時（差押え時）に債務者に属する財産である。強制執行の開始前に保全執行をしておけば、その時点で責任財産を固定できる。また、詐害行為取消権（民424条）は、差押え前に処分されて執行債務者から逸脱した財産を債権者が回復する手段である。

(2) 執行対象財産の選択と責任財産帰属性の判断

　金銭執行の場合、債権者は、債務者のどの財産を対象にして差押えするのか、その選択権を有する。

　債権者は、強制執行の申立てをする際に、対象財産を特定しなければならないが、動産に対する執行においては、個々の動産を特定する必要はなく、差押えの場所を特定し、その中に存在する動産を対象にして、執行官が、執行債権額と執行費用に満つるまで（民執規99条、100条）、選択して差し押さえる。

　債権者が執行の対象とした財産が、債務者の責任財産かどうかの認定は、外形的事実から判断する。執行手続の効率性の要請から、外観主義を採るのである。すなわち、不動産については債務者名義の登記（民執規23条）、動産については債務者の占有があれば（民執123条1項）、それぞれ債務者の責任財産に属するものとして執行手続が開始され、さらに債権については、債権者が申し立てにより特定した債権の存否や帰属を審査せずに（民執145条2項）、手続が開始される。

　仮に、その判断に不服がある場合には、第三者異議の訴えを提起して、強制執行を排除することになる。

5　財産開示の手続

設問2

　Aは、Bに対する不法行為に基づく損害賠償金300万円の勝訴判決（確定）正本に基づき、B所有の土地建物につき不動産強制競売の申立てをしたが、上記の土地建物にはC銀行のために1億円の抵当権が設定されていたため、剰余を生ずる見込みがない場合に当たるとして（民執63条2項）、執行裁判所により強制競売手続が取り消された。

　Bは、いろいろな商売をしており、上記土地建物以外にも財産を有しているとの噂があるが、Aの調査ではよくわからない。

Aは、他の財産に対して強制執行の申立てをしたいが、どうすればよいか。

(1) 財産開示手続の意義

　債権者が金銭債権の回収をしようとする場合、実務上、もっとも困難なことは、債務者の責任財産に関する情報を十分に得られないことである。

　金銭債権の強制執行の申立てをする際には、動産執行の場合には執行場所（目的となる動産の所在場所）の特定だけで足りるが（民執規99条）、それ以外の不動産執行（強制競売・強制管理）や債権執行の場合には、債務者の有する特定の財産につき、これを特定したうえで申立てをしなければならない。また、仮に債務者の有する財産が判明していたとしても、それが差押禁止対象の財産であることもあり、そうでなくてもその換価が著しく困難であったりすると、債権者が強制執行により金銭債権を回収することができなくなってしまう。債権者としては、こうしたことを含めて、債務者の財産に関する十分な情報を有していなければならないのである。つまり、債権者がどんなに苦労して高額の金銭請求権につき勝訴判決等の債務名義（民執22条）を得たとしても、債務者に財産があることが判明しなければ強制的実現を図ることができず、正に絵に描いた餅ということになってしまうのである。従来は、債権者は自力の調査（または民間の探偵社等の調査機関に依頼して）により、債務者の財産に関する情報を得ようとするのであるが、多くの場合、その成果を上げることが難しかった。

　そこで、平成15年改正民事執行法は、権利実現の実効性をより一層高めるという観点から、執行力ある金銭債権の債務名義を持つ債権者が債務者財産に関する情報を取得する方法とて、財産開示制度（民執196条〜203条）を創設した。また、労働賃金等のように一般先取特権も債務者の一般財産に対して差押えができるので、一般先取特権を持つ債権者についても、同じ財産開示の申立てを認めることにした。

民事執行法においては、財産開示手続は、執行手続の1つとして位置付けられているが（民執1条、民執規1条）、これは、債権者が債務者の財産から満足を受けるための手続という点では強制執行等の手続に通じる性質を有しているものの、強制執行等とは異なり、これにより最終的な満足を得る手続ではない。

(2) **手続の概要**

財産開示手続は、金銭債権の債務名義を有する債権者または一般先取特権者を有する債権者が、債務者の知れている財産に対して執行してもその完全な弁済を受けられないことの疎明があった場合その他一定の要件を具備する場合に、執行裁判所に申立てをして、執行裁判所が債務者に対する財産開示手続の実施決定をすることによって開始される手続である（民執197条）。

執行裁判所は、実施決定をしてそれが確定すると、財産開示期日を指定し、同期日に申立人（債権者）および開示義務者（債務者。債務者が法人の場合には、その法定代理人たる代表者）を呼び出す（民執198条）。

財産開示期日において、開示義務者は、出頭して宣誓のうえで債務者の財産内容を開示する義務がある（民執199条）。開示義務者は、正当な理由がなく期日に出頭しない場合、あるいは期日において虚偽の陳述をした場合など、その義務に違反した場合は、30万円以下の過料に処せられる（民執206条）。

債務者が財産開示期日において開示した内容は記録化され、一定の範囲の利害関係人の閲覧が可能となる（民執201条）。そのため、開示義務者が財産開示期日にその財産について陳述した後3年以内は、同一債務者に対しては、原則として財産開示手続実施決定するとができないとされている（民執197条3項）。

財産開示手続の全体の流れは、【図9】のとおりである。

(3) **財産開示手続の申立て**

(ア) **管　轄**

債務者の普通裁判籍の所在地を管轄する地方裁判所が、執行裁判所として管轄する（民執196条）。この管轄は、他の民事執行と同じく専属管轄であり、

IV　強制執行の要件

【図9】　財産開示手続の流れ

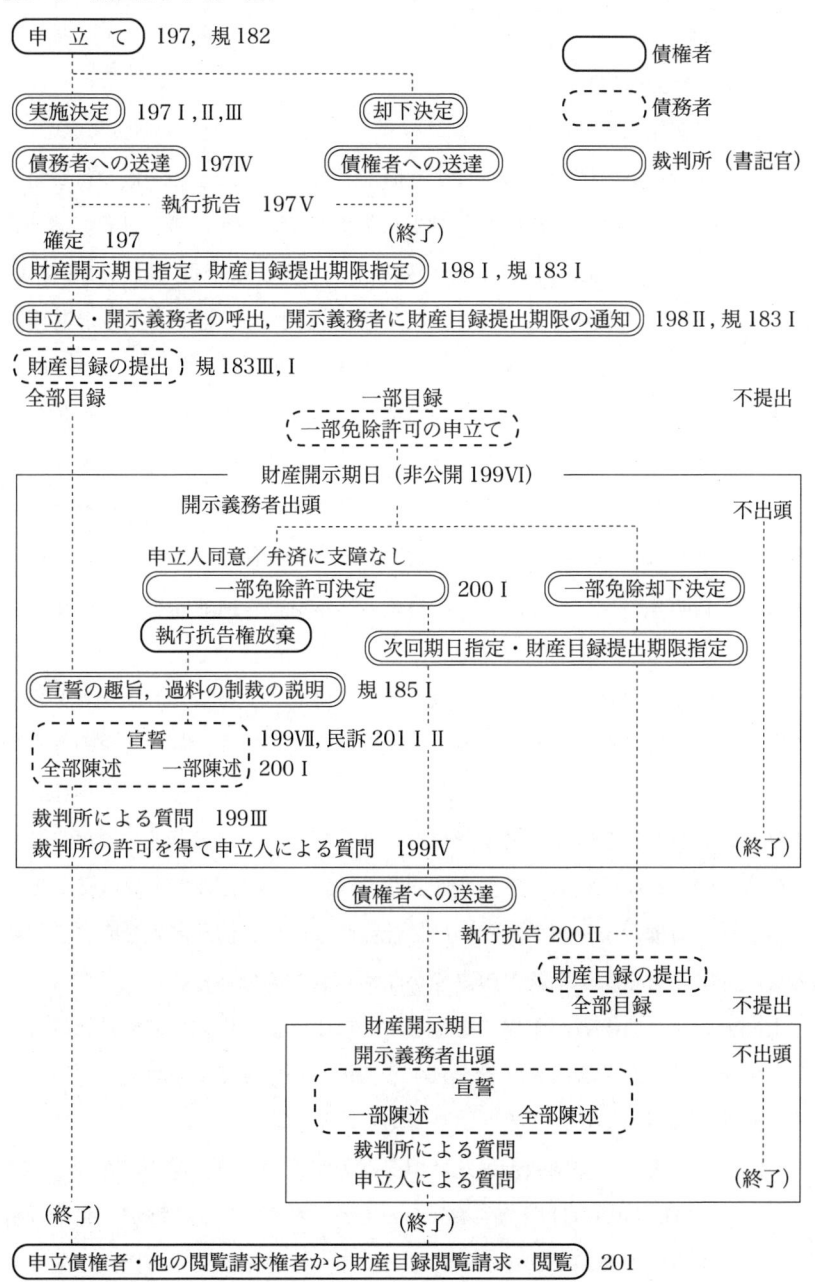

```
　申　立　て　197, 規182                                ⬯債権者⬯
       │
   ┌───┴────────┐                              ⬚債務者⬚ (破線)
   実施決定 197Ⅰ,Ⅱ,Ⅲ    却下決定
       │                    │                     ⬯裁判所（書記官）⬯
   債務者への送達 197Ⅳ   債権者への送達
       │                    │
   ‥‥‥執行抗告 197Ⅴ‥‥‥
       │                  (終了)
   確定 197
   財産開示期日指定, 財産目録提出期限指定　198Ⅰ, 規183Ⅰ
   申立人・開示義務者の呼出, 開示義務者に財産目録提出期限の通知　198Ⅱ, 規183Ⅰ
   財産目録の提出　規183Ⅲ, Ⅰ
```

全部目録　　　　　　　　一部目録　　　　　　　　　　　　　　不提出
　　　　　　　　　　　一部免除許可の申立て

　　　　　財産開示期日（非公開199Ⅵ）
　　　　開示義務者出頭　　　　　　　　　　　　　　　　　不出頭
　　　　申立人同意／弁済に支障なし
　　　　　一部免除許可決定　200Ⅰ　　一部免除却下決定
　　　執行抗告権放棄　　　次回期日指定・財産目録提出期限指定
　　宣誓の趣旨, 過料の制裁の説明　規185Ⅰ
　　　宣誓　　　　　199Ⅶ, 民訴201Ⅰ Ⅱ
　　全部陳述　　一部陳述　200Ⅰ
　　裁判所による質問　199Ⅲ
　　裁判所の許可を得て申立人による質問　199Ⅳ　　　　　　　　（終了）

　　　　　　債権者への送達
　　　　‥‥執行抗告 200Ⅱ‥‥
　　　　　　　　　　　　　　　財産目録の提出
　　　　　　　　　　　　　　全部目録　　　　　　　　不提出
　　　　　財産開示期日
　　　　開示義務者出頭
　　　　　　宣誓
　　　　一部陳述　　全部陳述
　　　　裁判所による質問
　　　　申立人による質問　　　　　　　　　　　　　　　　（終了）

（終了）　　　　　　　　　（終了）
　申立債権者・他の閲覧請求権者から財産目録閲覧請求・閲覧　201

81

これに違背して申立てがなされた場合は、管轄裁判所に移送される（民執20条、民訴16条1項）。

　　(イ)　申立ての要件
　　(A)　財産開示手続の申立権者
　まず、執行力ある債務名義を有する債権者である。ただし、仮執行宣言付判決（民執22条2号）、仮執行宣言付支払督促（民執22条4項）、執行証書（民執22条5号）および確定判決と同一の効力を有する支払督促（民執22条7、民訴396条）を有する債権者は除かれる。財産開示手続により債務者の財産に関する情報がいったん開示されると、当該情報が開示されなかった状態に回復することができないので、権利判定機関の暫定的な判断に過ぎない仮執行宣言付判決を除外し、その成立に裁判官が関与していない執行証書や支払督促を除外したものである。金銭の支払いを命ずる仮処分命令は、債務名義とみなされるが（民保52条2項）、この仮処分命令も仮執行宣言付判決と同様の暫定的な判断を示したものであるから、これに基づく財産開示手続の申立てをすることができない。

　次に、債務者の財産について一般の先取特権を有することを証する文書を提出した債権者である（民執197条1項・2項）。実務では、労働賃金の存在を証明できる債権者が典型であろう。こうした一般先取特権を有する債権者は、債務者の総財産から優先弁済を受けることができるが、債務者の財産に関する情報が得られなければ、その債権回収を図ることは困難である。そこで、このような債権者を保護するために、社会政策的に、債務名義を有する債権者と同様に、財産開示手続の申立権が認められたのである。

　上記のいずれ債権者が申立てをするのかによって、申立ての要件は異なるが、上記の執行力ある債務名義を有する債権者が申立てする場合について、その要件を検討すると、次のとおりである。

　　(B)　申立人が、強制執行または担保権の実行における配当等の手続（申立ての日より6月以上前に終了したものを除く）を試みたが、完全な弁済を得ることができなかったこと、または、知れている財産に対する

強制執行を実施しても、当該金銭債権の完全な弁済を得られないことの疎明があったこと

　財産開示手続の申立てをするには、原則として、最近6カ月内に（すなわち、財産開示手続申立日から6カ月前に終了したものを除く趣旨である）、債務者に対する強制執行または担保権実行における配当等の手続で、債権の完全な弁済を得られなかったことが必要な要件である（民執197条1項1号）。この強制執行または担保権実行は、申立人が申し立てたものに限らず、他の債権者が申し立てをしたものも含まれる。実際に配当等の手続に参加したことが必要であり、仮に参加していたとしても配当等を受けることができなかった事情があるとしても、この要件を満たしたことにならない。

　上記の要件がなくとも、申立人が、知れている債務者の財産に対する強制執行を実施しても完全な弁済が得られないことを疎明したときは、財産開示手続の申立てができる（民執197条1項2号）。

　(C)　執行開始要件を備えていること

　当該債務名義の正本に基づく強制執行が開始することができないときは、財産開示手続を実施することができない（民執197条1項但書）。執行開始の要件は、既に説明したところであるが、執行文の付与を要する債務名義に執行文が付与されていること（民執25条、26条）、債務者に債務名義の正本または謄本が送達されていること（民執29条）、承継執行文または条件成就（補充）執行文が付与されていること（民執27条、29条）、確定期限付債務名義の場合には、その期限が到来していること（民執30条）、引換給付の附款が付いた債務名義の場合には反対給付の履行または提供があったこと（民執31条1項）等である。

　なお、債務者について、破産手続開始決定（破42条2項）、会社更生手続開始決定（会更50条1項）、民事再生手続開始決定（民再39条1項前段）等により強制執行を開始することができないときは、財産開示手続も実施することができない。実施決定前にこれらの障害事由が判明していれば、申立ては却下されるし、また実施後に、実施決定時に既にこれらの事由が発生していた

83

ことが判明した場合には、この手続の停止または取消事由になる。

　(ｳ)　申立書の提出

　財産開示手続の申立ては、書面でしなければならない（民執規1条）。申立書には、当事者の氏名または名称および住所、代理人の氏名および住所並びに申立ての理由を記載し（民執規182条1項）、申立てを理由付ける事実を具体的に記載し、かつ、立証を要する事実ごとに証拠を記載しなければならない（民執規182条2項、27条の2第2項）。後掲書式の「財産開示手続申立書」参照。

　添付書類としては、執行力ある債務名義を有する債権者が申立てをする場合は、執行力ある債務名義の正本のほか、上記(ｲ)Ｃ記載の執行開始の要件を証明する文書（ただし、確定期限の到来は除く）を添付する必要がある[13]。また、上記(ｲ)Ｂのように、債務者の財産を開示させる必要性があることが要件となるので、この関係では、債務者の知れている財産に対する強制執行または担保権実行を実施しても、申立人が自己の請求債権の完全な弁済を得られないことを疎明した書類が必要である。通常は、申立人側の調査報告書や不動産登記事項証明書等が考えられよう。

　(4)　財産開示実施決定

　執行裁判所は、申立債権者が、①強制執行または担保権実行における配当等の手続（申立ての日より6カ月以上前に終了したものを除く）を試みたが、完全な弁済を得ることができなかったとき、または、②知れている財産に対する強制執行を実施しても、当該金銭債権の完全な弁済を得られないことの疎明があったときは、財産開示手続を実施する旨の決定をしなければならない（民執197条1項・2項）。つまり、申立債権者に、強制執行の一般的な開始要件を充足していることに加えて、財産開示手続を行う必要性がある場合に限り、手続を開始するものとしている。

　また、債務者が財産開示の申立ての日前3年以内に財産開示期日において

---

[13]　小池一利「改正民事執行法・規則と東京地方裁判所執行部の運用イメージ」判タ1135号29頁。

その財産について陳述をしたものであるときは、財産開示手続を実施する旨の決定をすることができない。ただし、①債務者が当該財産開示期日において一部の財産を開示しなかったとき、②債務者が当該財産開示の後に新たな財産を取得したとき、③当該財産開示期日の後に債務者と使用者との雇用関係が終了したてときは、例外として実施できることになっている（民執197条3項）。

(5) **財産開示期日、財産目録の提出**

執行裁判所は、財産開示手続実施決定が確定したときは、財産開示期日を指定し、申立人および債務者（法定代理人、代表者）を呼び出す（民執198条）。同時に、開示義務者が財産目録を執行裁判所に提出すべき期限を定めて通知する（民執規183条）。

財産開示期日（非公開）においては、債務者は、これに出頭して、宣誓のうえ、対象財産について強制執行または担保権実行の申立てをするのに必要な事項を明示した陳述をしなければならない（実務では、事前に財産目録を裁判所に提出させている。民執199条1項・2項・6項・7項）。執行裁判所は債務者（開示義務者）に対し質問することができ（同条3項）、申立債権者にも質問権が認められている（同条4項）。ただし、債務者は、申立債権者の同意がある場合、または当該開示によって債権者の完全な弁済に支障がなくなったことが明らかな場合において、執行裁判所の許可を得たときは、その残余財産につき陳述義務の免除を受けることができる（民執200条1項）。

開示義務者は、裁判所の定めた提出期限までに執行裁判所に財産目録を提出しなければならないが（民執規183条3項）、同目録に記載すべき事項は、財産開示期日における陳述の対象となる債務者の財産である（同条2項）。対象財産は、強制執行または担保権の実行の申立てをするのに必要となる事項を明示して記載する（民執規183条2項、民執199条2項、民執規184条1号・2号）。

(6) **陳述義務の一部免除**

債務者は、実施決定の送達後、財産開示期日において財産全部を陳述する

前まで、①申立人の同意がある場合、または②当該開示によって民事執行法197条1項の金銭債権もしくは同条2項の被担保債権の完全な弁済に支障がなくなったことが明らかである場合においては、執行裁判所の許可を受けたときは、陳述義務の一部免除をしてもらうことができる（民執200条）。

(7) 財産開示期日に関する部分についての閲覧

申立人、財産開示手続の申立てができる債権者、債務者または開示義務者は、財産開示事件の記録中の財産開示期日に関する部分（これには、開示義務者から陳述された財産目録が添付されている）について、閲覧請求ができる（民執201条）。

(8) 過料の制裁等

①開示義務者が正当な理由なく出頭しないとき（民執206条1項1号前段）、②開示義務者が正当な理由なく宣誓を拒絶したとき（同条1項1号後段）、③開示義務者が正当な理由なく開示期日において陳述しないとき（同条1項2号）、④開示義務者が正当な理由なく開示期日において虚偽の陳述をしたとき（同条1項2号後段）、申立人その他の目録閲覧権者が開示情報を目的外に利用しまたは提供したとき（同条2項）は、執行裁判所は、職権により、それぞれにつき過料の制裁をすることができる。

しかし、財産開示手続は、債務者の財産を強制的に調査する制度ではなく、債務者自身に正直に財産の存在を報告させることを基本としており、仮に債務者が正当な理由がなく不出頭であったり、宣誓を拒絶したり、あるいは陳述すべき事項につき陳述しなかったりまたは虚偽の陳述をした場合であっても、それぞれ30万円以下の過料に処されるだけである。外国の立法例には、違反に対する制裁に刑罰を伴うものが多いが、我が国のような過料の制裁では、新たに債務名義を増やすだけであるから（非訟208条1項参照）、不正直・不誠実な債務者に対しての実効性は乏しい、との批判がある。とはいえ、新しい制度であり、今後の適切な運用が待たれている。

【参考書式1】 財産開示手続申立書

財産開示手続申立書

○○地方裁判所民事第○部　御中
　　平成16年○月○日
　　　　　申立人　　　○○○○株式会社
　　　　　　　　　　　代表者代表取締役　○　○　○　○　印
　　　　　　　　　　　電　話　03-0000-0000
　　　　　　　　　　　ＦＡＸ　03-0000-0000
　　　　　　　当 事 者　　　別紙目録のとおり
　　　　　　　請求債権　　　別紙目録のとおり
　申立人は，債務者に対し，別紙請求債権目録記載の執行力のある債務名義の正本に記載された請求債権を有しているが，債務者がその支払をせず，下記の要件に該当するので，債務者について財産開示手続の実施を求める。

記

1　民事執行法197条1項の要件
　　□　強制執行又は担保権の実行における配当等の手続（本件申立ての日より6月以上前に終了したものを除く。）において，金銭債権の完全な弁済を得ることができなかった。
　　□　知れている財産に対する強制執行を実施しても，金銭債権の完全な弁済を得られない。
2　民事執行法197条3項の要件
　　債務者が，本件申立ての日前3年以内に財産開示期日においてその財産について陳述したことを
　　□　知らない。
　　□　知っている。
　　（「知っている。」にチェックした場合は，次のいずれかにチェックする。）
　　　　□　債務者が当該財産開示期日において，一部の財産を開示しなかった（1号）。
　　　　□　債務者が当該財産開示期日の後に新たな財産を取得した（2号）。
　　　　□　当該財産開示期日の後に債務者と使用者との雇用関係が終了した（3号）。

第1章　一般債権（請求権）実現の方法

```
                    （添付書類）
      1  執行力のある債務名義の正本              通
      2  同送達証明書                        通
      3  判決確定証明書                       通
      4  資格証明書                         通
                    （証拠書類）
      1  民事執行法197条1項1号の要件立証資料
        甲第1号証　〇〇〇〇〇〇〇
        甲第2号証　〇〇〇〇〇〇〇
        甲第3号証　〇〇〇〇〇〇〇
        甲第4号証　〇〇〇〇〇〇〇
      2  民事執行法197条3項の要件立証資料
        甲第5号証　〇〇〇〇〇〇〇
        甲第6号証　〇〇〇〇〇〇〇
```

```
                当 事 者 目 録

〒000-0000　東京都千代田区霞が関〇丁目〇番〇号
             申立人　　　〇〇〇〇株式会社
                       代表者代表取締役　〇　〇　〇　〇
〒000-0000　東京都新宿区〇〇町〇丁目〇番〇号
             債務者　　　　〇　〇　〇　〇
```

```
                請 求 債 権 目 録

  東京地方裁判所平成16年(ワ)第〇〇〇〇号売買代金請求事件の執行力のある確定
判決正本に表示された下記債権
  (1) 元本　　　　　金300万円
      ただし，主文第1項に記載された元金500万円の残金
  (2) 損害金
      ただし，上記(1)に対する平成16年5月1日から支払い済みまで年6パー
```

セントの割合による損害金

※巻末の〔参考資料〕財産開示手続説明書を参照。

V　民事保全手続における通則

> **設問3**
>
> 　AはBに対し、100万円の貸金債権を有するところ、Bは返済期限が過ぎても弁済しないばかりか、他にも多額の債務があって、最近、その所有財産を切り売りして暮らしているらしい。
> 　そこで、Aは訴え提起の準備をしているが、勝訴の判決を得るまでに相当の時間がかかることも予想され、その間にBが所有財産を散逸するおそれがある。Aは、どのような保全手続をとったらよいか。

1　民事保全の意義

　私法上の権利を実現するためには、義務者が任意に履行しない以上、強制執行手続により実現するほかないが、債権者が判決手続等において債務名義を取得し、それに基づく強制執行に着手するまでには相当の時間がかかることがある。その間に、債務者の責任財産が散逸して金銭執行の実現が困難になったり、あるいは係争物の権利関係に変化（たとえば、債務者の所有財産の第三者への売却処分や占有の移転等）が生じて不動産引渡し・明渡しの執行が困難になったりすることがある。さらに、確認の訴えや形成の訴えのように狭義の強制執行が問題にならない場合であっても、判決等が得られるまでの期間の経過によって、権利者が著しい損害を被ったり、訴訟の目的を達することができなくなることもあり得る。

　そこで、こうした事態に対応し権利者を保護するために、権利を主張する者に暫定的に一定の権能ないし地位を認めるのが民事保全である。すなわち、民事保全とは、判決等の債務名義が得られるまでの時間の経過によって権利

の実現が不能または困難になる危険から権利者を保護するために、裁判所が暫定的な措置を講ずる制度である。

2　民事保全の種類

実務では、民事保全以外の仮の救済方法として、「特殊保全処分」と称されるものがあるが、「民事保全」という場合には、これを含まない。

民事保全は、民事訴訟の本案の権利の実現を保全するための「仮差押え」および「係争物に関する仮処分」、並びに民事訴訟の本案の権利関係につき「仮の地位を定めるための仮処分」の総称（民保1条）である。

明治23年に制定された旧々民事訴訟法の第6編に「仮差押えおよび仮処分」の裁判手続が規定されていたが、昭和54年に民事執行法が制定されたのに伴い、そのうち「仮差押えおよび仮処分の執行」に関する部分が同法第3章に移され規定された。その後、平成元年12月22日に制定された民事保全法は、その裁判手続と執行手続を統合して規定することとし、これを民事保全に関する基本法典にしたのである。

したがって、仮差押えおよび仮処分、すなわち民事保全の発令手続および執行手続に関しては、現在は、いずれも民事保全法によって規律される。もっとも、仮差押えをしている債権者の執行手続における取扱いについては、民事執行が規律している。民事保全を分類すると、次のようになる。

【図10】　民事保全の分類

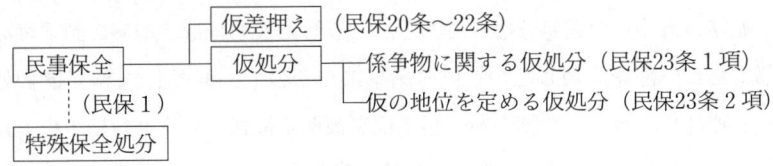

```
              ┌─ 仮差押え（民保20条～22条）
  民事保全 ──┤                ┌─ 係争物に関する仮処分（民保23条1項）
  （民保1）  └─ 仮処分 ──────┤
  ┊                           └─ 仮の地位を定める仮処分（民保23条2項）
  特殊保全処分
```

(1)　**仮差押え**（民保20条～22条）

債権者が判決手続等により債務名義を得て、強制執行をするまでには相当

時間がかかることもあるが、その間に、債務者がその所有財産・責任財産を処分してしまうことがある。そこで、将来の金銭執行が不能または著しく困難になるおそれがあるときに、その保全として債務者の財産につき、その処分を制限する措置を講じる処分が「仮差押え」である。この目的を達成するため、仮差押えが執行されると、その対象となった財産に対する処分権は制限される（処分制限効については、強制執行と同一の効力がある）。

(2) 係争物に関する仮処分（民保23条1項）

物の引渡請求権・明渡請求権、所有権移転登記請求権等のような金銭以外の給付請求権の将来の執行が、係争物の現状の変更（売却・権利設定処分、占有移転等）により不能または著しく困難となるおそれがあるときに、その物の現状を維持する措置を講ずる処分が「係争物に関する仮処分」である。将来の強制執行の保全を目的とする点は、仮差押えと同一である。

(3) 仮の地位を定める仮処分（民保23条2項）

現在の争いがある権利関係について債権者に生ずる著しい損害または急迫の危険を避けるため必要があるときに、判決の確定まで仮の状態を定める措置を講じる処分が「仮の地位を定める仮処分」である。債権者の現在の危険を除去し、将来における終局的な権利の実現が不可能になることを防止するものである。権利の種類を問わないこと、強制執行の保全を目的としていない点で、上記(1)、(2)と異なる。

具体的には、生活妨害行為の差止め、知的財産関係事件での侵害製品の製造・販売行為の差止め、労働関係事件の賃金仮払い、会社関係事件での取締役の職務執行停止の仮処分などである。こうした仮処分は、本案の請求権の全部または一部を実現したのと同じ結果になるので、実務上、「満足的仮処分」と呼ばれ、そのうち物の給付請求権を被保全権利とするものについては「断行の仮処分」と呼ばれることがある。当然、それによる債務者側の受ける打撃は大きいので、保全裁判所は、その発令の当否については慎重に判断する傾向がある。

3　民事保全手続の構造

　民事保全手続の構造は、被保全権利の存在を一応認定したうえで保全命令（すなわち仮差押命令、仮処分命令）を発する手続としての「保全命令に関する手続」（民保第2章）と、この保全命令を現実化する「保全執行に関する手続」（民保第3章）から成り立っている。

(1)　保全発令手続

　仮差押えまたは仮処分命令の保全命令の発令手続と、保全命令に対する不服申立ての手続（保全異議、保全取消しおよび保全抗告）からなっており、通常の訴訟でいえば判決手続に相当する。すなわち、判決手続において作成される債務名義に相当するのが保全命令である。

(2)　保全執行手続

　保全命令の内容を実現する手続であり、強制執行手続に対応する。しかし、判決手続と強制執行手続との関係に比べると、保全命令手続と保全執行手続は、発令裁判所が執行裁判所と同じ管轄になるなど（不動産、債権等に対する保全につき、民保47条2項、48条2項、50条2項、52条1項）、両者がより緊密に連携して、いわば権利判定機関と権利実現機関とが分離していない場合がある。

第1章　一般債権（請求権）実現の方法

〔図11〕　民事保全手続等の概要

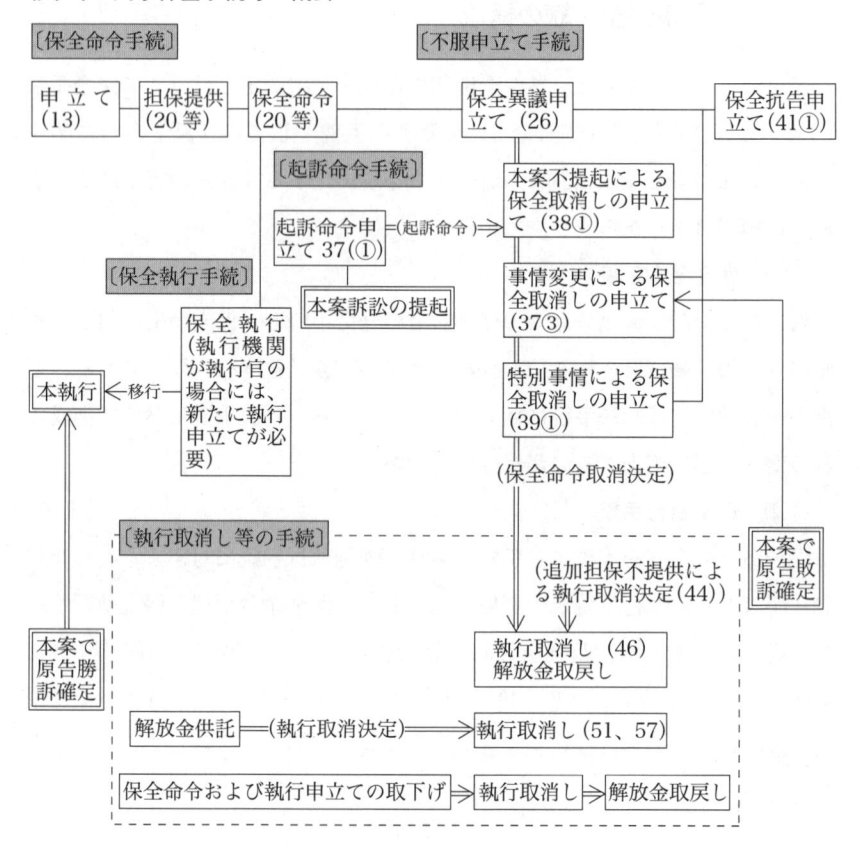

〔保全命令手続〕
申立て（13）→担保提供（20等）→保全命令（20等）

〔不服申立て手続〕
保全異議申立て（26）
保全抗告申立て（41①）

〔起訴命令手続〕
起訴命令申立て 37（①）=（起訴命令）⇒ 本案訴訟の提起

本案不提起による保全取消しの申立て（38①）
事情変更による保全取消しの申立て（37③）
特別事情による保全取消しの申立て（39①）

〔保全執行手続〕
保全執行（執行機関が執行官の場合には、新たに執行申立てが必要）

本執行 ←移行—

（保全命令取消決定）

〔執行取消し等の手続〕
（追加担保不提供による執行取消決定(44)）
執行取消し（46）解放金取戻し

解放金供託 ==（執行取消決定）⇒ 執行取消し（51、57）

保全命令および執行申立ての取下げ ⇒ 執行取消し ⇒ 解放金取戻し

本案で原告勝訴確定
本案で原告敗訴確定

4　保全命令手続の特性

　保全命令の手続は、通常の民事訴訟手続と比較して、次のような特性がある。
　すなわち、仮定性（暫定性）、緊急性、付随性が挙げられ、論者によっては、密行性をも加える。

(1)　仮定性（暫定性）

　民事保全手続は、将来の執行の保全、あるいは権利関係の確定までの状態

を規整しようとするもので、あくまでも、本来の強制執行に着手できる債務名義を獲得するまでの暫定的な効力を有するに過ぎない。その手続でなされる処分は、仮定的性質を有するのである。

保全命令手続において被保全権利の存否を認定するのは、保全命令の発令要件のためであり、それが本案訴訟における終局的認定に対して何らの拘束力を持つものではない。

また、保全執行手続は、権利者に終局的満足を得させるような処分をすることはできない。たとえば、仮差押命令を執行した場合、その対象物の換価は原則として許さず、例外的に著しい価額減少がある動産の換価が許されるとしても、その売得金は必ず供託して保存される（民保49条2項・3項）。

満足的仮処分といわれる労働賃金仮払いの仮処分、特許事件の販売・展示差止めの仮処分、明渡断行の仮処分などは、実質的に被保全権利と同一ないし近似の法律状態を形成してしまうので、仮定性に矛盾しないのかが問題になる。しかし、ここでいう「仮定性」とは、本案で被保全権利が否定された場合の原状回復可能性であるが、これは不当利得返還請求権または損害賠償請求権の成立による法律的回復をもって足りるものと解することができるから、満足的仮処分においても仮定性は否定されない。たとえば、本案訴訟で敗訴した労働者は、仮払いを受けた賃金を会社に返還する義務があるのである。

(2) **緊急性（迅速性）**

その制度の目的からいえば、保全発令手続、保全執行手続のいずれにも、緊急性が要請される。

保全命令手続では、任意的口頭弁論となり（民保3条）、裁判は決定で行う。書面だけで審理する場合、審尋をする場合（書面審理を補充する意味合いがある）、さらには断行的・満足的仮処分などでは口頭弁論を開くこともあるが、そのいずれの場合であっても、裁判は決定の形式で行われる（民保3条、16条）。いわゆるオール決定主義を採っているのである。また、保全命令に対する不服申立ても決定手続で審理される。緊急性があるために、立証

は「疎明」で足りるとされ（民保13条2項）、即時に取り調べることのできる証拠によらなければならない（民保7条、民訴188条）。

　保全命令の執行の際には、執行文は不要であり（民保43条1項）、執行できる期間は、債権者に保全命令が送達された日から2週間と定められ（民保43条2項）、かつ、債務名義の送達前の執行が許されている（民保43条3項）。緊急性があるがゆえに、保全命令を発した裁判所が同時に執行機関となることがあり（民保47条2項、48条2項、50条2項、53条3項）、本来の管轄裁判所の審判を求め難い急迫な場合を予想して特別の裁判権が認められている（民保15条）。

(3)　附随性

　保全訴訟は、被保全権利に関する本案訴訟を予定しているから、本案に付随する性質を持っている。その結果、たとえば、保全命令手続の管轄は、仮に差し押さえるべき物もしくは係争物の所在地の地方裁判所と並んで、本案の管轄裁判所に専属することとされ（民保12条、6条）、本案訴訟の提起がない場合には、保全命令が取り消されることがあり得る（民保37条）。このように、本案訴訟の提起が不可欠となるのであり、また、本案訴訟で債権者敗訴の判決があれば、事情変更があったとして保全処分命令が取り消されることもある（民保38条）。

　なお、満足的仮処分においては、これによって債務者側が受ける損害の回復が事実上困難であり、かつ、そのため審理が本案訴訟と同程度に慎重になされること、並びに通常訴訟が一般的に遅延していることもあって、仮処分の申請に対する裁判により紛争が事実上解決するケースが多い。このような現象を「仮処分の本案化」といわれるようであり、これらの例では保全訴訟の付随性は実質的に弱まっているといえる。

(4)　密行性

　保全命令は、その執行前に相手方に知られてしまうと、これに対する措置が講じられてしまい、保全の目的が達せられなくなるおそれがある。そこで、債務者に察知されないうちに執行を完了する必要がある事例が多いので、そ

うした場合、債権者だけからの資料提供により迅速に発令し、執行する必要がある。これは上記(2)の緊急性を基礎付ける根拠でもあり、そこで規定される制度がこれを裏付けている。実務では、仮差押えや係争物に関する仮処分は、債権者側の審尋だけで発令し、その命令正本は、執行に着手したことを見計らって債務者に送達される。

　ただし、建築工事続行禁止の仮処分、知的財産権侵害を理由とする商品の製造・販売等禁止の仮処分、解雇無効を前提とした賃金仮払いの仮処分、あるいは建物明渡断行の仮処分などでは、当該紛争の性質上密行性が乏しいことが多く、かつ、債務者に与える打撃が大きくなるおそれがあるので、これらの仮の地位を定める仮処分については、特段の事情がない限り、口頭弁論または債務者が立ち会うことができる審尋期日を開くことが必要とされている（民保23条4項）。

5　保全命令の発令手続

(1)　管轄裁判所

　管轄には、保全命令事件の管轄裁判所と保全執行事件の管轄裁判所とがあるが、前者は次のとおりである。

(ア)　仮差押え

　仮差押命令事件の管轄裁判所は、本案の管轄裁判所または仮に差し押さえるべき物の所在地を管轄する地方裁判所である（民保12条1項）。本案の管轄裁判所とは、被保全権利の存否について審理する裁判所である。仮差押えの手続は、本案の手続に付随するからである。本案の訴訟が第一審に係属しているときは第一審裁判所（通常民事訴訟ならば簡易裁判所または地方裁判所）であり、本案が控訴審に係属中の場合は控訴審である（民保12条1項・3項但書）。本案が上告審に係属しているときは、上告審は事実審ではないから、原則に戻り、かつて係属した第一審裁判所が管轄裁判所になると解される。本案が未だ提起されていない場合には、その提起によって土地管轄および事物管轄を有すべき裁判所が本案管轄裁判所になる。

仮差押目的物の所在地を管轄する地方裁判所が管轄裁判所になるのは、仮差押えは債務者財産の現状維持のためにするので、迅速に行う必要があるからである。目的物が債権であるときは、それは第三債務者の普通裁判籍の所在地にあるものとみなされる（民保12条4項本文）。ただし、船舶または動産の引渡しを目的とする債権および物上の担保権により担保される債権は、その物の所在地にあるものとされ（民保12条4項但書・5項）、その他の財産権で権利の移転について登記または登録を要するものであるときは、その財産権は、登記または登録の地にあるものとされている（民保12条6項）。

(ｲ) 仮処分

仮処分命令事件の管轄裁判所は、本案の管轄裁判所または係争物の所在地を管轄する地方裁判所であり（民保12条1項）、係争物が債権やその他の財産権であるときを含めて、仮差押命令事件の管轄裁判所と同じである。

(2) 保全命令の申立て

保全命令の申立てには、その発令要件として、①被保全権利の存在、②保全の必要性（民保20条、23条1項・2項・3項）、③上記①、②についての疎明（民保13条2項）および④担保の提供（民保14条1項）が必要である。

(ｱ) 仮差押えの申立て

仮差押えの申立てに際しては、当事者の氏名・住所・代理人の氏名・住所のほか、①申立ての趣旨、②保全すべき権利または権利関係（被保全権利）、③保全の必要性を明らかにした申立書を提出して行う（民保規1条、13条）。仮差押命令の申立てであることを明らかにするために、表題に、仮差押えの対象物の種別に応じて、「不動産仮差押申立書」「動産仮差押申立書」あるいは「債権仮差押申立書」などと記載するのが、実務の慣例である。①の「申立ての趣旨」は、要するに、債権者が、仮差押えによって保全しようとする権利の種類、内容、金額および仮に差し押さえるべき目的物を特定して、仮差押えを求める旨を記載する。

仮差押えの対象となる債務者の財産が「動産」の場合には、民事保全法21条但書により、目的物を特定しないで仮差押命令を発することができるので、

申立書において、動産を特定することを要しない(【参考書式2】参照)。執行官が、執行場所で特定することになる。ただし、特定動産について仮差押命令を発令することも許されるので、その場合には、物件目録によって特定動産を表示する。

　これに対し、不動産または債権その他の財産権の場合には、具体的に仮差押えの対象物を特定しなければならない(民保21条、民保規19条1項)。

　②の「被保全権利」は、具体的には債権者の債務者に対する金銭の支払いを目的とする債権(貸金、売買代金、損害賠償債権など)のことである(民保20条1項)。条件付き債権、期限付き債権でもよいし(民保20条2項)、保証人の主債務者に対する将来の求償権のように、将来の請求権でもよい。

　③の「保全の必要性」とは、債務者が自分の財産状態を変更することによって、債権者の有する金銭債権について将来の強制執行による実現が不可能となるおそれがあったり、または強制執行の段階で著しい困難を生ずるおそれがあることである(民保20条1項)。具体的には、債務者による財産の濫消費、廉売、贈与、権利放棄、毀損、隠匿などであるが、もっとも多いのは隠匿であろう。債務者が逃亡したりして、財産価値が減少したり、強制的実現が困難になる場合も含まれる。

　債権者は、②、③の存在について疎明しなければならないが、迅速な審理のために、申立書には被保全権利および保全の必要性を具体的に記載し、各主張を記載するごとにそれに対応する証拠を付記しなければならない(民保13条2項)。

【参考書式2】　動産仮差押命令申立書

```
┌─────┐
│収　入│　　　　　　動産仮差押命令申立書
│印　紙│
└─────┘　　　　　　　　　　　　　　　　　　　　　平成○年○月○日

　　○○地方裁判所　御中
```

債　権　者　○　○　○　○　㊞

当事者の表示	別紙当事者目録記載のとおり
請求債権の表示	別紙請求債権目録記載のとおり

申立ての趣旨

　債権者の債務者に対する上記請求債権の執行を保全するため，別紙請求債権目録記載の債権額に満つるまで債務者所有の動産は，仮に差し押さえる。
との裁判を求める。

申立ての理由

第1　被保全権利
　1　債権者は債務者に対し，平成○年○月○日，金○○○万円を，利息年○○分，弁済期平成○年○月○日の約定で貸し付けた（甲1）。
　2　債務者は，上記弁済期を経過するも，その弁済をしない。
第2　保全の必要性
　1　債務者は，申立外○○○○株式会社に対する多額の手形債務に関し，○○銀行から取引停止処分を受け，平成○年○月○日倒産した（甲2）。
　　　債務者は，動産以外見るべき財産を有していない上に，他にも相当の債務を負担しており，はなはだ窮乏の状態にある。しかも，債務者はすでに営業を完全に閉鎖してしまっており，動産の仮差押えを受けたとしても，それによって重大な損害を被るおそれはない（甲3）。
　2　債権者は債務者に対し，貸金請求の訴えを提起すべく準備中であるが，今のうちに仮差押えをしておかなければ，後日勝訴判決を得てもその執行が不能に帰するおそれがある。よって上記債権の執行保全のため，本申立てに及ぶ次第である。

疎　明　方　法

甲1	金銭消費貸借契約書
甲2	銀行取引停止処分を受けた旨の証明書
甲3	報告書

添　付　書　類

甲号証	各1通

当事者目録

〒000-0000　○○県○○市○○町○丁目○○番○号（送達場所）
　　　　　　　　　　　　　　　　　　債　権　者　　○　○　○　○

　　　　　　　　　　　　　　　　　　　　電　話　00-0000-0000
　　　　　　　　　　　　　　　　　　　　Ｆ Ａ Ｘ　00-0000-0000

〒000-0000　東京都○○区○○町○丁目○○番○号
　　　　　　　　　　　　　　　　　　債　務　者　　○　○　○　○

請求債権目録

　金○○○万円
　　ただし，債権者が債務者に対し，平成○年○月○日金○○○万円を，利息年○○分，弁済期平成○年○月○日として貸し付けた貸金元本

【参考書式3】　動産仮差押決定

仮差押決定

　　　　　当事者の表示　　　別紙当事者目録記載のとおり
　　　　　請求債権の表示　　別紙請求債権目録記載のとおり
　上記当事者間の平成○年(ヨ)第○○○号動産仮差押命令申立事件について，当裁判所は，債権者の申立てを相当と認め，債権者に
　　債務者らのため各金○○○万円
の担保を立てさせて，次のとおり決定する。
　　　　　　　　　　　主　　　　文
　債権者の債務者らに対する前記債権の執行を保全するため，前記請求債権額に満つるまで債務者ら所有の動産は，仮に差し押さえる。
　債務者らは，前記各債権額を供託するときは，この決定の各執行の停止又は執行処分の取消しを求めることができる。
　　平成○年○月○日

○○地方裁判所民事第○部
　　　　裁判官　○　○　○　○　㊞

(ｲ)　仮処分の申立て

　仮処分の申立てに際しても、仮差押えの上記(ｱ)の①、②、③と同じ事項を明らかにした書面を提出しなければならない。ただし、仮処分命令に関しては、①の「申立ての趣旨」に必ずしも目的物を記載する必要はない。申立人が「仮処分の方法」を記載すべきか否かについては、仮処分の方法は裁判所がその裁量によって定めることができるとされていることから（民保24条）、議論の余地があるが、実務では、いかなる種類・態様・内容の仮処分を求めるかの記載は必要だとされている。一応、仮処分命令の発令手続にも処分権主義が妥当し、債権者の申立ての範囲を超えて発令するのは適当ではないからである。実務では、申立ての趣旨と、裁判所が相当と考えた仮処分の方法とが齟齬する場合には、申立書を訂正させているようである。

　申立書には、仮処分申立ての理由として、保全される請求権（被保全権利）を特定し、仮処分を必要とする事由（保全の必要性）を具体的、かつ、明確に記載しなければならない。

　②の「被保全権利」については、係争物に関する仮処分の場合は、金銭以外の物（有体物）または権利に関する給付を目的とする請求権である。係争物を対象とする給付請求権であれば、物権的請求権であると債権的請求権であるとは問わないし、作為請求権でも不作為請求権でもよい。これに対して、仮の地位を定める仮処分の場合は、格別の制限はなく、争いのある権利関係であれば足りる（民保23条2項）。

　③の「保全の必要性」について、係争物に関する仮処分の場合は、係争物の現状の変更により給付請求権を執行することが不能または著しく困難になるおそれのあることである（民保23条1項）。具体的には、債務者が係争物を譲渡、毀損、隠匿し、または係争物の占有を第三者に移転するおそれがある

場合である。また、仮の地位を定める仮処分の場合は、権利関係に争いがあることによって、債権者が著しい損害を被りまたは急迫の危険に直面しているため、本案の確定判決を待たずに暫定的に権利関係または法的地位を形成する必要のあることである（民保23条2項）。

(3) 裁判所の審理

裁判所は、原則として書面で審理して、上記(2)(ア)の被保全権利の存在と③の保全の必要性が疎明されれば、保全命令を発する（民保20条1項、23条1項・2項）。

(ア) 書面審理の原則

保全命令は、書面審理で決定されることが多い。特に東京地裁や大阪地裁のように保全専門部がある裁判所では、仮差押えや典型的な（占有移転禁止仮処分、処分禁止仮処分等）係争物に関する仮処分申立てでは、審尋をすることなく、債権者側（代理人）との面接を経て、その日のうちに発令することが多い。

(イ) 審　尋

一般的に、決定手続においては、裁判所は当事者を審尋（書面または口頭で）することができるが（民訴87条2項）、実務では、債権者または債務者の一方、または双方を審尋することが多い。また、補助者等、裁判所が相当と認める第三者を審尋することができる（民保9条）。ただし、既に述べたように、仮差押えや係争物に関する仮処分においては、審尋を全く行わないか、債権者のみの一方的審尋（いわゆる債権者審尋）を行って発令することが多い。これは、密行性の保持のためである。

これに反して、仮の地位を定める仮処分では、密行性の要請は強くなく、債務者に重大な不利益を与えることが多いから、原則として、口頭弁論を開くか、債務者が立ち会うことができる審尋を経なければならない（民保23条4項本文）。もっとも、口頭弁論等を経ると、仮処分の申立ての目的を達することができない事情があるときは（最判昭和61・6・11民集40巻4号872頁参考裁判例〔1〕）、その期日を経ないで、仮の地位を定める仮処分命令を発す

103

ることができる（民保23条4項但書）。

　債務者を審尋する場合には、裁判所は、申立て後1週間程度の範囲内においてその審尋期日を指定して呼び出すが、その場合、債権者は、債務者に対し、裁判所に提出した保全命令の申立書等の主張書面や書証の写しを直接送付しなければならない（民保規15条）。

　　(ウ)　担保額の決定

　被保全権利および保全の必要性が疎明された場合、担保を立てさせないで、または担保を立てさせて発令されるが（民保14条1項）、ほとんどの事件で担保を立てさせているのが実務の扱いである。立証の程度が疎明であり、債務者の審尋を行わないことがあり、反対疎明を許していないことも多いわけであるから、債権者が疎明をしたとしても、将来その保全命令または保全執行が違法となることがあり得るので、その損害の担保として一定の金額を供託させるのである。

　担保の額は、保全命令の執行により債務者の被ることが予想される有形、無形の損害を担保するものとして算定される。一般的には、保全命令の種類、目的物の種類と価額、被保全権利の性質、債務者の職業、財産、信用状態、疎明資料の信憑性等を総合して、裁判所の自由裁量により、発せられるべき保全命令の内容に応じて決められると考えられているが、実際の具体的事件につき申立人が判定することは容易ではない。

　担保提供の方法は、金銭（または裁判所が相当と認める有価証券）で供託する場合、原則として担保提供命令を発した裁判所または保全裁判所の所在地を管轄する地方裁判所の管轄区域内の供託所に供託する。保全命令を発する場合、実務上、①発令前に担保を立てることを命ずる決定をし、申立債権者が現実に担保を立てたときに保全命令を発する扱いと、②担保を立てることを条件として保全命令を発する扱いとがある。口頭弁論等を経た場合などでは、①の扱いだと申立てを認容することが保全決定前に債務者に予知されてしまうので、②の条件付命令の方法をとる。この場合、担保を立てることが、保全執行開始の要件になるから、債権者は、保全命令を得てから2週間以内

に担保の供託をして保全執行の申立てをしなければならない（民保43条2項）。

　そこで、債権者は、供託手続が終了したときは、供託書正本または供託証明書を担保を立てることを命じた裁判所（①の場合）または執行機関（②の場合）に提出して担保を立てたことの証明をするとともに、その写しを提出する。

　また、支払保証委託契約を締結する方法により担保を立てる場合には、担保を立てるべきことを命じられた者が発令裁判所の許可を得て、銀行等（銀行法上の銀行のほか、損害保険会社、農林中央金庫、商工組合中央金庫、信用金庫、労働金庫および全国を地区とする信用金庫連合会）との間で、法定の要件（民保規2条1号〜4号）を満たす契約を締結し、その旨を証する文書を提出する方法によって担保を立てることができる（民保4条、民保規2条）。

　　㈤　**仮差押解放金・仮処分解放金**

　仮差押命令を発する場合には、仮差押債務者が仮差押えの執行の停止を得るため、または既になされた仮差押えの執行の取消しを得るために供託すべき一定額の金銭（仮差押解放金額）を定めなければならない（民保22条）。債権者としては、金銭債権の将来の執行保全のために仮差押えをするのであるから、債務者が一定額の金銭を供託する以上、仮差押執行を継続する必要性が乏しくなるので、不必要な執行を回避して債務者の保護を図るためである。なお、債務者が解放金を供託したときは、仮差押えは消滅するが、その供託金の取戻債権に対して強制執行が可能となる。

　保全裁判所は、係争物に関する仮処分により保全すべき権利が金銭の支払いを受けることをもってその行使の目的を達することができるものであるときに限り、債権者の意見を聴いて、仮処分の執行の停止を得るためまたは既にした仮処分の執行の取消しを得るために債務者が供託すべき金銭の額（仮処分解放金額）を定めることができるとしている（民保25条）。たとえば、所有権留保特約付き売買において、債権者が債務不履行による契約解除をしたうえで、所有権に基づく目的物の引渡請求権を被保全権利とする占有移転禁止の仮処分を申し立てた事例を想定すると、債権者としては終局的には金銭

105

債権を回収すればよいのだから、債務者に一定額の解放金額を供託させて、そこから優先弁済を受ければ、その目的を達することになる。

これにより債務者が仮処分解放金を供託したことを証明したときは、保全執行裁判所は、仮処分の執行を取り消すが（民保57条1項）、債権者は、その供託物の還付請求権を取得することになる。なお、詐害行為取消権を保全するための仮処分における解放金に対する権利行使については、特別の定めをしている（民保65条）。

　(オ)　裁判の内容

裁判所は、仮差押命令の申立てを認容する場合は、「債権者のために債務者の財産を仮に差し押さえることができる」旨を宣言して発令する。仮差押命令は、その対象が動産の場合を除いて、その目的物を特定してなされなければならないため、たとえば、主文として「債務者所有の別紙目録記載の不動産」とか「債務者が債権者に対して有する別紙債権目録記載の売買代金債権」という形で特定されて発令される。

仮処分命令の申立てに対しては、裁判所は、その裁量により申立ての目的を達するに必要な具体的処分を定めることができ、債権者の申立てに拘束されない（民保24条）。しかし、仮処分命令の内容は、争いがある権利関係によって多種多様なものが考えられるのであるが、ただ、債権者の申立ての範囲を逸脱することは許されないこと、実務では典型的なものは慣例化しており、その執行方法・手続が法により規定されていることなどから、多くの場合の内容は決まっている。いずれにしても、債務者に対する作為・不作為等の命令、その他仮処分の目的を達するために必要と判断された処分を具体的、かつ、明確に記載しなければならないとされている（民保23条、24条）。

　(4)　不服申立ての方法

保全命令の申立てに対する却下決定に対して、債権者は、決定の告知を受けてから、2週間以内に「即時抗告」ができる（民保19条1項）。しかし、即時抗告の却下決定に対しては、さらに即時抗告はできない（同条2項）。

保全命令の申立ての認容決定に対して、債務者は、「保全異議」（民保26条

以下）と「保全取消し」（民保37条以下）の2つの不服申立てができる。なお、詳細については、後述の第5章「民事保全における不服申立て」を参照。

6 保全執行手続

(1) 保全執行手続の特徴

保全執行手続には、原則として、民事執行法の規定が準用されるが、次のような特徴がある。

(ア) 保全執行の要件

保全執行は、保全命令の正本に基づいて実施するが（民保43条）、執行文の付与は原則として不要である。ただし、承継執行の場合に執行文が必要となる（民保43条1項但書）。

(イ) 執行期間

債権者に対して保全命令が送達された日から2週間以内に実施する必要がある（民保43条2項）。

(ウ) 保全命令送達前の保全執行

保全執行は、保全命令が債務者に送達される前であっても、これを実施することができる（民保43条3項）。

(エ) 発令裁判所が同時に執行裁判所になる場合

保全命令を発した裁判所が同時に保全執行裁判所になることがあるが、その場合、債権者は、保全執行の申立てをする必要がない（民保47条2項、48条2項、50条2項、53条2項）。

(オ) 追加担保を提供することを条件として保全執行の続行を許す裁判があった場合

この場合（民保32条2項、38条3項、41条4項）は、担保提供の書面の提出が必要となる（民保44条1項）。

(2) 仮差押えの執行手続および効力

仮差押えの対象とされた債務者の所有財産ごとに具体的な執行の方法が設定されている。すなわち、不動産に対する仮差押えの執行（民保47条）、船

舶に対する仮差押えの執行（民保48条）、動産に対する仮差押えの執行（民保49条）、債権その他の財産権に対する仮差押えの執行（民保50条）とに分かれている。

　(ア)　各種の仮差押えの執行に共通の原則

① 仮差押えの執行については、基本的に民事執行法による金銭執行に準じた扱いがなされる。

② 仮差押命令は、発令後直ちに効力が生ずるので、執行力も直ちに生ずる。ただし、債権者または債務者に承継があるときには、仮差押命令の当事者と仮差押執行の当事者とが齟齬することになるから、その承継関係を公証する必要があるので、この場合に限って承継執行文の付与が必要である（民保43条1項但書）。

③ 緊急性・密行性の要請から、仮差押命令は、その執行期間は債権者に保全命令が送達された日から2週間と定められており（民保43条2項）、保全命令は債務者に送達前でも執行することができる（民保43条3項）。

　(イ)　仮差押執行の効力

仮差押えは、債権者の金銭債権の保全を目的とするものであるから、債務者の責任財産の処分を制限して、一定の財産を確保しておけば目的を達することになる。そこで、執行は「差押え」の段階にとどまり（金銭執行のように換価、配当等へと進まない）、この仮差押えの執行によって、債務者は対象財産についての処分を禁止され、これに違反してなされた債務者の第三者に対する処分行為は、当事者間では有効なものと評価されるが、仮差押債権者との関係では一切対抗できない。この点は、民事執行における処分禁止の手続相対効と同じである。

　(ウ)　不動産に対する仮差押えの執行

不動産に対する仮差押えの執行には、①仮差押えの登記をする方法と、②強制管理の方法の2つの執行方法が定められており、この両者を併用することもできる（民保47条1項）。

　(A)　仮差押えの登記をする方法

仮差押命令を発した裁判所が同時に保全執行裁判所となり（民保47条2項）、裁判所書記官が仮差押えの登記を嘱託することになっている（民保47条3項）。仮差押えの登記がなされたときに効力が生じる（民保47条5項は民執46条1項を準用しない）。

なお、不動産強制競売または担保不動産競売との関係では、他の債権者の申立てにかかる競売の目的不動産に差押え前に仮差押えの登記をしておけば、その後に権利設定をした担保権者・用益権者を売却に伴って消滅させることができ（民執59条）、それにより自己の金銭債権回収のために債務者財産の減額を防止することができる（価値保全効）。また、不動産競売の差押え前に仮差押えの登記をしておけば、当然にその競売手続で配当参加ができるし（民執87条1項3号）、さらに、差押え後に登記をした仮差押債権者でも、その登記簿謄本を提出して配当要求をすることができる（民執51条1項）。つまり、仮差押えは、将来、自分が判決等の債務名義を取得して、不動産強制競売の申立てをすることを目的としてすることが多いが、仮差押えの登記さえしておけば、他の債権者申立ての競売手続に配当参加できるのである。特に、差押え後の仮差押えの登記は、配当要求のための「資格を得るための仮差押登記」ということになる。なお、他の債権者申立てによる配当の際には、仮差押債権は、暫定的な権利であるから、仮差押債権者が本案訴訟の勝訴の場合と敗訴の場合との2通りの配当表（2段配当表といわれる）が作成され、前者の場合における仮差押債権者に対する配当金に相当する金額は、裁判所書記官によって供託される（民執91条1項2号）。

(B)　強制管理の方法

不動産の所在地を管轄する地方裁判所が保全裁判所となり、裁判所は強制管理の開始決定をし、その中で債権者のために不動産を仮に差し押さえる旨を宣言する。不動産の収益を目的として選任される管理人は、収益金から不動産に課せられる租税その他の公租公課および管理人の報酬その他の費用を控除して残額を供託し、この事情を保全執行裁判所に届け出る（民保47条4項・5項）。しかし、これまでの実務では、強制管理の方法はあまり活用され

109

ていないようである。

　　(エ)　動産に対する仮差押えの執行

　執行官が執行機関となって目的物を占有する方法によって行われる（民保49条1項）。動産の仮差押命令では、目的物が特定されないので（民保21条但書）、執行官が執行現場に赴きその場所で仮に差し押さえる動産を選択する。そのほか、換価・配当以外の手続については動産執行と同じに考えてよい。もっとも、仮差押え中の動産について、著しく価格の減少を生ずるおそれのあるとき、または、その保管費用が不相応にかかるものについては、執行官は、動産執行の売却手続によって売却し、その売得金を供託することが認められている（民保49条3項）。

　　(オ)　債権その他の財産権に対する仮差押えの執行

　債権についての仮差押えの執行は、仮差押命令を発した裁判所が、保全執行裁判所となり（民保50条2項）、第三債務者に対して、債務者への弁済を禁止することを命ずる方法によって行われる。この仮差押えの執行についても、換価・配当に関するものを除き、債権執行の規定が準用される（民保50条5項）。

　その他の財産権に対する仮差押えの執行についても、債権に対する仮差押えに関する規定と、債権執行の規定が準用されている。

　　(カ)　仮差押執行の停止

　手続の違背については執行異議（民保46条による民執11条の準用）や第三者異議の訴え（民執38条の準用）の提起により執行停止となる場合、執行が取り消される場合（民執40条の準用）、仮差押命令が民保32条1項、37条3項、38条1項により取り消される場合など、これらの場合には、債務者は、取消決定の正本を執行機関に提出して執行の停止・取消しを求めることができる（民執39条1項6号、40条の準用）。

　また、仮差押解放金が供託された場合、これは仮差押えの目的物に代わるものとして、保全の目的が達成されたことになるから、仮差押執行は取り消され（民保51条1項）、この取消決定は即時に発効する。

� 仮差押執行から本執行への移行

　仮差押えは、あくまで本執行を保全するためのものであるから、仮差押執行後、債権者が判決などの債務名義を取得し、または執行の条件が成就したり期限が到来した場合のように、本執行が可能となったときには、債権者からの本執行の申立てにより仮差押えの執行は当然に本執行へ移行する。それにより、仮差押えはその目的を達成して消滅し、仮差押えの手続は終了することになる。

(3) 仮処分の執行および効力

㈰ 占有移転禁止の仮処分（民保62条）

(A) 主文の内容

　民事保全法62条1項は、占有移転禁止の効力が及ぶための要件として、①債務者に対し、仮処分の目的物の占有の移転を禁止すること、②債務者に対し、目的物の占有を解いて執行官に引き渡すことを命ずること、③執行官に目的物を保管させること、④上記の①および③の趣旨を執行官に公示させることの4つ挙げている。そこで、実務では、これを基本的な主文に掲げるほか、目的物について、（甲）債務者にその使用を許すもの（執行官保管・債務者使用型）、（乙）債務者にも債権者にも使用を許さないもの（執行官自ら保管、または第三者保管型）、（丙）債権者にその使用を許すもの（執行官保管・債権者使用型）とに分かれ、その内容を付加している。

(B) 執行申立て

　債権者は、目的物の所在地を管轄する地方裁判所所属の執行官に対し、書面で執行申立てをする（民保52条1項）。

(C) 執行方法

　執行方法としては、執行官が目的物の占有を解いてこれを保管する方法に加えて、占有移転禁止および執行官保管の内容を公示する方法によって行われる（民保62条）。

(D) 債務者を特定しないで発する占有移転禁止の仮処分命令（民保25条の2）

占有移転禁止の仮処分命令であって、係争物が不動産であるものについては、その執行前に債務者を特定することを困難とする特別の事情があるときは、裁判所は、債務者を特定しないで、仮処分命令を発することができる（民保25条の２）。この不動産占有移転禁止仮処分の場合には、その執行時に、執行官が目的物である不動産の占有者を特定し、その者の占有を解いて上記執行をすることになる。そして、その占有を解かれた者が債務者となるのである（民保25条の２第２項）。目的物である不動産の占有を解く際にその占有者を特定できない場合は、執行することができない（民保54条の２）。

(E) 執行の効力

この仮処分が執行されると、その執行後に目的物の占有者が変更しても、債権者が、債務者に対して仮処分の被保全権利と同一の請求権に関する本案の債務名義を得れば、これに基づいて、債務者のみならず、仮処分執行後に債務者から目的物の占有を承継した者（承継占有者）、および仮処分執行がなされたことを知って目的物の占有を取得した者（悪意の非承継占有者）に対し、目的物の引渡しないし明渡しの強制執行を行うことができる（民保62条１項）。そして、執行官が仮処分の内容を公示するので、占有移転禁止の仮処分命令の執行後に当該係争物を占有した者は、その執行がされたことを知って占有した（悪意で占有した）ものと推定されるので（同条２項）、新占有者において、善意の立証をしなければならなくなる。したがって、仮処分債権者が承継執行文の付与を受けるためには、仮処分の執行がなされたこと、現在の占有者が仮処分執行時に目的物の占有者でなかったこと（仮処分執行時の占有者はＡで、現在はＢであること）を、仮処分の執行調書等で証明すれば足りる。つまり、占有移転禁止仮処分について、いわゆる当事者恒定効が生ずるとしたのである。なお、善意で非承継の占有者、即時取得等により対抗できる権利を有する占有者は、承継執行文に対する異議の申立てにより救済を求めることができる（民保63条）。

(イ) 不動産の処分禁止の仮処分

(A) 主文の内容

所有権に基づく返還請求権・妨害排除請求権としての移転登記の抹消登記請求権や移転登記請求権を被保全権利とする処分禁止の仮処分が発令される。たとえば、売買契約に基づき所有権移転登記手続請求の本案訴訟をする前提として、その登記請求権を保存するために、買主が売主を債務者として、同人が係争不動産を他に処分することを防止するために、係争不動産の所有名義の変更を禁止しておくためになされる仮処分である。主文は、通常、「債務者は、その所有名義の別紙物件目録記載の不動産について、譲渡並びに質権、抵当権及び賃借権の設定その他一切の処分をしてはならない」と表現される。

(B) 執行の申立て

保全命令の発令裁判所が同時に保全執行裁判所になるから、債権者の執行の申立ては不要である（民保53条3項、47条2項）。

(C) 執行方法

不動産の所有権についての登記請求権を保全するための処分禁止の仮処分が発せられたときは、その執行として保全執行裁判所の裁判所書記官は民事保全法53条3項、47条2項・3項により、所轄登記所に処分禁止の仮処分の登記の嘱託をしてその登記がなされる。この仮処分の登記は、不動産登記法3条の「処分の制限」であり、民法177条にいう変更に該当するものとして、対抗要件の登記と解されている（最判昭和30・10・25民集9巻11号1678頁、同昭和30・12・26民集9巻14号2114頁、同昭和45・9・8民集24巻10号1359頁）。

(D) 執行の効力

この処分禁止仮処分の登記のある不動産に対し、その仮処分に違反してなされた登記の効力が問題になる。被保全権利と本案の権利との同一性がある限り、処分禁止の登記に抵触する処分行為は、仮処分債権者に対抗することができず（いわゆる相対的無効説）、仮処分債権者は、仮処分の登記に後れて抵触する第三者の登記を単独で抹消することができる（民保58条1項・2項、不登111条）。また、処分禁止の仮処分に違反して実体上の処分行為が行われても、債権者は、訴訟上、上記行為による権利の変動を無視することができ、

113

仮処分債務者を相手方とする本案訴訟の当事者を恒定することができる（当事者恒定効）。

(ウ) 不動産に関する所有権以外の権利の保存、設定または変更についての登記請求権を被保全権利とする処分禁止の仮処分（民保53条2項）

(A) 主文の内容

実務上、抵当権設定登記請求権を保全するための処分禁止の仮処分を求める申立ては、少なくない。このような場合、抵当権を有する債権者は、その抵当権を実行することができる地位を保障されれば満足できるのであり、抵当権の順位が保全されていれば、その後に抵当不動産に所有権や用益権を取得した者に対しては自己の抵当権を対抗することができるし、また後順位に抵当権を取得した者に対しては優先弁済権を主張することができるから、いずれにしても抵当権者としての地位が損なわれることはないはずである。

(B) 執行方法

そこで、抵当権、地上権などのように、所有権以外の権利の「保存、設定または変更」についての登記請求権を保全するための処分禁止の仮処分の執行は、処分禁止の登記とともに保全仮登記をする方法で行うことになっている（民53条2項）。具体的には、たとえば抵当権であれば、甲区欄に「〇番抵当権処分禁止仮処分」と記載し、乙区欄に「〇番抵当権転抵当権保全仮登記」と記載される。

(C) 執行の効力

債権者は、保全仮登記に基づき本登記をする方法により、原則として、第三者の登記を抹消することなく、登記の順位を保全することができ、保全仮登記に係る権利が不動産の使用または収益をするものであるときは、これと抵触し仮処分登記に後れる第三者の登記を抹消することができる。

(エ) 建物収去土地明渡請求権を保全するための建物の処分禁止の仮処分
（民保55条）

(A) 主文の内容

土地所有者が、その地上に建物を所有して土地を占有している者に対し、

建物収去土地明渡訴訟を提起しようとする場合、口頭弁論終結前に建物所有者が変わってしまうと、建物の旧所有者との間の判決は新所有者に対しては執行力を有しないので、新所有者に対して新たに建物収去土地明渡訴訟を提起しなければならなくなる。

　そこで、民事保全法は、建物収去土地明渡請求権を保全するために建物に対する処分禁止の仮処分を認めている（民保55条）。

　(B)　執行の方法

　この処分禁止の仮処分の執行は、上記(イ)(C)と同じように、保全執行裁判所の裁判所書記官の嘱託による登記をする方法で行う。後述のように、登記請求権を保全するための処分禁止とは効力が異なるので、裁判所書記官が登記の嘱託をする場合には、登記嘱託書の登記の目的の記載を「処分禁止仮処分（建物収去請求権保全）」とし、これとは別に禁止事項を記載することはしない扱いになっている（平成2・11・8民三第5000号法務省民事局長通達第4）。

　(C)　執行の効力

　この仮処分の登記をすると、債権者は、本案の債務名義に基づき仮処分の登記がされた後の建物の譲受人に対し民事執行法27条2項により承継執行文の付与を受けて、建物の収去およびその敷地の明渡しの強制執行をすることができる（民保64条）。

　ただし、この仮処分の執行の効力は、登記請求権を保全する処分禁止の仮処分とは異なり、建物収去土地明渡しの強制執行をするために当事者を恒定する効力を有するのみであり、処分禁止の登記後にされた第三者の登記を抹消することはできない。また、この仮処分は、土地や建物の占有関係を固定する効力はないので、建物が第三者に賃貸されるおそれがある場合には、土地および建物について占有移転禁止の仮処分を得ておくほかない。

7　特殊保全処分

　権利の保護や救済を求めようとする場合、その実現の手続の遅延によって生ずる危険を防止する必要があるが、権利の確定・実現は訴訟手続によるだ

けでなく、それ以外の手続によっても図られることがあるので、そうした場面での仮の救済を与える制度が用意されている。これを「特殊保全処分」と呼ぶが、広義の保全処分には民事保全の他にこれらをも包含する。

その主なものは、民事調停前の措置（民調12条、特調7条）、家事調停前の処分（家審規133条）、家事審判前の保全処分（家審15条の3）、民事執行手続における執行の停止・取消し等の仮の処分（民訴403条、民執10条6項、11条2項、32条2項、36条、37条、38条4項）、不動産強制競売または担保不動産競売手続における保全処分（民執55条、55条の2、68条の2、77条、187条）、破産・民事再生手続・会社更生手続における手続開始前の保全処分（破24条〜28条、民再26条〜31条、会更24条〜28条、30条〜40条）、行政処分の執行停止（行訴25条〜29条）などである。

参考裁判例

〔1〕　最判昭和61・6・11民集40巻4号872頁
　　　（北方ジャーナル差止め国家賠償事件最高裁大法廷判決）
　表現行為の事前抑制につき以上説示するところによれば、公共の利害に関する事項についての表現行為に対し、その事前差止めを仮処分手続によって求める場合に、一般の仮処分命令手続のように、専ら迅速な処理を旨とし、口頭弁論ないし債務者の審尋を必要的とせず、立証についても疎明で足りるものとすることは、表現の自由を確保するうえで、その手続的保障として十分であるとはいえず、しかもこの場合、表現行為者側の主たる防禦方法は、その目的が専ら公益を図るものであることと当該事実が真実であることとの立証にあるのである（前記㈡参照）から、事前差止めを命ずる仮処分命令を発するについては、口頭弁論又は債務者の審尋を行い、表現内容の真実性等の主張立証の機会を与えることを原則とすべきものと解するのが相当である。ただ、差止めの対象が公共の利害に関する事項についての表現行為である場合においても、口頭弁論を開き又は債務者の審尋を行うまでもなく、債権者の提出した資料によって、その表現内容が真実でなく、又はそれが専ら公益を図る目的のものでないことが明白であり、かつ、債権者が重大にして著しく回復困難な損害を被る虞があ

ると認められるときは、口頭弁論又は債務者の審尋を経ないで差止めの仮処分命令を発したとしても、憲法21条の前示の趣旨に反するものということはできない。けだし、右のような要件を具備する場合に限って無審尋の差止めが認められるとすれば、債務者に主張立証の機会を与えないことによる実害はないといえるからであり、また、一般に満足的仮処分の決定に対しては債務者は異議の申立てをするとともに当該仮処分の執行の停止を求めることもできると解される（最高裁昭和23年(マ)第3号同年3月3日第1小法定決定・民集2巻3号65頁、昭和25年(ク)第43号同年9月25日大法定決定・民集4巻9号435頁参照）から、表現行為者に対しても迅速な救済の途が残されているといえるのである。

〔2〕　最判平成15・1・31民集57巻1号74頁
　しかしながら、原審の上記判断は是認することができない。その理由は、次のとおりである。
(1)　仮差押えは、金銭の支払を目的とする債権について、強制執行をすることができなくなるおそれがあり、又は強制執行するのに著しい困難を生ずるおそれがあるという仮差押命令の必要性が存するときに、債務者の所有する財産の処分を禁止することにより本案の権利に基づく強制執行を保全する制度である（民事保全法1条、20条1項参照）。仮差押命令の申立てにおいては、被保全債権及び債務者の所有する特定の物（動産については、特定を要しない。）についての仮差押命令の必要性が審理の対象となるところ（同法13条、20条、21条）、ある被保全債権に基づく仮差押命令が発せられた後でも、異なる目的物についての強制執行を保全しなければ当該債権の完全な弁済を得ることができないとして仮差押命令の必要性が認められるときは、既に発せられた仮差押命令の必要性とは異なる必要性が存在するというべきであるから、当該目的物についての仮差押命令の申立てにつき権利保護の要件を欠くものではない。
(2)　したがって、特定の目的物について既に仮差押命令を得た債権者は、これと異なる目的物について更に仮差押えをしなければ、金銭債権の完全な弁済を受けるに足りる強制執行をすることができなくなるおそれがあるとき、又はその強制執行をするのに著しい困難を生ずるおそれがあるときには、既に発せられた仮差押命令と同一の被保全債権に基づき、異なる目的物に対し、更に仮差押命令の申立てをすることができる。
　このように解しても、裁判所が無用な判断を行うことにはならず、また、

債権者が過剰な満足を受けることにもならない。なお、先後両仮差押命令に定められる仮差押解放金の額の合計が被保全債権の額を超えることとなる場合にも、仮差押解放金の供託により仮差押えの執行の停止又は取消しを求めようとする債務者に被保全債権の額を超える仮差押解放金の供託をさせることがないような扱いをすることが可能であり、上記の場合が生ずるとしても、異なる目的物に対し更に仮差押命令を発することの障害となるものではない。
(3) これを本件についてみるに、本件申立ては、既に発せられた仮差押命令と同一の被保全債権に基づくものであるが、抗告人は、申立てに係る土地につき更に仮差押えをしなければ、上記債権の完全な弁済を受けるに足りる強制執行をすることができなくなるおそれがあるとき、又は強制執行をするのに著しい困難を生ずるおそれがあるときには、更に仮差押命令の申立てをすることができるというべきであり、論旨は理由がある。

〔３〕　最判昭和54・4・17民集33巻3号366頁
　仮処分における被保全権利は、債務者において訴訟に関係なく任意にその義務を履行し、又はその存在が本案訴訟において終局的に確定され、これに基づく履行が完了して初めて法律上実現されたものというべきであり、いわゆる満足的仮処分の執行自体によつて被保全権利が実現されたと同様の状態が事実上達成されているとしても、それはあくまでもかりのものにすぎないのであるから、このかりの履行状態の実現は、本来、本案訴訟においてしんしやくされるべき筋合いのものではない。しかしながら、仮処分執行後に生じた被保全権利の目的物の滅失被保全権利に関して生じた事実状態の変動については、本案裁判所は、仮処分債権者においてその事実状態の変動を生じさせることが当該仮処分の必要性を根拠づけるものとなつており、実際上も仮処分執行に引き続いて仮処分債権者がその事実状態の変動を生じさせたものであるため、その変動が実質において当該仮処分執行の内容の一部をなすとみられるなど、特別の事情がある場合を除いては、本案に関する審理においてこれをしんしやくしなければならないもの、と解するのが相当である。これを本件についてみると、原審の適法に確定した事実によれば、上告人は、被上告人選定者らを相手方として、本件建物所有権に基づく明渡請求権を被保全権利とする本件建物明渡の仮処分決定（広島地方裁判所昭和45年(ヨ)第432号）を得たうえ、昭和45年11月22日（本件第一審係属中）、その執行として本件建物の明渡をうけ、その後にこれを取り毀して滅失させたというのであるが、単に建物の明渡にとどめること

なくさらに建物を滅失させる必要があつて右仮処分がされたなど、先に判示した特別事情に該当する事由があることは、なんら主張立証されていないところである。そうすると、原審が、仮処分及び本案請求の目的物について仮処分執行後に生じた事実状態の変動は、本案請求の当否を判断するにあたつてこれをしんしやくすべきものであるとの見解のもとに、本訴請求の目的物たる本件建物が滅失したことを理由に上告人の請求を棄却したのは、結論において正当としてこれを是認することができる。所論引用の判例（最高裁昭和31年㈺第916号同35年2月4日第1小法定判決・民集14巻1号56頁）は、堰堤敷地の一部として買収された係争地上の建物収去同土地明渡を命ずる満足的仮処分において、同土地を堰堤工事のため緊急に水没させることが当該仮処分の必要性を根拠づけており、かつ、実際上も仮処分執行後に同土地を水没させたという事案に関するものであるから、本件とは事案を異にし、本件に適切でない。それゆえ、論旨は採用することができない。

〔4〕　最判平成16・8・30金法1727号78頁
　ところで、本件仮処分命令の申立ては、仮の地位を定める仮処分命令を求めるものであるが、その発令には、「争いがある権利関係について債権者に生ずる著しい損害又は急迫の危険を避けるためにこれを必要とするとき」との要件が定められており（民事保全法23条2項）、この要件を欠くときには、本件仮処分命令の申立ては理由がないことになる。そして、本件仮処分命令の申立てがこの要件を具備するか否かの点は、本件における重要な争点であり、本件仮処分命令の申立て時以降、当事者双方が、十分に主張、疎明を尽くしているところである。
　そこで、この点について検討するに、前記の事実関係によれば、本件基本合意書には、抗告人及び相手方らが、本件協働事業化に関する最終的な合意をすべき義務を負う旨を定めた規定はなく、最終的な合意が成立するか否かは、今後の交渉次第であって、本件基本合意書は、その成立を保証するものではなく、抗告人は、その成立についての期待を有するにすぎないものであることが明らかである。そうであるとすると、相手方らが本件条項に違反することにより抗告人が被る損害については、最終的な合意の成立により抗告人が得られるはずの利益相当の損害とみるのは相当ではなく、抗告人が第三者の介入を排除して有利な立場で相手方らと交渉を進めることにより、抗告人と相手方らとの間で本件協働事業化に関する最終的な合意が成立するとの期待が侵害されることに

よる損害とみるべきである。抗告人が被る損害の性質、内容が上記のようなものであり、事後の損害賠償によっては償えないほどのものとまではいえないこと、前記のとおり、抗告人と相手方らとの間で、本件基本合意に基づく本件協働事業化に関する最終的な合意が成立する可能性は相当低いこと、しかるに、本件仮処分命令の申立ては、平成18年3月末日までの長期間にわたり、相手方らが抗告人以外の第三者との間で前記情報提供又は協議を行うことの差止めを求めるものであり、これが認められた場合に相手方らの被る損害は、相手方らの現在置かれている状況からみて、相当大きなものと解されること等を総合的に考慮すると、本件仮処分命令により、暫定的に、相手方らが抗告人以外の第三者との間で前記情報提供又は協議を行うことを差し止めなければ、抗告人に著しい損害や急迫の危険が生ずるものとはいえず、本件仮処分命令の申立ては、上記要件を欠くものというべきである。

〔関連設問〕

1 特定の目的物について既に仮差押命令を得た債権者は、これと異なる目的物についてさらに仮差押えをしなければ、金銭債権の完全な弁済を受けるに足りる強制執行をすることができなくなるおそれがあるとき、既に発せられた仮差押命令と同一の被保全債権に基づき、異なる目的物に対し、さらに仮差押命令の申立てをすることができるか（最判平成15・1・31民集57巻1号74頁、参考裁判例〔2〕）。

2 Xは、その所有にかかる建物にYが不法占有しているとして、所有権に基づき建物明渡請求訴訟を提起したが、その訴訟の係属中に、上記の明渡請求権を被保全権利として建物明渡しの仮処分（満足的仮処分）決定を得て、その執行として建物を取り壊して滅失させた。裁判所は、本案請求の当否を判断するにあたって、請求の目的物について仮処分執行後に生じた上記の事実状態の変動を斟酌すべきか（最判昭和54・4・17民集33巻3号366頁、参考裁判例〔3〕）。

3 X社は、Y信託銀行らとの間で、Yの一定の営業等の移転等から成る事業再編および業務提携に関して基本合意を締結した。その基本合意書に

は、各当事者は、第三者との間で本件基本合意の目的と抵触し得る取引等にかかる情報提供や協議を行わないものとする旨の条項が設けられていた。XとYらは、本件基本合意に基づき、基本契約の締結を目指して交渉していたが、Yらは、Yらグループの窮状を乗り切るためには、本件基本合意を白紙撤回し、Y信託銀行を含めてAグループと統合する以外に方策はないとの経営判断をするに至り、Xに対し、本件基本合意の解約を通告するとともに、Aに対し、Y信託銀行の本件対象営業等の移転を含む経営統合の申し入れを行った。

そこで、Xは、裁判所に対し、YらがAグループとの間で経営統合に関する協議を開始したことが本件基本合意に規定するXの独占交渉権を侵害するものであると主張して、本件基本合意に基づき、Yらが、第三者との間で、一定の期間、Y信託銀行の本件対象営業等の第三者への移転等に関する情報提供または協議を行うことの差止めを求める仮処分の申立てをした。

この仮処分申立てについて保全の必要性が認められるか（最判平成16・8・30民集58巻6号1763頁、参考裁判例〔4〕）。

第2章　金銭債権の回収
―金銭請求債権の実現

I　金銭債権の種類とその回収方法の選択

1　金銭債権の発生原因と種類

　金銭上の請求債権は、種々の形で発生するが、これを大きく分ければ次のように分類できる。すなわち、①金銭消費貸借契約（貸金契約）、保証、売買契約などのように当事者の合意（契約・取引）によって発生する場合、②交通事故等の不法行為によって被害者に損害賠償請求権が発生する場合（民709条）、③義務なくして他人のために事務を管理した者が、本人のために有益な費用を支出したときに、その償還を請求する場合（管理者による費用償還請求、民697条、702条）、④法律上の原因がないのに他人の財産または労務によって利益を受けた者があって、そのために他人に損害を与えている場合（不当利得による返還義務、民703条、704条）、⑤夫婦または親子間の協力・扶養義務から、裁判所が、婚姻費用の分担、財産分与、養育費等という形で義務者に金銭の支払いを命ずる場合（民760条、768条3項、879条、家審9条乙類）などである。

　このように、金銭債権は、現代の経済生活において重要な地位を占めることになるが、その回収は債務者の任意の履行により実現することが多いとしても、実際には強制執行による実現が必要となる場面が少なくない。

　もっとも、上記①の金銭債権では、それを被担保債権とする約定担保権（抵当権、質権）が設定されることが少なくないし、雇用契約による労働賃金債権（民306条2号）などの特殊の債権では、その債権につき法定担保権（先

123

取特権、留置権）が発生しているので、このような金銭債権については、担保権実行により債権回収を図ることが可能である。

しかし、そのような担保権が付着しない金銭債権については、債務者が任意に履行しない場合、債権者は、債務名義を取得して、債務者の一般財産を引き当てにして（責任財産として）、これを強制的に換価し、その代金をもって債権の満足に当てる、という強制執行をするほかはない。

2　金銭債権回収のための執行方法の選択

金銭の支払いを目的とする債権についての強制執行（以下「金銭執行」と略称する）の手続は、対象となる財産の種類によってその様相を著しく異にするので、民事執行法は、それが不動産、船舶、動産、債権およびその他の財産権に対する執行（以下「債権執行」と略称する）になる場合を区別して、各執行手続を規定している（さらに、民事執行規則では、航空機執行、自動車執行、建設機械・小型船舶執行、電話加入権執行、預託株券等執行および振替社債等執行を規定している）。

なお、平成16年改正により、債権執行の中に、少額訴訟債権執行（民執167条の2以下）が創設され、また、扶養義務等に係る金銭債権についての強制執行の特例規定（民執167条の15、16）が設けられている。

そうすると、債権者は、債務者の責任財産から金銭債権を回収しようとする場合、上記の各種強制執行のうち、どの方法を選択すべきであろうか。

結論的には、金銭債権の請求金額、対象財産の交換価値（他債権者の担保権の付着の有無、優先債権を控除した後の剰余価値）、対象財産の換価の容易性、手続の難易性・迅速性などを総合して決めることになるが、次のようなⓐ不動産執行、ⓑ債権等執行およびⓒ動産執行の特徴を検討すべきであろう。

① 金銭債権の請求金額と対象財産の価値との関係でいえば、請求金額が高額である場合は、ⓐの不動産執行が適しており、その次には、ⓑ、ⓒという順序になる。ただし、不動産に他の債権者の多額の抵当権が付着していれば、当該担保権者が優先弁済を受けることになるので、売却基

準価額（買受可能価額）いかんによっては無剰余取消し（民執63条）されることもあるので、いつも有利というわけではない。ちなみに、平成16年度の司法統計によると、全国の不動産執行の申立件数は71,619件であるが、その88.6%は担保権実行としての競売であり、相対的に不動産強制競売申立てが少ないのは、そうした理由も一因である。

　ⓑの債権執行では被差押債権額が高い事例も少なくないが、ⓒの動産執行では、債務者に交換価値の高い動産が残されていることは実務上稀であり、無剰余の見込みまたは売却の見込みがない（民執129条、130条）との理由で取消しされる事件は少なくない。

② 　債権者が差押えの対象財産を発見しやすいかどうかの見地からいえば、ⓐの不動産は、その物理的存在を不動産登記簿により容易に確認することができるが、ⓑの債権執行については、第三債務者の協力が得られない限り債権者としては容易に発見し難い。後で検討するように、被差押債権が、給料や銀行預金等である場合では、実務では、その特定性について種々の工夫をしているが、一般的に、債権者が債務者と第三債務者との間の債権関係を知ることは、容易なことではない。平成15年改正により、債務者の責任財産を公開する財産開示手続（民執196条以下）が設けられたが、未だその実効性は確認されていないのが現状である。

③ 　債権回収の効果という面からは、ⓑの債権執行がもっとも優れているといえる。強制執行では、一般債権者間では平等主義（各債権者の請求金額に比例して配当される）が採られているところ、ⓐの不動産執行においては、差押債権者だけでなく、他の債権者の配当参加を広く認めており、いわば特定不動産に限定したミニ破産と同じになっている。したがって、他の抵当権者が存在するときだけでなく、配当参加する他の一般債権者の請求金額が大きいときには、差押債権者への配当率が少なくなることがある。これに対して、ⓑの債権執行では、配当要求権者が限定されるし、特に転付命令（民執159条）を得れば実質的に他の債権者に優先する形で回収することができる。ちなみに、平成16年度における全国

の債権執行の申立件数は162,532件であり、その約97％が強制執行であり、担保権実行としての債権執行は3％に過ぎない。一般債権者としては、債権等執行をより多く利用していることが窺える。

　ⓒの動産執行においても、他の債権者の配当参加が認められているが、配当要求権者および時期について制限されているので、結果として、差押債権者が独占的に弁済を受けるほうが多い。ただ、多くの場合、売却価格が低いため回収率が悪くなるが、金融業者や信販会社では、執行不能・取消しになることがあっても税法上の損金処理が可能なので、その目的で申立てをする場合が多い。また、動産執行は、債務者の住居等にある動産を差し押さえることにより同人に対し任意弁済をうながすという間接強制的機能を有するが、これを重視すると弊害が生じるので、法は、その歯止めをかける役割を果たす規定を置いてある（民執130条等）。

④　迅速処理という面では、ⓐの不動産執行は、複雑な手続になるから、差押え、換価、配当に至るまで相当の時間を費やすことになる。その点、ⓑの債権執行は比較的早く、またⓒの動産執行は簡単に決着できる。

⑤　債権者と執行機関の役割分担でいえば、ⓐの不動産執行およびⓒの動産執行では、差押えに続く換価の手続が当然進行すると予定されており、しかも、その手続は裁判所または執行官が主宰するなど、その手続についての執行機関の関与度が高い。したがって、差押債権者は、基本的には、申立てをすれば、その後の手続については必要に応じた行動（債権届等）をとれば配当を受けることができる。

　これに対して、ⓑの債権等執行においては、その換価方法が複雑多様（取立て、転付・譲渡命令等）で、かつ、これらにつき債権者が選択して主体的に進めることになり、執行機関が関与する度合いは低い。それだけに、この方法により債権回収が成功するかどうかは、債権者の努力如何によることになる。

⑥　ⓑの債権執行およびⓒの動産執行においては、債務者保護のために、その責任財産のうち、一定の要件で差押えが禁止または制限される財産

がある。
⑦　配当等については、ⓐの不動産執行においては多くの債権者が参加するとになるから、その手続および配当順位は複雑なものになり、配当金を手にするまでに相当の時間がかかる。また、差押債権者以外の債権者の立場からいえば、他の債権者が申立てした不動産執行手続（担保不動産競売・担保不動産収益執行を含む）に、配当参加する機会があることになる。

　ⓑ、ⓒにおいては、配当等の手続は、原則として供託された時に開始され、配当の順位については単純なものが多い。

II　不動産に対する強制執行

既に説明したとおり、金銭債権執行では、その対象財産の種類によって執行の方法が異なり、その種類に応じて、不動産執行、動産執行および債権執行とに分かれるが、一般的に債務者の責任財産の中でも、「不動産」の財産的価値は大きいものであるから、特に高額の金銭債権の回収方法ということになると、不動産執行が最も効率性の高い方法といえる。

したがって、金融実務や裁判実務においても、不動産執行が最も多く利用されることになる。もっとも、実務では、不動産強制競売や強制管理よりも、担保権実行としての担保不動産競売（民執180条1号）や担保不動産収益執行（同条2号）の係属件数が圧倒的に多いのであるが、民事執行法では、後者の手続に関しては、前者の強制執行の手続を基本的に準用しているので（民執188条）、実務を知るうえにおいても、まず前者の強制執行の手続の流れを確実に理解する必要があるのである（なお、担保権実行については、本実務法律講義シリーズの『実務　保全・執行法講義〔物権法編〕』（近刊）参照）。

そこで、次に、強制執行として不動産執行の対象物、その種類等について説明することにする。

1　不動産執行の対象となる不動産

民事執行法43条1項（かっこ書）は、不動産として、民法上の不動産から「登記することできない土地の定着物を除く」としている。すなわち、登記することができない土地の定着物は、不動産として扱わないで、これを動産執行による扱いをすることになる。

民事執行法上の不動産は、民法上の不動産の概念と必ずしも一致しないし、その範囲が制限または拡張されたりすることがある。不動産執行は、差し押さえるときに登記をし、目的不動産の登記上の種々の権利を格別に斟酌して、売却による権利変動も登記により公示する。このように、登記制度との密接

な関連を持つのが不動産執行の特徴であるから、これに適合する対象でなければならない、としたのである。したがって、民事執行法上の不動産には、次の3種類があることになる。

(1) 民法上の不動産

不動産に土地が含まれることは問題ない（民86条1項）。表示登記ないし所有権保存登記のない未登記不動産でもよい。民法上は、土地の定着物も不動産であるが、前述のように、民事執行法上は、登記できない土地定着物は不動産に含まれない。建物と立木法上の立木以外のものは、土地と一体として扱われるか（土地の構成物、石垣等）、または、動産執行の対象となるか（庭石、鉄塔、建築中の建物、農作物等）の、いずれかの扱いを受けることになる。

建物は、土地の定着物であるが、法律上、土地とは独立の不動産で、登記することができるので（不登2条、27条）、土地とは独立して、不動産執行の対象となる。1棟の建物であっても、マンションのように構造上区分された数個の部分で、独立した住居等に供することができる部分（これを「専有部分」という）は、それぞれ独立した所有権の目的とすることができるので（建物区分1条）、それぞれが独立した建物として競売の対象になる。ただし、敷地利用権の登記がなされている区分所有建物については、建物の専有部分とその専有部分にかかる敷地利用権（土地の共有持分になることが多い）を分離して処分することが原則として禁止されているから（建物区分22条、23条、不登44条9号）、原則として、両者を一体として不動産執行の対象にしなければならない。

(2) 民執法上の「みなし不動産」（民執43条2項）

次のものは、不動産とみなされる。

① 不動産の共有持分

② 登記された地上権、永小作権、および登記された準共有持分

これらの権利は、民法上の不動産ではないが、金銭執行について、技術上、競売の対象とするのが妥当であり、登記手続にも乗り得るからである。

(3) 特別法上不動産とみなされる財団

次のものは、特別法により不動産とみなされる。

① 工場財団（工場抵当法8条、14条等）
② 鉱業財団（鉱業抵当法3条）
③ 漁業財団（漁業財団抵当法6条）
④ 採石権　設定行為で定めたところに従い、他人の土地において岩石および砂利を採取する権利（採石法4条1項）である。物権とみなされ、地上権に関する規定が準用され、「登記された採石権」のみが不動産執行売の対象になる。
⑤ 鉱業権　登録を受けた一定の鉱区において、登録を受けた鉱物およびこれと同種の鉱床中に存する鉱物を掘採し、および取得する権利をいう（鉱業法5条）。不動産に関する規定が準用される。

2　強制競売と強制管理の特徴

　金銭債権の回収のために不動産に対して行う強制執行の方法が「不動産執行」であるが、これには「強制競売」と「強制管理」の2種類がある。

(1) 強制競売

　強制競売は、債務者所有の不動産を「差し押さえ」、これを「換価」して、その売得金を「配当等」することによって、債権者の債権の弁済に当てること目的とする執行方法である。強制競売は、債務者の不動産を売却することに主眼があり、それによって債権者は一時に多額の金銭を回収することができるので、債権の満足を得るに便利な方法といえる。

　しかし、他方、種々の権利関係が付着する「不動産」を売却するので、その手続に相当時間がかかること、多数の債権者からの配当要求ができる構造になっており、そのための手続にも時間と手数がかかることが予想されること、不動産の価格が著しく低落したときや金融難のために買い手が得難いときがあるなど、必ずしも有利な回収方法にならないこともある。

　我が国の場合には、土地・建物、とりわけ居住建物は、いわば債務者のお

城であるから、それが差し押さえられるということは、最後の砦を占領されたと同じである。そのためか、差押債権者だけでなく、他の債権者も配当参加できるのであるから、いわば「ミニ破産」といっても過言ではない。

(2) 強制管理

強制管理とは、目的不動産を差し押さえ、管理人にこれを管理させ、その不動産から得る収益（天然果実、賃料等の法定果実）を債権の満足に当てることを目的とする執行方法である。この方法は、不動産を売却するものではないが、債務者のその使用収益権を奪うものである。

(3) 両者の長所・短所

強制競売と強制管理とは、その長所・短所が表裏の関係になり、強制管理は定期の給付を目的とする請求権、たとえば、地代、家賃などの取得を目的して行われる場合が多い。また、適当な管理によって不動産の価格を増加させてから競売を実施する場合にも用いることがある。ただ、一時に全額の債権回収を目指す場合には、適しないことになる。

このように、強制競売と強制管理とは、その方法、効用を異にするから、債権者は、自己に有利な方法を選択し、そのうち1個の方法をもってすることができるし、2個の方法を同時にまたは時を異にして実施することもできる（民執43条）。強制競売の手続中でも、売却されるまでは強制管理を行うことができるが、売却された後は債務者の所有でなくなるから、以後は強制管理の方法はとれない。

3 強制競売と担保不動産競売との比較

実務上、「不動産競売」と称する場合には、強制執行としての不動産強制競売と担保権実行としての担保不動産競売の両者を指すことがある。

強制競売（民執43条1項）が債務名義に表示された請求権の実現のための手続であるのに対し、担保不動産競売（民執180条1号）は、担保権の優先弁済請求権に内在する換価権の行使の手続であり、両者はその換価の根拠等において根本的な違いがある。

131

ただ、両者とも、国家が、債権者の申立てによって、不動産を差し押さえ、これを換価・売却し、その売却代金の配当を実施して、各債権者の債権の弁済に当てることを目的とする手続である点では共通している。つまり、その手続・レールは同じものであるが、これを根拠付ける機関車が異なるのである。

そこで、民事執行法は、両手続の共通性に着目して、まず強制競売について手続のストーリーを規定して、次に担保権実行としての競売に準用することにしている（民執188条）。

民事執行法上は、担保権実行としての競売を「担保不動産競売」と称しているが（民執180条1号）、実務では、古くから、単に「競売」というときには、担保権実行としての競売を指し、強制執行としての「強制競売」とは区別していることが多い。

4 強制管理と担保不動産収益執行との比較

平成15年改正により、「担保不動産から生ずる収益を被担保債権の弁済に充てる方法」による不動産担保権の実行である「担保不動産収益執行」（民執180条2号）を創設している。強制管理と開始の根拠が異なるが、同じように不動産の収益を対象とする執行方法であるから、強制管理の手続規定が全面的に準用されている（民執188条）。

なお、上記改正前においても、実務では、抵当権に基づく物上代位権の行使として目的不動産の賃料債権に対する債権差押えが認められていたので（最判平成元・10・27民集43巻9号1070頁、参考裁判例〔1〕）、それとの選択が問題になる。また、担保不動産収益執行の前に、同一不動産について強制管理があるときは二重開始決定することになり（民執93条の2）、当該収益について物上代位等の債権執行がされている場合には、当該差押命令の効力は停止する（民執93条の4）などの調整規程が設けられている。

Ⅲ 不動産強制競売による金銭債権の回収
　―執行証書による連帯保証金の回収

> **設問 4**
>
> 　Aは、B株式会社に対し、事業資金として1000万円を、利息15％、遅延損害金20％、弁済期3カ月後との約束で貸し付けた。B会社の代表取締役Cは、Bの債務につき連帯保証をした。そして、AとCは、甲公証役場に赴き、BおよびCが、上記貸金債務および連帯保証債務を確認して、不履行の際には強制執行に服する旨の陳述が記載されている執行証書を作成した。
> 　ところが、B会社は、期限の到来後に元利金を返済しないでいるうちに、不渡手形を出して事実上倒産してしまったので、Aは、保証人Cに対し、直ちに弁済するよう求めた内容証明郵便を発したが、Cからの応答がない。
> 　そこで、Aは、Cに対し、その所有に係るマンションにつき不動産強制競売の申立てをしようとしている。不動産強制競売手続が開始された後、その手続はどのように進められるか。

1　保証債務履行請求権の性質

　保証は、保証人と債権者との間の契約関係であり、保証人の保証債務は、主たる債務者が債務を履行しないときに代わって履行するという内容の債務である（民446条）。保証人と主たる債務者との間には保証委託契約が締結されることが多いが、保証債務の発生の要件ではなく、債務者の意思に反してでも保証人になることができる。ただ、金融実務では、主たる債務者が保証人の代理人と称して締結することが多く、また口頭によって合意することが

少なくなかったので、その成否をめぐってのトラブルが絶えなかった。そこで、平成17年の民法改正により、保証契約は書面でしなければ、その効力を生じないとされた（民446条2項）。

保証債務には、補充性による催告の抗弁（民452条）と検索の抗弁（民453条）とがあるが、合意によりこれらの抗弁を排除したのが連帯保証である。金融実務では、ほとんどの場合、金融機関は連帯保証を求めている（連帯保証には民458条で定める効果もある）。

保証は、主たる債務を担保するものであるから、主たる債務の存在はその成立要件であって、主たる債務が無効であったり取り消されたりして、消滅すれば、保証もその効力を失う（保証債務の附従性）。しかし、保証債務は、主たる債務とは別個の発生原因に基づく債務であるから、債権者は、直接、連帯保証人に対し、保証債務の履行を求めることができる。

公証人が作成した公正証書で民執法22条5号の要件を備えたものは執行証書として債務名義になる。したがって、設問において、Aは、Cに対し、金銭債権である保証債務の記載がある執行証書に基づき不動産強制競売の申立てができるのである。なお、通常、主債務の弁済期が経過していれば保証債務の履行期も到来しているから、債権者が保証人に対し、改めて内容証明による催告等をする必要がない。

コラム　内容証明郵便（電子内容証明サービス）

民事紛争が起きて民事裁判にまで発展しそうになると、当事者は互いに「内容証明郵便」をやり取りしていることが多く、その後裁判に発展したときには、それが証拠として提出されることになる。この「内容証明郵便」には、どのような意味があって、どのような効果があるのだろうか。

郵便法63条は、「内容証明の取扱においては、日本郵政公社において、当該郵便物の内容たる文書の内容を証明する」と規定している。つまり、どのような内容の文書を出したかを公の機関である日本郵政公社（旧郵政省。実際の取扱いは一定の郵便局）に証明してもらえる制度があり、そのような制度を利用

して出される郵便物を内容証明郵便（または単に内容証明）と呼んでいるのである。

　内容証明郵便は、郵便物である文書の内容が公的に証明され、また郵便局長名で差出年月日が文書に付記されるので差出日が証明されることになるが、そのほかは特別の法的効果があるわけではなく、普通の郵便物と何ら変わりはない。しかし、たとえば、不法行為による損害賠償請求債権の場合、債権者が3年間放置していると消滅時効にかかってしまうので、時効が完成する前に債権者が「請求」をしておかなければ時効中断の効果が発生しないことになる。この場合、葉書や普通郵便あるいは口頭で意思表示をしたとしても、その法的効果は同じであるが、いざ裁判になったときに、相手方がそのような請求があった事実を否認すると、債権者が裁判で立証できなかったりあるいは立証が著しく困難になったりすることがある。このように、意思表示等の到達が重要な法律効果を生じる場合、通知等の時期が重要な意味をもつ場合、書面による通知が要件になっている場合、あるいは確定日付が特別の意味をもつ場合などには、この内容証明郵便がよく利用されている。また、こうした意味で利用するので、訴訟提起の準備の行動としての意味があり、そのため内容証明郵便を発送するということは、相手方に対して、要求に応じないときには、裁判所に訴える決意があるとの姿勢を示す効果もあるといえる。

　内容証明郵便の方式については、郵便規則に定められているが、通常のものは、「横書き」の場合は、①1行13字以内、1枚40行以内、または、②1行26字以内、1枚20行以内で作成し、「たて書き」の場合は、③1行20字以内（記号は1個を1字とする）、1枚26行以内で作成しなければならないとされている。これらの用紙は、一般の文房具店で販売されている。文字や記号を訂正し、挿入し、または削除するときは、その字数および箇所を欄外または末尾の余白に記載（「訂正1字」とか「削除2字」とか記載）して押印しなければならない。また、文書が2枚以上になるときは、その綴目に契印をしなければならない。そして、通常は、差出人の名前の下にも押印する必要がある。

　内容証明郵便を出すときは、郵便物の内容である文書（原本）のほか、同一内容の写し（謄本）2通を郵便局に提出する。そうすると、郵便局では、内容である文書（受取人に郵送する文書）とその謄本を対照して、両者が同一内容であることを確認して、内容である文書と2通の謄本に「差出年月日」「その郵便物が内容証明郵便物として差し出された旨及び郵便局長名」を記載し、さらに通信日付印を押印する。この通信日付印は2枚以上ある場合の綴目や訂正

箇所にも押される。また、内容たる文書と謄本に通信日付印で契印する。

　そして、郵便局では、謄本のうち1通を保管し、残りの1通を差出人に戻し、内容たる文書は郵便局係員の立会いのもとに差出人に封筒に納めて封緘をさせたうえ、それを受け取って郵送することになる。その際、差出人に郵便物の受領証を交付する。

　こうした手続を経て郵便物が差出人に配達され、または交付されたときには、日本郵政公社（郵便局）がその事実を証明することになっている（郵便法62条）。このように配達証明を受ける郵便物は「配達証明郵便物」と呼ばれている。内容証明郵便を出すときには、その到達および時期について証明してもらうために、同時に配達証明の請求をするのが普通である。この請求をすると、その郵便物が配達された後、郵便局から配達の日時を記載した葉書（配達証明書）が差出人に送達される。

　なお、平成13年2月1日から、内容証明に関する新しいサービスとして「電子内容証明サービス」が実施されている。これは、郵便局が内容証明郵便を電子化して、インターネットを通じて24時間受付を行うサービスである。

　具体的には、この制度を利用しようとする者は、まず利用者登録をして利用者IDを取得しておき、郵便局に対し、一定の規格により作成した文書をEメールで送信すると、郵便局では、その内容証明の本文をもとに、受取人宛ての原本郵便物、差出人宛ての謄本郵便物を作成し、これを専用の封筒に封緘して、受取人宛てのものは書留郵便物として、差出人宛てのものは配達記録郵便として発送し配達するものである。

（詳しくは「電子内容証明ホームページ」http://www3.hybridmail.go.jp/ 参照）

2　不動産強制競売手続の流れと特徴

　不動産強制競売は、金銭債権についての執行であるから、差押え、換価（売却）、および満足（配当等）の3段階を経て行われる。その概観を述べれば、次のとおりである。

　まず、債権者が執行力のある債務名義の正本およびその他の必要書類を添

付して強制執行の申立てをしたときは、執行裁判所は、強制競売の開始決定をして目的不動産を差押え（処分禁止）する。次いで、執行裁判所（または裁判所書記官。以下も同じ）は、配当要求の終期を定め、開始決定がなされた旨および配当要求の終期を公告して、他の債権者に配当参加の機会を与える。同時に並行して、執行官に命じて不動産の現況調査をさせ、また評価人をして不動産の評価をさせて、売却基準価額（買受可能価額）を決定し、売却条件を記載した物件明細書を作成して一般の閲覧に供する。

続いて、差押債権者の申立てがあれば内覧（買受希望者に立ち入って見学させること）を実施することもあるが、裁判所は、執行官による入札（実務はほとんど期間入札）で売却する。最高価買受申出人が定まると、裁判所は、売却決定期日を開いて売却の許否を決定し、買受人は代金を納付して不動産を取得する。そして、代金の納付があると、裁判所は、売却代金で債権者に弁済金を交付しまたは配当手続によって配当する。

以上のように、不動産強制競売手続は、他の金銭執行と同じく、差押え、換価および配当等の順序で進められるが、不動産には種々の権利関係が付着すること、他の債権者の配当参加を認めていることなどから、特に換価、配当等の手続については複雑になる。また、競売は、目的物件を現状有姿のままで換価する制度であるが、いわゆる占有屋等による執行妨害も少なくないことから、各種の保全処分の手続が用意され、さらに広く買受希望者を募るために物件情報を公開していることが特徴である（【図12】の不動産強制競売の手続概要図を参照）。

3　強制競売の開始—差押え

(1)　競売申立て

不動産強制競売は、債権者の書面による申立てによって開始する（民執2条、民執規1条）。

㋐　管　轄

その不動産所在地を管轄する地方裁判所が専属的に管轄権を有する。不動

産の共有持分、登記された地上権および永小作権とこれらの共有持分についての競売は、その登記すべき地を管轄する地方裁判所の管轄となる（民執44条1項、19条）。東京都内の土地と神奈川県内の土地の両方を敷地とする建物が存在するように、管轄区域にまたがって建物が存在する場合は、どちらの裁判所にも申立てができ、必要があれば、申立てを受理した執行裁判所が他方の裁判所に移送する（民執44条2項・3項・4項）。

(イ) 代理人

代理人によって競売の申立てをするときは、原則として、委任状でこれを証明する。訴訟代理人は、その委任を受けた本案事件の強制執行等については代理権を有する（民執20条、民訴55条1項）が、改めて委任状を提出するのが実務である。

執行裁判所の民事執行手続においては、各種の救済の訴えおよび執行抗告を除き、弁護士等でなくても執行裁判所の許可を受けて代理人になることができる（民執13条1項）。実務では、債権回収を担当する企業法務の社員が代理人になることが多い。

(ウ) 強制競売申立ての要件

強制競売は、強制執行の一態様であるから、次のような強制執行の一般的要件がなければならない。

① 執行力ある債務名義の正本の存在（民執22条、25条）
③ 執行開始の要件の充足（民執29条、30条、31条）

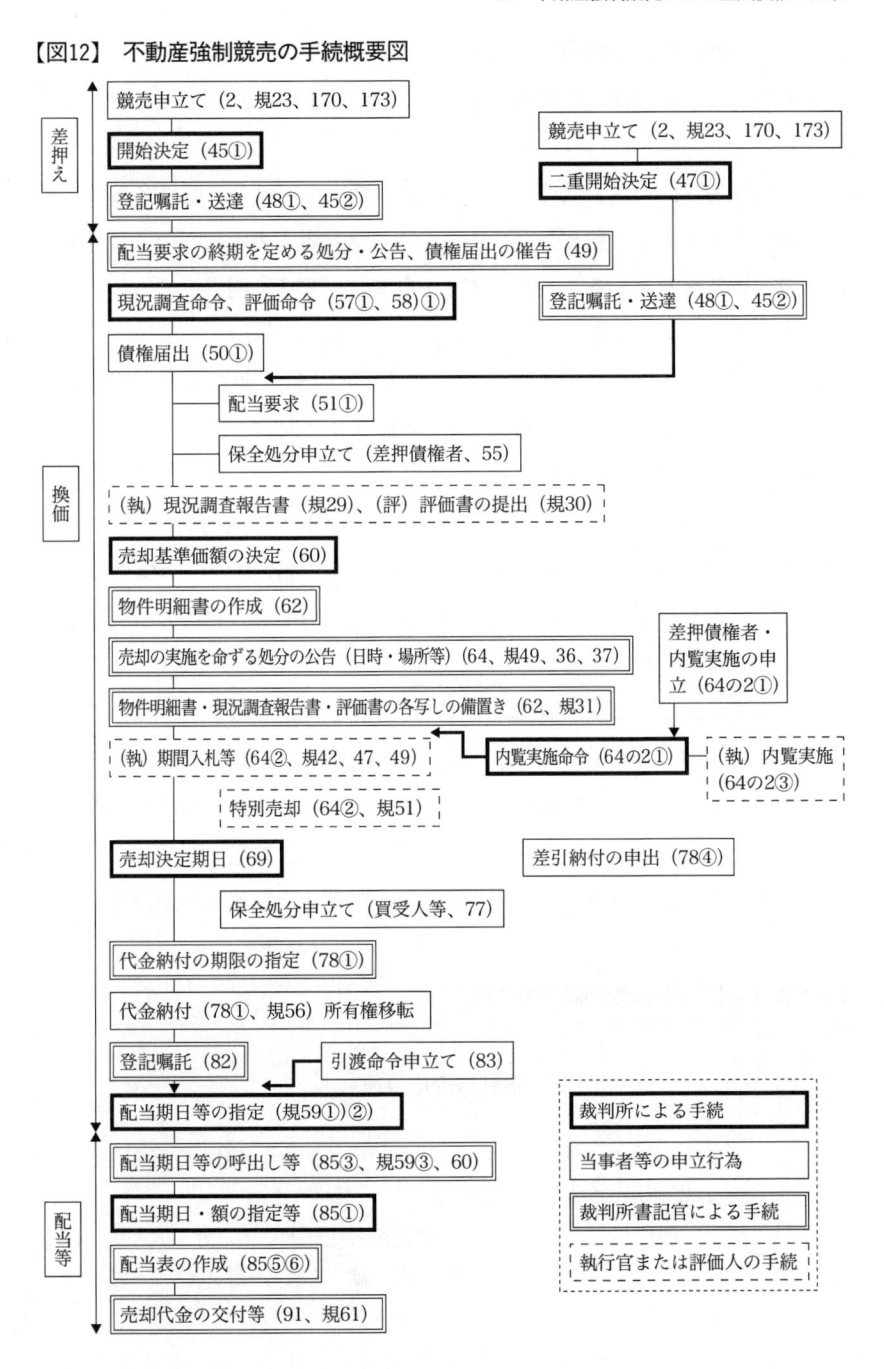

III 不動産強制競売による金銭債権の回収

【図12】 不動産強制競売の手続概要図

差押え
- 競売申立て (2、規23、170、173)
- **開始決定 (45①)**
- 登記嘱託・送達 (48①、45②)

- 競売申立て (2、規23、170、173)
- **二重開始決定 (47①)**

- 配当要求の終期を定める処分・公告、債権届出の催告 (49)
- **現況調査命令、評価命令 (57①、58)①)**
- 登記嘱託・送達 (48①、45②)
- 債権届出 (50①)
- 配当要求 (51①)
- 保全処分申立て (差押債権者、55)

換価
- (執)現況調査報告書 (規29)、(評)評価書の提出 (規30)
- **売却基準価額の決定 (60)**
- 物件明細書の作成 (62)
- 売却の実施を命ずる処分の公告 (日時・場所等) (64、規49、36、37)
- 物件明細書・現況調査報告書・評価書の各写しの備置き (62、規31)
- 差押債権者・内覧実施の申立 (64の2①)
- (執)期間入札等 (64②、規42、47、49)
- **内覧実施命令 (64の2①)**
- (執)内覧実施 (64の2③)
- 特別売却 (64②、規51)
- **売却決定期日 (69)**
- 差引納付の申出 (78④)
- 保全処分申立て (買受人等、77)
- 代金納付の期限の指定 (78①)
- 代金納付 (78①、規56) 所有権移転
- 登記嘱託 (82)
- 引渡命令申立て (83)
- **配当期日等の指定 (規59①)②)**

配当等
- 配当期日等の呼出し等 (85③、規59③、60)
- **配当期日・額の指定等 (85①)**
- 配当表の作成 (85⑤⑥)
- 売却代金の交付等 (91、規61)

- 裁判所による手続
- 当事者等の申立行為
- 裁判所書記官による手続
- 執行官または評価人の手続

139

(エ) 申立書の記載事項

申立書には、次の事項を記載する(【参考書式4】の不動産強制競売申立書参照)。

① 債権者、債務者、代理人の表示(民執規21条1号)　債務名義および執行文の記載と一致していること、特に債務者の表示については、債務者の責任財産であることを証する不動産登記事項証明書上の表示と一致することが必要である。

② 債務名義の表示(同条2号)　判決正本、和解調書正本、執行証書正本等を表示し、請求債権の存在、「最終弁済期限の経過」または「期限の利益を喪失」を主張する。

③ 強制競売の目的とする不動産の表示および求める強制執行の方法(同条3号)　登記してある不動産については、登記簿の表示欄に表示されているとおり記載する。未登記不動産については、物件の所有を証する証明書のとおり記載する。

④ 債務名義に係る請求債権の一部について執行を求めるときは、その旨および範囲(同条4号)　債権者が請求債権の一部についてだけ強制競売を求めることは自由であるが、競売手続開始後において請求拡張を原則として許さないとするのが実務であるから、注意を要する。

⑤ その他の記載事項　先行の競売、仮差押えの有無等を記載する。

【参考書式4】　不動産強制競売申立書

```
┌─────────┐
│ 収　入  │        強制競売申立書
│ 印　紙  │
└─────────┘
                                    平成○○年○○月○○日
　○○地方裁判所民事第○部　御　中
                        申立債権者代理人　甲　野　太　郎　㊞
                                電　話　　000-000-0000
                                ＦＡＸ　　000-000-0000
```

　　　　　　　当　事　者 ｝
　　　　　　　請　求　債　権 ｝ 別紙目録のとおり
　　　　　　　目的不動産 ｝

　債権者は，債務者に対し，別紙請求権目録記載の執行力のある公正証書の正本に表示された上記債権を有しているが，債務者がその支払をしないので，債務者所有の上記不動産に対する強制競売手続の開始を求める。

　　　　　　　　　　　添付書類

1	執行力のある公正証書の正本	1通
2	同謄本送達証明書	1通
3	不動産登記事項証明書	2通
4	公課証明書	1通
5	資格証明書	1通
6	住民票	1通
7	代理人許可申請書	1通
8	委任状	1通
9	職員証明書	1通
10	売却に関する意見書	1通
11	不動産登記法17条の地図の写し	2通
12	現地案内図	2通

　　　　　　　　　　　　　　　　　以上

　　　　　　　　　　当事者目録

　　　〒000-0000　　○○市○○町○丁目○番○号
　　　　　　　　　債　権　者　　○○○株式会社
　　　　　　　　　代表者代表取締役　　○　○　○　○

〒000-0000　　○○県○○市○○町○丁目○番○号（送達場所）
　　　　　　　　　　　　　　○○○株式会社○○支店内
　　　　　　　　　　債権者代理人　　甲　野　太　郎

〒000-0000　　○○県○○市○○町1丁目○番○号
　　　　　　　　　　債　　務　　者　　○　○　○　○

請求債権目録

債権者・債務者間の○○地方法務局所属人○○○○作成平成○○年第○○○○号債務弁済契約公正証書に表示された下記債権

記

(1) 元金 0,000,000円
　　ただし，賦払金 0,000,000円の残金
(2) (1)に対する平成○○年○○月○○日から完済まで年14.6パーセントの割合による損害金

なお，債務者は，平成○○年○○月○○日を支払日とする賦払金の支払を怠ったので，同日の経過により期限の利益を失ったものである。

物 件 目 録

1　（一棟の建物の表示）
　　所　　在　　○○市○○区○○町○丁目○番地○番地○
　　構　　造　　鉄骨造亜鉛メッキ銅板葺2階建
　　床 面 積　　1階　　125.45平方メートル
　　　　　　　　2階　　120.67平方メートル
　（専有部分の建物の表示）
　　家屋番号　　○○町○丁目○番○号
　　種　　類　　店舗

142

> 構　　造　　鉄骨造1階建
> 床　面　積　　1階部分　118.89平方メートル

　　㋺　申立書に添付すべき書類

通常、申立書には次のような書類を添付することになる。

① 　執行力ある債務名義の正本（民執規23条）
② 　土地または建物の登記事項証明書
③ 　未登記不動産を目的とする場合　　固定資産税の納付証明書、官公庁が建築に関して交付する許可、認可、確認等の書面、建築請負人作成の証明書など、対象不動産が債務者の責任財産であることを証明できる文書。そのほか、不動産登記令2条2号、3号に規定する図面。
④ 　公課証明書（民執規23条5項）　　買受人が負担することになる公課の額を売却の公告において明らかにして、買受けの申出の参考に供するため（民執規36条1項6号）、固定資産税、特別土地保有税、都市計画税等に関する公課証明書。
⑤ 　債務名義の送達証明書等　　債務名義の正本または謄本が、あらかじめ債務者に送達されていなければ、強制競売を開始することができない（民執29条）からである。また、条件執行文や承継執行文が付与された場合には、執行文および民執法27条により債権者が提出した文書の謄本があらかじめ債務者に送達されていなければ強制競売開始決定ができないので（民執29条後段）、条件執行文または承継執行文に基づいて強制競売の申立てをするときには、これらの送達を裁判所書記官または公証人に依頼して、その送達証明書を取得して、これを添付する必要がある。
⑥ 　資格証明書、委任状など代理権の証明書
⑦ 　任意提出書類　　迅速化、能率化のため、債務者の住民票謄本、物件案内図、公図など。
⑧ 　申立手数料　　申立権1個につき3000円。

⑨　予納金　　執行裁判所が定める金額であるが、都市部の裁判所では60万円以上となっている。

⑩　郵便切手　　1万4000円程度とされている。

⑪　登録免許税　　申立登記に要する登録免許税は、債権金額の1000分の4に当たる現金を国の収納機関に納付し、その収納領収書を裁判所に提出するか、または収入印紙で裁判所に納入する。

(2) 強制競売開始決定

(ア) 開始決定と告知

　強制競売の申立てがあった場合、執行裁判所は、執行開始の要件や申立ての要件を審査して、申立てが適法であると認めるときは、強制競売の開始決定をし、申立てが不適法であると認めれば、申立てを却下する。却下決定に対しては、執行抗告が許される（民執45条3項）。

　執行裁判所は、強制競売の手続を開始するには、「強制競売の開始をする」旨を宣言する（民執45条1項、【参考書式5】の不動産強制競売開始決定参照）。

　この開始決定は、裁判所書記官から職権で申立債権者に告知され（民執規2条2項、民執20条、民訴119条）、また債務者に送達される（民執45条2項）。裁判所書記官から登記所へその旨の登記の嘱託がなされるが（民執48条1項）、実務では、債務者への送達前に嘱託がなされ、登記官から差押登記の記入済みの登記事項証明書が送られた後に、債務者への上記正本送達が実施されている。

　差押えの効力は、原則として競売開始決定が債務者に送達された時に生ずるが（民執46条1項本文）、債務者に対する送達前に差押えの登記がなされたときは、その登記の時に第三者に対しても差押えの効力が生ずるので（民執46条1項ただし書）、債務者への送達の前に登記嘱託をするのである。

【参考書式５】 強制競売開始決定

```
                                        平成○○年(ヌ)第○○○号

              強制競売開始決定

            当 事 者   別紙目録記載のとおり
            請求債権   別紙目録記載のとおり
  債権者の申立てにより，上記債権の弁済に充てるため，別紙請求権目録記載
の執行力のある債務名義の正本に基づき，債務者の所有する別紙目録記載の不
動産について，強制競売の手続を開始し，債権者ためにこれを差し押さえる。


  平成○○年○○月○○日
                          ○○地方裁判所○○支部
                          裁判官   ○  ○  ○  ○   ㊞
```

(イ) 不服申立て

　申立てが不適法であるとき、または申立人が費用を予納しないときは、申立てを却下する。却下決定に対しては、申立債権者は、執行抗告ができる（民執45条3項、14条5項）。これは、執行裁判所の最終判断であるから、抗告審に対する不服申立ての道を開いておくべきだからである。

　また、強制競売開始決定に対しては、債務者（所有者）および利害関係を有する者は、執行異議を申し立てることができる（民執11条）。しかし、執行抗告をすることはできない。これは、開始決定は、執行裁判所の最終判断ではないし、その後になされる売却許否決定に対する執行抗告（民執74条）で是正する機会があるので、この段階で執行抗告を認める必要がないからである。

　この場合の執行異議の事由は、強制競売申立ての要件の欠如である。すなわち、執行力ある債務名義の不存在、債務名義の正本または謄本の送達の欠如等の執行開始要件が充足していないこと（民執29条）、当事者能力、代理権の欠如、申立手数料の不納付等の手続上の事由である。この点、担保権実

行としての競売の開始決定に対する異議事由（民執182条）とは異なる。

執行異議は、申立ての利益がある期間内であれば、いつでも申し立てることができる。ただし、買受人が代金を納付した後（民執79条）は、執行手続上の瑕疵を主張することは許されないから、執行異議はできなくなる。

執行異議に対しては、執行裁判所は、通常は口頭弁論を開かずに、当事者、利害関係人、その他参考人を審尋して、審理、判断する。

異議の理由があれば、開始決定を取り消す。この取消決定に対して、債権者は執行抗告ができる（民執12条1項）。異議に理由がなければ、執行裁判所は、棄却または却下する。これに対しては執行抗告ができないから、以後の競売手続を続行して進めていくことになる。以上の関係を図示すると、次のようになる。

【図13】 執行異議と執行抗告の関係図

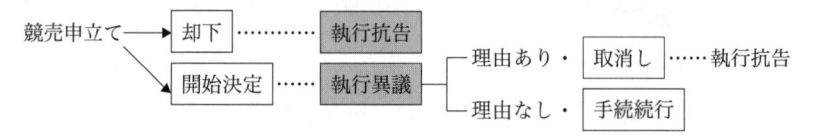

競売申立て → 却下 ……… 執行抗告
　　　　　 → 開始決定 …… 執行異議 ┬ 理由あり・ 取消し …… 執行抗告
　　　　　　　　　　　　　　　　　　 └ 理由なし・ 手続続行

なお、執行異議の申立てがあったときは、執行裁判所は、必要があると認めるときは、執行異議についての裁判が効力を生ずるまでの間、担保を立てさせまたは立てさせないで、競売手続の停止を命ずることができる（民執11条2項、10条6項）。この停止の裁判に対しては、不服申立てはできない。

(3) 差押えの効力

(ア) 差押えの意味（差押えの処分制限効）

差押えは、その差押えの対象とした不動産に対する債務者（所有者）の処分権を剥奪し、これを国家に収納する行為である。

不動産を換価し、その換価代金をもって債権者の債権の満足を得るという執行制度の目的から、差押え時点における目的不動産の換価価値を保持する必要がある。そこで、差押えの効力が生じた後は、その効力として、債務者

（所有者）は、不動産を他に譲渡し、または不動産に担保権や用益権を設定するなどの処分行為が禁止されることになる。これを「差押えの処分制限効」という。

しかし、差押えによって不動産の換価価値の把握ができれば、それで目的を達するのであるから、債務者（強制競売においては、債務者の所有物でなければ差し押さえられないから、債務者＝所有者となる。以下、同じなので、単に「債務者」という）が不動産を通常の用法に従って使用し、または収益することは妨げられない（民執46条2項）。ここで、通常の使用収益とは、差押え当時における本来の使用目的の範囲内で自ら使用し、または不動産の果実を取得することであるから、たとえば、債務者が差し押さえられた建物に、競売により売却されるまで、引き続き居住し、もしくは事務所として使用すること、または差押え前から賃貸している不動産について賃借人から賃料を受領することなどは、通常の用法に従った使用・収益として許される。つまり、債務者が従前どおりの行為をしている限り、差押えの処分制限効には違反しないことになる。

もっとも、債務者がこの使用収益権の範囲を逸脱し、不動産の価格を著しく減少する行為をするとき、またはするそのおそれがある行為をするときは、差押債権者は、執行裁判所に対し、それらの行為の禁止、さらには債務者の不動産に対する占有を解いて執行官の保管にしてしまうことを求める申立て（これを「売却のための保全処分」という）をすることができる（民執55条）。

そして、この債務者の使用収益権能は、執行制度と両立し得る限度で認められるものであるから、競売により換価手続が終了し、不動産の所有権が買受人に移転し（民執79条）、その使用収益権能が買受人に移転した場合には、その時点で消滅してしまう（民執83条参照）。

　(ｲ)　差押えの効力の発生時点

差押えの効力は、原則として、競売の開始決定が債務者に送達された時に生ずる（民執46条1項本文）。ただし、不動産に関する物権変動は、その登記が対抗要件とされていることから（民177条）、開始決定の送達前に差押えの

147

登記がされた場合には、第三者との関係では、その登記の時に差押えの効力を認めるのが相当である。そこで、差押えの効力の発生時期について、差押えの登記がその開始決定の送達前にされたときは、登記がされた時に生ずることとされている（民執46条1項ただし書）。

実務においては、強制競売の開始決定があると、裁判所書記官は、まず差押えの登記嘱託を済まして、登記済みになったことを確認してから、債務者に開始決定正本を送達するので、原則として、差押えの登記がされた時に差押えの効力が生ずることになる。

(ｳ) 差押えの効力の及ぶ客観的範囲

(A) 制限される行為

処分制限効に抵触する債務者の処分行為は、その処分行為の結果、不動産の換価価値が減少するかどうかを基準にして決定されるべきである。

所有権の譲渡は、換価それ自体を不可能にしてしまう行為であるから処分制限効を受けるのは当然である。

抵当権などの担保権の設定行為、賃借権・地上権などの用益権の設定行為も、これにより、その後に買い受ける者は、こうした負担を負うことになり、換価価値を減少することになるので、これも制限される。

他方、差押えの当時既に締結されていた賃貸借契約を差押え後に合意解除すること、賃貸借期間を短縮すること、賃料を増額すること、賃料不払い等を理由にして契約解除することなどは、むしろ目的不動産の換価価値を増加させるものであるから、処分制限効に抵触するものではない。なお、賃借権の譲渡を承諾することについては、差押えの効力によって禁止される処分行為に当たらないとした判例がある（最判昭和53・6・29民集32巻4号762頁、参考裁判例〔2〕）。

(B) 差押えの効力の絶対性と相対性

処分制限効に抵触する行為の効力については、古い学説の中には、当該競売手続に関してのみならず、その処分行為の当事者間においても無効であって、登記することもできないとする「絶対的無効説」があった。

しかし、現在の通説・判例は、差押えの効力は、目的物の換価により債権者の債権の満足を図ることを目的とするものであることから、債務者の処分行為は、競売の手続が進められている限り、当該手続との関係では無効であるが、処分の当事者間では有効である、との「相対的無効説」に立っている。したがって、登記手続に関しては、差押え後であっても、所有権移転、抵当権設定、賃借権設定などの登記をすることが認められるのである。

(エ) 差押えの効力の及ぶ主観的範囲（個別相対効と手続相対効）

相対的無効説に立つとしても、その処分制限効を誰との関係で相対的に生ずるかが問題になる。

(A) 差押債権者との関係

まず、差押債権者との関係については、差押え後に所有権が移転された場合にも、その所有権者は、所有権の取得をもって差押債権者に対抗することはできない。したがって、差押債権者のために競売手続をそのまま続行し、換価が終了すれば買受人が所有権を取得する（民執79条）。

差押え後に用益権が設定された場合でも同様であって、買受人は、用益権の付着しない不動産を取得することになる（民執59条2項）。差押債権者に対抗できないということは、「買受人に対抗できない」と考えてよい。下図において、債権者Aが債務者Bの不動産に差押えをすれば、その後に債務者BがそれをCに譲渡したとしても、また、Dに賃貸したとしても、それらの処分行為は債権者に対抗できないので、競売手続はそのまま続行され、当該物件の買受人Eは、賃借権の負担のない不動産を取得できるのである。

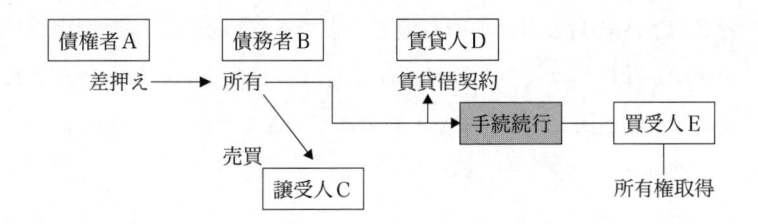

```
債権者A      債務者B       賃貸人D
  │          所有──────┐ 賃貸借契約
差押え──→     │          ↓
            売買       手続続行 ──→ 買受人E
             ↓                       │
            譲受人C                 所有権取得
```

149

(B) 差押債権者以外の債権者との関係

差押債権者以外の債権者との関係では、一応、次の2つの考え方が可能である。

(i) 個別相対効説

差押えの効力発生後の処分行為は、差押債権者およびその処分の対抗要件を備えた時点（所有権移転登記または抵当権設定登記）までに競売手続に参加した他の申立債権者（二重開始の債権者）、配当要求債権者、仮差押債権者らには対抗できないが、その処分後に執行参加した配当要求債権者や差押債権者らに対しては、有効性を主張できると解する見解である。この説は、強制競売手続が、差押債権者の債権の満足のためであることを重視するものであり、旧法（民事執行法施行前）時代の判例・通説であった。

この説によると、次のような結論になる。すなわち、

① 差押えの登記後に所有権の移転登記がされると、他の債権者との関係では、差押えの目的物は債務者の財産ではなくなるので、以後、他の債権者は、強制競売の申立て（二重開始、民執47条）や配当要求をすることはできなくなる。

② 差押えの登記後に抵当権の設定登記がされれば、その抵当権者は差押債権者に優先権を主張し得ないが、その抵当権設定後に配当要求をした一般債権者や当該抵当権設定の後に抵当権を設定した債権者に対しては、抵当権の優先権を主張することができることになる。

　たとえば、下図（甲）において、債権者Aが債務者Bの所有不動産に差押えした後に、債務者BがこれをCに対し売却した場合、新所有者Cは、Aに対し自己の所有権を主張できないから、強制競売の続行を甘受しなければならないが、Bの債権者DやEは、Cへ売却された後は二重開始決定の申立てや配当要求ができなくなるのである。

III　不動産強制競売による金銭債権の回収

(甲)

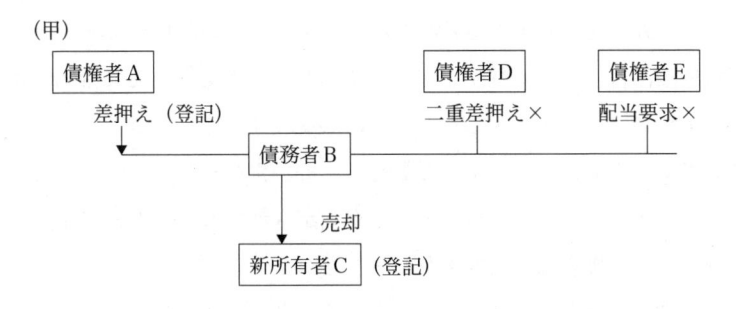

```
債権者A              債権者D           債権者E
差押え（登記）        二重差押え×      配当要求×
        ↓
      債務者B
        ↓ 売却
     新所有者C（登記）
```

また、下図（乙）において、債権者Aが差押えした後に、債務者Bが債権者CやEに抵当権を設定し、また、その手続内で債権者Dが配当要求をした場合、債権者Cは、Aに対しては抵当権による優先弁済権を主張できないが、一般債権者であるDや後順位の抵当権者Eに対しては、優先弁済権を主張できるのである。

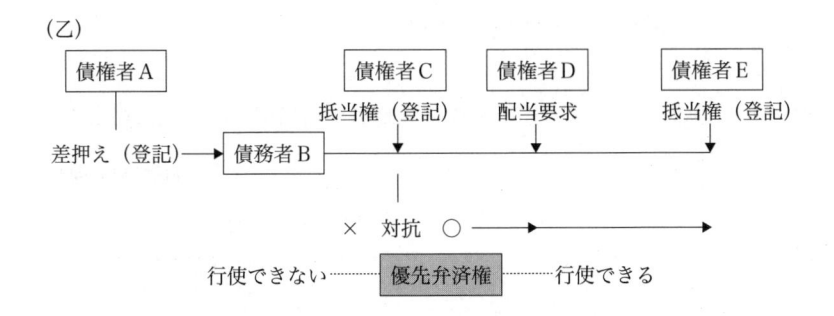

(乙)

```
債権者A          債権者C        債権者D        債権者E
                抵当権（登記）   配当要求       抵当権（登記）
差押え（登記）→ 債務者B
                    ×　対抗　○
         行使できない …… 優先弁済権 …… 行使できる
```

(ii) 手続相対効説

差押えの効力発生後の債務者の処分行為は、差押債権者だけではなく、その手続に参加するすべての債権者に対して対抗できないとする見解である。

そして差押えの効力の相対性との関係では、その差押えが続く限り処分制限効が働くとするので、逆に言えば、その差押えによって開始された競売手続が取り消されたり、申立ての取下げ等によって差押えの効力を失ったときに限り、差押債権者およびその手続に参加したすべての債権者との関係にお

いても、有効性を主張できると解するのである。そのため、差押え後における所有権譲渡も、一応、登記をしておくメリットがあることになる（執行手続が解消されれば、それが生きることになるからである）。

この見解の下では、次のような結論になる。すなわち、
① 差押えの登記後に所有権の移転登記がされても競売手続が存続する限り、他の債権者は配当要求をすることができる。
② 差押えの登記後に抵当権の設定登記を受けた債権者は、その後に配当要求をした債権者に対しても対抗できない。

民事執行法は、この手続相対効説を採ることを前提にしている。もっとも、民事執行法には、差押えの効力について個別相対効説を採るのか手続相対効説を採るのかは、明文をもって規定していないが、民執法84条2項、87条1項4号・2項・3項、59条2項・3項等は、手続相対効を採っていることを前提にした規定だと言われている。[1]

次に、この見解の下での事例を検討する。

〔事例1〕　強制競売による差押え後に債務者が抵当権を設定した場合

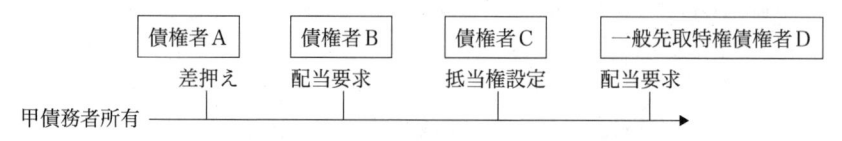

```
       債権者A      債権者B      債権者C      一般先取特権債権者D
        差押え      配当要求     抵当権設定     配当要求
甲債務者所有 ─────┼──────┼──────┼──────┼──────▶
```

個別相対効説によれば、抵当権者Cは、（処分制限効が働いているため）差押債権者Aおよび（抵当権設定登記前に）配当要求をした債権者Bには対抗できないが、債権者Dには優先して配当を受けることができる、との結論になる。しかし、一般先取特権者であるDは、民法の原則（民306条、336条）からいえば、一般債権者のAおよびBよりは優先することになる。その結果、前者の関係ではAB＞C＞D、後者の関係ではD＞ABとなり、い

1　中野・民事執行法33頁、515頁、520頁。

わゆる「ぐるぐる廻り」の状態になって、全体としての順位が決められないことになる。

　手続相対効説によれば、差押え後の抵当権者Ｃは、この差押えによる手続の中では（処分制限効に抵触するとの理由から）無効として扱われ無視されるのであるから、Ｃは抵当権者としての配当を受けることができない。また、Ａ、Ｂ、およびＤはいずれも配当を受けることができ、その順位は、民法の規定による順序として、ＤはＡ、Ｂに優先して弁済を受けることができ、ＡおよびＢは同順位で配当を受けることになる。

〔事例２〕　差押え後に所有権が譲渡された場合

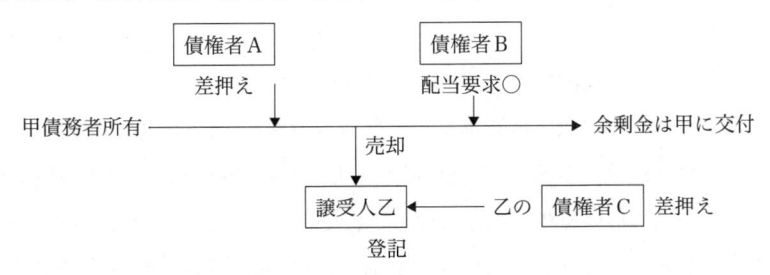

```
                債権者Ａ              債権者Ｂ
                 差押え               配当要求○
甲債務者所有 ─────┼──────────┼────────→ 余剰金は甲に交付
                  │     売却     │
                  ↓              ↓
              譲受人乙 ← ──── 乙の  債権者Ｃ  差押え
                登記
```

　上図の事例において、手続相対効説によれば、債務者甲所有の不動産に債権者Ａが差押えした後に、甲がその不動産を乙に売却しても、この競売手続の中では無効なものとして無視される。したがって、甲に対する債権者Ｂは、開始決定後であっても、この手続で配当要求ができる期間内なら配当要求ができる。また、仮に、競売の結果、その換価代金で債権者に弁済交付しても剰余金が出るような場合には、その剰余金は手続上の所有者である甲に交付され、新所有者乙には交付されない。

　乙の債権者Ｃは、登記名義人となっている乙に対して強制競売を申し立てることは可能である。ただし、裁判所は、競売開始決定とその登記だけをしておいて停止しておく。将来、甲に対する競売手続が取り消されたり、取下げにより終了したときには、Ｃの乙に対する競売は動き出すし、甲に対す

153

る強制競売手続で目的不動産が売却されてしまったときには、Cの差押えは失効し、乙の所有権移転登記は抹消される。

〔事例3〕　差押え後に賃借権が設定されている場合

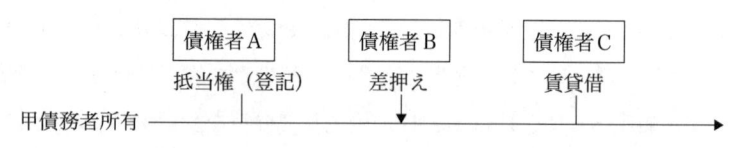

```
                  債権者A        債権者B        債権者C
                  抵当権（登記）  差押え         賃貸借
甲債務者所有 ─────────────────────→─────────────────→
```

　競売の売却条件を決定する際に、抵当権や賃借権の扱いをどうするかが問題になる。上図の事例において、差押えの処分制限効が生ずる時以前のAの抵当権が優先するのは当然であるが、手続相対効説によれば、Cの賃借権は、差押えの処分制限効により手続内では無視される。

　なお、平成15年の民法改正前には、Cの賃借権が民法602条の期間を超えないときは「短期賃貸借」（旧民395条）として、抵当権設定登記後の賃借権であっても抵当権に優先できるものとされていたが、仮にそうした短期賃貸借であったとしても（ちなみに、経過措置として、改正法施行時に存した抵当不動産の短期賃貸借の取扱いは、従前の例によることとされている）、差押えの処分制限効により、この手続内では無効とされる。

　また、この差押えは、仮差押えであっても、同じ効力がある。ただ、仮差押えの場合は、将来、本案で債権者が勝訴すれば、その処分制限効が発揮できるが、債権者が本案で敗訴すれば、その処分制限効が失われるものである。そこで、仮差押えの帰趨がどうなるのかによって、売却条件の確定、配当要求権者との関係で複雑な法律関係になる。この点は、売却条件の確定や配当手続の段階で、再度解説することとする。

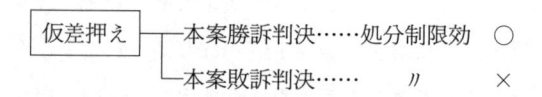

```
仮差押え ┬─ 本案勝訴判決……処分制限効　○
        └─ 本案敗訴判決……　  〃　　　×
```

差押えがされると、債務者・所有者は不動産の処分制限の効果を受けることになるが、この効果は、差押えの登記がされると第三者との関係においても対抗できることになる。つまり、差押えの登記後に、債務者との間で差押えの不動産の売買契約をした第三者に対しては、その善意・悪意を問わず、差押えの処分制限効が及ぶのである。したがって、差押え後の第三者の所有権取得は、買受人に対抗することはできず、売却によってその効力を失うことになるのである（民執59条2項）。

(4) 二重開始決定

競売の開始決定がされた不動産について、さらに競売の申立てがされたときは、執行裁判所は、重ねて開始決定をする（民執47条）。このように、既に開始決定がされている不動産について、重ねて開始決定することを二重開始決定という。

最初の開始決定で差押えの効力が発生し、目的不動産の売却手続が開始されているのであるから、重ねて開始決定をして売却手続を進行させる実益はないはずである。しかし、先にされた開始決定に係る競売の申立てが取下げ、または取消しによって効力を失う場合があるから、手続の円滑な進行と取引の安全を図るために二重開始決定の制度が採られているのである。1台の機関車が引っ張っているときに、別の機関車が前の機関車が動かなくなった場合に備えてスタンバイしている状態と考えればよい。

(ア) 二重開始決定の要件

(A) 既に開始決定がされていること

たとえば、債務者A所有の甲不動産について、債権者Bが競売申立てをしたが、開始決定がされていない段階で、債権者Cが甲不動産について競売申立てをしても、先に申し立てられた事件について開始決定がされていないので、二重開始の問題は生じない。

先に差し押さえた事件を「先行事件」、後に差し押さえられた事件を「後行事件」と呼んでいるが、その前後の基準は、登記の先後で決まる。

(B) 同一不動産につきさらに競売の申立てがあったこと

155

二重開始決定がされるためには、当該申立てが先の開始決定に係る事件（先行事件）の手続につき、売却代金が納付（民執78条1項）されるまでになされなければならない。売却代金が納付されると目的不動産の所有権は買受人に移転するので（民執79条）、その後の競売の申立ては、債務者の所有に属しない不動産に対する申立てとして、却下されてしまうのである。

(C) その不動産が債務者の所有であること

後行事件の開始決定をする当時に、先行事件における目的不動産の所有者に変動がないことである。

(イ) 二重開始決定の手続

二重開始決定をする場合も、先行事件の開始決定後の手続と変わらない。ただし、二重開始決定がされた場合は、裁判所書記官は、先行事件の差押債権者に対し、二重開始決定がされた旨を通知する（民執規25条1項）。これは、二重開始がされると、配当率が落ちることが予想される先行事件の差押債権者に対して、追加して他の財産に対する差押えの機会を与えるためである。

(ウ) 二重開始決定の効力

① 二重開始決定をした後行事件については、現況調査手続までは進めるが、原則として、その後の手続を進めることができない。先行事件が取り下げにより終了した等の場合に、手続を進めることができるだけである（民執47条2項）。

② 二重開始決定を受けた強制競売の申立債権者は、差押債権者として配当等を受ける地位を有する。ただし、先行事件の配当要求の終期までに申立てをした場合に限る（民執87条1項1号）。

(5) 滞納処分との競合

民事執行法は、債権者が金銭債権の満足を得るために債務者の所有する不動産を強制的に換価してその代金から債権回収を図るために不動産強制競売手続を定めているわけであるが、他方、国税徴収法は、納税者が税金を正当に納入しない場合に、徴収機関が強制的に徴収する方法として、滞納処分の手続を規定している。その結果、特定の不動産については、競売手続と滞納

処分手続とが競合する事態が生ずることがある。

　かつては、滞納処分による差押えがあると、それが優先して、強制競売手続が進められないことになっていた。そのため、債務者は税を滞納して滞納処分を受けておけば、一般債権者からの競売の進行を免れることができた。

　それでは不当な結果になるので、一方の手続による差押えがある場合に、「滞納処分と強制執行等との手続の調整に関する法律」（以下「滞調法」と略称する）、同規則および政令が、両手続の調整を図る目的で制定され、滞納処分による差押えのある不動産に対しても競売の開始決定をすることができ（同法12条1項、20条）、また、反対に競売による差押えがある不動産に対しても滞納処分による差押えをすることができるものとした（同法29条1項、36条）。要するに、執行機関が互いに連絡し合って、どちらかの手続を続行していくのである。いわば、民事執行と滞納処分とはレールは異なるが、同じ車両が同じ方向に向かっているので、臨機応変にポイントを切り替えてどちらかのレールを走らせることにし、立ち止まらないようにしたのである。

(6) 競売開始決定に伴う付随措置

　競売開始決定が差押えの効力を生じたときは、執行裁判所または裁判所書記官は、以後、競売の目的不動産を売却する準備手続を進める一方、これと並行して、他の債権者が配当参加できるように配当のための手続を進めることになる。開始決定と同時または直後になすべき手続は、次のとおりである。

(ア) 配当要求の終期

　開始決定に接続して、裁判所書記官（平成16年改正により書記官の権限となった）は、配当要求の終期（民執49条1項）を定める。

　この終期は、売却準備の手続が終了し売却手続に入る前の段階に終期が到来するように定めなければならないので、具体的には物件明細書の作成までの手続に要する期間を考慮して決める（民執49条1項）。実務では、差押えの効力が生じてから2～3カ月くらい先を終期として定めているようである。この終期が定められたときは、裁判所書記官は、開始決定がされた旨および配当要求の終期を公告する（民執49条2項）。配当にあずかり得る一般債権者

157

に権利行使の機会を与えるためである。

　(イ)　**債権届出の催告**

　裁判所書記官は、次の者に、債権（利息その他の附帯債権を含む）の存否、原因、金額を配当要求の終期までに、執行裁判所に届け出るべき旨を催告する（民執49条2項）。

　①　差押えの登記前に登記（仮登記を含む）された仮差押債権者
　②　差押えの登記前に登記（仮登記）された抵当権、先取特権、質権で売却により消滅するものを有する債権者
　③　租税その他の公課を所管する官庁・公署
　④　配当等を受ける仮登記担保権者

　これらの者に配当参加の有無についての情報を提供させて、剰余の有無の判定、売却条件の確定の資料とすることとし、併せて、このような権利者に競売手続参加の機会を保証するものである。

　催告を受けたこれらの権利者は、その催告に係る事項を配当要求の終期までに、執行裁判所に届ける義務がある。届け出た債権の元本額が変更してゼロとなった場合も同様である（民執50条1項・2項、仮登記担保17条4項）。故意または過失による無届出または不実届出の場合には、損害賠償責任を生ずることがある（民執50条3項）。当然に配当にあずかる権利者について、その債権の存否、金額を適時に把握して、手続の安定と迅速処理を図る趣旨からである。

参考裁判例

〔1〕　最判平成元・10・27民集43巻9号1070頁
　抵当権の目的不動産が賃貸された場合においては、抵当権者は、民法372条、304条の規定の趣旨に従い、目的不動産の賃借人が供託した賃料の還付請求権についても抵当権を行使することができるものと解するのが相当である。けだ

し、民法372条によって先取特権に関する同法304条の規定が抵当権にも準用されているところ、抵当権は、目的物に対する占有を抵当権設定者の下にとどめ、設定者が目的物を自ら使用し又は第三者に使用させることを許す性質の担保権であるが、抵当権のこのような性質は先取特権と異なるものではないし、抵当権設定者が目的物を第三者に使用させることによって対価を取得した場合に、右対価について抵当権を行使することができるものと解したとしても、抵当権設定者の目的物に対する使用を妨げることにはならないから、前記規定に反してまで目的物の賃料について抵当権を行使することができないと解すべき理由はなく、また賃料が供託された場合には、賃料債権に準ずるものとして供託金還付請求権について抵当権を行使することができるものというべきだからである。

そして、目的不動産について抵当権を実行しうる場合であっても、売上代位の目的となる金銭その他の物について抵当権を行使することができることは、当裁判所の判例の趣旨とするところであり（最高裁判所昭和42年(オ)第342号同45年16日第1小法廷判決・民集第24巻7号965頁参照）、目的不動産に対して抵当権が実行されている場合でも、右実行の結果抵当権が消滅するまでは、賃料債権ないしこれに代わる供託金還付請求権に対しても抵当権を行使することができるものというべきである。

〔2〕 最判昭和53・6・29民集32巻4号762頁

思うに、競売開始決定当時目的不動産につき対抗力ある賃借権の負担が存在する場合において、競売開始決定により差押の効力が生じたのちに賃貸人のした右賃借権譲渡の承諾は、特段の事情のない限り、右差押の効力によって禁止される処分行為にあたらず、賃借権の譲受人は、競売申立債権者ひいて競落人に対する関係において、賃借権の取得をもって対抗しうるものと解するのが相当である。けだし、競売開始決定の差押の効力は、競売開始時における目的不動産の交換価値を保全するため、債務者ないし目的不動産の所有者の処分権能を制限し、目的不動産の交換価値を消滅ないし減少させる処分行為を禁止するものにほかならないところ、賃借権の譲渡に対する賃貸人の承諾は、その承諾に伴つて賃貸借契約の内容が改定される等特段の事情のない限り、これによつて賃借人の交替を生ずるにとどまり、他に従前の賃貸借関係の内容に変動をもたらすものではないから、右承諾は、目的不動産に新たな負担又は制限を課するものではなく、目的不動産の交換価値を消滅ないし減少させる処分行為にあ

たるということはできないからである。そうして、競売開始決定の目的不動産について他に先順位の抵当権が設定されている場合には、右抵当権は、競落の効果として民訴法649条2項又は競売法2条2項によりすべて消滅するものであるから、右不動産について存在する賃借権は、最先順位の抵当権を基準とし、これとの優劣により、その対抗力の有無を決すべきものである（最高裁昭和44年(オ)第1211号同46年3月30日第三小法廷判決・裁判集民事102号381頁参照）。

4　競売不動産の換価

設問5

A債権者は、Bの所有するH建物について強制競売の申立てをしたところ、執行裁判所は、競売開始決定をした。

H建物には、Aの差押え（開始決定）時より前に、①甲債権者の抵当権設定登記があり、その後に、②乙が期間3年の賃貸借契約を締結して占有（居住）を続けている。また、Aの差押えの後にも、③丙債権者が仮差押えの登記を経由したことが判明した。

H建物が競売（換価）された場合、甲の抵当権、乙の賃借権および丙の仮差押えは、どのように処遇されるか。

(1)　換価手続の概況と特徴

執行裁判所は、差押えの効力が発生した後、配当要求の終期を定めるなどして他の債権者の配当参加のための手続を進めるとともに、それと並行して、不動産の換価手続を進める。

競売においては、入札等によって広く買受希望者を募る性質上、売却に関する条件を、通常の売買のように売り手と買い手の任意の交渉に委ねることはできず、これを事前に定型的に定めておくことが必要である。そのため、

民事執行法は「法定売却条件」として、売却基準価額ないし買受可能価額のほか、競売目的不動産に付着した担保権および用益権の処遇、法定地上権の成否あるいは一括売却の方法など、その売却条件について一般的な定めをしている。

しかし、換価の手続において、このように抽象的に売却条件が決まっていても、具体的な目的不動産の価値については、個々の物件の法的・物的事情によって異なるのであるから、執行機関としては、その現状を調査して確定しなければならない。そのため、目的不動産についての執行官の現況調査（民執57条）、評価人の評価（民執58条）および審尋（民執5条）等を経て、執行裁判所は、個々の物件につき具体的な売却条件を確定する等の手続に入るのである。

売却条件確定等の手続は、最終的には「物件明細書」（民執62条）の作成を目指して行うことになるが、記録上の資料、特に登記事項証明書（旧登記簿謄本）、執行官の現況調査に基づく現況調査報告書（民執57条、民執規29条）、評価人の評価に基づく評価書（民執58条、民執規30条）、さらには裁判所の審尋（民執5条）の結果から、物件の同一性（売却物件の範囲）、売却に伴う権利（占有権原等）の消滅、法定地上権の成否、売却基準価額（評価の過程）ないし買受可能価額等を検討し、また、債権届のあった債権等から、優先債権を配当した場合の剰余の有無、超過売却の有無、一括売却の必要性などについて調査し検討することになる。

そして、このような手順で売却条件が確定すると、裁判所書記官が、これを物件明細書（民執62条）に記載し、売却方法とともに公告して広く買受希望者を募り、入札等により売却するときは、執行官に目的不動産の売却を実施させる（民執64条）。そして、最高価格で入札した者が買受人となり、それについて執行裁判所の売却許可決定（民執69条）があって、買受人が代金の納付をすると（民執78条）、買受人は、不動産の所有権を取得することになる（民執79条）。

買受人への所有権移転登記は、裁判所書記官が職権により済ませるので

161

（民執82条）、買受人は、買い受けた不動産を債務者（所有者）または占有者から引き渡してもらうことになるが、任意の引渡しがなされないときには、簡易の債務名義である引渡命令（民執83条）を受けて、これに基づき明渡しの強制執行ができる。

　以上が、競売における換価手続の一連の流れである。競売は、差押え当時の現状のままでの物件の売却、つまり「現状有姿の売買」を目指している。ところが、個々の不動産については、賃借権などの用益権が付いている物件もあるし、債務者本人と家族が居住している物件もあれば、第三者が占有している物件もある。また、敷地利用権の付いている建物もあるし、他人の土地に不法占拠の状態で建っている建物もある。これらの個々の具体的な状況によって、その物件の交換価値が異なるので、その売却条件も異なってくる。

　そのため、換価手続では、売却の準備に相当の労力と時間がかかることになる。また、不動産強制競売は、執行機関が職権で換価手続を進めるのが特徴であるが、ときには占有屋等の執行妨害もあって、買受人が迅速に買受物件の引渡しを受けられるという保障がない。しかし、買受人の占有の確保が円滑に進まないと、買受希望者を広く集めることができず、競売手続において健全な競争入札が行われないことになる。したがって、買受人の占有確保の問題は、執行妨害対策とも関連するものとして、最大の今日的課題になっている。[2]

(2) 法定売却条件

　不動産競売手続における強制換価としての売却では、その性質上、売買の内容を契約当事者の自由な折衝と個別的な決定に委ねることはできないから、あらかじめ、どのような条件で買受申出を許すのか、また、買受人がどのような条件で不動産の所有権を取得するかなどを定型的に定めておき、買受申出人はそれに応じて代金額を申し出るものとする必要がある。このような売却の成立・効力に関する条件を売却条件といい、それにはすべての競売手続

---

[2] 佐藤歳二「不動産競売における買受人の占有確保―平成15年法改正等による影響について―」法曹時報57巻2号1頁以下。

に共通な「法定売却条件」と、各個の競売手続につき特に定められる「特別売却条件」（民執59条5項）とがある。

　㋐　法定売却条件の内容

　法定売却条件の主なものは、次のとおりである。

① 売却に伴う不動産上の担保権・用益権等の処遇（民執59条）　売却によって、不動産に付着している権利等の負担を消滅させるのか、あるいは買受人に引き受けさせるのかを定めている。この点については、後記㋑において詳述する。

② 買受可能価額に達しない売却の不許（民執60条3項）　売却基準価額を決め、その8割以上を買受可能価額とし、これに達しないと買受申出を認めない。

③ 買受申出人は保証を提供するべきこと（民執66条）　原則として、買受申出人は、売却基準価額の10分の2の額を保証として提供しなければならない（民執規39条、49条）。

④ 債務者は買受人になれないこと（民執68条）　債務者の買受けを許すと、満足を受けなかった債権者から再度競売の申立てが可能となり、無駄な手続を繰り返すことになるし、債務者に買受けの資力があるなら任意弁済をすべきだからである。

⑤ 個別売却の原則と複数不動産がある場合の一括売却（民執61条）
　例外的に一括売却が許されることがある。

⑥ 法定地上権の成否（民執81条、民388条）　建物の敷地について法定地上権の成立要件を定めている。

⑦ 買受人は、代金を納付した時に不動産を取得し、代金を納付しないと売却許可決定は効力を失うこと（民執78条〜80条、82条）　売却許可決定の確定によって、実体法上は売買契約が成立することになるから、買受人は代金支払義務を負うことになり、また、その納付により目的不動産の所有権を取得することになる。

⑧ 引渡命令（民執83条）　簡易な債務名義になる引渡命令の発令要件

を規定している。この点についても、後に詳述する。

　なお、特別売却条件は、上記の①について、執行裁判所が裁判で、または利害関係者の合意をもって定めるものである。しかし、実務上、特別売却条件を定めることは極めて少ない。

　　(ｲ)　不動産上の負担の処遇（引受主義と消除主義）

　不動産には、種々の担保権や用益権が多数存在することがあるが、競売で売却するときに、これらの権利の処遇が問題になる。もちろん、任意の売却では、既に付着している担保権を抹消して売却するのか、賃借人を追い出して更地や空家にしてから売却するのか、あるいはそのまま買主が賃貸借を引き継がなければならないのか、すべて契約時の当事者間の交渉によって決まることになる。

　もっとも、担保権や用益権相互の間では、対抗関係（登記または登記に代わる引渡し）の具備の先後によって民法上その優劣が決まっている。また、これらの権利と差押えの効力との関係も、登記等の前後によって対抗関係が決まることになる。

　問題は、差押えの登記前に設定された先順位の担保権、用益権の処遇である。このような不動産上の負担の処遇に関しては、売却による先順位の権利の保護に関する後述の剰余主義との関連もあり、不動産上の権利の処遇に関しては「引受主義」と「消除主義」との対立がある。

　　(A)　引受主義（移転主義）

　差押えに対抗できる不動産上の負担を買受人が引き受けるものとする建前である。この考え方によれば、先順位の権利者は売却によって何ら影響を受けないし、買受申出人は不動産の価額から、その負担に相当する価額を控除した額の代金を用意すれば足りる。しかし、後日、先順位の担保権の実行による売却手続が繰り返され、その結果買受人が不動産を失うおそれがあるので、買受人の地位は不安定になりかねない。

```
   ┌─────┐    ┌─────┐    ┌──────────┐
   │A抵当権│    │B抵当権│    │C債権者差押え│
   └──┬──┘    └──┬──┘    └────┬─────┘  ┌─────┐
      │          │            └───────→│D買受人│
      │          │                     └─────┘
      └──────────┴──────────┘
          （負担付で移転）
```

　すなわち、上図において、D買受人は、AおよびBの各抵当権付きの不動産を買い受けることになるから、その被担保債権額に相当する部分を売却基準価額から控除してもらえるので、競売不動産を安価に取得することができる。しかし、折角、所有権を取得しても、担保権の追及効により、後日、AまたはBが担保権実行としての競売を申し立てることも予想されるので、そうなると、その手続においてDが買受人になれる保障はないから、第三者が買い受けて所有権を取得してしまうと、その結果、Dは所有権を失ってしまうことがあり得る。

　(B)　消去主義（負担消滅主義）

　これは、差押えに対抗できる不動産上の負担を売却によって消滅せしめ、買受人に負担のない完全な所有権を取得させる建前である。もっとも、先順位担保権を補償なしに消滅させることは物権法上認められないので、抵当権者には配当の機会が与えられ、差押債権者には、別に剰余主義（民執63条）が採られている。また、先順位の担保権に対抗できる用益権を消滅させることができない。

　消去主義によれば、先順位担保権者としては、その意に反した時期に弁済を強要されてしまうという点で担保権の機能が害されるが、担保権の実行による売却手続の反復が避けられるので、買受人にとっては負担のない不動産を取得できるという点で安心することができる。反面、当然に売却基準価額ないし買受可能価額が高くなり、買受希望者は、その全価額を一時に用意する必要があるので、資金調達の関係で買受けが困難になることがある。

　(C)　民事執行法の立場（消去主義と引受主義の併用）

　旧法（民事執行法制定前）においては、先取特権および抵当権については

消除主義を採り、留置権および質権については引受主義を採っていた。

　民事執行法においては、大筋で従来の建前を踏襲しつつも、質権については、使用収益を伴うものか否かによって処遇を区別するという修正を加えたほか、用益権、仮処分の執行について明文の規定を置いた（民執59条）。[3]

　これらをまとめると、次のようになる。

売却による権利の処遇

① 買受人の負担とならない権利等＝売却により消滅する権利等
㋐ 不動産の上に存する先取特権、使用および収益をしない旨の特約付の質権並びに抵当権（担保権。民執59条1項）。仮登記担保権（仮登記担保16条） ㋑ 最先順位の担保権に後れる地上権・賃借権等の用益権、差押え・仮差押えの執行および差押え後の権利や仮処分の執行（民執59条2項・3項）
② 買受人の負担となる権利等＝売却により効力を失わない権利等
㋐ 最先順位の対抗力を具備した地上権・賃借権等の用益権 ㋑ 最先順位の使用収益を伴う質権（特約のない質権。仮登記を含む） ㋒ 先順位の抵当権に後れる短期賃借権（旧民395条。ただし、平成15年改正民法の施行時前に設定したものに限る） ㋓ 先順位の抵当権に後れる賃借権であるが、その登記および全抵当権者の同意の登記があるもの（民387条） ㋔ 消滅する権利を有する者にも、差押債権者・仮差押債権者にも対抗できる仮処分の執行 ㋕ 留置権（差押えの効力が生じた後に生じたものも含む）

　平成15年の民法改正により、改正前の短期賃貸者を規定していた395条が削除されたので、翌16年4月1日の施行日以降は短期賃借権制度は廃止された。したがって、競売により消滅する抵当権者に対抗できない賃借権は、長

3　浦野雄幸『基本法コンメンタール・民事執行法〔第5版〕』191頁〔遠藤功〕。

期・短期（民602条に規定する期間を超えない）のいずれであっても、売却により消滅することになる、ただし、競売開始前に賃貸借に基づき使用または収益している占有者の賃借権が抵当権者に対抗することができないものであるときは、買受人の代金納付後 6 カ月を経過するまでは引渡しを要しないとする明渡猶予制度を設けられた（民395条 1 項）。

　また、民法改正の経過措置として、抵当不動産について改正法施行の際に存する短期賃貸借（改正法の施行後に更新された者を含む）は、従前の例によることとされたので（改正法附則 5 条）、その限度で買受人の引き受けるべき権利として残ることになる。

　改正法により、抵当権の登記後に登記された賃借権であっても、これに優先するすべての抵当権者が同意し、かつ、その同意について登記がなされたときは、買受人に対抗できる（民387条 1 項）とされたので、これらの要件を満たした賃借権は、買受人の引き受けとなる。

　留置権につき引受主義が採られるのは、留置権に優先弁済権がない（配当参加できない）からであり、使用収益を伴う質権（使用・収益を伴わない旨の特約がないもの）につき引受主義が採られる根拠は、使用収益権を質権者の意思に基づかないで奪うべきでないからである。

　もっとも、実務上、留置権等の扱いについては問題が多い。留置権および最先順位の使用収益をしない旨の定めのない不動産質権は、買受人の引き受けとなるが、実務では、建物の賃借人が必要費や有益費を支出したとして留置権を主張する事例が多い。しかし、占有者が改装費用を支出したとしてもそれにより建物の価値が増加されない限り、留置権は否定される。また、占有が不法行為によって始まったものは、留置権は成立しない（民295条 2 項）。判例には、留置権を主張する者が占有権原を対抗できないことを知っていた場合（最判昭和48・10・5 判時735号60頁、参考裁判例〔1〕）、それを知らないことに過失がある場合（最判昭和51・6・17民集30巻 6 号616頁、判時821号114頁、参考裁判例〔2〕）には、不法占有者に該当するとして、留置権の主張を否定するものがある。

〔設問〕の事例について、以上の考え方を当てはめれば、甲債権者は、最先順位の登記の抵当権を有しているが、被担保債権につき優先弁済を受ける代わりに、その権利は売却により消滅する。乙の賃借権は、平成15年改正民法施行前に締結された短期賃貸借であれば買受人が負担すべき権利等になるが、その施行後の賃貸借であれば、最先順位の抵当権に対抗することができない用益権として売却より消滅することになる（ただし、買受人の買受けの時から6カ月間の引渡猶予が認められる。民395条）。要するに、不動産強制競売の申立てをしたのは、一般債権者であるAであるが、これが引き金となって、あたかも最先順位の甲が抵当権実行による競売を申し立てたのと同じ処理がされることになる。したがって、競売の売却条件を確定する場合には、常に最先順位の権利が何かを検討する必要がある。

丙の仮差押えは、強制競売の開始決定に係る差押えの登記後に登記されたものであるから、その処分制限効に反するものとして、売却により消滅することになるが、丙は、配当要求の終期までに配当要求をすることにより（民執51条）、配当にあずかることができる（民執87条2号）。

コラム　家主に対し競売申立て＝店子に敷金が戻らない？

学生がマンションやアパートを賃借するときに、関東地区では、家賃数カ月分の金額に相当する敷金を入れることが多い。判例によれば、敷金は滞納賃料等の担保として差し入れるものだから、賃借人は、賃料を滞納せずに建物を明け渡した時に敷金を返してもらえる。

他方、家主が賃貸家屋を築造する際にそれに抵当権を設定して金融機関から融資を受けることがあるが、仮に家主が金融機関から競売申立てを受けても、従前は、賃借人（店子）は買受人から敷金を返還してもらうことができた。多くは、期間3年以下の短期賃貸借（民602条3号）であり、競売になっても買受人がその返還義務（賃貸人の地位）を引き継ぐことになっていたからである。

ところが、平成15年改正により、この短期賃貸借が廃止されたため、抵当権設定後の賃貸借はすべて、競売によって消滅することになった。買受人が敷金返還義務を引き継がないから家主にそれを求めるほかないが、多分、そうした

168

> 家主には資力がなくなっていることだろう。
> 　ただ、改正法の施行日（16年4月1日）の前に契約したものは従前と同じ扱いになるし、その後に期間更新したものも同じである。家主が、「期間更新をしよう」と提案した場合と、「この際、あらためて契約を」という場合とでは、その効果が大いに異なるので、賃借人（店子）はその対応に注意しよう。

(ウ) 剰余主義（無剰余執行の禁止）

　民事執行法は、剰余主義を採用している。これは、差押債権者（申立債権者）に優先する権利が競売による売却によって害されてはならないとする原則である。すなわち、

① 差押債権者に優先する債権がない場合において、不動産の買受可能価額が手続費用の見込額を超えないとき、または、

② 優先債権がある場合において、不動産の買受可能価額が手続費用および優先債権の見込額の合計に満たないときは、

差押債権者にその旨を通知したうえで、これに対し差押債権者が一定の対応策を取らない限り、競売手続を取り消すこととしている（民執63条）。これは、差押債権者が他人の財産を強制換価しても自己の債権について何ら得るところがないこと、無益な手続の費用と時間を費やすに過ぎないこと、優先債権者や債務者にとっても換価時期の選択権を奪われるものであることなどから、無益かつ無意味な執行を許すべきでないとしたものである。ただし、平成16年改正により、この無益執行禁止の原則に例外が認められ、買受可能価額が執行費用のうち共益費用と優先債権の見込額の合計額と同額のとき（同条1項2号）、差押債権者がすべての優先債権者の同意を得たことを証明したとき（同条2項ただし書）は、新たに売却が実施できることになった。

(エ) 超過売却の禁止

　複数の不動産を売却した場合において、ある者の買受け申出の額で各債権者の債権および執行費用の全部を弁済する見込みがあるときは、執行裁判所

は、他の不動産についての売却許可決定を留保して、他の不動産も併せて売却するかどうかにつき検討をし、必要がない物件に対する競売手続を取り消す（民執73条）。差押債権の満足という観点から、売り過ぎになる売却を禁止するものであり、これを「超過売却の禁止」といい、一括売却の場合にも同様の規定がある（民執61条ただし書）。

㋔　法定地上権

　土地または建物の売却による法定地上権の成立（民執81条）も、法定売却条件の1つである（民執62条1項3号）。土地およびその上にある建物が債務者の所有に属する場合において、その土地または建物につき差押えがあり、その売却により所有者を異にするに至ったときは、その建物について地上権が設定されたものとみなすこととしている。この場合、地代は、当事者の請求により、裁判所が定める（民執81条後段）。

　同じように、立木法によって、立木と土地の所有権または利用権との関係につき、法定地上権、法定賃借権ないし法定転借権が発生する（立木法5条2項、6条3項、7条）。

　民事執行法の規定は、民法上の法定地上権の制度（民388条）を強制執行制度に拡張したものである。担保権実行としての不動産競売においては、民法388条の法定地上権が適用されるので、この執行法上の法定地上権の規定は適用されない。

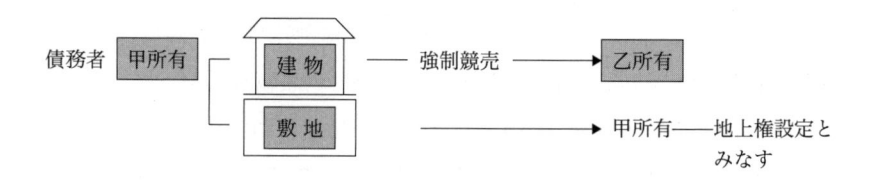

```
債務者　甲所有 ┬ 建物　──強制競売──→　乙所有
               └ 敷地　──────────────→　甲所有──地上権設定と
                                                   みなす
```

　差押え時に、建物と土地が債務者に帰属していることが要件であるから、差押え時に更地であって、後日、建物が築造されたときには、法定地上権は発生しない。

実務では、法定地上権付きの建物は、都市部では、敷地の更地価額の7～8割の価額が建物に加算されるので、全体として高額になり、その反面、土地は、底地だけのものとして低い評価となってしまう。

(カ) **売却基準価額・買受可能価額**

民事執行法の制定以来、不動産強制競売（および担保不動産競売）においては、「最低売却価額」制度を採ってきた。これは、その価額以上でなければ不動産の買受けを認めないこととする最低の価額を意味する。最低売却価額制度の趣旨は、第1に、不動産の実価をはるかに下回る価額で売却されることになると、所有者・債務者の利益を害し、ひいては債権者にも不利益（多くの債権回収ができない）となり、併せて比隣の不動産の価額にも悪影響を及ぼす危険があるので、その安売りを防止しようとするにあり、第2に、目的不動産の適正価額を示して買受け申出のための基準を与えようとすることにある。

ところが、バブル経済崩壊後は、最低売却価額のあり方が問われることになった。我が国においては、かつて経験したことのない土地の右肩下がりの時代に入り、現状有姿で売却する不動産の適正価格の評価について、その手法の見直し論まで出るようになり、平成10年改正においては、評価人に対し、不動産の種類、規模等に応じて多様な手法で適切に評価することを求めている（民執規29条の2）。そして、平成16年改正では、これを「売却基準価額」に改め（民執60条1項）、それより2割控除した価額を買受可能価額（民執60条3項）とし、買受申出が買受可能価額以上でなければ売却を許さないものとした。

後に説明するが、執行裁判所は、評価人の評価に基づいて売却基準価額を定め、必要があると認めるときは、売却基準価額を変更することができる。旧法（民事執行法制定前）では、競売期日に適法な競売の申出がないとき、最低売却価額を順次低減して新たに競売を行うことになっていたために、いわゆる競売ブローカー等が談合をして価額の引き下げを図るようなことが続発した。そのため、民事執行法においては、不動産鑑定士などの専門家の協

171

力を得て適正妥当な評価をして、いったん定められた最低売却価額を基本的に維持することによって、売却の適正を期することにしたものである。しかし、適正な競争入札を実施しても、その売却価額でさらに売却を実施しても売却の見込みがないとき、または事情が変更したときには、執行裁判所は、売却基準価額を変更することができるとしている（民執規30条の3）。

> **コラム** 競売価額は安いか？
>
> 　民事執行法施行当初、「最低売却価額」については、評価人の間でも、これが「正常価格」を意味するのか、「適正価格」なのかという議論があったが、今日では、これが「競売」という市場で形成される「適正価格」を意味することについては、異論はみないと思う。ただし、その購買層を健全な不動産業者と想定してみれば、いわゆる「卸売価格」の水準で評価されるのが望ましいし、仮に評価人間に評価手法の誤差があるとすれば、その最低レベルをもって「最低売却価額」としてもよいのであろう。
>
> 　もっとも、昭和から平成初年にかけてのバブル経済の時代になると、一転して競売の競争率が高くなり、最低売却価額をはるかに上回る高額な入札が多くなってきたので、最低売却価額のあり方について格別の議論をする必要がなくなってしまい、実務でも格別の研究がされないままに経緯したように思われる。
>
> 　ところが、バブル経済が崩壊すると、不良債権の処理が社会問題にもなり、競売物件の、より一層の迅速・適正処理が求められることになる。最近の売却率は、むしろバブル経済最盛期に比しても高いともいわれるが、平成16年改正により、「最低売却価額」が「売却基準価額」に改められ、「買受可能価額」を設定して、買受申出を容易になるように配慮している。ただ、我が国は、かつて土地の価額が右肩下がりになるような時代を経験したことがないだけに、競売価額と実勢価額との比較はなかなか難しい。
>
> 　「競売価額は安いか？」の質問に対しては、こうは言えるかと思う。
>
> 　「競売は、傷物を傷物として売っているのだから、その傷の程度と価額の関係を見て、安いかどうかを見抜く鑑定能力が必要だ」。「多分、1件だけの入札では高い買物をしてしまう危険はあるが、10件程をまとめて買えば、全体として安い買い物をすることになるだろう」。

㈔　一括売却

　たとえば、土地とその地上の建物を個別に売却して異なる買受人の所有にするよりは、両者を一括して同一人の所有にすれば、土地と建物の有効利用度が高まり、必然的に各不動産の個別の売却基準価額よりも高額に売却できることになる。このように、数個の不動産が相互の利用上、一括して買い受けるほうが買受人にとって利用上便宜であるような場合には、執行裁判所は、一括して売却することができる（民執61条）。

　一括売却は、差押債権者または債務者を異にする場合にも認められるが、相互の利用上の便宜の関係からのみ認められ、かつ、1個の申立てによって差し押えられた数個の不動産のうち一部のもので、債権および執行費用の全額弁済が見込まれる場合には、債務者の同意あるときに限られる（民執61条ただし書）。売却基準価額は、目的不動産の権利関係が同一ならば、その全体を一括して定めれば足りるが、各不動産ごとに権利関係が異なる場合には、それぞれの売却代金を算出する関係上、各不動産ごとに定める必要がある（民執86条2項）。

　なお、平成15年改正により、土地と建物の一括競売制度（民389条）が設けられたが、これは、第三者が競売目的の土地上に件外建物を勝手に作って執行妨害するのを防ぐものであり、抵当権者が土地とともに当該建物を一括して競売できる（ただし、建物の所有者が抵当地につき対抗できる占有権原を有している場合は除かれる）ようにしたのである。

(3)　具体的売却条件を確定するための手続

　以上の説明のとおり、不動産強制競売に関しては、抽象的にその法定売却条件が決まっているが、個々の目的不動産については、それに関係する権利関係、事実関係等がそれぞれ異なることになるから、それによって、当然、当該不動産についての売却基準価額等が異なることになる。

　そのために、具体的売却条件を確定するための手続が必要になってくる。

　㈎　**執行官の現況調査**

　(A)　現況調査の意義

173

執行裁判所は、開始決定をした後に、執行官に対し、目的不動産の形状、占有関係その他の現況について調査をさせる。これを現況調査（民執57条1項）という。

　不動産競売の申立ての際には、目的不動産の登記事項証明書等が提出されているが（民執規23条1項、23条の2）、その登記簿上の記載と当該不動産の現状が異なることは珍しくないことであり、また、登記簿には占有関係が記載されているわけではない。

　他方、売却手続の主体である執行裁判所が適正な売却基準価額を設定し、それに基づき裁判所書記官が物件明細書を作成するためには、差押えの時点における目的不動産の現実の形状、目的不動産に対する占有関係およびその権原の内容等を把握しておく必要がある。この場合、差押えの時点が問題になるのは、差押えの効力（処分制限効）により、その後に処分（たとえば賃借権を設定等）があっても、それは手続上無効の扱いにすることができるからである。また「占有」を調査する必要があるのは、たとえば、建物の賃貸借の対抗要件については、民法上は登記であるが、借地借家法上は賃借人への引渡し、つまり占有があれば登記に代わる対抗要件を具備したことになるからである（借地借家31条1項）。したがって、占有関係は、売却条件の決定に大きな影響を与えるのである。

　また、買受けの申出をしようとする者に対しても、不動産の形状、占有関係等の現況に関する資料を提供することにより、その申出をしやさしくすることになり、多くの者が買受けの申出をすることによって適正・迅速な売却を実現することになる。

　さらに、差押え時点における不動産の占有関係等を把握することにより、執行裁判所における引渡命令の許否の決定が適正になされることになる。

(B)　執行官に対する現況調査命令

　執行裁判所は、差押えの登記が完了したことを確認してから、職権で、一定の期間を定めて、執行官に対して不動産の現況調査を命ずる（民執57条1項）。これは、執行裁判所の執行官に対する職務命令である。都市部の裁判

所では、通常30～40日間程度の期間が定められている。

　差押えの効力発生後で、しかもその時期に接着した時点における目的不動産の現況を把握する必要があるし、特に、その占有状況を明らかにしておくことは証拠保全的な意味を有するので、できるだけ差押え時に近い日時での現況調査が望ましい。

　　(C)　現況調査の方法

　現況調査を実効のあるものにするために、法は、執行官に種々の特別権限を与えている（民執57条2項～5項）。

　(i)　不動産への立入権限

　執行官は、その占有者の承諾を得ないでも、目的不動産に立ち入ることができ、不動産に立ち入る際に、必要があるときは、閉鎖した戸を開くために必要な処分をすることができる。いわゆる解錠技術者（実務上「鍵屋さん」と呼ばれる）の同行が可能である。

　(ii)　質問権、文書提示要求権

　債務者（所有者）または不動産を占有している第三者に対する質問権および文書提出要求権がある。特に、占有関係の調査には有用であり、たとえば、占有者が賃借権を主張する場合に、その具体的な内容について質問したり、賃貸借契約書等のその権原を証する文書の提示を求めたりすることである。

　また、この執行官の権限をさらに実効あらしめるため、債務者（所有者）が正当の理由がなく陳述することや文書の提出を拒んだとき、または虚偽の陳述をしたとき、もしくは虚偽の記載をした文書を提出したときは、過料に処されることになっている（民執205条1項2号）。

　(iii)　ライフライン調査

　平成10年改正により、執行官の現況調査を円滑に進めるために、市町村に対して不動産の固定資産税に関する図面その他の資料の写しの交付を請求する権限、または電気、ガス、水道等を供給する公益事業者に必要な事項の報告を求める権限（ライフライン調査権）が認められた（民執57条4項・5項）。執行官には、こうした武器を有効に活用して迅速かつ適正な調査事務を進め

ることが期待されているのである。

(ⅳ) 執行官の調査義務の内容

調査事項は、不動産の形状、占有状況、占有権原等であるが（民執規29条1項1号〜7号）、特に正常な賃借権と不正常な賃借権の判断が必要となる事例では、占有開始の時期、その占有実態等の調査が重要である。売却条件の確定における対抗問題、引渡命令発令の可否との関係では、差押え時の債務者（所有者）や第三者の占有が基準となるから、差押えの効力発生時に最も接近した時期での占有状況等を調査しなければならず、それが故に現況調査には、まず迅速性が要求される。

そして、現況調査はその内容が正確でなければならない。執行官には、現況調査に際しての立入権・質問権等が認められているだけに（民執57条2項）、調査にあたっては厳しい高度の注意義務が課せられる。判例（最判平成9・7・15民集51巻6号2645頁、参考裁判例〔3〕）では、「通常行う調査方法を採らず、あるいは、調査結果の十分な評価、検討を怠るなど、その調査及び判断の過程が合理性を欠き、その結果、現況調査報告書の記載内容と目的不動産の実際の状況との間に看過しがたい相違が生じた場合には、目的不動産の現況をできる限り正確に調査すべき注意義務に違反したことになる」としている。この事案は、対象不動産の特定・範囲および現状等の調査につき執行官の過失が認めたものであるが、同様な過失を認めた下級審判例は少なくない（大阪地判平成5・5・26判時1485号64頁、札幌地判平成6・3・3判時1525号139頁等）。また、占有・権利関係では、共同住宅の現況調査を行うにあたり各居室を外部から視認しただけで占有がないと判断したことに執行官の過失を認めた判例（東京地判平成9・12・9判タ1009号112頁、参考裁判例〔4〕、東京高判平成10・6・22判時1701号75頁）、競売の目的物件が建物で、建物の所有者と敷地の所有者が異なるときに、当該建物に敷地利用権が存するか否かについて建物所有者と敷地所有者の双方から事情を聴取せず、建物所有者の言を信じて敷地利用権が存するものと誤信し、敷地権利者にその存否を確認しなかった点に執行官の調査方法が違法だとした判例もある（仙台高判平成4・1・28

判時1424号58頁、参考裁判例〔5〕)。これらは、いずれも国家賠償法上の違法を論じたものであるが、現況調査事務の性質上、調査の方法、範囲の選択については担当執行官の裁量に委ねなければ適正かつ効率的な調査が期待できないので、一般的には、執行官がその裁量を著しく誤った場合にはじめて国家賠償法上の違法と評価されるのであろう。しかし、上記最高裁判例は、執行官に高度の注意義務を負わせ厳格な現況調査の義務を課したと考えるべきであり、執行官は、売却条件の確定のための要素となる事実および法律関係について、高度の注意義務の下で誠実に調査する責務があるといえる[4]。

　現況調査報告書の内容についての瑕疵は、それ自体によって売却許可決定に対する執行抗告の理由になるものではないが、その誤りが売却基準価額の決定、一括売却の決定あるいは物件明細書の作成の重大な誤りを生じさせる場合には、当該決定等の重大な誤りと評価されて、結局、執行抗告の理由になる(東京高決昭和57・3・26判時1040号59頁、参考裁判例〔6〕)。現在の執行官は、高収入を得ているが、それだけ職務上高度の注意義務を負わされているのである。

　(D) 現況調査の内容

　現況調査の内容について、法は「不動産の形状、占有関係その他の現況」としか規定していないが(民執57条1項)、これは例示に過ぎないのであって、民事執行規則29条、173条では、現況調査報告書の記載事項ということで、調査すべき事項を詳細に規定している。

　特に重要なのは、占有の有無および占有の権原に関する調査である。

　「土地」については、占有者が債務者・所有者以外の者であるときは、その者の占有の開始時期、権原の有無および権原の内容の細目について調査する(民執規29条1項4号ハ)。これは、土地を第三者が占有している場合、その占有権原または占有の開始時期によっては、売却によって、その占有権が失われないことになり、反対に買受人が占有の負担を引き受けなければなら

4　佐藤蔵二「平成15改正後の執行官事務のあり方について」新民事執行実務3号12頁。

177

ない(引き続き使用させなければならない)義務を負わせられたり、あるいは買受人が引渡命令を得て簡易に引渡しを受けられなくなったりすることがあるからである。

「建物」が競売物件の場合においても、建物を債務者・所有者以外の者、つまり第三者が占有している場合には、土地と同じように、占有の開始時期、占有権原の有無および権原の内容の細目を調査することになっている(民執規29条1項5号ロ)。さらに、敷地の所有者が債務者以外の者であるとき、つまり建物が第三者所有の土地にあるときは、「債務者の敷地に対する占有権原の有無及び権原の内容の細目」を調査することになっている(同項5号ニ)。債務者が敷地について借地権を持っていれば、買受人もその占有権原を取得することになるからである。

(E) 現況調査報告書の提出

執行官は、命令に基づいて、その定められた事項についての調査結果を記載し、これを現況調査報告書として、所定の日までに執行裁判所に提出しなければならない(民執規29条1項、【参考書式6】の現況調査報告書参照)。

裁判所書記官は、一般の閲覧に供するために、現況調査報告書の写しを、売却実施の日の1週間前までに、執行裁判所に備え置かなければならない(民執規31条3項)。競売不動産の買受希望者というだけでは利害関係人とはならないために、競売記録の資料を閲覧することができないから、その写しを備え置いて、当該不動産に関する情報を買受希望者に提供しようとするものである。

Ⅲ　不動産強制競売による金銭債権の回収

【参考書式6】　現況調査報告書

平成〇〇年(ヌ)第〇〇〇号
平成〇〇年〇月〇〇日受理
平成〇〇年〇月〇〇日提出
（評価人　乙野次郎）

現況調査報告書

東京地方裁判所
　　　　　執行官　丙　野　三　郎

（注）チェック項目中の調査結果は，「■」の箇所の記載のとおり

平成〇〇年(ヌ)第〇〇〇号

物 件 目 録

1 （一棟の建物の表示）

　　所　　　在　　〇〇区〇〇5丁目〇〇番地〇〇

　　建物の名称　　□□マンション

（専有部分の建物の表示）

　　家 屋 番 号　　〇〇5丁目〇〇番〇〇の〇〇

　　建物の名称　　403号

　　種　　　類　　居宅

　　構　　　造　　鉄筋コンクリート造1階建

　　床　面　積　　4階部分　　20.42平方メートル

（敷地権の目的たる土地の表示）

　　土地の符号　　　1

　　所在及び地番　　〇〇区〇〇5丁目〇〇番〇〇

　　地　　　目　　宅地

　　地　　　積　　103.93平方メートル

（敷地権の表示）

　　土地の符号　　　1

　　敷地権の種類　　所有権

　　敷地権の割合　　10000分の812

（1枚目）

Ⅲ 不動産強制競売による金銭債権の回収

(区分所有建物1)

不動産の表示	「物件目録」のとおり		
住 居 表 示	○○区○○5丁目○番○号　□□マンション403号		
建　　　　物	物件1		
種類,構造及び床面積の概略	■公簿上の記載とほぼ同一である □公簿上の記載と次の点が異なる（□主たる建物　□附属建物） 　□種　類： 　□構　造： 　□床面積：		
物件目録にない附 属 建 物	■ない　┬種　類： □ある　├構　造： 　　　　└床面積：		
占 有 者 及 び占 有 状 況	□建物所有者　■その他の者 　上記の者が本建物を住居として使用している ■「占有者及び占有権原」のとおり		
管理費等の状況	■　　　　　のとおり 管　理　費　　5,300円 修繕積立金　　　530円 　　　　　　　　　円 　　　　　　　　　円 　　　　　　　　　円	平成○○年○月○日現在 ■滞納はない □滞納がある	
管理費等照会先	株式会社△△△△　　　（担当者 C ） 電話03-0000-0000		
その他の事項			
敷　地　権	符号1		
現　況　地　目	■宅地（符号1　）　□公衆用道路（符号　　）　□　　　　（符号　　）		
形　　　　状	□公図のとおり　　　　　　　　　　　□地積測量図のとおり □建物図面(各階平面図)のとおり　　■土地建物位置関係図のとおり □		
敷 地 権 の 種 類	■所有権（符号1　）　□地上権（符号　　）　□賃借権（符号　　） □　　　　（符号　　）		
その他の事項			
執行官保管の仮　　処　　分	■ない　┌　　　　地方裁判所　　支部　平成　　年（　）年　　号 □ある　└保管開始日　　平成　　年　　月　　日		
敷地権以外の土地（目的外土地）	■ない □ある（詳細は「目的外土地の概況」のとおり）		
土地建物の位置関係	□建物図面(各階平面図)のとおり　　■土地建物位置関係図のとおり		

(注)　チェック項目中の調査結果は，「■」の箇所の記載のとおり

（2枚目）

第2章 金銭債権の回収―金銭請求債権の実現

(占有関係用〈単独〉)

占有者及び占有権原（物件1 関係）

占 有 範 囲	■全部　□		
占 有 者	□債務者　■　B			
占 有 状 況	□　　　の敷地　□駐車場　□ ■居宅　□事務所　□店舗　□倉庫　□		
■関係人（■　B　（占有者）　□　　（　　））の陳述／■提示文書（回答書，賃貸借契約書）の要旨			
占 有 権 限	■賃借権　□使用借権　□		
占有開始時期	平成〇〇年〇月〇日		
最初の契約等	契約日	平成〇〇年〇月〇日	
	期　間	平成〇〇年〇月〇日から　■平成〇〇年〇月〇日まで2年間 □期間の定めなし	
更 新 の 種 別	□合意更新　□自動更新　□法定更新		
現在の契約等	期　間	平成〇〇年〇月〇日から　■平成〇〇年〇月〇日まで　2年間 □期間の定めなし	
契約等当事者	貸主	■所有者　□その他の者（　　　　　　　　　　　）	
	借主	■占有者　□その他の者（　　　　　　　　　　　）	
賃料・支払時期等	毎　月　　　金65,000円（毎月末日限り翌月分支払） □前払（　　　　　　　　　　分　　　　　　　　　　円） □相殺（　　　　　　　　　　分　　　　　　　　　　円）		
敷 金 ・ 保 証 金	□ない　■ある（■敷金　130,000円　□保証金　　　円）		
特　　約　　等	□譲渡・転貸を認める　□		
そ　の　他			
執行官の意見	□上記のとおり　□下記のとおり　■「執行官の意見」のとおり		

（注）チェック項目中の調査結果は，「■」の箇所の記載のとおり

（3枚目）

(関係人の陳述等用)

関係人の陳述等

陳 述 者 (当事者等との関係)	陳 述 内 容 等
■　　B (陳述者は占有者兼賃借人)	1　□□マンション403号室は，私が所有者　A　から賃借して住居として使用しています。 2　契約をした日，契約期間，賃料等契約の内容は，回答書と賃貸借契約書のとおりです。 　　　　　　　　　（平成○○年○月○日面接聴取）

(注)　チェック項目中の調査結果は，「■」の箇所の記載のとおり

（執行官の意見用）

執 行 官 の 意 見

1　本件建物及び敷地権の目的たる土地（土地の符号1）の状況は，土地建物位置関係図，建物間取図及び添付写真のとおりである。
　（本件建物関係）
　　・建物の名称「□□□マンション」が玄関口の部分に表示されている。
　　・集合郵便受箱403は「　B　」の表示であり，表札403には氏名等の表示は見当たらない。
　　・占有者　B　が住居として使用している。
2　前記関係人（占有者兼賃借人　B　）の陳述がある。
3　占有者兼賃借人は　B　から回答書と賃貸借契約書が提出された。
4　建物所有者　A　に対し，照会書を普通郵便で郵送したが，回答はなかった。
5　株式会社　　　から管理費等の回答書が提出された。
6　前記1から5の調査結果を総合して，本件建物は，占有者　B　が住居として使用しているものと認め，その占有関係等は3枚目「占有者及び占有権限」のとおり報告する。

（注）　チェック項目中の調査結果は，「■」の箇所の記載のとおり

（5枚目）

Ⅲ 不動産強制競売による金銭債権の回収

(調査経過用)

調 査 の 経 過		
調査の日時	調査の場所等	調査の方法等
○○年○月○日 11：30～11：45	物件所在地	■物件確認　■占有調査　■写真撮影 ■占有者照会書及び通知書差置 ■所有者照会書郵送
○○年○月○日 　：　～　：	当　　庁	■管理費等 FAX 紹介 　　(株式会社△△△△)
○○年○月○日 8：00～8：10	物件所在地	■物件確認　■占有調査　■写真撮影 ■図面作成　■立入調査　■評価人同行 ■　　B　　(占有者兼賃借人)と面接聴取
○○年○月○日 　：　～　：		
○○年○月○日 　：　～　：		
○○年○月○日 　：　～　：		
○○年○月○日 　：　～　：		

(特記事項)

■ 平成○○年○月○日
　目的物件は不在で施錠されていると予想されたので，立会人及び解錠技術者を同行して臨場した。

□ 平成○○年○月○日
　　目的物件は不在で施錠されていたので，立会人　　を立ち会わせ，技術者に解錠させて建物内に立ち入った。

□ 平成○○年○月○日
　　休日・夜間執行許可の提示をした。

□

(注)　チェック項目中の調査結果は，「■」の箇所の記載のとおり

(6枚目)

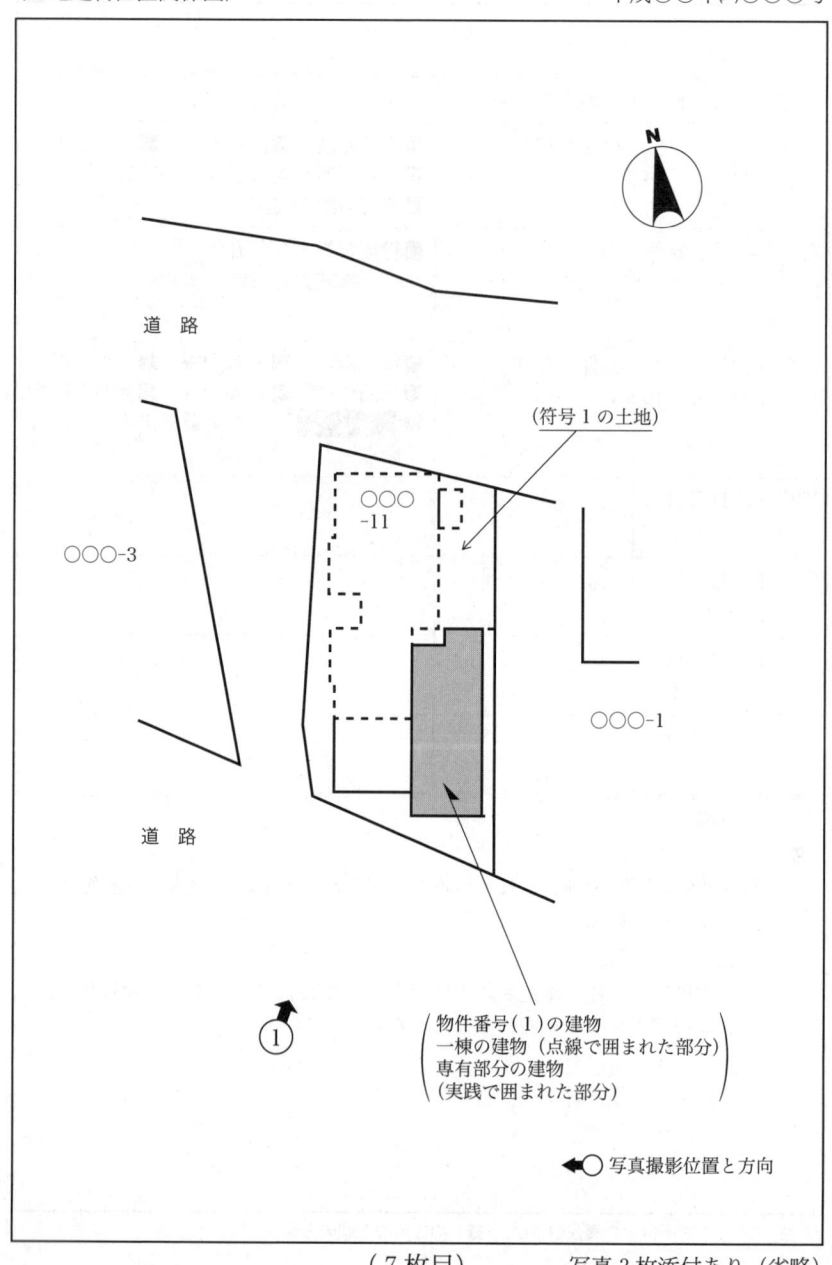

第2章 金銭債権の回収—金銭請求債権の実現

(土地建物位置関係図)　　　　　　　　　　　　平成○○年(ヌ)○○○号

(7枚目)　　　写真3枚添付あり（省略）

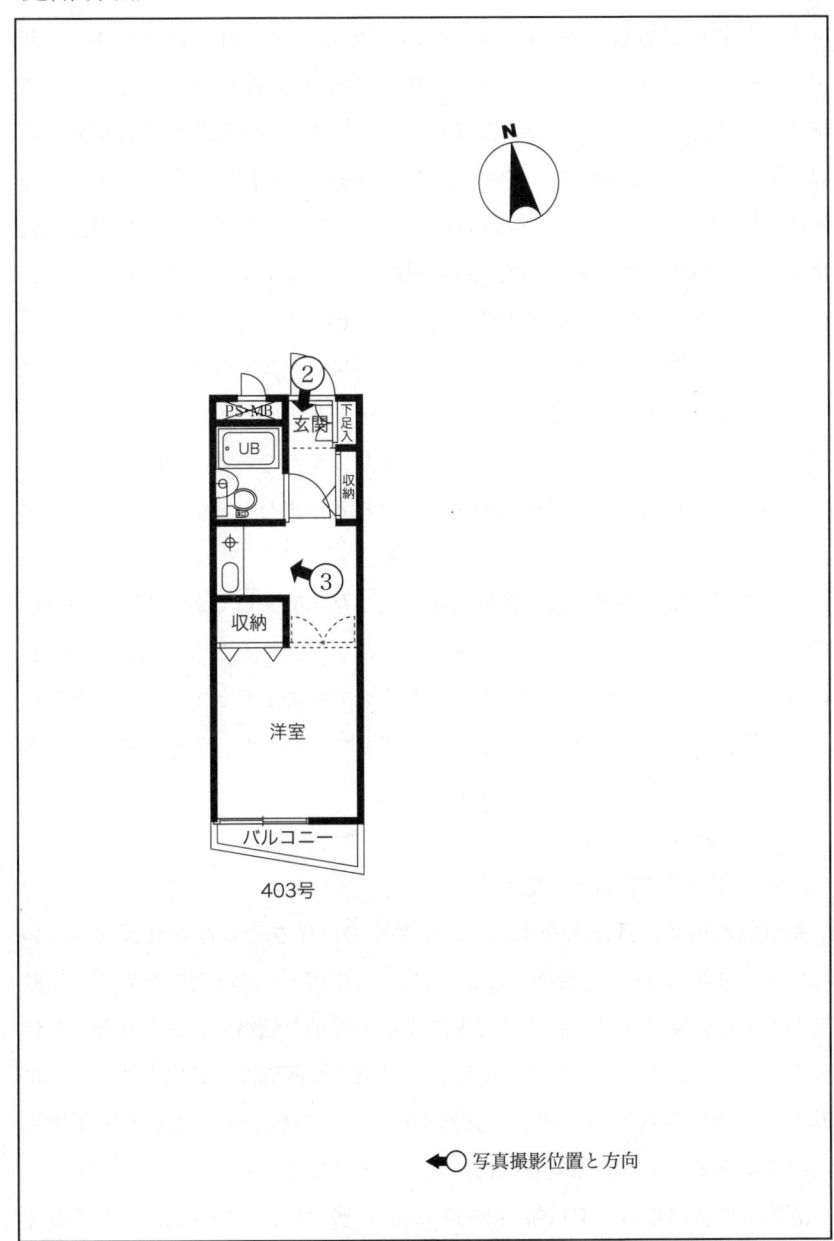

(建物間取図)　　　　　　　　　　　　　Ⅲ　不動産強制競売による金銭債権の回収

平成〇〇年(ヌ)〇〇〇号

403号

←〇 写真撮影位置と方向

(8枚目)

(F) 特定競売における特定調査

平成10年の民事執行法改正と同時に特定競売法（平成10年法律129号・同年最高裁規則6号、特定競売手続における現況調査及び評価等の特例に関する臨時措置法）が施行されて、臨時の措置としてではあるが、預金保険機構および整理回収機構（特定債権者）が申し立てた不動産競売事件等（以下「特定競売手続」という）について、執行裁判所が、これらの債権者から現況調査報告書および評価書に代わる各書面（特定調査書、特定評価書）を受けた場合で、相当と認めるときは、これを採用して手続の迅速化を図るものとされた。

執行官の現況調査が困難な仕事とされるのは、当該不動産をめぐって種々の権利主張をする者がいる場合、それが正当なものか不当なものか、あるいは権利濫用的なものかを判定することが難しいからである。また、万が一にも、執行官が判断を誤って権利侵害を受ける者が出たときには、その者には国家賠償法上の救済制度が用意されている。

ところが、特定調査書は、債権者が作成した私的文書であり上記の救済制度の裏付けもないので、執行裁判所は、これを採用するときには正当な権利の侵害がないかどうかを慎重に検討したうえで決めるべきである。実務では、これが提出された例は極めて少ないと報告されているが、これは執行官の現況調査の困難性を裏付けるものであろう。

(イ) **評価人の評価**

(A) 評価書の意義と評価命令

執行裁判所は、評価人を選任し、不動産の評価を命じなければならない（民執58条1項）。前にも説明したように、売却手続の適正化のために、不動産が不当に低額で売却されることを防止し、適正な価格で売却されなければならない。評価人に対し競売不動産につき厳格な評価額を算出させ、それに基づき、執行裁判所が売却基準価額を決定し（民執60条）、これを売却実施の際の基準として買受希望者に提示することにしている。

評価人の資格については規定がないが、実務では、そのほとんどが不動産鑑定士から選任されている。

(B) 評価人の権限と評価の手法

　評価人が評価するのは、当該不動産の現状有姿のままでの売却条件による売却基準価額である。そのため、評価人には、執行官の権限に関する規定が準用され、官庁等に対する援助請求権（民執18条2項）、立入権・質問権等（民執57条2項）、市町村に対する固定資産税に関する図面等の交付請求権（同条4項）および公益事業者に対する報告請求権（同条5項）が与えられている（民執58条2項）。

　評価人が建物の内部に立ち入って現況を見聞する義務があるかについては、立入調査義務を否定し、立入調査をしなければ評価が違法となるものではないとする判例（東京高決平成8・11・2判タ933号273頁、参考裁判例〔7〕）があるが、立入調査をしないでした評価に基づく最低売却価額の決定に重大な誤りがあるとして、執行抗告を認容し売却許可決定を取り消した判例（福岡高決平成元・2・14判タ696号218頁、参考裁判例〔8〕）がある。建物の外観だけで正確な評価ができない事例では立入調査の省略が違法になるものと考えるべきであり、評価人としては、なるべく執行官と同道して立ち入るようにし、協働して調査評価することが望ましい（民執規30条の2参照）。土地の現状把握について、平坦部分の面積を誤認した評価書を作成した評価人の過失（および執行官の過失）を認めた判例もある（札幌地判平成6・3・3判タ849号62頁、参考裁判例〔9〕）。執行官とそれぞれの立場でチェックして、互いのミスを防ぐ努力が必要であろう。

　平成10年の改正により、評価の方法については、不動産の種類、規模、利用形態等に応じて、取引事例比較法、収益還元法、原価法など多様な手法により評価することができるよう明記された（民執規29条の2）。評価書には、評価の算出過程が参考事項とともに記載されることになっているのであるから（民執規30条）、評価人の評価が著しく妥当性を欠く場合には、売却許可決定が取り消される理由になるが（仙台高決平成6・2・4判タ860号289頁、参考裁判例〔10〕）、評価人が、その不動産に相応しい評価方法を選択して評価すれば足りるのであり、仮に他の合理的評価方法があっても、それがために当

189

該評価が違法視されることはない。買受希望者は、前者の評価書を見れば、売却基準価額の相当性を判断するに十分だからである。

　(C)　評価書の提出

　評価人は、評価書を作成して執行裁判所に提出する。その写しは、後述のように、裁判所書記官によって、現況調査報告書及び物件明細書と共に備え置かれ、またはインターネットの利用により一般の閲覧に供される（民執規31条3項、【参考書式7】の評価書参照）。

【参考書式７】 評価書

平成〇〇年㈹第〇〇〇号
平成〇〇年〇月〇〇日現地調査
平成〇〇年〇月〇〇日評　価

東京地方裁判所　御中

評　価　書

評価人　乙　野　次　郎

第1 評価額

物 件 番 号	評 価 額
1	金4,470,000円

第2 評価の条件
1 本件評価額は，民事執行法により売却に付されることを前提とした適正価格を求めるものである。
　したがって，求めるべき評価額は，一般の取引市場において形成される価格ではなく，一般の不動産取引と比較しての競売不動産特有の各種の制約（売主の協力が得られないことが常態であること，買受希望者は内覧制度によるほか物件の内部を直接確認できないこと，引渡しを受けるために法定の手続をとらなければならない場合があること，瑕疵担保責任がないこと等）等の特殊性を反映させた価格とする。
2 本件評価は，目的物件の調査時点における現状に基づいて評価するものである。

第3 目的物件の表示

物件番号	登記簿上	現　　況
1	次頁物件目録記載のとおり	住居表示○○区○○5丁目○番○号 マンション名　□□マンション（403号室）
特　記　事　項		
なし		

物 件 目 録

1　（一棟の建物の表示）
　　　所　　　在　　〇〇区〇〇5丁目〇〇番地〇〇
　　　建物の番号　　□□マンション

　　（専有部分の建物の表示）
　　　家屋番号　　　〇〇5丁目〇〇番〇〇の〇〇
　　　建物の番号　　403号
　　　種　　類　　　居宅
　　　構　　造　　　鉄筋コンクリート造1階建
　　　床　面　積　　4階部分　　20.42平方メートル

　　（敷地権の目的たる土地の表示）
　　　土地の符号　　　1
　　　所在及び地番　　〇〇区〇〇5丁目〇〇番〇〇
　　　地　　目　　　宅地
　　　地　　積　　　103.93平方メートル

　　（敷地権の表示）
　　　土地の符号　　　1
　　　敷地権の種類　　所有権
　　　敷地権の割合　　10000分の812

第4　目的物件の位置・環境等

1．敷地の概況，利用状況等

位　置・交　通	△△線『▲▲』駅の北西約500m（道路距離），徒歩約6分。	
付 近 の 状 況	目白通り沿いに，マンション，営業所等が建ち並ぶ路線商業地域である。	
主な公法上の規制等（道路の幅員等の個別的な規制を考慮しない一般的な規制）	都市計画区分 用　途　地　域 建　蔽　率 容　積　率 防　火　規　制 高　度　規　制	市街化区域 準住居地域 60% 300% 防火地域 第3種高度地区
画　地　条　件	規　　　　模 形　　　　状 地　　　　勢	103.93m² 南西間口：約7.3m，西間口：約14.6m 北間口：約7.1mの三方路画地。 別添資料の通り，台形状の画地。 ほぼ平坦である。
接　面　街　路	南西側：幅員25m都道（△△通り） 西側：現況幅員約4.3m区道，北側：現況幅員約7.8m区道対象地は接面街路とほぼ等高である。	
土地の利用状況	符号1の土地は，物件1を含む1棟の区分所有建物（□□マンション）の敷地として利用されている。 建物の配置は別添資料の通り。	
供給処理施設	上水道・ガス・下水道：有	
敷地権の表示	敷地権の種類 敷地権の割合	所有権 10000分の812
特　記　事　項	なし	

2．建物の概況
(1) 一棟の対者の概要

マンション名	□□マンション
建物の用途	共同住宅（総戸数13戸）
建築時期及び 経過年数	建築年月日　平成○○年○月○○日新築（登記簿上） 経過年数　約14年（経済的残存耐用年数26年）
構　　　造 延床面積	鉄筋コンクリート造陸屋根5階建 約338.68m²
共用部分の仕様	外　壁　タイル貼等 天　井　アルミスパンドレル，吹付塗装等 内　壁　タイル，吹付タイル等 　床　　御影石，ＣＦシート等
設　　　備	エレベーター　無
建物の品等	使用資材，施工の程度等概ね普通である。
管理会社	㈱△△△△
保守管理の状態	普通
特記事項	なし

(2) 専有部分の概要

構　　　　造	鉄筋コンクリート造1階建
位　　　　置	5階建の4階部分403号室
現況床面積	登記床面積20.42m²，共同部分を含んだ現況床面積27.50m²
間　取　り	ワンルーム（別添資料の通り）
内部仕様等	天　　井　ビニールクロス貼等 内　　壁　ビニールクロス貼等 　　床　　Ｐタイル，フローリング等 設　　備　電気，水道，ユニットバス等 　　　　　ガス（給油のみ，ガスコンロは使用不可）
維持管理の状態	普通
管理費等	管　理　費：5.300円／月，　修繕積立金：530円／月 滞　納　額：平成○○年○月○日現在　無
専有部分の利用状況等	建物所有者が本件建物を下記の賃貸借条件で賃貸し，賃借人は居宅として使用している。 　　　　　　　　　　　　記 占有開始時期：○○年○月○日， 直近契約期間：平成○○年○月○日～ 　　　　　　　　　　　　　　　平成○○年○月○日 資料：65,000円／月，　敷金：130,000円
特記事項	なし

第5　評価額算出の過程
Ⅰ　積算価格
1．基礎となる価格
　①　建物価格
　　　現在の建物建築費の推移動行，消費税の課税等を考慮のうえ，対象建物と類似の建物の標準的な建築費を参酌して，当該建物の再調達原価を求め，これに耐用年数に基づく方法並びに観察減価法を併用した減価修正を行って建物価格を判定した。

再調達原価(円/m²)	床面積（m²）	現価率	建物価格（円）
205,000	×27.50	×0.62	≒3,500,000

◇床面積：公課証明書記載の現況床面積による。
◇現価率：経済的耐用年数40年，経過年数14年，経済的残存耐用年数26
　　　　　年，観察減価率は建物の状況を考慮して5％と判定し，下記
　　　　　により求めた。

　　　　経年減価　　　　観察減価　　　　現価率
　　　　$\dfrac{40-14年}{40年}$ × （1－0.05）　≒　0.62

　②　敷地権価格
　　　符号1の土地の更地価格を算出し，これに建付減価補正を行い更に敷地権割合を乗じて敷地権価格を求めた。

更地価格 （円/m²）	地　積 （m²）	建付減価 補　　正	敷地権 割　　合	敷地権価格 （円）
423,000	×103.93	×$\dfrac{95}{100}$	×$\dfrac{812}{10000}$	≒3,390,000

※更地価格：更地価格は下記の規準価格やその他資料等を参考として評定した。
〔地価公示地：練馬5－14〕
　　公示価格　　時点修正　　標準化補正　　地域格差　　個別格差　　規準価格
　　403,000円/m²×$\dfrac{100}{100}$×$\dfrac{100}{100}$×$\dfrac{100}{100}$×$\dfrac{105}{100}$≒423,000円/m²
◇時点修正：公示価格等の価格時点から評価日までの推定変動率。
◇地域格差：街路条件（幅員等）・交通接近条件（最寄駅への接近性）
　　　　　　並びに国税局路線価による格差等を総合的に勘案して判定した。
◇個別格差：画地条件（三方画地）＋5％
建付減価補正：建付減価率を5％と判定した。

2．積算価格の判定

前記1で求めた建物価格と敷地権価格を合算し，所要の補正を行い，積算価格を求めた。

建物価格(円)	敷地権価格(円)	個別補正率	積算価格（円）
3,500,000	＋3,390,000	×0.98	≒6,750,000

※個別補正率：対象物件（部屋）の形並びに階層（エレベーター無の5階建の4階部分）・位置等を考慮して判定した。

Ⅱ　収益価格

収益価格は，総収益から総費用を控除した純収益を還元利回りで還元して求めた。

総収益(円)	総費用	純収益	還元利回り	収益価格（円）
780,000	×(1−0.305)	＝542,100	÷8.5	≒6,380,000

※総収益：現在収受している月額支払い賃料を基に近隣の賃貸事例等を参酌して求めた。
※総費用：修繕費，維持管理費，土地・建物の公租公課，損害保険料及び空室損失相当額の総収益に対する経費比率により求めた。
※還元利回り：地価公示価格等の公的評価において全国的に採用されている基本利率5％を基本に，建物償却率，対象不動産が固有に有する収益用不動産としてのリスク（不確実性）等を加算して求めた。

Ⅲ　評価額の判定

積算価格と収益価格は概ね均衡して求められ，両価格の妥当性が検証できたので，両価格の中庸値を採用し，所要の修正を行った上評価額を以下の通り決定した。

調整後の価格(円)	競売市場修正	引受債務相当額(円)	評　価　額（円）
6,570,000	×0.7	−130,000	≒4,470,000

※競売市場修正：競売市場が持つ特殊性等による減価率を30％と判定した。
※引受債務相当額：敷金等を考慮して判定した。

第6　参考価格資料

1．地下公示地　〔○○5－14〕
　　所　　　在　　○○区○○2丁目○○番○号（住居表示）
　　価　　　格　　403,000円/m²
　　位　　　置　　△△線『▲▲』駅の北東約450m
　　価 格 時 点　　平成○○年○月○日
　　地　　　積　　235m²
　　供給処理施設　上水道・ガス・下水道：有
　　接 面 街 路　　南西25m都道
　　用途指定等　　準住居地域（60；300），防火地域
　　地域の概要　　店舗，中層マンション等が建ち並ぶ路線商業地域

2．固定資産税評価額（平成○○年度）
　　物件1（建　物）　　　　1,867,500円
　　物件1（符号1の土地）25,149,910円（共有持分 10000分の812）

第7　添付資料
　1．位置図
　2．公図写
　3．建物図面写
　4．間取図　　　　　　　　　　　　　　　　　　　　以上

　平成○○年○月○○日

　　　　　　　　　　　　　　　　　　　評価人　不動産鑑定士
　　　　　　　　　　　　　　　　　　　　　　乙　野　次　郎

　　※公図写，各階平面図，建物間取図の添付あり（省略）

(D) 特定競売における特定評価書

上記(ｱ)(F)と同じように、特定債権者から不動産の評価を記載した「特定評価書」の提出がある場合に、執行裁判所が相当と認めるときは、評価人を選任することなく、特定評価書（特定競売法規則2条）に記載された評価に基づいて売却基準価額を定めることができる（同法4条）。

(ｳ) 物件明細書

(A) 制度の趣旨

各債権者から債権届出がなされ（民執50条）、執行官から現況調査の報告書が、評価人から評価書がそれぞれ提出されると（民執規29条、30条）、執行裁判所は、それらの資料等に基づいて、競売の目的となっている不動産の権利関係についての事実認定をし、それにより法的な判断を行い、売却基準価額を定め、無剰余の判断を経たうえで売却条件を定める。

それに基づき、裁判所書記官は、その売却条件等を記載した物件明細書を作成し、一般の閲覧に供するため、その写しを執行裁判所に備え置かなければならない（民執62条）。

このような物件明細書の作成・閲覧の制度は、売却手続の適正を図るためにある。その適正価額は、多数の者が売却手続に参加し、自由な競争をすることによって形成されるべきものであるが、そのためには、目的不動産に関する情報が開示されていることが必要不可欠になる。そこで、目的不動産にかかる権利関係等、買受希望者が当該不動産を買い受けるにあたって必要な情報を、裁判所書記官が積極的に開示するものとしたのである。

(B) 物件明細書の機能

物件明細書には、次の5つの機能があるといわれる。

(i) 買受希望者の意思決定のための判断資料

物件明細書には、買受人が引き受けるべき負担の有無および引き受けるべき負担がある場合にはその内容が記載されている。そこで、直接には、買受希望者が買受申出をするかどうかの意思決定のための判断資料としての機能を有する。

なお、占有者等の利害関係人にとっても、執行機関の判断を知ることができるから、物件明細書の記載に対する執行異議の申立てをするかどうかの判断資料にもなる。
　(ii) 引渡命令発令の可否についての判断資料
　引渡命令（民執83条）発令の可否は、競売後、買受人からの申立てがあった時点で判断されることになるのであるが、物件明細書作成時点においても売却基準価額を定めるために一応の判断をする必要がある。そこで、実務では、物件明細書の備考欄に引渡命令の発令の可能性を示唆する記載をする取り扱いをすることがある。このような記載があると、買受希望者だけでなく、占有者に対しても判断基準を与えることになる。
　(iii) 売却後の登記嘱託についての判断資料
　買受人が代金納付すると、裁判所書記官は、所有権等の移転および抵当権等の抹消の各登記の嘱託をする（民執82条1項）。抹消すべき登記は「売却により効力を失った権利等」であるところ、物件明細書には「売却により効力を失わない権利等」が記載されているだけであるが（民執62条1項2号）、これによって買受希望者は、登記嘱託の際の原則的な判断資料を知ることができる。
　(iv) 買受希望者等に対する警告的機能
　売却物件の価額決定に重大な影響を与えるべき事実関係または権利関係に関する事項を物件明細書の備考欄に記載することにより、買受人が不測の損害を被ることのないように警告を与えることができる。
　(v) 執行妨害の抑制機能
　執行妨害を目的とする占有者に対しては、執行裁判所がこれらの占有を執行法上保護に値しないものと認定しこれを宣言するために、物件明細書の備考欄に、たとえば「○○の主張する賃借権は、本来の用益を目的としたものとは認められない」等の記載をすることによって、執行妨害者に対して、執行妨害を抑制する実際上の効果を意図している。
　(C) 物件明細書の記載の効力

201

平成16年改正により、物件明細書の作成権限は、執行裁判所から裁判所書記官に移された。前述のように、執行裁判所の判断した売却条件を前提にして、裁判所書記官が作成するものであるが、その認識を記載した書面に過ぎないもので裁判書ではなく、その作成行為は、一種の事実行為としての処分であると解されている。そこで、物件明細書に示された判断には、実体法上の権利関係を確定または形成する効力はなく、また、その記載には公信力もない。

　したがって、理論上は、物件明細書の記載にかかわらず、本来存続することとなる権利は存続し、消滅すべきものは消滅するはずである。たとえば、ある賃借権について、それが引き受けにならないものと判断され、「買受人が負担することとなる他人の権利」欄に記載されなかった場合であっても、その賃借権が本来買受人の引き受けるべきものであれば、買受人は、賃借権の負担の付いた不動産を買い受けたことになる。そのことにより、損害を受けた買受人は、当該手続の外で瑕疵担保責任（民568条）を追及するしかないと解されている（借地権付き建物に対する強制競売において、借地権が存在しなかった場合と民568条1項・2項および566条1項・2項の類推適用につき、最判平成8・1・26民集50巻1号155頁）。逆に、賃借権が引き受けになるものとして記載された場合であっても、真実、それが不存在であったときには、買受人は、不当に利益を受けたように見えるが、この場合の買受人に対して、不当利得の返還請求はできないと解されている。

　しかし、物件明細書の作成の前に、執行裁判所は、不動産登記事項証明書、現況調査報告書、評価書等を検討し、現況調査によって事実関係の確定が十分できないなど必要があるときには審尋（民執5条）を行って、権利関係を調査し判断している。

　執行裁判所は、原則として、現況調査報告書と評価書を含む記録上の資料に基づき売却条件を決めれば足り、審尋をしなければならない義務はないといえるが（東京地判平成9・8・29判タ980号131頁）、権利関係が不明な場合、特に濫用的な賃貸借が主張されたりして執行妨害の存在が疑われる場合には、

できるだけ関係者の呼び出す方法での審尋を実施すべきであろう。これにより、占有の実態が明らかになる場合が多いだけでなく、執行妨害に対しては、断固として許さないとする執行裁判所の毅然とした姿勢を示すことが、有効な妨害防止策の1つと思うからである。また、後述のように、これからの物件明細書には、買受希望者が最も知りたい情報（占有確保の可能性）が親切に記載されていることが望ましいので、そのためにも、執行裁判所は審尋を積極的に活用して、できるだけ正確な情報を取得するよう努めるべきである。

そうすると、裁判所書記官が作成する物件明細書には、競売不動産に関する権利関係についての執行裁判所の判断の結果が記載されているのであるから（物件明細書の記載内容と売却基準価額の決定の基礎となる事項の内容に齟齬がある場合には、執行裁判所は、売却基準価額の決定においてこれを明らかにしなければならない。民執規30条の4第1項）、それには高い証拠価値が与えられる。実際、その後に買受人から占有者に対して明渡訴訟等が提起された場合、物件明細書は、同訴訟手続の中で証拠価値が高いものとして評価されるであろうから、受訴裁判所の判断が執行裁判所のそれと食い違う場面はほとんどないものと思われる。

(D) 物件明細書の記載事項（必要的記載事項と任意的記載事項）の読み方

物件明細書の記載事項は、民執法62条に定められている（【参考書式8】の物件明細書参照）。

【参考書式8】 物件明細書

平成○○年(ヌ)第○○○号

物件明細書

平成○○年○月○日
東京地方裁判所民事第21部
裁判所書記官　甲　野　太　郎

1　不動産の表示
　　【物件番号1】
　　　別紙物件目録記載のとおり

2　売却により成立する法定地上権の概要
　　　なし

3　買受人が負担することとなる他人の権利
　　【物件番号1】
　　　なし

4　物件の占有状況等に関する特記事項
　　【物件番号1】
　　　　　B　　が占有している。同人の賃借権は，平成○○年○月○日の経過により，差押え後に期限が経過するものである。

5　その他買受けの参考となる事項
　　　なし

《 注　意　書 》

1　本書面は，現況調査報告書，評価書等記録上表れている事実とそれに基づく法律判断に関して，執行裁判所の裁判所書記官の一応の認識を記載したものであり，関係者の権利関係を最終的に決める効力はありません（訴訟等により異なる判断がなされる可能性もあります）。
2　記録上表れた事実等がすべて本書面に記載されているわけではありませんし，記載されている事実や判断も要点のみを簡潔に記載されていますので，必ず，現況調査報告書及び評価書並びに「物件明細書の詳細説明」も御覧ください。
3　買受人が，占有者から不動産の引渡しを受ける方法として，引渡命令の制度があります。引渡命令に関する詳細は，「引渡命令の詳細説明」を御覧ください。
4　対象不動産に対する公法上の規制については評価書に記載されています。その意味内容は「公法上の規制の詳細説明」をご覧ください。
5　各種「詳細説明」は，閲覧室では通常別ファイルとして備え付けられています。このほか，BITシステムのお知らせメニューにも登録されています。

平成○○年(ヌ)第○○○号

物 件 目 録

1 （一棟の建物の表示）

　　所　　　在　　○○区○○5丁目○○番地○○

　　建物の名称　　□□マンション

（専有部分の建物の表示）

　　家屋番号　　　○○5丁目○○番○○の○○

　　建物の名称　　403号

　　種　　　類　　居宅

　　構　　　造　　鉄筋コンクリート造1階建

　　床　面　積　　4階部分　　20.42平方メートル

（敷地権の目的たる土地の表示）

　　土地の符号　　1

　　所在及び地番　○○区○○5丁目○○番○○

　　地　　　目　　宅地

　　地　　　積　　103.93平方メートル

（敷地権の表示）

　　土地の符号　　1

　　敷地権の種類　所有権

　　敷地権の割合　10000分の812

（1枚目）

(i) 必要的記載事項

① 「不動産の表示」　通常、物件目録が添付されるが、登記事項証明書上の表示のほかに、「現況地目・農地」とか、「現況床面積　〇〇平方メートル」とか、その現状についても併記される。

② 「買受人が負担することとなる他人の権利」　これは、不動産に係る権利の取得および仮処分の執行で売却により効力を失わないものである。この「欄」に何らの記載がない場合や斜線が引いてある場合は、買受人の負担がないことを示している。買受人が負担することとなる権利がある場合は、賃借権等の契約内容が表示される。濫用的な賃貸借については「〇〇が占有している。同人の賃借権は、正常なものとは認められない」などと記載されている。

なお、買受人が負担することとなる他人の権利が存否不明の場合には、実務では、これを存在するものとして（負担相当分を控除して）、売却基準価額が決められる。買受人に予想外の損害を与えないためである。

③ 「売却により成立する（設定したものとみなされる）法定地上権の概要」　この「欄」には、たとえば、「売却対象外の土地（地番〇番）につき、本件建物のために法定地上権設定」とか、「本件土地につき、売却対象外の建物（家屋番号〇番）のために法定地上権成立」と記載される。前者は、売却対象である本件建物のために売却対象外の敷地である〇番の土地につき本件建物の敷地を利用するために必要な法定地上権が成立する（借地権付き建物になる）ことを意味し、後者は、売却対象外建物のために売却対象たる本件土地に法定地上権が成立する（借地権の負担の付いた土地になる）ことを意味する。

いずれにおいても、法定地上権が成立しない場合は、「なし」と記載される。

(ii) 任意的記載事項

通常、備考欄に、参考事項が記載される。たとえば、「隣地（地番〇〇番）との境界が不明確である」とか、マンションにつき「管理費等の滞納あり」

にように、買受けの参考となるべき事項を具体的に記載している裁判所が多い。

以上の物件明細書や評価書の記載の詳細説明については、巻末にある東京地方裁判所民事執行センターの〔参考資料２〕「競売ファイル・競売手続説明書」を参照されたい。

(4) 競売不動産の価格の維持

差し押さえた不動産の価格を売却が終わるまで維持するために、不動産自体に対する保全と不動産に従たる権利の保持について規定が設けられている。不動産を差し押さえられた債務者は、その価値の維持に関心を失ってしまうことがあるし、自暴自棄ないしは嫌がらせのために不動産の価値を積極的に損傷することもあるからである。また、いわゆる占有屋など不当の利益を得ようとして執行妨害を図る第三者が後を絶たないので、こうした妨害者を効果的に排除し、円滑な競売不動産の売却を進めるために、以下の保全処分が用意されている。

(ア) 売却のための保全処分（民執55条）

不動産の差押えがあっても、債務者・占有者が通常の用法に従って不動産を使用しまたは収益をすることは妨げられない（民執46条２項）。しかし、売却手続が終了するまでの間に、債務者または不動産の占有者が価格減少行為（不動産の価格を減少させ、または減少させるおそれがある行為をいう）をするときは、適正価格による売却を困難にしてしまう場合がある。

そこで、執行裁判所は、差押債権者（配当要求の終期後に強制競売の申立てをした差押債権者を除く）の申立てにより、買受人が代金を納付するまでの間、

① 債務者または占有者に対し、価格減少行為を禁止し、または一定の行為をすることを命ずること（必要があれば公示保全処分をする。55条１項１号）、
② 債務者（所有者）、または占有権原を差押債権者、仮差押債権者もしくは民執法59条１項の規定により消滅する権利を有する者に対抗するこ

207

とができない占有者に対し、執行官保管命令（必要があれば公示保全処分をする。同条1項2号）、

③　占有移転禁止・公示保全処分（同条1項3号）、

ができる。なお、公示保全処分とは、不動産の所在場所に当該保全処分の内容を公示書等により執行官に公示させることを内容とする保全処分である（民執規27条の3。公示書等の損壊者に対する罰則につき204条1号）。上記③の保全処分がされたときは、当事者恒定効（民保62条）が生じ、悪意の占有者または決定執行後の善意の承継人に対して、引渡命令の執行力を及ぼすことができる（民執83条の2）。

　この規定は、民事執行法制定時には、不動産の債務者（所有者）のみを対象としており、保全処分の相手方の範囲は債務者またはその家族などの占有補助者に限定されてしまい、厳格な解釈論では、執行妨害を目的とする占有屋等を排除することができない。そこで、実務では、債務者概念を拡大解釈して、第三者を占有補助者と同視する努力がされてきた。[5]その後、執行妨害対策の一環として、平成8年の改正により、不動産の占有者に対しても発令できるようにされた（ただし、相手方の範囲は、立法当初の政府原案に戻ったに過ぎない）。そして、平成15年改正により、価格を「著しく」減少させる行為のうち「著しく」を削除して発令要件を緩和した（もっとも、実務の運用では、既に発令要件を緩和していたので、この改正により大きな変化はないともいわれているが、発令しやすくなったことは否定できない）。[6]ただし、正常な賃借人等を保護する必要から、価格減少行為による不動産の価格の減少またはそのおそれの程度が軽微であるときは、保全処分は発令できない（民執55条1項ただし書）。

　平成15年改正前は、執行官保管を命ずる保全処分は、禁止命令・行為命令に違反したとき、または、禁止命令・行為命令によっては不動産の価格の著

---

[5] 西村宏一＝佐藤歳二編『不動産執行法』（注解不動産法9）249頁〔古島〕、浦野雄幸編『コメンタール民事執行法』170頁〔栂善夫〕。

[6] 谷口ほか『改正担保・執行法の実務』43頁以下。

しい減少を防止することができないと認める特別の事情があるときに発令され、発令要件が加重されていた。しかし、それでは、要件が厳しくて、悪質・巧妙な執行妨害に対処し難いといわれていた。そこで、上記改正により、事案に応じて必要な処分を的確に発令できるように、執行官保管を命ずる保全処分も、それ以外の保全処分と同様の要件で発令できるようになった。[7]

ここで「不動産の価格を減少させる行為又はそのおそれのある行為」とは、客観的にみて、価格を減少させるか、そのおそれのある行為であればよく、行為の内容について特別の規定はされていない。たとえば、差押えの目的土地上に建物等を建築する、債務者が自暴自棄となり目的家屋を取り壊す、あるいは屋根が壊れたまま放置する、建物に施錠せずに空家にしているため浮浪者等が入り込み家屋が損壊したり火事を起こすおそれがある場合などである。

発令手続として、債務者以外の占有者に対して発令する場合は、執行裁判所は、必要があると認めるときは、その者を審尋しなければならない（民執55条3項）。また、申立人に担保を立てさせるか否かは、原則として裁判所の裁量によるが、上記②の執行官保管命令の場合には、相手方に与える打撃が大きいので、必要的とされる（民執55条4項）。

保全処分は、事情の変更があれば、変更・取消しができるし（民執55条5項）、保全処分決定または申立却下決定に対しては執行抗告ができる（民執55条6項）。そして、申立費用、その執行費用および不動産の保管費用は、債権者全体の利益のための支出であるので、共益費用として配当原資から優先的に回収することができる（民執55条10項）。

　(イ)　**相手方を特定しないで発する売却のための保全処分等**（民執55条の2）

執行妨害の方法として占有者を転々と移転させるような場合、差押債権者としては、保全処分の申立ての相手方を特定できないことがある。

そこで、執行妨害対策の強化として、平成15年改正により、民執55条1項

7　谷口＝筒井編著『改正担保・執行法の解説』75頁。

2号または3号の保全処分・公示保全処分につき、執行妨害などにより、保全処分または公示保全処分の相手方である占有者を特定することが困難な特別の事情がある場合には、相手方を特定しないで保全処分を発令することができることとした（民執55条の2第1項）。

相手方を特定することが困難な特別事情としては、たとえば、差押債権者が不動産登記簿、表札、居住者への質問・照会等を行っても占有者が特定しない場合、外国人の占有者が次々と入れ替わって居住している場合、架空の法人名を使用して占有者を不明にしている場合などが考えられる。

執行官がこの保全処分を現場で執行したとき、当該執行によって不動産の占有を解かれた者が、当該決定の相手方となる（同条3項）。その者が執行抗告等の申立権者になるのである。執行官は、その相手方となった者の氏名その他の当該者を特定するに足りる事項を執行裁判所に届け出る（民執規27条の4）。ただし、決定執行時までには、相手方を特定しなければならないので、執行時においても特定できないときは、結局、執行不能となる（民執55条の2第2項）。

(ウ) **買受申出をした差押債権者のための保全処分等**（民執68条の2）

平成10年法改正により（民執55条、77条、187条に加えて）新たに設けられたものであり、占有者がいるために入札等を実施しても買受希望者が出てこない場合に、債務者・占有者（買受人に占有権原を対抗できない者）が「不動産の売却を困難にする行為をし、またはその行為をするおそれがあるとき」は、執行裁判所は、差押債権者の申立てにより、買受けを申し出た差押債権者が代金を納付するまでの間、執行官または申立人による不動産の保管を命ずることができる（必要があれば公示保全処分を含む。民執68条の2第1項）。

この保全の要件としては、①占有者（その占有者に占有権原があってもそれが売却により消滅するものであること。民執68条の2第4項）が売却を困難にする行為をし、またはそのような行為をするおそれがあること、②入札等で買受けの申出がなかったこと、③差押債権者が買受可能価額以上の額（申出額）での買受申出をし、保証金を提供すること（同条第2項）が必要である。

すなわち、差押債権者は、申出額を定めて、次の売却実施において買受けの申出をし、他からの買受申出がなければ、自らその申出額で買い受け（自己競落）、申出額に相当する保証金を裁判所に提供するのであるから、次回の売却による実施による確実な換価が担保されることになる。こうした前提で、①のように、他の保全処分に比較して発令要件を緩和している。なお、平成15年改正により、相手方を特定しないで発令することができる民執法55条の２の規定を準用している（民執68条の２第４項）。

　保全処分の内容としては、占有者の占有を解いて執行官または差押債権者に不動産を保管させる命令ができること（必要があれば公示保全処分等を含む。同条第１項）、特に差押債権者による保管を認めていることが重要である。これにより、買受人に対し確実に物件の引渡しが可能となり、また、売却実施前にいつでも買受希望者に対し物件の内部を見せることができるので、買受希望者が安心して買受申出ができることになる。

　(エ)　**最高価買受申出人または買受人のための保全処分等**（民執77条）

　競売手続において、最も高額の買受けの申出をした者（最高価買受申出人）は、売却許可決定の確定後、代金を納付することにより不動産を取得し（民執78条、79条）、引渡命令の申立てをすることができるようになる（民執83条）。

　しかし、この引渡命令の執行に至るまでの間に、債務者や占有者が価格減少行為等をしたり占有移転をすることが予想されるので、これを防止して、確実に不動産の占有を確保できるようにする方策を講じておく必要がある。

　そこで、債務者・占有者（買受人に占有権原を対抗できない者）が「不動産の価格を減少させ、または不動産の引渡しを困難にする行為をし又はその行為をするおそれがあるとき」は、執行裁判所は、最高価買受申出人または買受人の申し立てにより、価格減少行為、引渡しを困難にする行為を禁止し（禁止命令）、または一定の行為を命じ（作為命令）、また、不動産を執行官に保管させること（執行官保管）ができるとしている（民執77条１項）。そして、平成15年改正により、この保全処分についても公示保全処分を併用すること

211

ができることとし、相手方を特定しないで発令することができるとする民執法55条の2の規定を準用している（同条2項）。

以上の(ア)ないし(エ)の保全処分と手続進行との関係は次図のとおりである。

【図14】　保全処分の手続の流れ

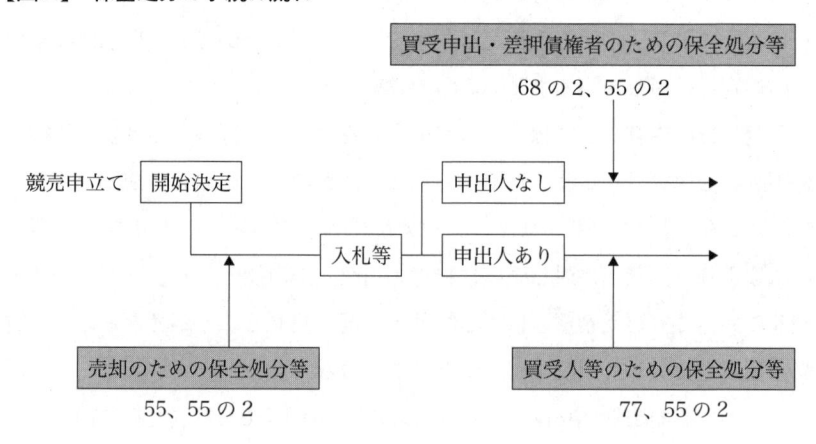

```
                                    買受申出・差押債権者のための保全処分等
                                              68の2、55の2
                                                  │
                                                  ↓
競売申立て → 開始決定 ─┐       ┌─ 申出人なし ────→
                      │       │
                      └─ 入札等 ─┤
                      ↑       │
                      │       └─ 申出人あり ───→
                      │                  │
               売却のための保全処分等        買受人等のための保全処分等
                  55、55の2                    77、55の2
```

　(カ)　**地代代払いの許可**（民執56条）

建物に対し強制競売の開始決定がされた場合、差押えの効力は、その建物の所有を目的とする地上権・賃借権にまで及ぶものと解される。

しかし、債務者がその地代・借賃を支払わない場合、地主（賃貸人）によって賃料不払いを理由とする契約解除をされてしまい、そうなると目的不動産は不法占有上の建物のということで、いわば材木価格同様の評価とされることになり、建物の価格は著しく減少するおそれがある。

これを回避するためには、差押債権者が不払いの地代等を任意に弁済する方法もあるが（民474条）、特に執行裁判所の許可を得て支払ったときは（民執56条1項）、その支払った地代等を最優先債権である共益費用として保護することになる（民執56条2項）。前者の方法での費用は一般先取特権として保護されるが（民307条）、競売手続上では配当要求が必要であるのに対し、後者の方法であれば、配当要求は必要なくして執行手続上優先的に支払いを

受けることができる。

参考裁判例

〔1〕 最判昭和48・10・5判タ307号169頁、判時735号60頁

抵当権の設定されている建物を買い受け引渡を受けた買主が、その後抵当権の実行により右建物を競落した競落人にその所有権を対抗できないことを知りながら不法に占有中、右建物につき費用を支出したとしても、買主は、民法295条2項の類推適用により、右費用償還請求権に基づき建物の留置権を主張することはできないと解すべきである。

〔2〕 最判昭和51・6・17判タ339号260頁、判時821号114頁

国が自作農創設特別措置法に基づき、農地として買収したうえ売り渡した土地を、被売渡人から買い受けその引渡を受けた者が、土地の被買収者から右買収・売渡処分の無効を主張され所有権に基づく土地返還訴訟を提起されたのち、右土地につき有益費を支出したとしても、その後右買収・売渡処分が買収計画取消判決の確定により当初に遡つて無効とされ、かつ、買主が有益費を支出した当時右買収・売渡処分の無効に帰するかもしれないことを疑わなかつたことに過失がある場合には、買主は、民法295条2項の類推適用により、右有益費償還請求権に基づき土地の留置権を主張することはできないと解するのが相当である。

〔3〕 最判平成9・7・15民集51巻6号2645頁

三 所論は、原審の右判断につき国家賠償法1条1項の解釈適用の誤りをいうものである。よって検討するに、民事執行手続における現況調査（民事執行法57条）の目的は、執行官が執行裁判所の命令に基づいて不動産執行又は不動産競売の目的不動産の形状、専有関係その他の現況を調査し、その結果を記載した現況調査報告書を執行裁判所に提出することにより、執行裁判所に売却条件の確定や物件明細書の作成等のための判断資料を提供するとともに、現況調査報告書の写しを執行裁判所に備え置いて一般の閲覧に供することにより、不動産の買受けを希望する者に判断資料を提供することにある。このような現況

調査制度の目的に照らすと、執行官は、執行裁判所に対してはもとより、不動産の買受希望者に対する関係においても、目的不動産の現況をできる限り正確に調査すべき注意義務を負うものと解される。もっとも、現況調査は、民事執行手続の一環として迅速に行わなければならず、また、目的不動産の位置や形状を正確に記載した地図が必ずしも整備されていなかったり、所有者等の関係人の協力を得ることが困難な場合があるなど調査を実施する上での制約も少なくない。これらの点を考慮すると、現況調査報告書の記載内容が目的不動産の実際の状況と異なっても、そのことから直ちに執行官が前記注意義務に違反したと評価するのは相当ではないが、執行官が現況調査を行うに当たり、通常行うべき調査方法を採らず、あるいは、調査結果の十分な評価、検討を怠るなど、その調査及び判断の過程が合理性を欠き、その結果、現況調査報告書の記載内容と目的不動産の実際の状況との間に看過し難い相違が生じた場合には、執行官が前記注意義務に違反したものと認められ、国は、誤った現況調査報告書の記載を信じたために損害を被った者に対し、国家賠償法1条1項に基づく損害賠償の責任を負うと解するのが相当である。

　これを本件についてみると、前記事実関係によれば、本件土地の現況調査を担当した○○執行官は、案内した象潟街役場職員の指示説明の内容と登記簿の記載や畜舎跡と見られる廃屋の存在が符合することから、同職員の指示した土地が本件土地であると判断したものと認められる。しかし、同職員は、自ら案内を申し出たとはいえ、本件土地の位置を正確に指示説明できるだけの知識を有するかどうかは明らかではなかったのであるから、このような場合、執行官としては、この点につき同職員に質問し、あるいは、他の調査結果と照らし合わせるなどして、その指示説明の正確性を検討すべきであった。にもかかわらず、同執行官は、直ちに同職員の指示説明した土地を本件土地と判断したのであるから、右の検討を怠ったものといわざるを得ない。また、不動産登記法17条所定の登記所備付地図（いわゆる17条地図）は、現地指示能力及び現地復元能力を有し、土地の所在、範囲を特定する際の重要な資料であり、現況調査の目的となる土地につき登記所備付地図がある場合には、右地図と現地の状況を方位や道路、隣地との位置関係等から照合して土地の特定を行うのが通常の調査方法と考えられるところ、前記事実関係によれば、同執行官は、本件土地が記載された登記所備付地図の写しを携行していたにもかかわらず、右地図写しと現地の状況との照合を十分に行わず、そのために両者の相違に気付かなかったというのである。以上によれば、同執行官は、本件土地の現況調査を行うに

当たり、通常行うべき調査方法を採らず、また、調査結果の十分な評価、検討を怠り、その結果、現況調査の対象となる土地の特定を誤り、1番3の土地の現況を本件土地の現況として現況調査報告書に記載したものであって、目的不動産の現況をできる限り正確に調査すべき注意義務に違反したものと認められる。

〔4〕　東京地判平成9・12・9判タ1009号112頁
　2　被告国の責任
　　(一)　被告国の違法行為
　共同住宅においては一室ずつ占有状況が異なるのが通常であるから、各居室に立ち入って現況を調査することは、共同住宅の現況調査をする際の基本的な方法であるにもかかわらず、担当執行官は、前記一3のとおり、本件共同住宅二階部分の現況調査として、外付階段を上った二階の入口とその脇にある下足箱、共同便所、二階の廊下及び二階各居室を外部から視認しただけで、本件貸室に立ち入ることなく、同室の占有はないと判断したのであり、右の基本的な調査方法を講じなかったことが認められる。
　ところで、担保権の実行としての不動産競売においては、目的不動産の登記簿謄本の調査と執行官による現地調査などによって、手続の迅速な処理を図りつつ、目的不動産についての権利関係を正確に把握するというシステムが採られているのであるから、現地調査は権利関係の把握にとって極めて重要なものである。しかも、競売物件の占有状況の判断は、建物の評価等の点で買受人の利害に影響するところが大きいばかりか、占有者に対する関係でも重大な影響を及ぼすものであるから、競売物件の占有状況を調査するための基本的な調査方法をとらなかった場合には、特段の合理的根拠がない限り国家賠償法上の違法性が認められるというべきである。
　そこで、担当執行官が本件貸室に立入調査しなかったことについて、特段の合理的根拠が認められるかどうかを検討すると、前記一3のとおり、担当執行官が現況調査をした際、本件共同住宅のプロパンガスの栓は全部はずされており、一階の入口から三番目の部屋には1987年1月のカレンダーがかけられたままで、中古小型冷蔵庫、中古石油ストーブ等の無価値と見られる動産が若干放置されていたが、埃が積もっており、住居として現に使用されている形跡はなかったこと、一階の他の居室は完全な空室であったこと、二階の廊下には大量の新聞紙等が溜まっていたこと、居室兼作業所として使用されていた隣接建物

215

は、一階南側が倉庫として使用されていたほかは空家であったこと、隣接建物の敷地の南隅にあった小屋は廃屋状況であったことが認められる。

しかしながら、右の諸事実を考慮しても、一階の各居室を技術者に開錠させた際に、二階の各居室を開錠させて容易に立ち入ることが可能であったこと、現況調査当時、本件共同住宅は全室施錠されており、各居室ごとに使用状況が異なることが予想されたこと、現況調査報告書に添付されている写真を見る限り、使用が不可能であると判断されるほど荒廃していたわけではないこと、被告大泉建設から本件共同住宅の占有状況についての回答がなく、本件貸室に占有者がいないことを裏付ける資料はなかったため、本件貸室への立入調査が占有の有無の判断に必須のものであったこと等にかんがみれば、立入調査をせずに占有がないと判断したことについて、特段の合理的根拠は認められないといわざるを得ない。

したがって、担当執行官の本件貸室についての現況調査には、国家賠償法上の違法性が認められる。
(省略)
　　　　（三）　被告国の反論について
被告国は、原告が現況調査報告書及び物件明細書の記載について執行異議の申立てをすることができたにもかかわらず、これを怠ったのであるから、原告に何らかの損害が発生したとしても、国に対してその賠償を請求することはできないと主張する。

確かに、民事執行法は、不動産の競売事件における執行官の行為が関係人間の実体的権利関係と適合しない場合に備えて、救済手続による是正を予定しているから、民事執行法上の救済手続による是正を求めるのを怠ったために、執行官の行為により損害を被ったとしても、特別の事情がある場合を除き、その賠償を国に対して請求することはできないものと解するのが相当である。

しかしながら、現況調査報告書及び物件明細書に原告の占有及び賃借権が認められないと記載されたことについて、原告は執行異議の申立権を有しており、執行異議の申立によって救済を求める機会がなかったとはいえないとしても、執行異議により救済を受ける具体的な可能性を考慮する必要があるというべきである。本件では、原告において競売申立てがなされていることを知ったのが売却許可決定の直前であり、また、原告において本件貸室を賃借していると上申したところ、執行裁判所及び執行官から何らの調査等も受けなかったことから、右上申どおり本件賃貸借契約の存在が認められたものと理解したのももっ

ともであると解されることにかんがみれば、執行異議手続以外に原告の救済を図る手段がないというのでは、酷に過ぎるというほかはない。そして、原告と被告大泉建設から本件賃貸借についての上申がなされた時点では、未だ売却許可決定もなされておらず、再調査をして現況調査報告書及び物件明細書の誤りを是正することが可能であったことも併せて考えれば、国家賠償請求を認めるべき特別の事情がある場合に該当するとみるのが相当である。

したがって、原告が執行異議の申立てをしなかったことによって、被告国に対する賠償請求が否定されるものではない。

〔5〕　仙台高判平成4・1・28判時1424号58頁

不動産の強制競売事件における執行裁判所の処分については、その処分が関係人間の実体的権利関係に適合しない場合において、右処分により自己の権利を害される者が、強制執行法上の手続による救済を求めることを怠り、このために損害を被ったときは、執行裁判所自らその処分を是正すべき場合等特別の事情がある場合でない限り、その賠償を国に対して請求することはできないと解されている（最高裁昭和57年2月23日判決民集36巻2号154頁参照）が、この理は執行裁判所の補助機関としての執行官の行為により損害を被った者がある場合についても妥当するものと解される。

（省略）

このように現況調査の結果が実体的権利関係に適合していないことを知らなかった場合でも、それが執行官の過失に基づく場合、すなわち執行官の職務上の義務（国家賠償法上の義務）違背によるものであって、その違法が明白かつ重大である場合には、前記説示の特別の事情があるものと解するのが相当であるところ、前記2のとおり、建物の敷地利用権があるか否かは、もしそれがなければ当該建物は存在基盤を欠くことになり、買受人の利害に影響するところ大であるし、建物の評価等についても決定的な影響を及ぼすものであって、場合によっては競売手続の進行自体も不可能となり得る重要な事項である。しかも、本件においては、執行官が現況調査の際に敷地所有者に対しても事実確認をするという実務の通常の運用であり、丙山執行官自身も通常は行っていた原則的手法を実施していれば、虚偽であることを容易に見抜くことができたにもかかわらず、これを怠り、債務者である建物所有者の陳述を安易に信用し、本件建物は借地権付きであるとの誤った結論を導き、それを前提にして手続が続行されたわけであるから、ことは重大であるとともに、その違法性も明白であ

るといわざるを得ない。

(省略)

　確かに、執行手続においては迅速な処理が要請されているので、現況調査においても同様であるというべきであるし、現況調査のため執行官の調査権限が強化されているとはいえ、当事者等関係者の協力が得られるとは限らないなど各種の制約が存在するのであるから、その現況調査の手段方法、程度等については、これを調査する執行官の裁量に委ねなければ適正かつ効率的な調査は期し難いところである。したがって、控訴人主張のとおり、具体的事案に応じ、そのとるべき調査の手段方法、程度等は、執行官の合理的裁量に委ねられているものと解すべきであり、執行官においてその裁量を著しく誤ったときにはじめて違法の問題が生じるに過ぎないものというべきである。

　しかしながら、現況調査において、執行官は、対象物件の占有関係、権利関係等を可能な限り正確に把握して、これを執行裁判所に報告すべき職務上の義務を負う者である。したがって、本件のように、競売の目的物件が建物である場合において、建物所有者とその敷地所有者が異なるときは、当該建物が敷地利用権を有するか否かがその最低売却価額を決定する場合などにおいて極めて重要な意義を有するのであるから、可能な限り正確にその権利関係等を把握するというためには、原判決も説示のとおり(略)

　建物所有者と敷地所有者の双方から事情を聴取することをこの場合の原則的手法とすべきであり、執行官実務においてもそれが通常の運用とされているのである。したがって、敷地所有者から事情聴取するまでもなく建物所有者からの事情聴取等によっても合理的な疑問を抱かせないほどに事実関係が明らかになったとか、敷地所有者からの事情聴取が著しく困難であるなどの合理的根拠がない限り、敷地所有者からの事情聴取を省略することは、前記説示の合理的裁量の範囲を逸脱し、前記職務上の義務に違背するものとして、国家賠償法上も違法と評価すべきである。

〔6〕　東京高決昭和57・3・26判時1040号59頁

　そこで、まず、本件執行抗告の理由中執行官の作成した現況調査報告書の内容の瑕疵をいう部分の適否について考えるに、民事執行法74条2、3項は売却許可決定に対する執行抗告の理由を法定しているのであり、右規定上、現況調査報告書の内容の瑕疵自体は執行抗告の理由とはならず、現況調査の誤りが最低売却価額もしくは一括売却の決定、物件明細書の作成に重大な誤りを生じさ

せた場合に、当該決定等の重大な誤りを主張して執行抗告の理由とすることを認める趣旨であると解するのが相当であるから、本件執行抗告の理由中現況調査報告書の内容の瑕疵自体をいう部分は不適法といわざるをえない。

〔7〕　東京高決平成8・11・2判夕933号273頁
　しかし、評価人に対象不動産への立入義務があるわけではなく、立入りの方法で建物内部を調査しなければ評価が誤りとなるものではない。一件記録によれば、評価人は現地調査を行った上で、建物の再調達原価や現価率、近隣の地価水準、本件不動産の個別的要因、競売特有の価格形成要因等を総合考慮して本件不動産を評価しており、その評価過程に誤りはない。したがって、原裁判所が右評価の結果に基づいて最低売却価額を決定したことに重大な誤りは認められない。

〔8〕　福岡高決平成元年2・14判夕696号218頁
　法、規則の右趣旨からすれば、評価人が不動産の評価を行うにあたって、まず肝要とされるのは、その評価の参考となる諸要因について充実した調査を行って的確な資料を収集することであって、これによりはじめて適正な評価額を算出できるものというべきである。評価人の行うべき調査の方法、範囲は、不動産の種類、状況によって様々であることはもちろんであって、評価人の知識と経験を活用し、必要な工夫をすることによって評価に必要な不動産の権利、事実関係の現況に関する諸要因を的確に把握することが、評価人に期待されるところであり、また評価人としてのいわば腕の見せどころでもあるといってもよいが、いかなる不動産もそれぞれ個別的な特性を多々備えていることに鑑みれば、評価人にとっては、少なくとも、特段の事情がない限り、不動産の所在場所に臨み、不動産に立ち入って現況をつぶさに見分けするとともに、必要があれば所有者、占有者らに対し質問をし、文書の提示を求めるなどの現地調査を行うことが、調査にあたっての不可欠な要請、職務上の義務であるというべきである。
　このような見地から本件についてみるに、担当評価人は、前認定のように、本件不動産の調査にあたって、本件建物を外観から観察したにすぎないものであって、その内部の状況を直接に見分せず、本件不動産の所有者である抗告人の協力を得ることが困難な状況にあるともいえないにもかかわらず、本件建物の内部に立ち入ることも、また抗告人に面談することもなかったばかりか、そ

の努力を尽くしたこともないまま、本件不動産の評価を行うに至ったものであることが明らかである。担当評価人の右のような調査は、前記の不動産競売等の手続における評価の果たすべき役割、重要性、評価人に課せられた職責に照らすと、抗告人主張の改装等の有無、程度、これによる本件建物の価値の増加の有無、程度を論ずるまでもなく、法によって要請される評価の基本手続を著しく懈怠したものであるというほかはない。

〔9〕 札幌地判平成6・3・3判タ849号62頁
　甲野執行官の過失
　　（一） 執行官は、現況調査において、対象物件の所在、範囲、形状をできる限り正確に特定する職務上の義務があり、その調査方法の選択においては、ある程度の裁量が許されるが、具体的事案に応じて決定されるべき裁量の範囲を超えるときは、調査を違法とするほかない。
　また、執行官がその裁量の範囲にあると認められる現況調査の方法によっても、対象物件の客観的に正しい現況を把握することができなかった場合は、現況調査報告書にその旨明記して執行裁判所に報告すべき義務がある。
　　（二） これを本件についてみると、先に認定した事実によると、甲野執行官が本件土地の現地調査に訪れた平成2年7月11日ころ、本件土地には、熊笹が生い茂っていたため、甲野執行官は南西角と南東角の境界石を確認することができなかったのであるから、本件土地から東側に約52メートル離れた札幌市南区簾舞318番163付近から見通す方法により、本件土地の北側の法部分の底辺の長さ、南側の平坦部分の底辺の長さを計測したことは、執行官の現況調査の一方法として一応裁量の範囲にあると認められる。
　しかし、甲野執行官は、目測で本件土地の形状を把握するのに加えて、少なくとも崖法部分の傾斜角度及び底辺の長さについて、簡易な測定方法を併用するべきであった。すなわち、前記認定の本件土地の形状、境界付近の状況等からすると、例えば、本件土地の北側境界線付近において、地面に垂直に棒を立て、その棒の上の先端からその棒に垂直に本件土地の傾斜面に向けて棒を突き出し、その距離を測定するべきであった。そうすれば、頂上の平坦部まで及び棒の各高さが判明していたのであるから、比例計算をすれば容易に崖法部分の底辺の長さを概算することができたのである。また、分度器等の計測器具がなくとも、いろいろな三角形の特質を利用して、手持ちの紙辺等を活用して容易に60度、45度、30度の各角度を作ることができるから、これらを用いて本件土

地の崖法部分の傾斜角度を概測すべきであった。

　右のような簡易な測定方法を併用することによって、特殊な計器・器具等がなくとも、本件土地の崖法部の傾斜角度及び底辺の長さの概数を容易に認識することができたはずである。それにもかかわらず、甲野執行官は、本件土地の崖法部分の傾斜角度及び底辺の長さの測定を漫然と目測のみで行い、右の角度及び長さについて、前記認定のとおり、客観的な現況とかなり違った認識を持ち、その旨本件現況調査報告書に記載した過失があったといわざるをえない。

　そのうえ、甲野執行官は、このように、本件土地の形状の把握がきわめて不正確であったから、その旨現況報告書に明記すべきであったのにこれを怠った過失もあったというほかない

（省略）

　　被告乙山の過失

　　　（一）　不動産競売事件において、評価を命じられた評価人は、評価の参考になる諸要因について充実した調査を行って的確な資料を収集し、これによって、適正な評価額を算出するとともに、競売参加者が対象物件の適正な価格を判断する参考とすべく評価書にできる限り正確な記載をすべき職務上の義務があるというべきである。その調査及び評価方法の選択においては、ある程度の裁量が許されるが、執行官と比較して、より正確な資料を求められるところから、その裁量の範囲は狭く、具体的事案に応じて決定されるべき裁量の範囲を超えるときは、評価を違法とするほかない。

　また、評価人がその裁量の範囲にあると認められる調査及び評価の方法によっても、対象物件の客観的に正しい現況を把握することができなかった場合は、評価書にその旨明記して執行裁判所に評価内容を報告すべき義務がある。

　　　（二）　これを本件についてみると、先に認定した事実によると、被告乙山は、本件土地の現地調査に赴いた際、熊笹が生い茂っていたために、本件土地の南西角と南東角の境界石を確認することができず、甲野執行官と同様の目測によって、その北側の崖法部分の底辺の長さ及び南側の平坦部分の底辺の長さを推測するという調査方法をとったこと、本件土地の頂上の平坦部分の面積は、平坦部分の面積を拡張する工事をせずに建物を建てられるか否かに関わる点であるから、本件土地を宅地見込地として評価する以上、評価についての重要な要素であり、現に被告乙山も本件評価書の「評価額決定の理由3　土地の状況」の欄に、「…、道路が築造されて接続したことにより、法面が生じて利用可能部分が減少したが、反面法面を除き平坦部分についてさらに1ｍの後

退をもって住宅建築が可能となったものであり、効用増加となった」と記載していることが認められる。

してみると、本件において、本件土地の頂上の平坦部分の面積如何は、現状のままで建物の建築が可能かどうかを決めるもので、これが評価額に直接影響を与えるものと認めるべきであるから、評価人である被告乙山においては、先に甲野執行官について述べた方法以上に正確な器具、機器を用いて測定すべき義務があったというほかない。

にもかかわらず、被告乙山は、甲野執行官とともに、本件土地の崖法部分の傾斜角度及び底辺の長さの測定を漫然と目測のみで行い、右の角度及び長さについて、前記認定のとおり、客観的な現況とかなり違った認識を持ち、これに基づいて本件土地の評価を行い、その旨本件評価書に記載した過失があったと言わざるをえない。

そのうえ、被告乙山は、このように、本件土地の形状の把握がきわめて不正確であったから、その旨評価書に明記すべきであったのにこれを怠った過失もあった。

（省略）

　　　救済手続の懈怠
　1　原告が民事執行法上の救済手続による救済を求めなかったことは、甲事件当事者間に争いがない。
　2　被告国が、主張及び抗弁3において主張するような事情のもとで、利害関係を有する者からの国家賠償請求が許されない場合がある（最高裁判所昭和57年2月23日判決）。

しかし、本件は、既に認定したとおり、執行裁判所が、競売の対象とした本件土地の形状について、現況調査を命じた執行官及び評価を命じた評価人が、調査の方法及び目測を誤り、客観的な現況とかなり違った認識を持ち、これを現況として執行裁判所に報告したり、また誤った形状を前提にして土地の時価の評価をし、これを適正な時価額と報告したため、これに基づいて執行裁判所が最低競売価格を決定するなどして手続を進めた結果、原告が本件土地の現況を報告書等に記載されたものと信じて入札して買い受けたというものである。

したがって、本件は、執行裁判所が、債権者の主張、登記簿の記載その他記録に現れた権利関係の外形に依拠して処分を行ったため、関係人間の実体的権利関係との不適合が生じた場合ではないことが明らかである。また、執行裁判所は、競売の対象とした物件の形状及び時価額等、入札を行おうとする者にと

って必要な情報を正確に提供すべき立場にあり、それゆえ執行官及び評価人に専門的に現況調査及び評価を命じているのであるから、本件において、執行官及び評価人の誤った情報に基づいてした誤った最低売却価格の決定を是正すべき立場にあるのは、執行官及び評価人を含めた執行裁判所であるというほかない。

なるほど、先に認定したとおり、原告の夫である○○は、本件土地の検分に赴いた際、本件土地の崖法部分の傾斜角度は45度に満たない程度のものであることを漠然と認識してはいたが、これを過失相殺事由とするのは別論、これをもって執行裁判所の誤った処分の是正を怠ったとして、国家賠償法上の損害賠償請求権を封ずるのは、正当とは考えられない。

〔10〕 仙台高決平成6・2・4判タ860号289頁

そこで、検討するに、本件記録（評価人から平成6年1月7日提出された審尋書に対する意見書（回答書）を含む。）によれば、評価人は、本件土地の価額を評価するに際し、公示価格がないためにこれに代わる標準価格を参考として評価額を決定しており、具体的には対象物件と類似性の高い標準地等の価格から、地域要因等を比較する等して、対象物件の価格を推定する方法によったとしている。そして、評価人は、本件土地につき、その属する地域は、中規模の典型的な農家集落であり、その最有効利用も第一義的には農家住宅の敷地として使用することと判定されるとし、農家集落である猪苗代大字若宮高森甲2869番地（1平方メートル単価6500円）を基準として本件土地の価格を算定したとしている。

しかしながら、福島県平成4年度地価調査結果一覧表によれば、本件土地に場所的に尤も近接した件の地価調査基準地は、本件土地から約1キロメートル北に位置する猪苗代町字不動500番28（1平方メートル単価1万6700円）であって、評価人が基準とした猪苗代大字若宮高森甲2869番地は対象物件から北東に約16キロメートルも離れており、一般的には類似性に乏しいと言わざるをえない。また、本件土地は県道猪苗代塩川線に面し、JR 翁島駅の北西方約600メートルに位置していることや周辺に別荘地があることを考慮すると、農家住宅の敷地以外の住宅地等として利用することも十分考えられるものと思われる。

そうすると、本件土地の評価は妥当性を欠いており、したがってこれに基づいてなされた本件最低売却額の決定には重大な誤りがあるというべきである。

〔関連設問〕
1　Aが強制競売の申立てを建物について、Bが所有権移転登記請求権を被保全権利とする処分禁止の仮処分をし、それが最先順位の登記として経由されている場合、Aは競売手続を進めることができるか。それが抵当権設定登記を保全するための処分禁止の仮処分登記であった場合はどうか。
2　競売不動産につき、最先順位の抵当権登記に後れる賃借権（賃借人占有）があるが、それが正常な賃借権とは認められない場合（執行妨害・濫用的賃貸借）、どのように処遇すべきか。
3　建物建築請負業者は、建物工事代金について当該建物につき留置権を主張することができるが、また、その敷地について留置権（商事留置権）行使ができるか（東京高決平成6・2・7判タ875号281頁、同平成10・11・27判タ1004号265頁、東京高決平成6・12・19判タ890号254頁、同平成10・12・11判タ1004号265頁、同平成11・7・23判タ1006号117頁）。

5　売却実施の手続

(1)　売却の方法

　売却の準備作業が終了し、売却基準価額ないし買受可能価額などの売却条件が定められると、目的不動産の売却手続に入る。
　不動産の売却は、裁判所書記官の定める売却の方法により行う（民執64条1項。なお、平成16年改正により執行裁判所から裁判所書記官に権限が委譲された）。売却の方法の種類には、入札、競り売りおよび民事執行規則で定める特別売却がある（民執64条2項、民執規34条〜51条）。

　　(ア)　売却方法の種類
　　①　入札　　入札には、特定の日時に出頭した者に入札をさせ開札も行う「期日入札」と、一定の期間内に郵便等により入札をさせて開札を行う「期間入札」とがある（民執規34条）。買受けの申出は、執行官に入札書を差し出し、または送付する方法により行う（民執規38条、47条）。最高の価額で買受けの申出をした者を「最高価買受申出人」と定める（民執

規41条、49条)。

② 競り売り　競り売り期日に買受希望者が集まり、買受けの申出の額を競り上げさせる方法により行い、最高価額の買受け申出をした者を最高価買受申出人と定める（民執規50条）。

③ 特別売却　入札または競り売りを実施させても適法な買受けの申出がなかった場合は、裁判所書記官の命令により執行官は他の方法で売却を実施する（民執規51条）。

(イ) 期間入札（現在の実務における売却方法）

現在の実務では、全国的に、どの執行裁判所も期間入札の方法を採り入れ、補助的に特別売却を実施している。悪質な競売ブローカーを排除し、自由な競争による競売を実施するのに、全国的にどこからでも書留郵便によって参加することができる期間入札が、最も適する売却方法だからである。

期間入札で売却できないときには特別売却を実施するが、これは執行官に買受希望の申出をした先着順での随意売却ということである。買受希望者は、確実に買受可能価額で買受けすることができ、競争相手がいないので入札のように見えない人物と競うことはなく、自己が落札できるかどうかについてその予想を立てることもできるなどのメリットがある。そのため、実務では、特別売却による方法によって売却される例は少なくない。

(2) 売却等の公告

裁判所書記官は、売却の方法、日時、場所を定めた場合には、不動産の表示、売却基準価額並びに売却の日時および場所その他所定の事項を公告する（民執64条3項・5項）。公告は、公告書を裁判所の公衆の見やすい場所に掲示して行うことになっている。従前は、不動産所在地の市町村等に対しても掲示するよう嘱託していたが、平成10年の民事執行規則改正により、公告事項の要旨のほか、不動産の買受けの申出の参考となるべき事項を新聞広告等に掲載する方法により公示したときは、市町村等の掲示場への掲示嘱託を省略することができるようになった（民執規36条2項ただし書）。

期間入札の方法により不動産を売却するときは、入札期間および開札期日

を定めなければならないが、入札期間は1週間以上1カ月以内（東京地裁や大阪地裁では8日間とされているようである）、開札期日は、入札期間の満了後1週間以内の日（東京地裁や大阪地裁では、入札満了後1週間後とされているようである）と法定されている（民執規46条1項後段）。また、売却決定期日は、やむを得ない事由がある場合を除き、開札期日から1週間以内の日（東京地裁や大阪地裁では開札期日から1週間後とされているようである）と定められている（同条2項）。

コラム　「競り売り」の長・短所は？

　競り売りは、競り売り期日に集まった買受希望者が、売り手の催告に対し、買受けの申出の額を競り上げさせる方法である。巷のオークションでよく見かける光景であり、いわば人間の競争心理を煽るものであるから、これが理想的状況下で行われれば、最も高額で売却される可能性のある方法といえる。

　民事執行法制定前における不動産競売実務では、主に競り売りが採用されていたが、談合等の不正行為がされる危険性が高く、かつ、駆け引きを要するので、いわゆる競売ブローカー等が多数参加する場合には、一般人が参加することが困難になっていた。

　そこで、多くの執行裁判所は、期日入札を採用したが、それでも競売ブローカーは、競争相手が持参している保証金の札束等で入札金額を予想できたと言い、競り売りと同じような弊害が指摘されていた。

　そのため、民事執行法では、競り売り、期日入札のいずれも採用することができると規定しているが、実務では、書留郵便でも入札できる期間入札が最も不正のない方法ということで、全国の執行裁判所はこれを利用しており、不動産執行に限っていえば、競り売りは全く利用されていない。

---

(3)　売却物件情報の提供・不動産の内覧

　不動産強制競売においては、目的不動産の売却代金から金銭債権の回収を図るのであるから、できるかぎり高額での売却を促進することが望ましい。

そのためには、広く買受希望者を募り、かつ、その者に対し適切な物件情報を提供することが求められる。

　　㋐　物件明細書等（3点セット）の備え置き
　まず、民事執行法上は、物件明細書、現況調査報告書および評価書の各写し（これらを「3点セット」と呼んでいる）が、裁判所書記官によって執行裁判所に備え置かれることになっている（民執62条2項）。

　民事執行法施行の当時から、素人にも「わかりやすい物件明細書」を作成すべきだという意見は強かったが、まずは正確な物件明細書ということから、これまでは、法の求める最低限度の記載がされている物件明細書が作成され使用されてきた。市場の不動産業者が通常作成する「物件説明書」等に比較しても、買受希望者にとって極めて不親切なものであったことは否めない。

　既に述べたように、最近は、執行裁判所が、任意的記載として備考欄にも参考事項を多く記載することが多くなった。買受希望者が最も知りたい引渡命令の発令の可否についての情報等は、それが裁判の予測に関することだけに、どうしても禅問答的な記載にとどまってしまうのであるが、徐々に買受希望者に親切な記載になっているようである。

　　㋑　新聞・雑誌・インターネット利用による情報提供
　3点セットの備え置きでは、買受希望者は裁判所に出向かなければ、物件に関する情報に接触できない。そこで、民事執行法制定の直後から、各地の執行裁判所では、地元の日刊新聞や住宅専門雑誌に競売物件情報の概要を掲載している。

　また、平成14年からは、東京地裁や大阪地裁等の大都市裁判所では、民事執行センターが創設されて、一層迅速かつ円滑な執行へ向けて人的・物的な基盤が整備され、また、平成15年改正によって、物件明細書等の内容を不特定多数の者に提供する方法につき、執行裁判所にその写しを備え置く方法に代えて、インターネット（BITシステム）を利用した情報提供による方法が定められた（民執62条2項、民執規31条1項・3項）。このように、物件情報が広く買受希望者に提供されるようになり、どの地域の物件情報も、全国の買

受希望者から閲覧されることになった。これにより、高売却率と高落札価額につながることになるから、債権者だけでなく、債務者・所有者にとっても大変喜ばしいことである。しかし、反面、競売手続にあまり知識のない素人の参加も増加することになるし、限られた物件情報について誤解をする者も多くなることが予想される。執行実務担当者としては、これまで以上に占有妨害者の排除に努めるほか、より一層正確でわかりやすく親切な物件情報を提供することが求められることになろう。

　(ウ)　**不動産の内覧**

　平成15年改正法によって「不動産の内覧制度」が新設された。これは、不動産競売（強制競売・担保不動産競売）において差押債権者から「内覧」の申立てがあるときに、執行裁判所が執行官に命じて、不動産の買受けを希望する者を競売対象不動産に立ち入らせて見学させることができる、という制度である。

　(A)　内覧制度の趣旨

　一般の市場で行われる不動産売買においては、それが高額な取引である場合が多いことから、買受希望者は、目的物件の現況等を事前に直接検分してから契約締結の意思決定をするのが普通である。ところが、競売は、売主（債務者・所有者）が売却を望んでいないときでも国家権力によって売買を強制するものであること、また、占有者は買受人に所有権が移転するまでは従前どおり通常の用法に従った使用収益ができる建前になっていることなど、通常の市場における任意売買とは異なる特殊な条件の下で行われる売買である。

　そのため、これまでの競売においては、買受希望者からの要望があったにもかかわらず、内覧の制度を置かずに、執行官の現況調査報告書等のいわゆる３点セットを備え置くことで、買受希望者の物件情報入手の要請と占有者のプライバシー保護等の要請との調和を図っていたわけである。平成15年改正では、さらに売却率を高めるために、買受希望者の要請を容れて内覧制度（民執64条の２）を創設したのである。

(B) 内覧のメリットとデメリット

　通常の不動産取引においては、不動産の買受希望者は、売主の協力を得て、契約の締結する前に当該不動産の内部を見てその現状、特に建物では内装関係の材質や居住空間（使いやすさ）などを確かめてから決めることが多いと思われる。

　ところが、競売では、売主（債務者・所有者）から直接物件に関する情報を得ることができない。買受希望者は、競売によって不動産を購入しようとする場合、通常、新聞や住宅情報誌等により競売不動産の所在場所、種類、最低売却価額等の概略を知り、その後、執行裁判所が備え置く3点セットを閲覧・謄写することにより、希望する物件の詳しい情報を得ることになる。一般論でいえば、買受希望者に対し、売却物件を直接見せるほうが、見せないよりも高価に、かつ多くの者に売却できるとの期待があってもおかしくはない。債務者・所有者以外の占有者がいる場合、買受希望者としては、その使用状況や占有者の人物等を確認できれば、ある種の安心感を抱くことができる。要するに、不動産競売においても、買受希望者に対して、できるかぎり任意売却と同様な物件情報を事前に知らせることができる、これが内覧のメリットである。

　このように、内覧は、買受希望者にとっては歓迎すべき制度といえるが、反面、次のように、いろいろな問題点があることが指摘できる。すなわち、①占有者（居住債務者・所有者、占有者）の協力が得られないことが多く、事案によっては、これらの者からの強い反発があることが予想されること、②居住占有者のプライバシーが過度に侵害されるおそれがあること、③内覧の現場において、内覧参加者と居住占有者との間でトラブルが起きる蓋然性が小さくなく、また、内覧参加者（買受希望者）同士の間で談合をするなど適切な競争入札を妨げる行為のおそれがあること、④内覧の実施が高額入札と高売却率に必ずしも結びつかないこと、⑤占有者に対し刑罰を伴う受忍義務を課す裁判手続であるにかかわらず、実施命令の発布の段階で、執行裁判所によるチェックができないことなどが、デメリットとして指摘されている。[8]

(C) 内覧実施の要件と手続の流れ

内覧実施の要件とその具体的手続の流れは、次のとおりである。

(i) 内覧の申立ての方法・時期

内覧の申立てができるのは、差押債権者（ただし、配当要求の終期後に強制競売または担保不動産競売の申立てをした差押債権者は除かれる）だけに限られる。内覧は、売却率を高めて競売不動産を「より高額」で売却することを最終の目的とするものであり、それについて最も利害関係を有するのが差押債権者であるからである。上記の問題点から推測できるように、手続費用をかけて実施しても、かえって売却価格を低下させる可能性もあるが、そのリスクを負うのも差押債権者である。したがって、買受希望者には、申立権がない。

差押債権者は、売却実施命令の時（執行裁判所が執行官に対して売却実施命令を発する時）までに、所定事項を記載した申立書を提出して、内覧実施命令の申立てをしなければならない（民執64条の2第2項、民執規51条の2第1項・2項）。いつから申立てができるかについての規定はないが、申立てにあたっては、買受希望者は一応の物件情報、特に後記(ii)の実施命令の要件との関係から、差押債権者は現実の占有者の存在等を確認する必要があるから、現況調査報告書等の3点セットの閲覧が可能となった時から申立てすることになろう。

(ii) 内覧実施命令

執行裁判所は、内覧実施命令の申立てがあるときは、執行官をして内覧の実施を命じなければならない（民執64条の2第1項本文）。ただし、当該不動産の占有者の占有権原が差押債権者、仮差押債権者および民執法59条1項の規定により消滅する権利（不動産の上に存する先取特権、使用および収益をしない旨の定めのある質権、抵当権）を有する者に対抗することができる場合、その占有者の同意がなければ内覧実施命令を発することができない（同条第

---

8 佐藤歳二「競売不動産の内覧制度の創設」金判1186号84頁以下。

1項ただし書)。もっとも、平成15年改正では、旧民法395条の短期賃貸借の保護制度が廃止されて、抵当権設定登記後の賃貸借は長・短期にかかわらず上記対抗できる占有権原になり得ないし(ただし、経過措置により旧法時に締結された短期賃貸借はそのまま保護される。民法改正附則5条)、反対に、登記をした賃借権であって、それに優先するすべての抵当権者の同意を得てその同意登記があるものについては対抗できる占有権原となるのであるが(改正民法387条)、何といっても前者の旧短期賃貸借の廃止の影響は大きいので、実際には対抗占有者の数が激減するものと推測される。

なお、民執法64条の2第1項の本文とただし書の体裁だけを重視すると、執行裁判所は、まず無条件で内覧実施命令を発して、その後、占有者が対抗できる権原を主張立証してから、差押債権者が占有者の同意につき証明する必要があるようにも読めるが、対抗占有者の存否については現況調査報告書等により執行裁判所はもとより、差押債権者も知ることができるのであるから、「占有者の同意」は発令要件と解すべきである。

(iii) 内覧実施前の執行官の準備と内覧参加の申出

個々の競売不動産によっては多くの内覧希望参加者が殺到することも予想されるので、執行官は、占有者とのトラブル等が起きないよう、まず占有者に対し、内覧制度について十分な説明をしたうえで円滑な実施につき理解と協力を求め、他方、内覧参加希望者に対しては、占有者の生活の平穏やプライバシーにも配慮して目的外の行為に出ないように注意しておかなければならない。執行官は、内覧を実施する前に、まず占有者との間で連絡をとり、その実施の日時、方法等について調整を行うことになる。対抗できない占有者が正当な理由なく内覧実施を拒否したときは、30万円以下の罰金に処せられるなどの強制力を伴う制度ではあるが(民執205条2項)、善良な占有者などが感情的に反発する気持もわからないものではないので、この面での配慮が必要になろう。

執行官は、占有者との間で内覧実施の調整が終わると、その実施日時を指定し、占有者に対しこれを通知し、また、内覧参加申出期間を指定し、買受

希望者に対し、あらかじめ内覧参加申出期間、内覧の実施日時および場所を周知させるため、これらの事項を公告する（民執規51条の3第1項）。

内覧参加希望者は、執行官に対し、内覧参加申出期間（その終期は、3点セットの内容が公開されてから相当の期間が経過した後になる）内に、書面で内覧参加の申出をする（民執規51条の3第2項・3項）。

(iv) 執行官による内覧実施

執行裁判所から内覧実施命令があると、執行官は自ら当該不動産に立ち入り、かつ、内覧参加希望者を不動産に立ち入らせて見学させることになる（民執64条の2第5項）。反面、内覧参加者の中で内覧の円滑な実施を妨げる行為をする者に対しては、不動産への立ち入りを制限し、あるいは不動産から退去させる権限がある（同条6項）。しかし、執行官は、内覧の実施について、職務執行を確保するための強制力の行使や開錠処分は認められていないので（民執6条1項ただし書）、現場における適切な説明や指示が必要となる。たとえば、内覧参加者が占有者に話しかけたり、家財道具等の動産に手を触れたり、建物の価値判断とは関係がない場所を覗いたり、写真を撮ったり、参加者同士で話し合ったりするようなことがあれば、毅然として、直ちに退去させるべきである。

(v) 内覧実施命令の取消し

執行裁判所は、内覧の円滑な実施が困難であることが明らかなときは、内覧実施命令を取り消すことができる（同条4項）。執行裁判所は、職権で取消しができるが、執行官の事前調整段階および実施時の報告のほか、差押債権者から提出される資料によって判断することになる。具体的な取消事由としては、占有者の非協力、トラブル発生の蓋然性、参加者間の談合のおそれなどの退去事由が考えられるが、内覧の実施をすることが売却価格の低下イメージに直結するおそれがあるような場合も含まれると考える。優良・人気物件などでは、短期間内に数多くの内覧参加希望者が殺到することが予想されるが、現場での円滑な秩序維持に支障を来すほどの人数である場合には「内覧の円滑な実施が困難であることが明らかなとき」に該当すると考える

べきである。内覧の最終目的が高額入札にあると考えると、こうした事案については、予想される困難との対比において、あえて内覧を実施する必要性がないからである。

(4) 売却の実施

(ア) 実施の主宰者

売却を実施するのは執行官である（民執64条3項）。売却の場所では、その秩序維持を図って自由な買受申出を保障する必要があるから、執行官は他人の申出を妨害し、あるいは不当に介入する者を排除する権限を有する（民執65条）。旧法時代では、競り売りまたは期日入札が中心だったので、売却場の秩序維持が重要な問題であったが、現在の期間入札の方法は、郵便による入札も可能であるから、入札段階での妨害は考えられず、ただ開札期日だけの秩序維持の問題だけになっている。

(イ) 買受申出

(A) 買受申出人

債務者は、買受けの申出を禁止される（民執68条）。債務者に不動産を買い受ける資金があるならば、まず自己の債務の弁済をすべきであり、競売手続を利用して担保権等を消除させたうえで再度の所有権取得を容認することは、正義に反し相当でないからである。

それ以外の者は、特に制限はなく（ただし、たとえば、農地のように法令上取得が制限されている不動産については、執行裁判所が買受申出人を所定の資格を有する者に限ることができる。民執規33条）、一般の第三者だけでなく、差押債権者も買受申出ができる。

(B) 買受申出の保証

買受けの申出をしようとする者は、原則として、売却基準価額の10分の2に相当する額の保証を提供しなければならない（民執66条、民執規39条）。保証の提供方法は、期間入札の場合には、金融機関の振込証明または支払保証委託契約の締結証明であり（民執規48条、40条1項4号）、特別売却の場合には、現金または執行裁判所が相当と認める有価証券である（民執規51条4項）。

この保証は、解約手付（民557条）の性格を持ち、買受人となった者が代金を納付しないときは没収される（民執80条1項）。

(C) 最高価買受申出人と次順位買受の申出人

執行官は、開札期日における開札が終わったときは、最高価買受申出人を定め、その氏名・名称および入札価格を告げる（民執規49条、41条3項）。最高の価格で買受申出をした入札人が2人以上いるときは追加入札で決し、さらに同額であるか全員が追加入札をしないときは、くじで最高価買受申出人を決定する（民執規49条、42条）。最高価買受申出人は、代金相当額を納付したときは、前記4(4)㈖の不動産の価格維持のための保全処分（民執77条）の申立てができる。

最高価買受申出人に次いで高額の買受申出であって、その申出額が買受可能価額以上で、かつ、最高価買受申出額から買受申出の保証額を控除した額を超える申出をした者は、売却実施の終了までに、執行官に次順位買受けの申出をすることができる（民執67条）。たとえば、売却基準価額が1000万円、買受可能価額が800万円、保証額が200万円の物件につき、最高価買受申出額が1500万円であった場合、最高価最高価買受申出額1500万円－（売却基準価額1000万円×0.2）＝1300万円を超える次順位の高額の買受の申出をした者が、次順位買受申出人となる。次順位買受申出人の入札価額が上記の額であれば、代金不納付の買受人の保証金（上記事例で200万円）は没収されて配当原資になるので、債権者への配当額は、常に最高価買受申出額が生きている場合よりも上回ることになるのである。

そして、最高価買受申出人の代金不納付により売却許可決定が失効した場合でも、次順位買受けの申出があるときは、執行裁判所は、その申出につき売却許否の決定をすることができる（民執80条2項）。再度の売却の実施による手続の遅延を回避する趣旨である。

㈦ 売却の見込みのない場合の競売手続の停止・取消し

売却を実施しても、買受けの申出がない場合には、売却手続を繰り返すか、売却基準価額の見直しをするが、それでも買受申出人が全く現れない物件も

ある。

そこで、平成10年改正により、期間入札等の競争売却を3回実施させても買受けの申出がなかった物件について、不動産の形状、用途、法令による利用の規制といった客観的な要因を考慮して、さらに売却させても売却の見込みがないと執行裁判所が認めるときには、手続を停止することができ、その旨を差押債権者に通知することとした（民執68条の3第1項）。手続の停止は3カ月とし、差押債権者に買受希望者を探す努力を促すことにしたのである。3カ月以内に、買受希望者が現れた旨を理由とする売却実施の申出がなされたときは、執行裁判所は売却を実施しなければならないが（同条2項）、期間内に申出がない場合には、執行裁判所は、手続を取り消すことができる（同条3項前段）。また、売却実施の申出があって売却を実施したが、やはり買受けの申出がなかったときも、同様に取り消すことになる（同条3項後段）。

　(エ)　売却許可・不許可決定

執行官による売却の実施終了後、執行裁判所は、売却決定期日を開き、売却の許可・不許可を言い渡さなければならない（民執69条）。売却の許否に関しては職権で調査する。その期日には、利害関係人は、法定の売却不許可事由で自己の権利に影響のあるものについて意見陳述ができる（民執70条）。執行裁判所は、法定の売却不許可事由の存否に限って審査し、次のような事由を認めないときは売却許可決定を、その事由を認めるときは不許可決定を言い渡す。

不許可事由は、①強制競売の手続の開始または続行をすべきでないこと（民執71条1号。管轄権の欠缺、債務名義・送達の欠缺、債務者の破産等）、②最高価買受申出人が不動産を買い受ける資格もしくは能力を有しないことまたはその代理人がその権限を有しないこと（同条2号。債務者が買受人であったり、買受人に農地法の買受資格ない場合等）、③最高価買受申出人が不動産を買い受ける資格を有しない者の計算において買受けの申出をした者であること（同条3号。買受申出人は自己の名前で買受けの申出をしているが、無資格者の影武者として、その他人のために買い受けた場合等の脱法行為）、④最高価買受申

出人、その代理人または自己の計算において最高価買受申出人に買受けの申出をさせた者が、過去の執行妨害者（民執65条1項）、かつて代金納付しなかった者、執行妨害で処罰を受けた者である場合等（同条4号）、⑤不動産の損傷による売却不許可決定の申出があること（同条5号）、⑥売却基準価額もしくは一括売却の決定、物件明細書の作成またはこれらの手続に重大な誤りがあること（同条6号）、⑦売却の手続に重大な誤りがあること（同条7号）である。実務では、上記⑥の事由で許否が争われることが多い。

　(オ)　売却の実施の終了後に執行停止の裁判等の提出があった場合の措置

　売却の実施の終了から売却許可決定期日の終了までの間に、執行の一時停止を命ずる裁判の正本（民執39条1項7号文書）の提出があった場合は、原則として売却決定期日を開くことができない。したがって、最高価買受申出人または次順位買受申出人の地位は不安定になるので、買受けの申出の取消しが認められる（民執72条1項）。売却決定期日の終了後に、当該文書の提出があっても、既に買受人は定まっているので、原則として執行は停止されない（民執72条2項）。

　また、売却の実施の終了後に、弁済受領文書・弁済猶予文書（民執39条8号文書）の提出があった場合にも、原則として執行は停止されない（民執72条3項）。

　(カ)　超過売却となる場合の措置（売却許可決定の留保）

　不動産強制競売では、差押えの時点で、執行参加する債権者の総債権額や不動産の売却基準価額を知ることができないから、差押債権者は数個の不動産を差し押さえることができる。しかし、ある不動産の買受け申出額で各債権者の債権・執行費用の全部を弁済することができる見込みがあるときは、執行裁判所は、超過売却を回避するため、その不動産のみの売却許可決定をし、他の不動産についての売却許可決定を留保する（民執73条1項）。その後、売却許可決定のあった不動産について代金が納付されたときは、留保された不動産の強制競売手続を取り消すことになる（民執73条4項）。

Ⅲ 不動産強制競売による金銭債権の回収

(キ) 売却許可決定に対する執行抗告

売却の許可・不許可決定に対しては、その決定により自己の権利を害されることを主張する者は、執行抗告ができる（民執74条1項）。その抗告理由は、法定の売却不許可事由があること、売却許可手続に重大な誤りがあること、再審事由（民訴338条1項各号）があることに限られる（民執74条2項・3項）。

(ク) 不動産の損傷による売却不許可の申出等

競売に入札の方法で買受け申出をした場合、任意の撤回は許されないのが原則である。しかし、最高価買受申出人または買受人は、買受け申出後、天災等の事由により不動産が損傷した場合、売却許可決定前にあっては売却不許可の申出をし、売却決定後にあっては代金を納付する前に、その決定の取消しの申立てをすることができる（民執75条）。代金納付後は、買受人は担保責任を追及するほかない（民568条）。

代金納付前に、不動産が滅失した場合は、強制競売手続は、職権で取り消される（民執53条）。

(ケ) 買受申出後の競売申立ての取下げ等

差押債権者は、強制競売の申立てを自由に取り下げることができるはずであるが、買受けの申出があった以降は、最高価買受申出人または買受人および次順位買受申出人の同意を得なければ取り下げることができない（民執76条1項）。買受人等の立場からすると、入札時に保証金を納付し、その後代金納付のための準備をして、目的不動産の所有権取得ができることを期待しているのに、差押債権者の都合だけでそれらが無駄になる、という不利益を被るからである。ただし、二重開始決定（民執47条1項）がされているときは、先行の差押債権者が申立てを取り下げても、後行の差押債権者の申立てにかかる強制競売の開始決定に基づいて手続が続行されるから、続行によって売却条件に変更が生ずる場合にだけ買受人等の同意が必要であり、その変更がなければ同意は不要である（民執76条1項ただし書）。

237

(5) 代金の納付と不納付の効果

(ア) 代金の納付手続

　売却許可決定が確定したときは、買受人は、裁判所書記官の定める期限（許可決定の確定日から1カ月以内でなければならない）までに、代金を裁判所書記官に納付しなければならない（民執78条1項、民執規56条1項）。既に買受申出の保証（民執66条）として提供していた金銭は、代金に充当される（民執78条2項。金銭以外の保証提供の場合については同条3項）。買受人が売却代金から配当等を受けるべき債権者であるときは、その配当額を差し引いた代金を納付することができる（民執78条4項）。

　買受人の代金納付は、一度に全額納付しなければならない。そこで、平成10年改正によって、売却代金調達のために金融機関の住宅ローンを活用する方法が認められた。すなわち、買受人と抵当権設定を予定する者との共同の申出があったときは、代金納付による登記の嘱託（後述のように、通常は裁判所書記官が職権で登記所に嘱託する）は、申立人の指定する者（登記の申請の代理を業とすることができる弁護士、司法書士に限られる）に登記嘱託書を交付して登記所に提出させる方法によってしなければならない、とされた（民執82条2項）。これにより、申出人は、同時にその指定する者に融資金を被担保債権とする抵当権設定登記をも委任することで、買受人の所有権移転登記と銀行のための抵当権設定登記とを事実上連続して経由することができるので、銀行も安心して融資できるのである。

(イ) 代金納付・不納付の効果

　買受人は、代金を納付した時に不動産の所有権を取得する（民執79条）。この不動産取得の効果は、差押債権者の債権が不存在であっても影響を受けないが、当該不動産が債務者に属していなかった場合は、買受人は不動産を取得できない。

　買受人が代金を納付したときは、買受人の取得した権利移転の登記と売却により消滅または失効する差押え・仮差押え・担保権・用益権・仮処分の執行の登記の抹消が裁判所書記官から登記所に嘱託される（民執82条1項）。

買受人が代金を納付しないときは、売却許可決定は効力を失う。この場合、提供した買受申出の保証の返還を請求することができない（民執80条1項）。また、次順位買受けの申出があるときは（民執67条）、裁判所は、その申出について売却許否の決定をし（民執80条2項）、再度の入札等の売却を実施しない。

(6) 不動産引渡命令

(ア) 意　義

競売不動産の買受人にとっては、不動産の占有を取得できるか否かが大きな関心事であるが、自己の意思に反して換価を強制される債務者・所有者からは任意の引渡しを受けられない場合が多い。また、債務者・所有者以外の第三者が占有しているとき、それが執行裁判所から不法占有と認定されても、現実には任意の引渡しに応じない場合が多い。いずれにしても、買受人が競売不動産の占有を確保することは容易ではない。

そのため、買受人は、その引渡しを受けるため、別途に訴訟を起こさなければならないとすると、多額の費用と労力を要することになり、ひいては買受希望者を広く一般に募ることができず、適正価格での換価が期待できなくなってしまう。

そこで、法は、執行手続内において、代金全額を納付した買受人（および一般承継人）が簡易・迅速に、債務者・所有者および一定の要件のある占有者から不動産の占有を確保できるように規定したのが「不動産引渡命令」の制度（民執83条）である。

(イ) 申立人および相手方の範囲

(A) 申立人

引渡命令の申立人は、代金全額を納付した買受人およびその一般承継人に限られる。競売物件を譲り受けるなどした特定承継人は、引渡命令の申立権はない。この制度は、買受人という執行手続上の地位に対して特別に付与されたものであり、所有権に基づくものではないからである。逆に、買受人が第三者に所有権を譲渡した後であっても、買受人の申立適格は失われない

（最判昭和63・2・25判時1284号66頁、参考裁判例〔1〕）。

　共同買受人（民執規38条5項）は、その一部の者が単独で申立てすることも許される。

　　(B)　引渡命令の相手方の範囲
　①　強制競売における債務者（所有者）およびこれらの一般承継人は、売却許可決定の結果として、買受人に売主としての引渡義務を負うのであるから、引渡命令の相手方になる。
　②　債務者以外の第三者の範囲については、これを規定する条文が改正され種々変遷してきている。

　昭和53年の民事執行法制定の際の政府原案では、「買受人に対抗できる権原を有する者以外の占有者」はすべて引渡命令の相手方になるとしていたが、国会の審議で、「事件の記録上、差押えの効力発生前から権原により占有している者でないと認められる不動産の占有者」であり、「事件の記録上差押えの効力発生後に占有した者で買受人に対抗することができる権原により占有している者を除く」という規定に修正されてしまった。この規定によれば、たとえば、対債務者との関係で使用貸借に基づき占有している者であっても、不法占拠でないから、引渡命令の相手方にできないことになる。

　そこで、執行実務においては、「債務者・所有者の概念」を拡張して、たとえば、占有者が債務者の同族会社や親族等の場合には、当該占有者を債務者概念に含ませるような解釈をしたり、あるいは旧民法395条の短期賃貸借等の占有権原の外形はあるが占有が保護に値しないような者に対しては占有権原を否認するなどして、引渡命令の相手方の範囲を実質的に拡大する方向で解釈し運用していたのである。

　その後、平成8年改正によって、上記の当初原案に戻り、「事件の記録上買受人に対抗することができる権原により占有している者と認められる者以外の占有者」に対して引渡命令が出せることになり、さらに、平成15年改正により、短期賃貸借制度が廃止され、かつ、明渡猶予制度が新設されたことに伴い、引渡命令の相手方の範囲は変容されることになった。

したがって、現在では、たとえば差押え前からの使用借権者や抵当権設定後の長期賃借権者の場合も、買受人に対抗できないから、引渡命令の相手方とすることができる。

平成15年改正（同年法律第134号）では短期賃貸借（民602条の期間を超えない賃貸借）を廃止したが、同改正法施行前の賃貸借は従前どおりの扱いになるとしている（同附則5条）。同改正前の短期賃貸借権者は、その占有権原を買受人にも対抗できたので、平成8年改正によっても、これを引渡命令の相手方にすることはできなかった。しかし、従来の執行実務においては、占有者が主張する差押え前からの短期賃貸借権が濫用的・仮装的と認定できる場合は（執行実務の経験と知恵から、賃料前払い、譲渡・転貸特約、高額な敷金の差し入れ等、仮装的・濫用的な短期賃貸借の徴表的要素の有無や占有の実態等により、これを判定した）、これを執行手続内では無効なものとして扱い、引渡命令の相手方になるとしていた（東京高決昭和60・4・16判時1154号91頁、参考裁判例〔2〕等）。また、原賃貸借が濫用的な短期賃貸借である場合には、それを前提とする転貸借も正当な占有権原を認めないとし（高松高決平成7・9・8判タ900号272頁等）、あるいは債権回収目的の短期賃借権の転借人に対しても引渡命令を認めていた（東京高決平成9・11・5判タ970号284頁）。要するに、改正法施行前の短期賃借権を主張して占有する者については、従前の実務のように、正常な賃借権か不正常（濫用・仮装的）な賃借権かの判定をすることになり、後者については不法占有者と同じ扱いをするわけである。

平成15年改正後は、短期賃貸借権制度が廃止されたので、抵当権に後れる賃借権は、長期・短期にかかわらず、買受人に対抗できないから、それに基づく占有者は、引渡命令の相手方になる。ただし、抵当権者に対抗することができない賃貸借により建物を使用・収益をする者（抵当建物使用者）は、買受人の買受けの時から6カ月を経過するまでは、その明渡しを猶予される制度が新設されたので（民395条1項）、原則として、その猶予期間経過後でなければ（使用対価の不払いの場合につき同条2項）、引渡命令の相手方にすることができない。なお、同改正においては、優先する抵当権の同意とその登

241

記のある賃貸借制度の創設（民387条）があるが、この賃借権者は抵当権に後れるものであっても買受人に対抗できるので、引渡命令の相手方にすることはできない。

　仮登記担保に後れる賃貸借は、抵当権の場合とは異なり旧民法395条が適用されず、買受人に対抗できないから、これに基づく占有者には引渡命令が発せられる。

　差押え後に賃貸期間が満了した場合、その更新をもって（最先順位の）抵当権者に対抗できないから（最判昭和38・8・27民集17巻6号871頁、参考裁判例〔3〕）、これも引渡命令の対象になる。

　不動産強制競売の場合、引渡命令の相手方となる主な者は、次のとおりである。

引渡命令の相手方

① 債務者・所有者（一般承継人）
② 債務者・所有者と同視できる者 　担保権の被担保債権の債務者、法人所有不動産の場合の代表者、代表者所有不動産の場合の法人等
③ 買受人に対抗できる権原を有しない占有者 　不法占有者、未登記所有権者、使用借権者、差押え後の占有者、最先順位の担保権に後れる賃貸借に基づく占有者（平成15年改正法施行前の短期賃貸借については、濫用的・非正常な短期賃貸借による占有者、仮登記担保に劣後するする賃貸借による占有者）

(ウ)　審理手続

　申立期間は、原則として代金納付から6カ月に限られる（民執83条2項）。
　ただし、上述の明渡猶予制度の適用がある建物使用者が買受け時（代金納付時）に占有をしていた建物の買受人については、その後に占有者が入れ替わっても、9カ月以内に申立てをすれば足りる（同条2項括弧書）。明渡猶予

242

期間中は使用者に占有権原を与えるものではないが、法は占有の継続を許容しているので、買受人が申立てをしても却下されることになる。[9]

　審理手続は、決定手続として任意的口頭弁論によるが、債務者以外の占有者に対して発令する場合には、原則として審尋が必要である（民執83条3項本文）。ただし、その強制執行手続において既に審尋済みの者や記録上買受人に対抗できる権原で占有しているものでないことが明らかな者については、審尋は不要である（同条3項ただし書）。後者については、執行妨害者が多く、審尋を実施していると新たな妨害工作をされるおそれがあるからである。

　引渡命令の許否の決定に対しては執行抗告ができるので、確定するまでは効力を生じない（同条4項・5項）。引渡命令も債務名義になるので、これに対しては、相手方は請求異議の訴え（民執35条）により争うことができる。

　　(エ)　**保全処分が先行している場合の執行**

　引渡命令が確定したときは、買受人は、それを債務名義として、当該不動産の所在地を管轄する地方裁判所の執行官に引渡しの強制執行（民執168条）の申立てをする。

　平成15年改正により、引渡命令の拡充として、各種保全処分のうち占有移転禁止の保全処分（民執55条1項3号、77条1項3号の公示保全処分がされた占有移転禁止・執行官保管の保全処分）の執行が既にされている場合に、当該保全処分に当事者恒定効が付与された。すなわち、このような保全処分が執行されている場合においては、その後に占有移転がされたときであっても、保全処分の相手方に発せられた引渡命令に基づいて、現に土地・建物を占有する者（保全処分の決定につき悪意の非占有承継者、決定執行後の善意の占有承継者）に対して、明渡し・引渡しの強制執行ができるのである（民執83条の2第1項）。これは、占有者を頻繁に入れ替えることにより執行妨害を図る占有屋などを効果的に排除しようとして設けられた改正である。

　そうすると、買受人としては、引渡命令の相手方となっていない者に対し

9　谷口ほか『改正担保執行法の解説』37頁、38頁。

て強制執行をする場面があるわけであり、本来は、現に占有する者に対する承継執行文の付与を受けなければならないのであるが（民執27条2項）、現在の占有者を特定することは容易ではない。そこで、上記改正法は、占有者を特定することが困難な特別の事情が認められる場合には、占有者を特定しないでも承継執行文を取得できるものとした（民執27条3項2号）。ただし、これによる強制執行は、当該執行文付与の日から4週間を経過する前に着手する必要があり、その執行の際に占有者を特定することができる場合に限り、することができる（同条4項）。

　要するに、競売目的物件について占有移転禁止の保全処分の執行が先行している場合には、現在の占有者が不明であっても、引渡命令とその執行に必要な承継執行文の付与を受けることができるようにしたのである。

参考裁判例

〔1〕　最判昭和63・2・25判時1284号66頁
　不動産の引渡命令の発付を受けた買受人が当該不動産を第三者に譲渡したとしても、引渡命令の相手方は、右買受人に対して提起する引渡命令に対する請求異議の訴えにおいて、右譲渡の事実をもって異議の事由とすることはできないものと解するのが相当である。

〔2〕　東京高決昭和60・4・16判時1154号91頁
　右事実によれば、債権者兼所有者Ａは、申立外Ｂ生命保険相互会社に対する住宅ローンの支払を怠つたため昭和57年10月23日期限の利益を喪失し、間もなく本件建物について残元金1976万9014円等の弁済にあてるため前記抵当権が実行されることを予期し、右抵当権の実行を妨害する意図のもとに昭和57年12月17日そのころその事情を知つたＣと相はかつて本件建物につき公正証書により本件賃貸借契約を締結し、その登記を経由したものと認めるのが相当である。
　そうすると、本件賃貸借は、競売開始決定による差押の登記前に登記されたものではあるが、民法395条の短期賃貸借保護の制度を濫用したものとして、

民法1条3項により無効であるというべきである。したがつて、○○○及び同人から本件賃借権を譲受けた抗告人は、本件賃借権をもつて本件建物の買受人である相手方に対抗することができない。

〔3〕　最判昭和38・8・27民集17巻6号871頁
〔要旨〕
　民法第395条により抵当権者に対抗しうる土地建物の短期賃貸借の期間が、抵当権実行による差押の効力の生じた後に満了した場合には、賃借人は、借地法第6条借家法第2条による法定更新をもって抵当権者に対抗できない。

〔4〕　福岡地決平成2・10・2判夕737号239頁
(1)　まず、自殺と交換価値の減少の関係につき検討する。
　およそ個人の尊厳は死においても尊ばれなければならず、その意味における死に対する厳粛さは自殺かそれ以外の態様の死かによって差等を設けられるべきいわれはなく、それゆえ自殺自体が本来忌むべき犯罪行為などと同類視できるものではなく、また自殺という事実に対する評価は信条など人の主観的なものによって左右されるところが大であって、自殺があったそのことが当該物件にとって一般的に嫌悪すべき歴史的背景であるとか、自殺によって当該物件の交換価値が直ちに損なわれるものであるとかいうことは、とうてい客観的な法的価値判断というに価するものではない。
　しかして、以上のような問題に係わり、人の居住用建物の交換価値が減少をきたすというためには、買受本人が住み心地のよさを欠くと感ずるだけでは足りず、通常一般人において住み心地のよさを欠くと感ずることに合理性があると判断される程度にいたったものであることを必要とすると解すべきである。これを本件においてみると、今もなお、近隣の住民が上記自殺について遍く知悉しており、買受人である甲野も買受申出後すぐに右事実を知らされ、かつ、その求めに応じて前記書面の作成をする程度の諸状況が存在していることから、7年前の出来事とはいえ近隣のうわさは依然として根強いものが残っていていまだ旧聞に属するなどとはといもいえないこと、そして、本件土地の周囲の状況が農家や住宅が点在してはいるが、山間の田園地帯であり、必ずしも開放的な立地条件であるとはいえず、これらの諸環境からして、この後も、近隣のうわさが絶えることは簡単には期待し難いこと、現に、本件土地、建物は、近時、売却率がかなり高く、1物件当たりの入札者も多い当庁の期間入札では入札者

がなく、特別売却を実施してから1年以上経過してようやく買受申出人が現れたこと等を併せ考慮すると、本件建物に居住した場合、上記自殺があったところに居住しているとの話題や指摘が人々によって繰り返され、これが居住者の耳に届く状態が永く付きまとうであろうことは容易に予測できるところである。

してみると、本件建物がなお以上のような生活的環境に取り囲まれているということは、一般人において住み心地のよさを欠くと感ずることに合理性があると判断される程度にいたる事情があり、本件建物につき交換価値の減少があるということは否定することができない。

(2) 次に、本件のように、物理的損傷以外のもので、かつ、買受け申出以前の事情による交換価値の減少の場合にも民執法75条1項、188条が適用されるかについて検討する。

民執法75条1項、188条にいう天災その他による不動産の損傷とは、本来、地震、火災、人為的破壊等の物理的損傷を指すものと解されるが、買受人が不測の損害を被ることは、右の物理的損傷以外で不動産の交換価値が著しく損なわれた場合も同様であるから、右の場合も同条項を類推適用しうると解すべきである。また、同条項の文言によると、右損傷は、「買受けの申出をした後」に生じた場合に限定しているが、買受けの申出の前に生じた損傷についてもこれが現況調査、評価人の評価、それに基づく最低売却価額の決定及び物件明細書の記載に反映されていない場合もあり、買受申出人が買受け申出前に右事情を知らない限り、買受申出人にとってみればそのような場合も買受け申出後に損傷が生じた場合となんら選ぶところがないから、右のような場合も同条項を適用しうると解すべきである。

〔5〕 東京高決平成8・8・7金法1484号78頁
2 確かに、居住用の建物において自殺者があったことが知れた場合、建物自体に物理的損傷が生じるものではないものの、その建物は一般の人から嫌忌され、買受希望者が極めて限られることになることは明らかであるから、その客観的評価額も下落せざるを得ないということができる。したがって、右のような事実が最低売却価額の決定や物件明細書の作成に反映されていない場合には、民事執行法71条6号の売却不許可事由に該当すると解されるし、また、これを不動産の損傷に準ずるものとして、同法75条1項により、売却不許可の申出又は代金納付前に売却許可決定の取消しの申立てができると解する余地もある。

しかしながら、本件では既に代金は納付済であるから同法75条1項による売

却許可決定取消しの申立てはできないのみならず、居住用の建物において自殺者があった場合にその評価が下落するとしても、自殺の態様等にかかわらず当然に無価値に等しくなるとまではにわかに考え難く、まして、その敷地と合わせた評価が無価値に等しくなるとは到底考えることができない（なお、本件不動産の評価人の評価は合計679万円であるが、敷地の更地価格は約480万円である。）。そして、前記自殺につき本件不動産にその痕跡が残っている等の事実を認めるに足りる資料はない。したがって、本件建物において自殺した者があり、その事実を周辺住民が知悉しているからといって、本件不動産につき滅失に比肩すべき事由があるということはできず、これにつき民事執行法53条を類推適用することもできない。

〔6〕 最決平成11・10・26判タ1103号154頁

　執行裁判所は、競売の対象とされた土地上に競売の対象とはされていない建物等土地の定着物が存在する場合であっても、代金を納付した右土地の買受人の申立てにより、債務者又は占有者に対して右土地を買受人に引き渡すべき旨を命ずることができると解するのが相当である。けだし、引渡命令は、不動産の引渡執行の債務名義であるところ、競売の対象とされていない建物等の存在によりその敷地部分の引渡執行が事実上不能となることが予想されるからといって、競売により買い受けられた土地について引渡命令を求める申立ての利益が否定されるわけではなく、かかる場合に引渡命令を発付することが許されないとすると、買受人のために簡易迅速な占有取得の手段を確保するという引渡命令の趣旨に反することになるからである。

〔7〕 名古屋高決平成13・2・28判タ1113号278頁

　(2)　ところで、民事執行法83条に基づく不動産引渡命令は、当該不動産の引渡しを命ずる内容の債務名義であるので、これを債務名義として行う当該不動産の引渡しの強制執行の方法は、同法168条に基づき、執行官が執行債務者の当該不動産に対する占有を解いて執行債権者にその占有を取得させる方法により行うのであり（同条1項）、同執行において、当該不動産上に執行の目的物でない動産がある場合には、執行官は、これを取り除いて、執行債務者又はその代理人等に引き渡す等の措置を講じて、当該不動産を執行債権者に引き渡すものとされているのである（同条4項）。したがって、不動産引渡命令の目的とされた不動産上にその目的でない動産が存在する場合には、上記のとおり、

執行官において、これを取り除いた上、当該不動産を執行債権者に引き渡すことによって、その強制執行は完了するのであり、不動産引渡命令のほかに、上記動産の収去を命ずる債務名義を必要としない。

また、同法83条に基づく不動産引渡命令は、その目的である不動産の引渡しを命ずるのみであり、それ以外の作為を命ずることはできないから、不動産引渡命令には、これを債務名義として同法168条に基づいて行われる引渡しの強制執行の一環として、執行官が上記のとおり当該不動産上に存在する動産を除去することが認められているにすぎず、これとは別に、その相手方に対し、当該不動産上に存在する物件の除去又は収去をなすべき義務を当然に内包されているものということはできないのである。そして、本件不動産引渡命令も、前記のとおり、抗告人に対し、単に、本件土地の引渡しを命ずることを内容とするものである。

他方、民法414条2項本文又は3項に規定する請求に係る強制執行については、民事執行法171条が、執行裁判所が民法の規定に従い決定をする方法により行う旨規定しているところ（同条1項）、民法414条2項本文又は3項に規定する請求に係る強制執行とは、債務者の作為又は不作為の給付を内容とする、いわゆる「為す債務」として、その性質上直接強制を許さない債務の給付についての強制執行を意味し、不動産の引渡し又は明渡しという、いわゆる「与える債務」の給付についての強制執行はこれに含まれないのである。

そして、強制執行の方法は、他の法令に特別の定めがある場合を除いて、各債務名義に表示された債務の内容、性質に従って民事執行法に定める方法によるのであるところ（同法1条参照）、不動産の引渡し又は明渡しの強制執行については、同法168条がその執行機関及び執行方法を上記のとおり定めているのであるから、これに民法414条2項本文又は3項に規定する請求に係る強制執行の執行機関及び執行方法を定める民事執行法171条を適用する余地はない。

(3) 以上によれば、本件不動産引渡命令を債務名義とする本件土地の引渡しの強制執行については、仮に本件土地上に存在する本件物件が動産である場合には、前記のとおり、本件不動産引渡命令を債務名義として直ちに本件土地の引渡しの強制執行をすれば足りるのであり、これが不動産である場合には、本件不動産引渡命令を債務名義とする強制執行によってはその収去をなさしめることができず、いずれの場合であっても、執行裁判所が民事執行法171条1項により代替執行決定をすることは許されず、したがって、同条4項によりその費用についての支払決定をすることも許されないものというべきである。

〔8〕 最決平成13・1・25判時1740号41頁

　最先順位の抵当権を有する者に対抗することができる賃借権により不動産を占有する者であっても、当該不動産が自らの債務の担保に供され、その債務の不履行により当該抵当不動産の売却代金からこの債務の弁済がされるべき事情がある場合には、その賃借権を主張することは、当該抵当不動産の売却を困難とさせ又は売却価額の低下を生じさせて、当該抵当権者及び担保を提供した所有者の利益を害することとなるから、信義則に反し許されないというべきであり、かかる占有者は、当該不動産の競売による買受人に対してその賃借権をもって対抗することができないと解するのが相当である。当該抵当権の実行として競売の開始決定がされているときは、その債務不履行の事実は民事執行法83条1項ただし書にいう「事件の記録上」明らかであるから、執行手続上もその賃借権を主張することが許されない場合に該当するといえる。しかし、当該抵当権の実行としての競売開始決定がされていない場合には、執行事件の記録上は、その債務不履行の事実が明らかということはできず、当該占有は買受人に対抗することができる賃借権によるものというべきである。

〔9〕 最決平成12・3・16民集54巻3号1116頁

　〈要旨〉滞納処分による差押えがされた後強制競売等の開始決定による差押えがされるまでの間に賃借権が設定された不動産が強制競売手続等により売却された場合に、執行裁判所は、右賃借権に基づく不動産の占有者に対し、民事執行法83条による引渡命令を発することができると解するのが相当である。けだし、右賃借権者は滞納処分による差押えをした者に対抗することができないところ、滞納処分と強制執行等との手続の調整に関する法律による強制執行等の続行決定（同法17条、13条、9条、20条）がされたときは、強制競売等の開始決定による差押えに先行する滞納処分による差押えによって把握された賃借権の負担のないことを前提とする当該不動産の交換価値が、右続行決定後の強制競売手続等において実現されることになるから（同法10条1項、32条参照）、滞納処分による差押えの後に設定された賃借権は、民事執行法59条2項の類推適用により、続行決定に係る強制競売手続等における売却によってその効力を失うというべきであり、同法83条1項ただし書の「買受人に対抗することができる権原」に当たるものとはいえないからである。

〔関連設問〕

1　競売の目的建物内でかつて自殺者があったが、そのことが物件明細書等に記載されておらず、売却基準価額の決定にも考慮されていないときは、買受人は、売却許可決定の取消しを求めることができるか（福岡地決平成2・10・2判タ737号239頁、参考裁判例〔4〕、新潟地決平成4・3・10判時1419号90頁）。

2　目的建物内で自殺者があった事実が判明したことを理由として、買受人が、代金納付後に売却許可決定の取消しを求めることができるか（東京高決平成8・8・7金法1484号78頁、参考裁判例〔5〕）。

3　競売土地の買受人は、その土地上に競売の対象外の建物が存在する場合でも同土地に関する引渡命令を求めることができるか（最判平成11・10・26判時1695号75頁、参考裁判例〔6〕）。

4　競売土地に関する引渡命令を得た買受人は、その土地上の競売対象外の建物の収去を求めることができるか（名古屋高決平成13・2・28判タ1113号278頁、参考裁判例〔7〕）。

5　抵当権の被担保債務者が建物を占有している場合、その者に対して引渡命令を発することができるか（最判平成13・1・25判時1740号41頁、参考裁判例〔8〕）。

6　滞納処分による差押えに後れる賃借権に基く占有者に対して、引渡命令を発することができるか（最決平成12・3・16民集54巻3号1116頁、参考裁判例〔9〕）。

6　配当等の手続

(1) 他債権者の配当参加の意義

　民事執行法は、金銭執行手続において、差押債権者だけでなく、一定の債権者に配当参加することを認めている。特に、不動産強制競売（および担保不動産競売）の場合には、多くは、債務者・所有者の居住する家屋・敷地を

売却することであり、その唯一の財産を消滅させる場面であるから、差押債権者以外の他の債権者にも配当参加を許容している。不動産強制競売がミニ破産といわれる所以である。

他の債権者が配当参加する方法としては、まず配当要求がある。これは、債権者が、配当等を受けるべき債権者の地位を取得するために、既に開始されている競売手続に参加する手続である。

また、債権者の二重開始決定（民執47条）によっても同じ目的を達することができる。ただ、配当要求は、単に他人の手続に参加し、そこで配当等を受け得る地位を取得するに過ぎず、当該他人の手続が取下げまたは取消しによって終了すれば、配当要求の効力を失う。これに対し、二重開始決定は、その申立債権者には差押債権者としての地位が認められから、先行事件が取下げまたは停止になったときは、手続続行の権能が認められる（民執47条2項・6項）。

さらに、民事執行法は原則として消除主義を採っており、差押債権者に優先する抵当権等も売却により消滅するが、その代わりに当該債権者に対し配当にあずかる機会を与えている。これらの権利者の存在は記録上明らかなので、配当要求は不要である。

(2) 優先主義と平等主義

金銭執行全般について、民法、商法その他の法律で優先権を有すると定められている債権は別として、既に開始されている手続に他の一般債権者の参加を認めた場合、それらの者の間で地位の優劣を認めるか否か、また認めるとした場合、どのような形で認めるかにつき、主として優先主義と平等主義の立法例がある。

優先主義は、差押え等の時間的先後によって優劣の地位を決めるのに対し、平等主義は、手続への関与の前後を問わず、参加した各債権者の債権額に応じて平等に配当するとするものである。

優先主義については、手続への関与の一瞬の遅速により大きな差異を生ずる結果になり、債権者は、競って執行の申立てをし、全体として手続が大げ

251

さになり、債務者の立ち直りの機会を奪うことになる。また、債権者は、手続の着手（差押え）までは迅速に行動するが、その後は手続を遂行する熱意を失うのが通常であろうから、手続が遅延することになる。

これに対して、平等主義は、他の債権者の参加（配当要求）を認めなければならないので、超過差押禁止の原則を厳格に貫くことができず、債務者の財産を必要以上に差し押さえることになり、債務者の財産に対する制約を大きくしてしまう。また、これを徹底すると破産等の包括執行の手続と重複することになる。

以上のように、両主義にはそれぞれの長・短所があるが、民事執行法においては、平等主義が採られている。ちなみに、国税徴収法においては、差押先着手主義（同法12条）や交付要求先着手主義（同法13条）が採られている。

また、債権執行においては、転付命令（民執159条）などで、他の債権者の配当参加の時間的余裕を与えないことで、事実上、先に差し押さえた債権者が優先して債権回収できる機能がある。

(3) 配当要求の終期・公告と債権届の催告

　(ア) 配当要求の終期の定めと公告

競売の開始決定に係る差押えの効力が生じた場合は、執行裁判所の裁判所書記官は、物件明細書の作成までに要する期間を考慮して、配当要求の終期を定めなければならない（民執49条1項）。

このように、具体的な売却手続を実施する以前の段階を配当要求の終期として規定する趣旨は、的確な売却条件の認定のためである。すなわち、抵当権、租税債権等を有する者がその債権の届出または交付要求をすべき終期を配当要求の終期と一致させることにより（民執49条2項）、執行裁判所（裁判所書記官）が具体的な売却手続に入る前に、剰余を生ずる見込みの判断（民執63条）、一括売却の判断（民執61条）、超過売却の判断（民執73条）などの資料を得ることにしたのである。

また、配当要求の終期までに二重差押えまたは配当要求をした債権者に対して配当を受ける資格を付与することとしている（民執87条1項1号・2号）。

このことから、終期の定めと公告は、配当等の準備手続として位置づけることができる。なお、配当要求の資格を有する債権者は、執行裁判所に対して配当要求書（債権の原因および額を記載した書面）を提出する（民執規26条）。配当要求があったときは、裁判所書記官は、差押債権者および債務者に対し、その旨を通知する（民執規27条）。差押債権者としては、他の債権者が配当要求をしてくると、自己の配当を受ける金額が実質的に減額されることになる場合があるので、他の財産にさらに強制競売の申立てをするなどの方策を採る機会を与える必要があるからである。

裁判所書記官は、特に必要があるときは、配当要求の終期を延期することができる（民執49条3項）。

通常の手続の進行経過によれば、配当要求の終期が到来するころには物件明細書の作成段階となり、そして物件明細書が作成されると具体的な売却手続に入り、その後、売却許可決定（民執69条）に至ることになる。そこで、法は、配当要求の終期から売却許可決定に至るまでの相当な期間を3カ月と見込み、この期間を経過してもなお売却許可決定がされないなど、一定の場合には、配当要求の終期を自動的に3カ月後に変更することにした（民執52条）。配当要求の終期は、売却手続の安定と円滑化を図ることを目的とするものであり、平等主義を制限しようとするものではないから、売却手続の安定と円滑化に支障のない限り、配当要求の終期を緩和することを認めてよいからである。

実務では、債権者は、配当要求の終期以内に配当要求ができなかったときも、一応配当要求をしておくと、終期の自動更新に救われることが珍しくない。

(イ) **債権届出の催告**

配当要求の終期が定められたときは、裁判所書記官は、民執法87条1項3号・4号に掲げる債権者、租税その他の公課を所管する官公署に対し、債権の存在、その原因および額を配当要求の終期までに執行裁判所に届けるべき旨を催告しなければならない（民執49条2項）。質権者については、使用収益

をしない旨の特約のない質権は、それが最優先で登記されたものは、売却により消滅しないので（民執59条4項）、これに対しては催告を要しない。

この催告の効果は、次のとおりである。

① **債権届出義務等**　債権届出の催告を受けた仮差押債権者、担保権者は、配当要求の終期までに、債権届出をする義務を負う（民執50条1項、仮登記担保17条4項）。

② **損害賠償義務**　催告を受けた者が、故意または過失により、その届出を怠り、または不実の届出をしたときは、これによって生じた損害について賠償する責任を負う（民執50条3項、仮登記担保17条4項）。たとえば、催告を受けた抵当権者がその被担保債権が消滅しているのに、その届出をしなかった場合、執行裁判所が、剰余の有無を判断し、当該被担保債権が存在するものとして、競売手続を取り消したとき（その場合、差押債権者は、再競売の申立てをせざるを得ない）、その抵当権者は、差押債権者に対して、取り消された手続に要した費用につき損害賠償義務を負うことになる。また、前の手続の取消しと再度の競売申立てにかかる差押えまでの間に、債務者が目的不動産を処分してしまい、差押債権者が債権の回収ができなくなったような場合には、前の手続で差押債権者が配当等を受けられたであろう額に相当する額につき、抵当権者が賠償する義務を負うこともある。

このように、届出義務を負う者に対して実体上の損害賠償義務を課すことにより、届出義務の履行を間接的に強制することで履行の確保を図り、また、届出義務の過怠により損害を受けた者の救済を図り、ひいては、手続の適正化を実現しようとするものである。

(4) **配当等を受けるべき債権者の範囲**

(ア) **配当等を受ける資格**

債権者であるということだけで配当等を受ける資格があるわけではない。民事執行法は、手続相対効の考え方の下で、次のように有資格者を法定している（民執87条）。なお、仮登記担保契約に関する法律でも同様の規定をし

ている（仮登記担保17条2項）。

　(A)　差押債権者（民執87条1項1号、188条）

　配当要求の終期までに、不動産強制競売・担保不動産競売または一般先取特権の実行として競売の申立てをした債権者である。

　(B)　配当要求の終期までに配当要求をした債権者（民執87条1項2号）

　法は、平等主義を採るのであるが、虚偽の債権に基づく配当要求の道を封じて執行手続の適正化を図るため、配当要求権者を次の3者に限定している（民執51条1項）。

　(i)　執行力ある債務名義の正本を有する債権者

　債務名義（民執22条）を有する者で、原則として、それに執行文の付与された債権者（民執25条、26条）である。配当要求は、競売手続において、売却代金から弁済を受ける制度であり、いわば強制競売の申立ての一形態というべきものであるから、配当要求をする時点で、当該債務名義の執行力が現存することが公証されている必要があるからである。したがって、債務名義に表示された金銭給付請求が債権者の証明すべき事実の到来に係る場合には、その事実到来の証明により条件成就執行文の付与（民執27条1項）を受けない限り、配当要求ができない。少額訴訟における確定判決や仮執行宣言付判決、仮執行宣言付支払督促のように執行文を不要とする場合もある（民執25条ただし書）。

　(ii)　差押えの登記後に登記された仮差押債権者

　差押登記前に仮差押えの登記をした債権者は、後で述べるように、執行記録の中の登記簿等で明らかになっているから、当然に配当等を受けることができる（民執87条1項3号）。ところが、強制競売の開始決定に係る差押えの登記後に登記された仮差押えについては、執行裁判所は、記録上知ることができない。そこで、この仮差押債権者に対し配当要求の資格を与えたのである。

　配当要求権者につき、これを債務名義を取得した者に限定してしまうと、債務名義を取得するためには、ある程度の時間を要することから、債権者が

そのための努力をしても配当要求をする時機を失する場合があり、平等主義の原則に反することになりかねない。他方、仮差押命令を発するに際しては、保全裁判所が、被保全権利の存在につき疎明をさせることが要件とされているので（民保13条2項）、虚偽債権による配当要求の弊害を生じないことになる。こうした配慮から、仮差押債権者に配当要求の資格を与えたのである。

そうすると、仮差押えには、将来の強制執行に備えての保全的意味のものと、他の債権者の申立てにかかる執行手続に配当要求をするための資格を得るためのものとがあることになる。

(iii) 一般の先取特権を有することを証明した債権者

民執法181条1項各号に掲げる文書等により、一般先取特権を有することを証明した債権者は、配当要求をすることができる。一般先取債権者は、確定判決、家事審判（民執181条1項1号）、公正証書（同2号）、登記簿謄本（同3号）、または私文書（同4号）によって、その存在を証明することにより配当要求の資格が与えられる。

一般先取特権の事例として、実務で多いのは、雇人の給料等の雇用関係により生じた債権である（民308条）。これは、雇人の賃金確保という社会政策的な配慮から、簡便な方法で配当要求を認めるべきであるとの観点に基づくものである。具体的には、給料明細書等が4号の証明文書になる。

マンションの管理費等（区分所有7条）の配当要求も多い。マンション管理組合は、その資格を文書で証明しなければならないが、法人化している場合と「権利能力なき社団」としての団体と認められる場合があり、後者の場合には、管理規約、集会議事録等により、当該管理組合が権利能力なき社団としての要件を調え、かつ、代表者の定めがあることを証明する必要がある。先取特権の存在を証する文書としては、管理経費等についての定めをした管理規約、同経費等について決議した集会議事録などが考えられる。

(C) 差押えの登記前に登記された仮差押債権者（民執87条1項3号）

この仮差押えの執行は、売却によりその効力を失うことになるので（民執59条3項）、当該債権者は、記録上判明していることでもあり、配当要求を

しなくても配当を受けることができる。

　　(D)　差押えの登記前に登記（または仮登記）された先取特権者、抵当権者、質権者（使用収益しない旨の定めがあるもの）、仮登記担保権者（民執87条1項4号）

　最初の差押えの登記を基準として、これより以前に登記された先取特権、抵当権者等の担保権者は、その担保権が売却により消滅することになるので（民執59条1項）、自ら競売の申立てまたは配当要求をしなくても、配当等を受ける資格を有する。この抵当権には、根抵当権も含まれる（民398条の2以下）。これらについても、執行記録上明らかである。

　これらの債権者は、いわば弁済を強要される形になる。しかし、配当参加の機会が与えられるだけであり、配当を保証するわけでないから、後順位の抵当権者は配当がゼロになることもあり得る。もっとも、そのような場合には、強制競売の差押債権者には配当がないわけであるから、無剰余による取消し（民執63条）を受けることになる。

　　(E)　配当要求の終期までに交付要求をした債権者

　国税については、滞納者の財産について強制換価手続が行われた場合には、税務署長は、執行機関に対し、滞納にかかる国税につき、交付要求をしなければならない（国徴82条1項）。地方税についても同様である（地税86条4項等）。

　交付要求をいつまでにすべきかについては、民事執行法および税法に規定されていないが、交付要求は、他の強制換価手続に参加するのである以上、当然に当該強制換価手続において定められている配当要求の終期に限定されると解されている（最判平成2・6・28民集44巻4号785頁）。

　　(イ)　仮差押えに後れる抵当権等の扱い

　民執法87条1項4号に掲げる抵当権等の権利が仮差押えの登記後に登記されたものである場合には、その債権者は、仮差押債権者が本案の訴訟において敗訴し、または仮差押えがその効力を失ったときに限り、配当等を受けることができる（民執87条2項）。仮差押えの効力があれば、その処分制限効に

抵触する抵当権設定契約は、執行手続上無視されるからである。

そこで、仮差押えのままで配当等が実施されることになったときには、この仮差押えに後れる抵当権等が「配当等を受けるべき債権者」になるか否かが問題になる。

実務では、仮差押えの帰趨が明らかでないときは、仮差押債権者が本案で勝訴＝抵当権者に配当なし、仮差押債権者が本案で敗訴または失効＝抵当権者に配当する、という２つの場面を予想した配当表（二重配当表）を作成している。

(5) 配当原資（売却代金）

買受人が買受けの申出の時に提供した買受申出保証（民執66条、民執規39条、51条３項）と代金納付期限までに納付した代金（民執78条）の合計額（買受申出額）が、不動産の代金として配当原資となる。（民執86条１項１号）。

また、無剰余の場合に、買受人となれない差押債権者が手続の続行を求めて提供した保証（民執63条２項２号）のうち自己の申出額から代金額を控除した残額に相当するものが、配当原資になる（民執86条１項２号）。

さらに、前の買受人が代金不納付によりその売却を失効させた場合（民執80条１項後段）、当該買受人は、その保証の返還を請求できないが、これが配当原資に加算される（民執86条１項３号）。

(6) 弁済金交付手続と配当手続の選択

債権者が１人である場合、または債権者が２人以上であっても売却代金で各債権者の債権および執行費用の全部を弁済できる場合には、弁済金の交付手続が行われる（民執84条２項）。執行裁判所は、売却代金の交付計算書を作成して、債権者に弁済金を交付し、剰余金があれば債務者（所有者）に交付する。この手続は、債権者が複数いてもその間に争いが起こる可能性がないので、簡単な手続になっている。

上記以外の場合は、次の配当手続を実施する（民執84条１項）。

(7) 配当手続の流れ

売却代金が納付されると、次のように配当手続に入る。

(ア) 配当期日の指定

不動産の代金が納付されたときは、執行裁判所は、配当期日または弁済金の交付の日（配当期日等）を定めなければならない（民執規59条1項）。

(イ) 呼出し、債権計算書提出催告・提出

配当期日が定まると、裁判所書記官は、配当を受けるべき債権者および債務者（所有者）を呼び出す（民執85条3項）。同時に、債権計算書の提出の催告が行われる（民執規60条）。配当を受けるべき債権者は、この債権計算書にそれぞれの債権の元本および配当期日等までの利息その他の附帯の債権並びに執行費用の額を記載して、催告から1週間以内に執行裁判所に提出する。

(ウ) 配当表原案の作成

各債権者から債権計算書が提出されると、執行裁判所は、その記載に基づいて、その債権の元本および利息その他の附帯の債権の額、執行費用の額並びに民法・商法等の定めによる配当の順位および額を定める（民執85条1項・2項）。ただし、配当期日において、配当の順位および額につきすべての債権者の合意が成立した場合には、その合意に従うことになっているが（民執85条1項ただし書）、実務ではほとんど例がない。

裁判所書記官は、これに基づき、配当期日において配当表原案を作成することになっているが（民執85条5項）、実務では、あらかじめ作成された原案が配当期日に提示される。

(エ) 配当期日における異議・審尋・書証の取調べ

上記の配当表原案に対しては、債権者および債務者は配当の額について異議の申出をすることができ（民執89条1項）、その場合、執行裁判所は出頭した債権者や債務者を審尋したり、即時に取り調べることができる書証の取調べをすることができる（民執85条4項）。これらの結果、配当表原案上の債権が実体関係に合致していないことが明らかになったときは、執行裁判所は、その陳述等に従って判断をし、その結果によって裁判所書記官が配当表を修正することになる。

(オ)　配当表の確定

執行裁判所は、当該配当期日における審尋や書証の取調べで確定できない異議の部分を明らかにしたうえで、配当表を確定する。

(カ)　配当の実施

配当表が確定すると、執行裁判所は、異議のない部分について配当を実施する（民執89条2項）。

コラム　100円を3人で割り勘するとき、どうする？

　A、B、Cの友人3人がタクシーに合い乗りをして、Aが100円を支払ったとする。割り勘で清算しようとするとき、Aは、BとCに対し33円づつの支払いを求めるかもしれない。この場合、「1円くらい」ということで喧嘩にもならないだろう。

　しかし、配当手続において、同じ債権額を有する3人の債権者が100円の配当原資を平等に分けようとするときは、問題がある。1人の債権者だけに1円でも多く配当をすれば平等主義に反することにならないか、そうかといって、これを国庫に残して置くこともできないのではないか。

　現在の執行実務では、ほとんどの配当表原案はコンピュータにより作成されているが、この場合、機械的に計算すると1人33.333…円と算出することになってしまう。そこで、やむを得ず、配当表上の最上位に記載された同順位の債権者に1円が付加されているらしい。1円のことで配当異議訴訟を提起する者もいないだろうから、これで解決しているのだろう。

---

(8)　配当等の順位とその額

　配当の順位および額は、配当期日においてすべての債権者間に合意が成立したときには、その合意により（民執85条1項ただし書）、その他の場合には、民法、商法その他の法律の定めるところにより決められる（民執85条2項）。抵当権などの私債権と国税などの公債権が競合した場合の配当の順位とその根拠は、次のとおりである。

① 第1順位・「共益費用たる執行費用」　執行手続上、総債権者のために支出された執行費用であり、たとえば、申立手数料、差押登録免許税、現況調査手数料、評価料等である。これらは、租税債権にも優先する（国徴9条等）。

② 第2順位・「第三取得者が支出した必要費又は有益費の償還請求権」
抵当権設定登記後に所有権等を取得した第三取得者が、抵当不動産について、必要費または有益費を支出したときは、民法196条の区分に従って、必要費は全額が、有益費は抵当不動産の価額の増加が現存する場合に限り第三取得者の選択に従い支出額または増加額が償還される（民391条、196条）。不動産の価値の維持等のために支出されたもので、一種の共益費ないし先取特権的性質を有するために、優先性が認められるのである。

③ 第3順位・「登記した不動産保存及び不動産工事の先取特権によって担保される債権」　他の先取特権やこれらの先取特権よりも前に登記されている抵当権や不動産質権にも優先し（民336条、339条、369条、361条）、国税や地方税にも優先する（国徴19条、地税14条の13）。

④ 第4順位・「公租および公課の法定納期限等以前に登記した抵当権等によって担保される債権」　抵当権等により担保される債権の方が公租公課よりも優先する（国徴16条、15条1項、地税14条の10、14条の9第1項）。ただし、抵当権の利息損害金については、最後の2年分が優先するが、最後の2年分を超える利息損害金は、一般債権と同順位になる。
抵当権等により担保される債権が複数ある場合には、設定登記を先にした方が優先する。

⑤ 第5順位・「公租および公課」　公租（国税と地方税の総称。国徴2条1項、地税1条1項4号・2項）および公課（健康保険料等の滞納処分の例により徴収することができる公租以外の公の金銭的負担。国徴2条5号、地税14条）の内部関係では、次の基準により優劣が定まる。すなわち、ⓐ公租が公課に優先する（国徴8条、地税14条）。ⓑ担保を徴した国税・地

方税（国税等）は、他の国税等に優先する（国徴14条、地税14条の8）。ⓒ差押えをした国税等は、ⓑに次ぎ、他の国税等に優先する（国徴12条、地税14条の6）。ⓓ交付要求のみをした国税等は、ⓑ、ⓒに次ぎ、交付要求をした順に優先する（国徴13条、地税14条の7）。

⑥　第6順位・「公租および公課の法定納期限等の経過後に登記された抵当権等によって担保される債権」　抵当権等により担保される債権が公租公課に劣後する（国徴15条1項、16条、地税14条の9第1項、14条の10）。なお、抵当権の最後の2年分を超える利息損害金は、一般債権と同順位の扱いとなる。

　　抵当権等により担保される債権が複数ある場合には、設定登記を先にした方が優先する。

⑦　第7順位・「未登記の一般の先取特権によって担保される債権」　優先権のない一般債権に対して優先するが（民336条）、公租公課には劣後する。一般の先取特権者間では、原則として民法306条に掲げられた順序により優先順位が定まる。

⑧　第8順位・「優先権のない債権」　一般債権は最後順位である。配当を受けるべき各債権者につき同順位の債権については平等主義により配当することになるが、ここで平等とは、債権額に比例しての配当をすることである。

　　たとえば、配当財団－執行費用＝120万円の事例では次のようになる。

甲債権300万円	120×300／600＝60万円
乙債権200万円	120×200／600＝40万円
丙債権100万円	120×100／600＝20万円

　　甲債権者60万円、乙債権者40万円、丙債権者20万円の配当額になる。

(9) **配当に対する不服申立て**

　(ア)　配当異議の申出

配当表に記載された各債権者の債権または配当の額について、不服のある

債権者および債務者は、配当期日において配当異議の申出をすることができる（民執89条）。これがあると、当該異議部分にかかる配当実施が阻止される。

　(イ)　配当異議の訴え

　配当異議の申出をした債権者および執行力のある債務名義を有しない債権者に対し配当異議の申出をした債務者は、配当異議の訴え（民執90条1項）を提起し、この事実を配当異議の申出後1週間以内に、執行裁判所に証明しなければならない（民執90条6項）。上記の証明書が提出されると、その訴訟が確定するまで配当が留保され、配当金は供託される（民執91条1項3号・7号）。その証明書が提出されないときは、異議を取り下げたものとみなされて、留保されていた配当が実施される（民執90条6項）。

　配当異議の訴えは、執行裁判所の専属管轄となるが（民執90条2項）、その訴訟手続は、通常の判決手続の例によることになる。請求認容の判決では、配当表を変更し、または新たな配当表の調整のために、配当表を取り消さなければならない（民執90条4項）。なお、第4章Ⅲ(6)参照。

　(ウ)　請求異議の訴えまたは定期金賠償を命じた確定判決の変更を求める訴え

　執行力のある債務名義を有する債権者に対し配当異議の申出をした債務者は、請求異議の訴えまたは定期金賠償を命じた確定判決の変更を求める訴え（民訴117条1項）を提起しなければならない（民執90条5項）。そして、その証明文書を執行裁判所に提出する必要がある。なお、第4章Ⅲ(1)、(2)参照。

　(10)　配当金の交付（実施）と供託

　配当表のうち配当異議の申出のない部分に限り、配当期日に配当が実施される（民執89条2項）。債権者の債権につき確定期限未到来のものは、弁済期が到来したものとみなされ、また、その債権が無利息のものは中間利息を控除して配当が実施される（民執88条）。

　債権者の債権が停止条件付きまたは不確定期限付きであるなど、民執法91条1項1号ないし7号に掲げる事由があるときは、配当額に相当する金銭が供託（配当留保供託）されるが、その後、停止条件等の成就等によりその供

託事由が消滅したときは、供託金について配当が実施される（民執92条）。

　また、裁判所書記官は、配当期日（または弁済金交付期日）に出頭しない債権者に対する配当等の額に相当する金銭を供託する（民執91条2項）。剰余金が生じたのに債務者が出頭しないときも、これを供託する（民494条）。

Ⅳ　強制管理―強制管理による請負代金の回収

> **設問6**
>
> 　Aは、Bからその経営に係る立体駐車場の改装工事を請け負って3カ月後に完成したが、Bは、約定の期限が到来してもその請負代金300万円を支払わない。そこで、Aは、Bに対し、請負代金支払請求訴訟を提起したところ、裁判所は、Aの請求を認容する旨の仮執行宣言付きの判決をした。
>
> 　ところで、Bの所有する立体駐車場の建物（鉄筋コンクリート造5階建て）には、約40台の自動車が駐車できるが、そのうち10台分は月極めの賃貸で、残り30台分は時間貸しとなっている。Bは、1階の部屋に家族とともに居住して、このビルを管理している。
>
> 　Bは、C信用金庫から500万円の融資を受けたが、その返済を滞ったため、Cは同建物に対し仮差押えを検討しているとの情報がある。ただ、同建物はかなり老朽化しており修繕費用等もかかるので、不動産強制競売の申立てをしても、容易に買受人が現れないのではないかと予想している。
>
> 　以上の設例において、次の質問に答えよ。
>
> (1)　Aは、請負代金債権について、Bの駐車場の収益から債権回収するために強制管理の申立てをしたい。どのような手続をとればよいか。
> (2)　Cは、Aの強制管理手続に配当参加することができるか。
> (3)　Bは、Aとの間の敗訴判決に対し控訴をして、強制管理の執行停止を求めたい。どのような手続をすればよいか。
> (4)　Bが執行機関に執行停止文書を提出した場合、強制管理手続はどのようになるか。

1　請負代金の性質等

　請負は、当事者の一方がある仕事の完成を約束し、相手方がその仕事の結果に対してその当事者に報酬を与えることを約束することによって効力を生ずる契約である（民632条）。私たちの身の回りでは、運送契約、クリーニング契約、洋服の仕立て契約等があるが、設問の建物の改装工事請負契約はその典型であろう。

　報酬（請負代金）の支払時期について、民法は仕事の目的物の引渡しと同時と定め、物の引渡しを要しない場合は雇用の規定（民624条1項）を準用して後払いの原則を採用しているが（民633条）、実務では、支払期につき特別の定めをしている場合が多いと思われる。

　たとえば、下請業者の下着縫製など、いわゆる製造物供給契約では、それが請負なのか売買なのか、あるいはその中間的なものか評価が分かれる場合があるが、仮に売買ならば、売買代金については動産売買の先取特権（民311条）の行使による債権回収が可能である。また、請負は役務の結果の給付（仕事の完成）が目的となるが、役務の給付自体が目的となると雇用契約になるので、事例によってはその区別が問題になることがある。仮に雇用契約（民623条）による報酬（労働賃金）債権であれば一般先取特権（民306条2号、308条）の行使による回収が可能である。

　本件設問におけるＡの請負代金については、上記の担保権実行による回収方法は採れないから、通常の金銭債権と同じように債務名義を取得して強制執行により回収するほかはない。

2　強制管理の手続概要とその特徴

　強制管理は、強制競売のように債務者の所有不動産を売却して所有権を奪うのではなく、その不動産の収益力に着目して、当該不動産についての債務者の管理、処分権を拘束して、裁判所が選任をした管理人が不動産から生ずる天然果実を換価し、または法定果実を取り立てて、これを債権者の金銭債

権の満足に充てることを目的とした執行方法である。執行対象自体の換価を目的とする強制競売が「元本執行」と呼ばれるのに対し、強制管理は「収益執行」と呼ばれる。

　不動産の収益に対しては、債権執行により個別の収入（法定果実）を差し押さえて換価し金銭債権の回収を図ることができるが、差し押さえるべき債権および第三債務者が特定していることが前提であり、それが不特定ないし特定困難な場合には、債権者は利用し難いところがある。設問の事例において、Bは駐車場の利用者に対して利用料金債権を持つことになるが、月極めの場合は賃借人（給付義務者）を特定できるものの、時間貸しの場合には利用者が不特定多数の者であり、Aが債権執行を申立てしようとしても、第三債務者の特定ができず実効性がない。

　これに対し、強制管理は、債務者の不動産に対する使用収益権が包括的に強制執行の対象となって、管理人の支配下に置かれるので、債権者は、個々の収益に対して個別に執行する煩を免れながら満足が得られることになるし、債務者にとっても、不動産自体の売却が免れるという利益がある。

　そして、債権執行の場合は、個別の被差押債権についてのすべての収益が収奪されてしまい、債務者の手元には租税等の管理費用等さえ残されないことが多いが（もっとも、東京地裁等では、債権執行の場合でも管理費や共益費を被差押債権から外しているようであるが、そうした運用をしない裁判所が多い）、強制管理では、管理人が不動産を管理・収益し、かつ、収益の中から不動産に対し課せられる租税等を弁済するので、この点も債務者には利点がある。

　しかし、実務では、これまで強制管理の申立ては極めて少なかった。強制管理は、あくまで債務者の有している使用収益権を差し押さえるものであるから、同一不動産につき強制競売、担保不動産競売または滞納処分による差押え等によって売却され、その結果、債務者が所有権を失ってしまうと、強制管理手続は続行できなくなり、取り消されることになる（民執111条、53条）。そのため、手続費用との相関関係で申立てを躊躇する場合があるのであろう。

267

ただ、近年は、特に都市部では、賃貸ビル、貸しマンション、ホテルなど、建物を売却するには種々の問題があっても、継続的に高収益を上げている物件が多くなっている。設問のような駐車場建物では、種々の理由で不動産強制競売による換価は難しいが、債務者に日々一定の収入があることが明らかなので、こうした事例は強制管理に適しているといえる。

　こうした背景もあって、平成15年改正により、担保権者が担保不動産の収益から優先弁済を受けるための強制管理類似の手続として、担保不動産収益執行制度（民執180条2号）が創設されたので、同制度とともに、一般債権者が申立てできる強制管理が改めて見直されることになった。もっとも、同一不動産について担保権者による担保不動産収益執行が開始されれば、当然、収益金から担保権者に優先配当されることになるので、一般債権者の申立てによる強制管理の成果が上がる場面は限られている。

【図13】 強制管理（担保不動産収益執行）の手続の概要

(括弧内の無印は民事執行法)

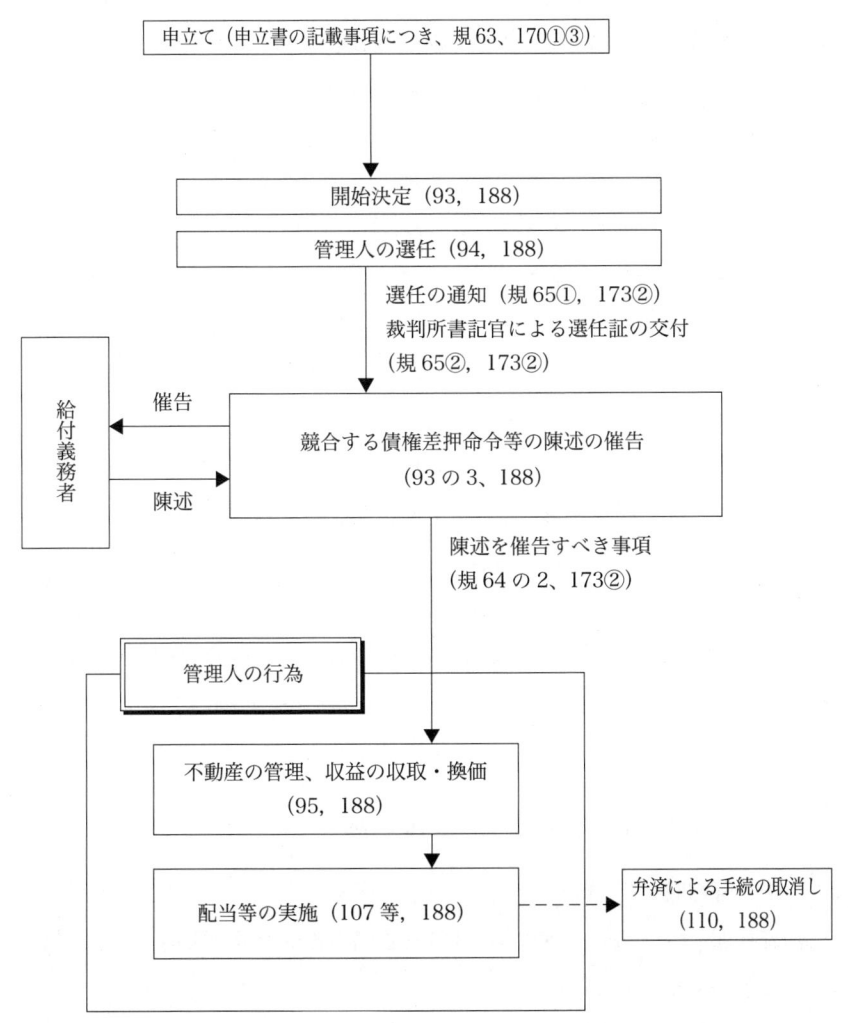

申立て（申立書の記載事項につき、規63、170①③）
　↓
開始決定（93、188）
管理人の選任（94、188）
　↓ 選任の通知（規65①、173②）
　　裁判所書記官による選任証の交付
　　（規65②、173②）
　↓
競合する債権差押命令等の陳述の催告
（93の3、188）

給付義務者 ← 催告 / 陳述 →

陳述を催告すべき事項
（規64の2、173②）

管理人の行為
　不動産の管理、収益の収取・換価
　（95、188）
　↓
　配当等の実施（107等、188） -- → 弁済による手続の取消し
　　　　　　　　　　　　　　　　（110、188）

3　強制管理の対象となる財産

　強制管理の対象となる不動産は、強制競売と同様、執行法上の不動産、す

269

なわち、土地・建物のほか、登記された地上権、永小作権並びにこれらの権利の共有持分である（民執43条）。また、特別法により不動産とみなされる採掘権、鉱業権、工場財団その他の財団等も不動産執行に服するので、強制管理の対象となる。これに対して、未完成の建物、通常の不動産質権が設定されている不動産のように、債務者が使用収益権を有していない場合には、収益を上げる余地がないので、強制管理を申し立てることができない（札幌高決昭和57・12・7判タ486号92頁、参考裁判例〔1〕）。

　強制管理の対象となる収益は、上記の不動産につき債務者が今後収穫すべき天然果実、既に弁済期が到来しているが未だ取り立てられていない法定果実および未だ弁済期が到来していない法定果実である（民執93条2項）。ただし、①天然果実のうち、強制管理による差押え前に動産先取特権の目的となったもの、②法定果実のうち、強制管理による差押え前に質権の目的となっているもの、③強制管理による差押え前に登記のされた抵当権の目的となっている不動産について強制管理がされた後にその不動産から生ずる天然果実（これについては、民法371条により抵当権の効力が及ぶので、抵当権の方が優先する）、④強制管理による差押え前に動産執行、担保権の実行としての動産競売の方法により差し押さえられた果実、⑤第三者（賃借人）が債務者（賃貸人）に差し入れた敷金は、いずれも強制管理の対象とならない。

4　強制管理の申立てと開始手続

(1)　管轄裁判所

　強制管理については、不動産所在地を管轄する地方裁判所が、執行裁判所として管轄する（民執44条）。

(2)　強制管理の申立て

　強制管理の申立てができる者は、債務名義を有する者および仮差押債権者（民保47条1項）に限定される。

　申立書には、債権者および債務者の氏名または名称および住所並びに代理人の氏名および住所、債務名義の表示等を記載するが（民執規21条）、そのほ

かに、収益の給付義務を負う第三者がある場合（たとえば、ビルの賃借人）には、判明している限度で、その第三者の表示および給付義務の内容を記載しなければならない（民執規63条1項）。これは、執行裁判所が強制管理開始決定をするときに収益を管理人に給付すべき旨を命ずることになっているので、そのために給付の内容が特定されている必要があるからである。

　もっとも、債権者は、第三者および給付の内容がわからない場合に、これを申立書に記載しなくても違法ではない（債権執行との比較において、この特定が困難な場合であっても申立てできるのが強制管理のメリットである）。

　その場合、執行裁判所は、まず第三者がいないものとして開始決定をする、そして、その後、管理人が収益の収得等をする際にその給付義務者が明らかになったときに、執行裁判所は、管理人の報告により職権でその給付義務者に収益を給付すべき旨を決定し、これを送達する。したがって、給付義務者の管理人に対する給付義務は、同人に対する送達があるまでは発生しないことになるから、債権者としては、できるだけ、第三者の住所・氏名および給付義務の内容を調査しておくべきである（民執規63条2項）。

【参考書式9】　不動産強制管理申立書

```
┌──────┐
│ 収 入 │          不動産強制管理申立書
│ 印 紙 │
└──────┘                            平成○年○月○日

    ○○地方裁判所○○部　御中

                        申立債権者代理人　弁護士　甲野太郎　㊞

            当　事　者 ┐
            請　求　債　権 │
            目　的　不　動　産 ├ 別紙目録記載のとおり
            給　付　義　務　者 ┘

    債権者は，債務者に対し，別紙請求債権目録記載の判決正本表示の債権を有
```

するので，債務者所有の上記不動産の強制管理を求める。

　なお，給付義勝者の給付義務の内容は，上記不動産に対する債務者との賃貸借契約に基づく賃料債務である。

　　　　　　　　　　添　付　書　類
1　執行力ある判決の正本　　1通
2　判決正本送達証明書　　　1通
3　不動産登記事項証明書　　1通
4　公課証明書　　　　　　　1通
5　資格証明書　　　　　　　1通
6　委任状　　　　　　　　　1通

以上

　　　　　　　　　当 事 者 目 録

〒000-0000　東京都新宿区西早稲田○丁目○番○号
　　　　　　　　債　権　者　西北工事株式会社
　　　　　　　　代表者　代表取締役　高　田　次　郎
〒000-0000　東京都港区赤坂○丁目○番○号　△△法律事務所
　　　　　　　　債権者代理人弁護士　甲　野　太　郎
〒000-0000　東京都新宿区西新宿○丁目○番○号
　　　　　　　　債　務　者　乙　野　三　郎

　　　　　　　　　　給付義務者
〒000-0000　東京都練馬区練馬○丁目○番○号
　　　　　　　　立体駐車場　2階8番　○　○　○　○
　　　　　　　　この賃料月20万円
　　　　　　　　　　　　・
　　　　　　　　　　　　・
　　　　　　　　　　　　・
　　　　　　　　（以下，同様に記載）

請 求 債 権 目 録

債権者と債務者間の○○地方裁判所平成17年(ワ)第○○号請負代金請求事件の仮執行宣言付判決に表示された下記債権

(1) 請負工事代金　300万円
(2) 上記(1)に対する平成○○年○月○日から支払済みまで年6分の割合による遅延損害金

物 件 目 録

所　　在　東京都○○区○町○丁目○番地
家屋番号　○○番
種　　類　立体駐車場
構　　造　鉄筋コンクリート造5階建
床 面 積　1階　○○平方メートル
　　　　　2階　○○平方メートル
　　　　　3階　○○平方メートル
　　　　　4階　○○平方メートル
　　　　　5階　○○平方メートル

(3) 強制管理開始決定等

　執行裁判所は、申立てが適法であれば、強制管理の開始決定をする。開始決定には、債権者のために不動産を差し押さえる旨を宣言し、かつ、債務者に対し収益の処分を禁止し、および収益の義務者があるときは、その義務者に対し収益を管理人に給付すべき旨を命じなければならない（民執93条1項）。

【参考書式10】 強制管理開始決定

平成○○年(ヌ)第○○号

強 制 管 理 開 始 決 定

　　　　当 事 者　　別紙目録のとおり
　　　　請求債権　　別紙目録のとおり

　債権者の中立により，上記債権の弁済に充てるため，別紙請求債権目録記載の執行力のある債務名義の正本に基づき，債務者の所有する別紙目録記載の不動産について，強制管理の手続を開始し，債権者のためにこれを差し押さえる。
　債務者は，上記不動産の収益の処分をしてはならない。
　給付義務者は，上記不動産の収益を管理人に給付しなければならない。
　下記の者を管理人に選任する。

　　　　　○　○　○　○

　平成○○年○○月○○日
　　　　　　　○○地方裁判所○○部
　　　　　　　　裁判官　　○　○　○　○

　執行裁判所は、開始決定と同時に、管理人を選任しなければならないが、実務では、開始決定書をもって選任決定している。
　差押えの効力は、強制管理の開始決定が債務者に送達された時に生ずる（民執93条3項）。ただし、開始決定があったときは、裁判所書記官は、直ちに職権をもって差押登記の嘱託をするが（民執111条、48条1項）、差押えの登記がその開始決定の送達前にされたときは、登記がされたときに生ずる（民執111条、46条1項）。収益の給付義務者に対するその収益請求権についての差押えの効力は、強制管理開始決定が第三者（給付義務者）に送達された時に生ずる（民執93条4項）。

強制管理の申立てが不適法であれば却下されるが、この却下決定に対しては、執行抗告をすることができる（民執93条5項）。また、強制管理開始決定に対しても、不動産強制競売開始決定と異なり、執行抗告ができることになっている（同項）。これは、強制管理は、開始決定により債務者から使用収益権を奪い、必要があるときはその占有をも奪うことになるので、開始決定の段階で執行抗告を認めないと、他の手続段階では不服申立ての機会がないことから、特に認められたものである。

(4) 給付義務者への陳述催告

不動産の収益の給付請求権に対する債権差押えまたは仮差押えが先行した後、給付義務者に対して強制管理の開始決定の効力が生じたときは、先行する差押命令等の効力は停止することとされ（民執93条の4第1項本文・2項）、この場合、先行手続において配当等受領資格を有していた者（配当遮断効が生ずる時までに差押え・仮差押えの執行または配当要求をした債権者）は、当然に、強制管理の手続において配当等受領資格を有するとされている（同条3項）。

そこで、執行裁判所の裁判所書記官は、職権で給付義務者に強制管理の開始決定を送達する際に、当該収益の給付義務者に対して、その給付請求権に対する差押命令の存否・内容・弁済の意思の有無、当該給付請求権についての優先債権者の氏名等の事項について陳述すべき旨を催告することとされている（民執93条の3、民執規64条の2第1項）。

5　管理人の資格・地位・権限・責任

(1) 管理人の資格

管理人の資格には、特に制限はなく、管理人として適切な能力を有する者であれば、裁判所は自由に選ぶことができる。実務では、執行官、弁護士が選任されることが多いが、信託会社、銀行その他の法人でもよいし、債権者自身であってもよい（民執94条2項）。上述のように、従来の実務においては強制管理の利用が少なかったので管理人候補者の幅は狭かったが、賃貸ビル

や賃貸マンションなどでは、その管理に専門的知識・技術を必要とする場合があるから、今後は、こうした意味の管理専門の企業も出現することであろう。

その規模により、1つの強制管理事件で複数の管理人を選任することができ（たとえば、開始決定直後は給付義務者の調査等が必要なので執行官が管理人となり、その後は法人が管理人となる、ということでもよい）、また、管理人に補助者を付すことも可能である。

(2) **管理人の地位**

管理人は、執行機関ではないが、不動産競売における執行官と同様に、強制執行法上の執行補助機関となる。独立の意思決定に基づき、自己の名において職務として、管理および収益のために必要な行為を行うことができる。管理人により収取された収益は、債務者の所有に属することになり、管理人の設定した賃貸借契約の効果は、債務者に帰属する。

(3) **管理人の権限**

管理人の権限としては、当該対象不動産を占有し、その不動産を管理し、収益を収取し、換価することができる。

既に債務者の設定した賃貸借が存在するときは、管理人は当該賃貸借の賃料を取り立てればよいが、債務者が目的不動産を直接占有している場合には、債務者の占有を解いて自らこれを占有したうえで、これを他に賃貸する等の方法で収益を上げることができる（民執96条1項）。

債務者の占有を取り上げる場合、債務者が管理人の職務執行に抵抗するときは、管理人は、執行官の援助を求めてこれを排除することができる。

また、不動産を占有するに際し閉ざされた戸を開く必要があるときには、管理人としては自ら戸を壊して開く権限をもたないので、執行官に援助を求めることができる（民執96条2項）。援助を求められた執行官は、閉ざされた戸を開くため必要な処分をすることができる（同条3項、57条3項）。

管理人は、強制管理の目的を達するために、不動産の管理、収益の収取に必要な一切の行為をすることができるから、たとえば、土地や建物を新たに

賃貸して賃料を取り立てることができる。ただし、民法602条の期間を超える賃貸については、債務者の利害に大きな影響を及ぼすことになるから、債務者の同意を得なければならない（民執95条2項）。差押え前に債務者の設定した賃貸者については、管理人が引き継ぐが、その契約条件に拘束される。仮に賃借人に賃料不払い等の債務不履行があった場合には、契約を解除することもでき、必要があれば、訴えを提起したり、強制執行をすることができる。ただし、管理人は、貸主の地位に立つから、建物が破損したような場合には、必要な限度で修繕義務を負う（民606条）。修繕に要した費用は、執行費用になる。

(4) 管理人の責任

管理人は、執行裁判所の補助機関として、その管理行為について執行裁判所の指揮監督を受ける（民執99条）。管理人は、善良な管理者の注意をもってその職務を行わなければならず（民執100条1項）、この注意義務に違反したことにより利害関係者に損害を与えた場合は、連帯して損害賠償責任を負う（民執100条2項）。

管理人が、死亡、解任（民執102条）、辞任、強制管理の終結等でその任務が終了した場合には、管理人（死亡の場合はその承継人）は、遅滞なく、執行裁判所に対し収益等の計算の報告をしなければならない（民執103条）。

6 強制管理における債権者の競合

(1) 二重開始決定

強制管理開始決定（または担保不動産収益執行）がされた不動産について、さらに強制管理または担保不動産収益執行の申立てがあったときは、執行裁判所は、後行の申立てについても開始決定をしたうえで、先行の強制管理の事件で手続を進めることになる（民執93条の2）。

(2) 配当要求

執行力ある債務名義の正本を有する債権者および民執法181条1項各号に掲げる文書により一般の先取特権を有することを証明した債権者は、強制管

理において、配当要求ができる（民執105条1項）。

　仮差押債権者は、配当要求が認められない。仮差押債権者は、仮差押命令告知の日から2週間の執行期間内に、仮差押えの執行として、独立して通常の強制管理の申立てができるから、配当要求を認める必要がないからである（民保47条1項）。したがって、設問のCは、仮差押えの執行としての強制管理の申立てをしておく必要がある。

　配当要求の方式については、不動産強制競売と同じである（民執規73条、26条）。ただ、強制管理の場合は、不動産競売と異なり、強制管理手続が継続している限り配当要求が認められるから、配当要求の終期がない。

　後述のように、執行裁判所が定める期間ごとに配当等が実施される。

(3) 先行する債権差押命令等の効力の停止

　不動産の収益の給付請求権に対する債権差押命令または差押処分あるいは仮差押命令（以下「債権差押命令等」という）が先行した後に、給付義務者に対して強制管理があってその効力が生じたときは、先行する債権差押命令等の手続を吸収して強制管理の手続に一本化するために、先行する債権差押命令等の効力は当然に停止する（民執93条の4第1項本文・2項）。これは、債権執行が担保権の物上代位に基づく場合でも同様である。ただし、この債権差押命令等の効力が停止されるのは、民執法165条各号に掲げる、先行の債権差押手続における配当加入遮断効が生ずる時までに強制管理の開始決定の給付義務者に対する効力が生じた場合に限る（民執93条の4第1項ただし書）。また、債権仮差押手続においては、配当加入遮断効がないので、債権仮差押命令がされた後に強制管理の手続が開始された場合は、その時期の前後を問わず、債権仮差押命令の効力が停止することになる（民執93条の4第2項）。

　先行する債権差押命令等の効力が停止され、強制管理の手続に吸収された場合、差押命令または差押処分の債権者、先行手続において配当等受領資格を有していた者（債権差押命令等が効力を停止する時までに当該債権執行（民執143条）または少額訴訟債権執行（民執167条の2第2項）の手続において配当要求をした債権者）および仮差押債権者は、当然に、強制管理の手続において

配当等受領資格を有することとされている（民執93条の3第3項）。

なお、強制管理の開始決定が先行した後に、その目的不動産の収益に対して債権差押命令等の申立てがあった場合については、明文の規定がない。この場合は、債権差押命令等を発しても、強制管理による差押えに劣後することになるので、強制管理の管理人が収益を取り立てることができ、債権差押え等の手続は、取り立てるべき債権がないことに帰し、いわば空振りの状態になってしまうと解されている[10]。

7　強制管理における債務者の立場

(1) 建物使用の許可

管理人は、強制管理の開始決定がされた後、目的不動産を管理するため、債務者の占有する不動産について債務者から強制的に占有を取り上げて自ら占有することができる（民執96条1項）。そのために、仮に債務者の居住する建物について強制管理の開始決定がされた場合、転居先が見つからない債務者を直ちに追い出してしまうのでは、その居住権を奪うことになり、苛酷な結果になることもある。

そこで、債務者は、直ちに他に居住すべき場所を得ることができないときは、執行裁判所に対し、債務者本人および本人と生計を一にする同居の親族（婚姻または養子縁組の届出をしていないが債務者と事実上夫婦または養親子と同様な関係にある者を含む）の居住に必要な限度において、期間を定めて、その目的建物の使用許可を求める申立てができる（民執97条1項）。

執行裁判所は、申立ての際に提出された資料または審尋の結果に基づき、申立てを理由があると認めるときはこれを認容し、理由がないと認めるときは申立てを却下する。債務者は、この建物使用許可決定を管理人に示して許可部分の使用を求めることになる。

ただし、債務者が使用許可決定を得ても、管理人の管理を妨げたとき、ま

10　谷口ほか『改正担保執行法の実務』65頁。

たは事情の変更があったときは、執行裁判所は、執行債権者または管理人の申立てにより、建物の使用許可を取り消し、または変更することができる（民執97条2項）。

建物使用許可の申立てまたは取消し・変更に関する決定に対し不服ある者は、執行抗告ができる（同条3項）。

(2) 収益等の分与の申立て

強制管理により債務者の生活が著しく困窮することとなるときは、執行裁判所は、管理人に対し、収益または換価代金からその困窮の程度に応じ必要な金銭または収益を債務者に分与すべき旨を命ずることができる（民執98条1項）。

債権執行においては、債権者、債務者の生活状況等を比較して差押命令の全部または一部を取り消しする制度（差押禁止債権の範囲の変更。民執153条1項）があるが、これと同趣旨の債務者保護の見地からの規定である。

管理人は、分与を命ぜられた金銭等につき、最優先順位で収益等の中から支給し、その分与の明細を執行裁判所に報告しなければならない（民執規68条）。

収益等の分与命令について、事情変更等により変更・取消しができること、その変更・取消決定に対して執行抗告ができることは、上記(1)の建物使用許可の場合と同様である（民執98条2項、97条2項・3項）。

8 強制管理の取消し・停止等

(1) 取消し・申立ての取下げ

強制管理についても、執行の停止と取消しがある。たとえば、

① 債権者が管理を続行するために必要な費用を予納しない場合（民執14条）、

② 目的不動産が滅失した場合（民執111条、53条）、

③ 無剰余の場合（民執106条2項）、

④ 目的不動産について競売の結果買受人が代金の支払いを了した場合の

ほか、

⑤　民執法39条1項1号ないし6号の文書が提出された場合は、執行裁判所は、執行を取り消す（民執40条）。

　執行の取消しの場合には、強制管理は当然に終了し、債務者の使用収益権が回復する。また、申立てが取り下げられた場合にも、当然に強制管理は終了する。

　裁判所書記官は、上記の取消決定が効力を生じたときまたは申立ての取下げがなされたときは、差押えの登記の抹消登記の嘱託をしなければならない（民執111条、54条）。

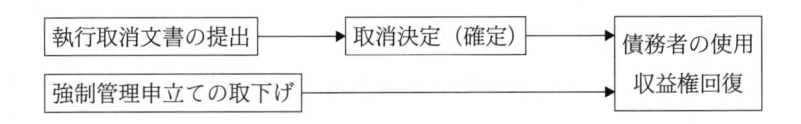

```
執行取消文書の提出 ─┐
                    ├→ 取消決定（確定）→ 債務者の使用
強制管理申立ての取下げ ─┘                    収益権回復
```

(2)　強制管理の一時停止

　強制管理において、執行停止文書（民執39条1項7号・8号）が提出された場合、通常の執行手続とは別の配慮が必要である。すなわち、強制管理においては、債務者から使用収益権を奪っているから、そのままの状態で停止すると、誰もその収益を収受できないことになり、不合理である。そこで、執行停止文書が提出されたときは、配当等の現実に債権者に収益を交付する手続だけを停止し、停止書面が提出された時の態様で管理を継続できることとしている（民執104条1項前段）。

　したがって、冒頭の設問で、仮に債務者から、仮執行宣言付判決に対する控訴に伴う執行停止文書（民訴403条1項3号）が執行裁判所に提出された場合、駐車場の賃貸借はそのまま継続し、管理人は収益の収取ができ、ただ配当等の実施ができないのである。

　管理人は、収益または換価代金から、債務者に対する分与およびその他の費用を控除した配当等（弁済金交付・配当）に充てるべき金銭を供託し、執

行裁判所に事情届を提出することになる（民執104条1項後段）。ただし、民執法107条1項の期間の経過後に停止文書の提出があったときは、その期の配当等は実施できる（民執111条、84条4項）。

この供託した金銭は、供託の事由が消滅したとき（停止の事由が消滅したとき）に、執行裁判所において配当等の手続を行うことができる（民執109条）。ただし、この供託金額が、各債権者の債権および執行費用の全部を弁済できることになったときは、強制管理手続を継続する理由がないから、執行裁判所は、配当等の手続を除き、強制管理の手続を取り消さなければならない（民執104条2項）。

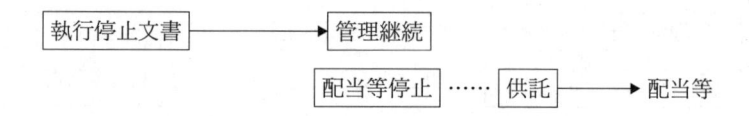

```
執行停止文書 ──→ 管理継続
                 配当等停止 …… 供託 ──→ 配当等
```

9　配当等の手続

(1) 配当等を受けるべき債権者（配当有資格者）

強制管理において配当等を受けるべき債権者は、次のとおりである。強制競売とは異なり、登記された担保権者も直ちに配当にあずかることはできず、担保不動産収益執行の申立てをする必要がある。

① 民執法107条1項の期間の満了までに強制管理の申立てをした差押債権者（民執107条4項1号イ）

② 上記の期間の満了までに一般の先取特権の実行として民執法180条2号に規定する担保不動産収益執行の申立てをした差押債権者（同項1号ロ）

③ 最初の強制管理の開始決定による差押えの登記前に登記された担保権に基づき、上記の期間の満了までに民執法180条2号に規定する担保不動産収益執行の申立てをした（上記②を除く）差押債権者（同項1号ハ）

④　仮差押債権者（上記期間の満了までに、強制管理の方法による仮差押えの執行の申立てをしたものに限る（民保47条1項、民執107条4項2号）

　　なお、既に強制管理が先行している場合でも申立てすることができ、その場合は、強制管理等の競合する場合と同じ手続をする（民執47条1項、93条の2、民保47条5項）。

⑤　配当要求をした債権者（民執107条4項3号）

　　配当要求のできる債権者は、

　㋐　執行力ある債務名義の正本を有する債権者と、

　㋑　民執法181条1項各号に掲げる文書により一般の先取特権を有することを証明した債権者（労働賃金債権を有する債権者が典型）である（民執105条1項）。

　管理人による配当の実施は、執行裁判所の定める期間ごとに行われることになるので、その期間までに、強制管理や担保不動産収益執行の申立てまたは配当要求をした債権者のみが配当にあずかることになる。これらの債権者が、その期間の配当を受けても、なお債権金額の満足を受けられないときは、次の期間からもその期間ごとに債権の満足を受けるまで続けて配当を受けられる。

　なお、上記4(3)のように、強制管理に先行していたが、強制管理の開始により効力が停止された債権差押命令等の手続において配当等の受領資格を有していた債権者は、強制管理手続において、当然に配当等の受領資格を有する（民執93条の4第3項）。

(2)　配当等に充てるべき金銭等（配当原資）

　配当等に充てるべき金銭は、債務者に収益を分与した後の収益またはその換価代金から、不動産に対して課せられる租税その他の公課および管理人の報酬、その他の必要な管理費用を控除したものである（民執106条1項）。上記の管理費用としては、価格保全のための修繕費、維持管理のための人件費、建物の火災保険料などが考えられる。

　強制管理を開始したが、配当等に充てるべき金銭を生ずる見込みがない場

合には、執行裁判所は、強制管理手続を取り消さなければならない（民執106条2項）。

(3) **管理人による配当等の実施**

強制管理においては、管理人は、執行裁判所の定める期間ごとに配当を実施しなければならない（民執107条1項）。

管理人は、執行裁判所の定める期間の満了後、配当等を実施するに先立ち、速やかに、収取した収益またはその換価代金、債務者へ分与した金銭等、当該不動産について課せられた租税等および管理人の報酬等の執行費用の明細と、これによる配当原資となる金銭の額を執行裁判所に報告しなければならない（民執規68条）。報告を受けた執行裁判所は、これを審査し、必要があればさらに報告を求めたり、特別の指示をする。

債権者が2人以上いて、各債権者の債権および執行費用の全部を弁済することができないときは、管理人は、配当協議の日に、出頭した各債権者に対し管理人の作成した配当計算書を閲覧させ、債権者全員がそれで了承すれば、その配当計算書に従って配当を実施する（民執107条2項・3項）。

債権者間に協議が調わないときは、管理人は、その事情を執行裁判所に届けなければならない（民執107条5項）。

(4) **執行裁判所による配当等の実施**

執行裁判所は、次の場合に、自ら配当等を実施する。

① 債権者間の協議が不調になって管理人から事情届があった場合（民執107条5項）。

② 強制管理の一時停止を命ずる文書（民執39条1項7号・8号）が提出されたため、配当等に充てるべき金銭の供託がなされ、管理人からその事情届出があった場合（民執104条1項）。

③ 配当等を受けるべき債権者に民執法91条1項各号（7号を除く）に掲げる事由があるため、直ちに配当金の交付ができないので、配当等の額に相当する金銭の供託がなされ、その旨の事情届出があった場合（民執108条前段）。

ただし、上記②、③の場合には、直ちに配当手続は開始できず、それぞれの供託事由が消滅したときに配当手続を実施することになる（民執109条）。

執行裁判所（または裁判所書記官）の配当等の手続および配当表の作成に関する手続等は、不動産強制競売のそれと基本的には同じである（民執規73条、59条1項・2項、60条、民執111条、85条2項・4項、89条〜92条）。

なお、仮差押えの執行としての強制管理においては、管理費用を控除した収益の残額（配当金額）は、管理人によって供託される（民保47条4項）。

各債権者が配当等によりその債権および執行費用の全部の弁済を受けたときは、執行裁判所は、強制管理の手続を取り消さなければならない（民執110条）。

参考裁判例

〔1〕　札幌高決昭和57・12・7判タ486号92頁
　検討するに、強制管理は債務者所有の不動産から生ずる利益をもつて債権者の金銭債権の満足にあてるといういわゆる収益執行であるから、債務者が収益権を有していない不動産又は収益の生ずる見込みのない不動産は強制管理の対象にすることはできないというべきであるから（債務者が目的不動産につき収益権を有しているなどこれらの事実については債権者において証明をすべきである）、このような不動産に対し強制管理開始決定がされたときは、債務者はこれに対し執行抗告を申立てることができると解する（収益があつても、それが少額で手続費用を償うに足りない不動産の場合も同様である）。

〔2〕　福岡高決平成17・1・12判タ1181号170頁
　本件記録によれば、抗告人債務者が平成2年6月29日に抗告人給付義務者との間で締結したホテル運営管理委託契約の基本的な内容は、抗告人債務者が本件建物及びその所有の家具、什器備品等付帯設備一切を抗告人給付義務者に提供し、抗告人給付義務者がこれを使用してホテルの運営管理のための一切の業務を行うこと、この抗告人給付義務者が行う業務内容はホテル営業の運営管理

全般に及んでおり、特に、抗告人債務者に代わって金銭出納管理等収支業務を行うことも含まれていること、抗告人債務者は抗告人給付義務者に対して委託業務上必要なる人件費、再委託先の業務委託料及びその他抗告人債務者が必要と認めた費用を支払うこと、というものもあることが認められる。そうすると、本件建物におけるホテル営業の収益がいろいろな要因によって変動を生じ得るものであることは措くとしても、このホテル営業の基盤が本件建物にあることはいうまでもないから、その収益の中に、抗告人債務者が担保不動産である本件建物を抗告人給付義務者に使用させた対価が少なからず存在することは容易に想定されるところである。そして、これが担保不動産収益執行の対象となる収益としての法定果実、すなわち、担保不動産たる本件建物の使用の対価ないし使用利益に当たることはいうまでもないから、このような収益に対しても、担保不動産収益執行は認められなければならない。したがって、上記のような理由からして、原決定が、上記の意味での収益の給付請求権として、「本件建物について、抗告人債務者と抗告人給付義務者との間で締結されたホテル運営管理委託契約に基づき、抗告人債務者が抗告人給付義務者から支払を受けるホテルの総収入から抗告人債務者が抗告人給付義務者に支払うべき人件費並びに再委託先への業務委託料及びその他の費用を差し引いた金銭の引渡請求権」と特定したことは、何ら違法な点はないと判断するのが相当である。

〔関連設問〕

1 債務者が賃貸ビルを所有している場合、債権者は、債権執行と強制管理のいずれを選択すべきか。各手続の特徴、長短を比較して検討せよ。

2 金銭債権回収の方法として、不動産強制競売と強制管理とを選択する場合に、どのような点を配慮すべきか。また、担保不動産収益執行との比較ではどうか。

3 「建物（ホテル）について、債務者Yと第三者Zとの間で締結されたホテル運営管理委託契約に基づき、YがZから支払いを受ける運営管理委託料は、強制管理の目的である「不動産から生ずる利益（法定果実）」に当たるか（福岡高決平成17・1・12判タ1181号170頁、参考裁判例〔2〕）。

V 動産執行―クレジット代金債権（支払督促）の動産執行による回収

> **設問7**
>
> 　A信販会社は、B（税理士）がC自動車販売会社から乗用車を購入するに際して、立替払契約を締結し、その後、Bに代わってC会社に対し、上記の売買代金等150万円を支払った。しかし、Bは、A信販会社に対し、約束どおりに立替金を支払わなかった。
>
> 　そこで、Aは、甲簡易裁判所書記官に支払督促の申立てをし、立替金（クレジット代金）請求債権につき仮執行宣言付支払督促を得て、これに基づきBに対し動産執行の申立てをした。
>
> 　Bは、マンションの1室を賃借して自宅兼事務所にしているが、妻と中学生の子供と一緒に生活している。Bの自宅兼事務所に次の動産がある場合、執行官は、これを差押えの対象にすることができるか。
>
> 　ⓐ現金10万円、ⓑ洗濯機、ⓒ三面鏡、ⓓ液晶テレビ、ⓔパソコン

1　クレジット代金債権の性質等

(1)　クレジット代金請求権の性質

　消費者が販売会社等から商品を買い受けたり役務の提供を受ける際に、現金で一括決済できない場合、販売会社等との間で割賦販売契約を締結することがあるが（割賦販売法2条1項）、消費者は、信販会社との間で立替払契約（クレジット契約）を利用することが多い。これには、個々の商品の販売ごとに契約を締結する個品割賦購入あっせん（同2条3項2号）、あらかじめクレジット・カードを発行しておく総合割賦購入あっせん（同法2条3項1号）

287

などがあるが、特に後者は、キャッシング・カードと併用されるため、消費者の利用は多く、また、それをめぐってのトラブルも少なくない。いずれの場合も、消費者は、対価としての金銭を支払う前に、商品・役務の提供を受けるわけであるから、事業者から消費者に対し信用を供与することになるので、この種の事件は消費者信用供与事件と呼ばれることがある。

設問の事例は、個品割賦購入あっせん型式であり、その実体法上の法的性質の説明については学説で争いがあるが、それはともかく、信販会社が購入者に代わって購入代金債務を支払ったときは、信販会社は、購入者（立替払契約を締結した消費者）に対し立替金を請求することができる。

(2) 支払督促手続

債権者が債権の強制的実現を図る際に、債務者との関係で債権の存否につき争いがないときまで、通常の訴訟手続により債務名義（給付判決）を取得させる必要はない。そこで、簡易・迅速・低廉な手続により、給付訴訟と同一の目的を達成することができるようにしたのが、支払督促制度である（民訴382条）。

支払督促手続の要件としては、金銭その他の代替物または有価証券の一定の数量の給付を目的とする請求に限ること（同条本文）、債務者に対し、日本国内で、かつ公示送達によらずに支払督促の送達が可能であること（同条ただし書）であるが、請求金額にかかわらず、原則として、債務者の普通裁判籍所在地の簡易裁判所の裁判所書記官に対して申立てをする（民訴383条）。

申立てがあると、裁判所書記官は、その主張自体理由があるかどうかを判断するだけで発令する（民訴386条1項）。そして、債務者に対して支払督促が送達されてから2週間以内に督促異議がなければ、債権者は、支払督促に仮執行宣言を付するよう申立てができる（民訴391条）。仮執行宣言が付されると、適法な督促異議の申立てがない限り、それは確定判決と同一の効力が生ずる（民訴396条）。

2 動産執行手続の流れと特徴

動産には原則として公示制度がないので、それに権利関係が付着することがなく、また、実体法上その取引には即時取得制度（民192条）が適用されるので、売却は比較的単純である。

そのため、動産執行は、差押え・換価・配当という手順では不動産執行と同じであるが、手続はそんなに難しくない。

反面、動産執行については、実務上の問題点が多く、次のように種々の批判があることも事実である。

第1に金銭執行としての本来の機能を果たしていないのではないか、との批判である。現実の問題として、借金の任意支払いができない債務者宅には、交換価値の高い動産などはほとんど残っていないことが多い。そのため、動産執行は、債権回収方法というよりも、債権者が執行不能を証明することで税法上の損失処理をするために実施されていることが少なくない。

第2に執行方法が陰湿かつ過酷ではないのか、との批判である。執行官は、電気機器や建具等の債務者の日常生活必需品を対象にして差押えすることが多い。そのため、動産執行は債務者に対して大きな心理的圧迫を与えるので、その任意弁済を促す効果があるといわれるが、ややもすると執行官に対する一般人のイメージが、「債権者と癒着して庶民をいじめる悪役人」という構図になりかねない。もちろん、近時の執行官は、公平・中立に職務を遂行しているのであり、それは誤解である。後述のように、債務者保護のための差押禁止物が規定されているのであるが、それを運用上拡大しようとすると差押え可能な動産がほとんど存在しないことになってしまう。

第3に間接強制の手段として利用されていないか、との批判である。かつての実務では、債権者は、動産を差し押さえた後、売却期日の延期を繰り返す方法により、債務者への心理的圧迫を与えて、これにより任意履行を迫る方法を執ることが多かった。しかし、現行民事執行法の下では、こうした運用を制限する規定を設けて債務者保護にも配慮している。

289

3 動産執行の対象となる動産

動産執行の対象となる動産は、次のとおりである（民執122条1項）。

① 民法上の動産（民86条2項・3項）

　民法上、不動産以外の物は、すべて動産である。ただし、民法上の動産であっても、登録・登記された船舶、航空機、自動車、建設機械は除かれる。具体的には、総トン数20トン未満の船舶、製造中の船舶は動産扱いであり、外国航空機も登録がないので動産執行の対象となる。有価証券のうち無記名債権は、動産とみなされる。

② 登記することができない土地の定着物

　庭石、石燈、鉄塔、建築中の建物等である。

③ 土地から分離する前の天然果実で1カ月以内に収穫することが確実であるもの

　たとえば、穀物、野菜、果物等の農産物である。本来、未分離の果実は、土地の一部であるが、1カ月以内に収穫確実のものを動産執行の対象としたものである。

④ 裏書の禁止されている有価証券以外の有価証券

　たとえば、約束手形、小切手、株券、社債、貨物引換証等で、裏書禁止のされていないものについては動産執行の対象になる（ただし、預託株券等に関する強制執行は、債権執行に準ずる。民執規150条の2）。

コラム　軒下競売と買戻し

　動産執行において、差押動産が家財道具等である場合、本来ならばこれらを売却場に運んで、不特定多数の者が参加できる公売場において競売に付するのが相当であろう。しかし、実際には公設の保管場所や売却場がないのでそれを確保するための費用やそこまで運ぶ費用がかかることになる。そして、これらの費用は執行費用になるので、相当高価の動産でなければ、差押えを実施しても無剰余執行になるおそれがある。

そこで、債務者宅から差押物を引き揚げずに物理的移動のないまま債務者の使用（執行官保管の一態様である）を許しておき、債務者宅の軒下がいわば売却場という考え方で、売却実施するのが実務である。

この場合、売却場を公示しているとはいえ、実際に買受希望者が広く集まるはずがないので、差押えに同行した古物商・道具屋等だけが落札することになってしまう。これらの現象を「軒下競売」と揶揄されることがあるが、大量に消費財が生産される時代には交換価値が高い動産が存在しないことや中古市場の未整備という現実に基因しているだけに、その改善策は難しい。

そして、いったん、古物商・道具屋が買い受けたものを、債務者の親戚が買い戻し、債務者に使用貸借する方法で、外形的には債務者使用の形が維持されることが少なくない。

これは、競売の際の評価である「交換価値」と、その物に対する債務者の「主観的価値」あるいはそれが未だ十分機能するという「機能的価値」との格差から、奇妙に関係者の利害が一致しているからである。たとえば、執行官に1万円と評価された電気洗濯機でも、債務者からみれば、愛着のある物であり、未だ洗濯機として十分使用できると考えれば2万円以上の価値があると評価できよう。すると、古物商等は1万円で落札して債務者の親戚（債務者は買受人になれない）に1万5000円で買戻しさせることが可能になるのである。こうして、債権者は1万円を回収し、買受人は5000円の利益を上げ、債務者は新たに高い洗濯機を購入しなくても継続して使用することができ、しばらくは差押えを免れるというわけである。

4 申立て・差押え

動産執行は、債権者の申立てに基づき、執行官が目的物を差し押さえることによって開始する（民執122条1項）。なお、執行官は、差押債権者のためにその債権および執行費用の弁済を受領することができる（同条2項）

(1) **申立て**

執行力ある債務名義を有する債権者は、差し押さえるべき動産の所在場所を特定した申立書（民執規99条）によって申立てをする。

差し押さえるべき動産については、債権者は場所で特定し、その中で執行官が選択・決定するので、債権者は申立て時に具体的な動産の選択を要しない。

強制執行であるから、一般的な執行開始の要件とその証明書の添付が必要である。

管轄は、差押えの対象とすべき動産の所在地を管轄する地裁の執行官である。

(2) 差押えの実施・方法

　(ｱ) **差押えの方法等**

動産の差押えは、執行官が債務者または第三者の占有する動産を占有して行う。すなわち、執行官は、動産執行申立書に記載された目的物の所在場所で、債務者が占有している動産を発見すれば、債務者から占有を奪って自ら占有する（民執123条1項、124条）。

執行官は、債務者の占有する動産については、強制的に占有することができ、その際、債務者の住居その他の場所への立ち入り、金庫その他の容器についての目的物の捜索、これらのための閉鎖した戸および金庫その他を開くため必要な処分をすることができる（民執123条1項・2項）。これが、執行官の立入権・捜索権と呼ばれるものである。そして、抵抗を受けるときは威力を用い、または警察上の援助を求めることができる（民執6条1項）。

　(ｲ) **差し押さえるべき動産の選択と責任財産の認定**

執行官は、差し押さえるべき動産の選択にあたっては、債権者の利益を害しない限りにおいて、債務者の利益を考慮しなければならない（民執規100条）。

執行官は、ある動産が債務者の責任財産に属するか否かについては、債務者の外観上の直接支配（占有・所持）状態によって、これを認定する。執行官は、債務者が占有している事実だけで差し押さえることができ、目的動産の所有権の帰属について判断する必要はないのである（真の所有者等は、第三者異議の訴えにより救済される）。もっとも、実務では、占有があるか否か

の判断に際して困難な問題に直面することが珍しくない。通常は、建物等の中にある動産は、建物の主要な使用者（世帯主）の占有下にあるものとみてよいが、債務者の家族が同一の建物に同居している場合は、動産の性質、外観等から特定の者のみの占有にあることが明白であるときには、その者のみの占有が認められることになる。

たとえば、冒頭の設問の事例でⓑの洗濯機は世帯主である債務者の責任財産と認定できるが、ⓒの三面鏡は妻固有の財産ということで差し押さえの対象動産から除外されることになろう。

債権者の占有する動産は、その任意提出に基づき、また、第三者の占有する動産は、提出を拒まない場合にのみ、その動産を差し押さえることができる（民執124条）。第三者が先取特権または質権を有するときは、これを留保して提出することができ（質権者は任意提出によって私法上の占有を失わない）、かつ、配当要求ができる。

第三者が占有している債務者所有動産の提出を拒む場合には、債務者の第三者に対する返還または引渡請求権に対する債権執行の方法（民執163条）によらなければならない。

　㈦　差押物の保管

執行官は、動産を差し押さえたときは、原則として自ら保管する。特に金銭、貴金属、時計、有価証券など紛失のおそれがある物、運搬が容易な物は執行官自身が保管している。執行官占有の性質および執行官の占有により債務者の占有がどのように影響を受けるかについては、学説が分かれる。[11]

執行官は、相当と認めるときは、差押物を従前の占有者である債務者、債権者または第三者に保管させることができる。この場合には、差押えは、差押物について封印その他の方法で差押えの表示をしたときに限り、その効力を有する（民執123条3項、124条）。また、執行官は、相当であると認めるときは、債務者に、その保管する差押物の使用を許可することができる（民執

11　中野・民事執行法595頁、609頁。

293

123条4項、124条)。実務上、差押物が家具、電気製品等の場合、この方法がとられることが最も多い。さらに、執行官は、相当と認めるときは、従前占有者でない債権者または第三者に差押物を保管させることができる(民執規104条1項)。この場合、差押物には封印その他の方法(差押物件標目票、公示書の貼付等)で差押物であることを明らかにし、保管者に対し、差押物の処分、差押えの表示の損壊その他の行為に対する法律上の制裁を告知する。そして、執行官は、差押物を債務者、差押債権者または第三者に保管させた場合には、その保管の状況を点検することができる(民執規108条)。

　執行官のした封印または差押えの標示を損壊し、あるいはこれを無効ならしめる行為(刑96条)、また、債務者が差押物を窃取し、横領しまたは損壊する行為(刑242条、252条2項、262条)は、それぞれ犯罪になる。

5　差押えの効力

(1)　差押えの処分禁止効

　差押えによって、債務者は差押物についての処分が禁止される。しかし、この処分禁止効は、強制執行の目的達成に必要な限度にとどまる相対的なものである。差押え後になされた処分行為の効力は、差押債権者だけでなく、その差押えに基づく執行手続に参加したすべての債権者に対して対抗することができない。この手続相対効は、不動産執行の場合と変わらない。

　ただし、債務者は、差押物の保管を任された場合に、執行官の許可があれば、これを使用できるが(民執123条4項)、差押えの効力は、不動産の強制競売におけると違って、差押物から生ずる天然の産出物に及ぶので(民執126条)、債務者に天然果実の収取権はない。たとえば、差押物が牛、鶏のときに、債務者は、生まれた子牛、卵を自分のものにすることはできない。ただ、差し押さえられた乳牛から乳を搾って使用するようなときは、価値保存のために必要な行為として許されると解される余地がある。もっとも、実務的には、差し押さえた家畜を債務者に保管させた場合、それらの保管費用(飼料、飼育のための労役費用)を定めるについて、たとえば、鶏の保管費用

と卵とを相殺する方法も考えられるとしている。

　差押物の実体法上の占有関係は、債務者は差押物の占有を移転できるが、取得時効の中断があるのか（民147条2号参照）、占有訴訟における債務者の当事者適格、債務者が現状を主観的または客観的に変更した場合の原状回復の方法などに関連して、従来から大いに議論があったところである。ただ、民事執行法では、差押物の占有が第三者に移転した場合については、次の引渡命令の制度を設けた。

(2) 差押物の引渡命令

　差押物を第三者が占有することになったときは、差押債権者の申立てにより、執行裁判所が第三者に対し差押物を執行官に引き渡すべき旨の引渡命令を発することができる（民執127条1項）。この申立ては、差押物を第三者が占有していることを知った日から1週間以内にしなければならない（同条2項）。引渡命令の申立てに対する裁判に対しては、執行抗告ができるが（同条3項）、抗告理由は、この命令の手続要件に限られると解されるから、第三者が即時取得（民192条）による所有権を主張する場合には、第三者異議の訴えによるべきである。引渡命令の執行は、執行手続内における付随的執行であり、引渡命令はそれの債務名義となる。

(3) 差押えの制限と差押禁止財産

(ア) 超過差押えの禁止

　差押債権者の債権および執行費用の弁済に必要な限度を超えて差押えをしてはならない。その限度を超えることが明らかになったときは、執行官は、その超過部分の差押えを取り消さなければならない（民執128条）。

(イ) 無剰余差押えの禁止

　差し押さえるべき動産の売得金で、執行手続の費用を弁済して剰余を生ずる見込みがないときは、執行官は差押えをしてはならない（民執129条1項）。差押物を売却しても債権者の債権回収の見込みがないときは、執行手続を進めても無益であるのでこれを防止する趣旨である。

　差し押さえるべき動産の評価は、原則として執行官がするので、この剰余

295

の生ずる見込みの有無についても執行官がする。各地域によって異なるが、たとえば東京地裁管内では、原則として動産の見積額の合計が2万円に満たない場合は、剰余がないものとして執行不能として処理されているといわれる。また、差押え後、当該動産につき先取特権者または質権者から配当要求があった場合や価値ある書画または骨董品として認めて評価人に評価させたところほとんど価値がないことがわかった場合などには、執行官は、剰余の見込みがないと判明した時点で速やかに差押えを取り消さなければならない（民執129条2項）。

　　(ウ)　差押禁止動産とその範囲の変更

① 　民事執行法は、債務者等の生活保障、文化政策もしくは公共の利益保持等の政策的理由から、一定の範囲の動産については差押えを禁止している（民執131条）。

　　他方、執行裁判所は、申立てにより、債務者および債権者の生活状況その他の事情を考慮して、差押禁止動産でない動産の全部または一部を取り消し、または反対に、差押禁止動産の差押えを許すことができるものと定めている（民執132条1項）。これは、特に裁判による差押禁止動産の範囲の変更制度を活用することによって、債権者と債務者間の利害の具体的な調整を図ろうとするものである。

② 　差押禁止動産に差押えがあったときは、債務者は執行異議（民執11条）の申立てができ、また、差押範囲の変更についての裁判に対しては、債権者および債務者は、執行抗告（民執10条）ができる。

③ 　民事執行法が規定する差押禁止動産（民執131条1号～14号）のうち、次のものは実務上の取扱いが問題になる。

　　㋐　債務者等の生活に欠くことができない衣服、寝具、家具、台所用具、畳および建具（1号）

　　　その当時の一般人の生活水準に、債務者の生活状況等の具体的諸事情を加味して具体的事案ごとに執行官が判断することになる。たとえば、冷蔵庫、電気洗濯機、テレビ、ルームエアコン、電子レンジ、洋

服ダンス、整理タンス、食卓テーブル・イスなどが、これに含まれるかが問題になる。一般人の生活水準が時代の経済的・文化な変化に応じて年々変わるわけであり、ある時代においては贅沢品と思われた物が、その後に生活必需品として評価されることがあるからである。結局、債務者の生活環境、家族構成、差押債権の性質、双方の経済状態その他諸般の事情を勘案して決められる。そうすると、冒頭設問の事例では、ⓑの洗濯機は生活必需品として差押禁止となり、ⓓの液晶テレビは差押えの対象にされるであろう。この種の物については、執行官によっては各1個に限り禁止する扱いもあるようである。

㋑ 債務者等の1月間の生活に必要な食料および燃料（2号）

　食料または燃料に数種のものがあるときは、執行官は、債務者の利益を考慮して差押えの範囲を決める。平成15年法改正により、債務者等の生活に必要な食料および燃料は、2カ月分から1カ月分に縮小された。

㋒ 標準的な世帯の2月間の必要生計費を勘案して政令で定める額の金銭（3号）

　現在の政令では66万円である（民執令1条）。債務者の生活をある程度維持できる金額ということで制定されたもので、常に現金は66万円までは残して差押えすることになる。したがって、冒頭設例のⓐの現金は、その金額では差押えの対象にできないことになる。なお、平成15年法改正（平成16年政令第45号の改正）により、残すべき金額が「1カ月分21万円」から「2カ月分66万円」に拡大された。

㋓ 技術者、職人、労務者その他の主として自己の知的または肉体的な労働により職業または営業に従事する者のその業務に欠くことができない器具その他の物（6号）

　たとえば、弁護士、公証人、医師について業務上不可欠な事務用機器や応接用備品の類であったり、建築工事者または左官工事者についての電動式大工道具、塗装工事等の諸道具一式の額である。冒頭設問

の事例では、ⓔのパソコンが税理士にとって業務上欠くことのできないものである限り、本号により差押禁止動産になる。

　㋒　債務者等の学校その他の教育施設における学習に必要な書類および器具（11号）

必要最少限度の学習用品について教育を受ける権利・自由および社会文化面からも保護する必要があるからである。執行実務では、高価なピアノ、ビデオ機器等に対する差押えの是非が問題なってくることが多い。

　㋓　**換価性のない動産の差押えの禁止**

かつての動産執行においては、債権者が換価価値のない家財道具までも差し押さえて、売却期日の延期・変更を繰り返し、その間に債務者から債権の分割弁済を受けるなどして、動産執行が間接強制的に利用されることがあった。

そこで、民事執行法は、本来的な差押禁止動産を規定するほかに、執行官は、差押え時において換価性がないことが明らかである動産を差し押さえることができないとし、換価の可能性があるとして差し押さえても、その後の売却実施によって買受けの申出がないときは、その差押物は換価性のないものとみなし、執行官は差押えを取り消すことができるとした（民執130条）。そのため、実務では、低額に評価される物は当初から差押えの対象にしない運用であり、地方によっては3000円以下、東京管内では5000円以下と評価される物件は、差押えの対象外とする扱いのようである。

6　換価（売却）手続

(1)　換価の問題点等

差押物（金銭を除く）は、入札、せり売りまたは最高裁判所規則で定める方法（特別売却）により換価される（民執134条）。公的換価の制度においては、適正な価額で迅速に売却することが要請されるが、特に動産執行では換価機能を充実することが種々の事情により困難である。前述したように、①

差押物が消費財であることが多いこと、②主観的価値や機能的価値が高くても交換価値が低いこと、③売却場への運送費（往復費用を含む）がかかること、④古物商など特定の業者だけしか競売に参加できないこと、結局、⑤多くは威嚇的執行や税法上の措置との関係での執行に終わってしまうことである。

売却の方法は、入札、競り売りまたは特別売却（委託売却、民執規122条1項）があるが、実務では、競り売りの方法が採られることが多い。また、法は、売却方法の選択については、執行官の裁量を認めるほか、売却の場所の秩序維持につき規定し（民執135条、65条）、あるいは、競り売りまたは入札の方法による場合の事前の見分（民執規117条、120条3項）、売却についていくつかの改善の方策を定めている。

(2) 差押物の評価

いずれの売却方法によるかを問わず、執行官は、差押物につき自己の裁量により評価することになるが、次の場合は、特別の定めがある。すなわち、

① 取引所の相場のある有価証券は、その日の相場以上の価額で売却しなければならない（民執規123条）。

② 貴金属またはその加工品は、地金としての価額以上の価額で売却しなければならない（民執規124条）。

③ 高価な動産については、執行官は評価人をして評価させることを要し、その他の動産も必要により評価人に評価させることができる（民執規111条）。

④ 未分離の天然果実は、収穫時期の到来後に売却しなければならない（民執規112条）。

⑤ 執行官は、売却すべき数個の動産を、その種類、数量等を考慮して一括売却することができる（民執113条）。

執行官が差押物について不当に低額評価をすると、関係者から国家賠償請求されることがある。

299

(3) 競り売りの手続

競り売りの方法による売却は、競り売り期日に行う。執行官は、競り売り期日を開く日時および場所を定め（民執規114条）、これを各債権者および債務者に通知し、かつ、一定事項を公告する（民執規115条）。

期日は、やむをえない場合を除き、差押えの日から1週間以上1カ月以内の日としなければならない（民執規114条1項後段）。期日を開く場所は、執行官が裁量で定める。適当な競売場は設営されていないので、差押物の所在する場所で開かれるのが通常であり、実務では債務者宅が多いが、裁判所内で開かれることもある。執行裁判所の許可を受ければ、所属地方裁判所の管轄区域外の場所で開くこともできる。

売却すべき動産を一般の見分に供することは、競り売り期日に限らず、その期日前の日時にもできる（民執規117条、115条5号）。

競り売りとは、競り上げの方法によって行われ、買受けの申出をした者は、より高額の買受けの申出があるまで、申出の額に拘束される（民執規116条3項、50条1項・2項）。期日においては、執行官は、買受けの申出を催告し、買受けの申出の額のうち、最高のものを3回呼び上げた後、その申出をした者の氏名または名称、買受けの申出の額およびその者に買受けを許す旨を告げる（民執規116条1項本文）。これによって、私法上の売買が成立する。動産執行では、不動産強制競売にある売却基準価額（買受可能価額）の制度はとられていないが、買受申出の額が不相当であれば、買受けを許さないことができる（同条1項ただし書）。

執行官は、売却の場所の秩序維持のために必要な措置をとることができる（民執135条、65条、民執規116条3項、120条3項、43条）。

買受人は、原則として競り売り期日に直ちに支払う。ただし、執行官は、売却価額が高額になると見込まれるときは、あらかじめ競り売り期日から1週間以内の日を代金支払いの日と定めることができる（民執規118条1項・2項、115条6号）。代金支払いの日が定められた場合には、買受けの申出をする者は、差押物の評価額の10分の2に相当する額の保証を、金銭、小切手ま

たは支払保証委託契約書を提出する方法によって提供しなければならない（民執規118条3項～9項、40条）。

　買受人が代金支払いの日に代金を支払わなかった場合には、その者に対する買受けを許す処分は当然に効力を失い、再売却がなされる。その場合、買受人が提供した保証は、当然に没収されることはないが、後の売却価額が前の売却価額に満たないときは、その差額の限度で売得金とされる（民執規118条7項）。また、再売却において、前の買受人は買受けの申出をすることができない（民執125条）。

　売却した動産の引渡しは、買受人が代金を支払った時に、執行官が買受人に対してする（代金の支払いが先給付となる）。

　引渡しの方法は、現実の引渡し（民182条1項）が原則であるが、その動産が執行官以外の者の保管に係るものであるときは、執行官は、買受人の同意を得て、指図による占有移転（民184条）の方法により引き渡すことができる（民執規126条1項）。

(4)　入札、特別売却等の手続

　入札は、期日入札であり、不動産強制競売のように期間入札はとれない（民執規120条1項）。

　また、執行官は、差押債権者の意見を聞き、執行裁判所の許可を受けて、競り売りまたは入札以外の方法によって売却すること（適宜売却）ができるが、これには、執行官自身が売却を実施する方法である「特別売却」（民執規121条）と、執行官以外の者に実施させる方法である「委託売却」（民執規122条）がある。相場のある有価証券に関しては、適宜売却につき執行裁判所の許可を要しない（民執規123条2項）。

(5)　手形・小切手等および有価証券の換価の特則

　手形・小切手等の指図証券に対する執行は、動産執行の方法によることとされているので（民執122条）、差し押さえた手形等の換価は、競り売り・入札またはその他の方法によって売却される。

　執行官は、手形等を差し押さえた場合は、売却終了前にその期間の始期が

到来したときは、債務者に代わって手形等の提示等（支払いのための提示等）をしなければならない（民執136条）。差し押さえた手形等の保存行為をしておくのである。

執行官は、支払請求の提示に応じて手形金等の支払いがあれば、これを受領する権限があり、その支払金が配当等に充てられる。しかし、手形等の支払義務者が任意に支払わない場合、執行官にはこれを取り立てる権限はない。また、未完成の手形等を差し押さえた場合に、執行官は白地補充権を行使することはできないが、債務者に対し補充権の行使を催告することとされている（民執規103条2項・3項）。手形等の換価については、差押債権者に取立権を付与する方法は認められていないので、手形等の売却の方法によるほかない（旧法下では、債権執行の方法によっていたので、債権者は取立権行使ができた）。執行官が手形等を売却したときは、執行官は債務者に代わって裏書に必要な行為をすることができる（民執138条）。しかし、手形等の価値は支払義務者の支払能力にかかるから、不渡りになることや人的抗弁により対抗される危険もあるから、その価値の評価が困難になる。したがって、手形等の売却には、いろいろな問題が派生するので、結局、売却の見込みがなくて差押えが取り消されることが少なくない。

7 債権者の競合（二重差押えの禁止と事件の併合）

動産執行においては、二重差押えが禁止されている。執行官は、差押物または仮差押えの執行をした動産をさらに差し押さえることができない（民執125条1項）。そして、同一の動産にさらに執行する必要があるときは、後の執行事件と先の執行事件とを併合する。

差押えを受けた債務者に対し、その差押えの場所についてさらに動産執行の申立てがあった場合には、執行官は、まだ差し押さえていない動産があるときはこれを差し押さえ、差し押さえるべき動産がないときはその旨を明らかにして、その動産執行事件と先の動産執行とを併合する（民執125条2項前段）。そして、事件が併合されると、後の事件において差し押さえられた動

産は、併合の時に、先の事件において差し押さえられたものとみなし、後の事件の申立ては、配当要求の効力を生ずる。また、先の差押債権者が執行の申立てを取り下げたとき、またはその申立てにかかる手続が停止され、もしくは取り消しされたときは、先の事件において差し押さえたられた動産は、併合の時に、後の事件のために差し押さえられたものとみなされる（民執125条3項）。

仮差押執行事件と動産執行事件が併合されたときは、仮差押えの執行がされた動産は、併合の時に、動産執行事件において差し押えられたものとみなされ、仮差押執行事件の申立ては、配当要求の効力を生ずる（民執125条4項前段）。そして、動産執行の申立ての取下げまたは申立てに係る手続の停止・取消しがあったときは、動産執行事件において差し押えられた動産は、併合の時に、仮差押執行事件において仮差押えの執行がされたものとみなされる（民執125条4項後段）。

動産執行事件において差し押さえられた動産に対して仮差押えの執行の申立てがされた場合にも、事件の併合がなされる（民保49条4項）。

8 配当等の手続

(1) **配当要求**

(ア) **配当要求の資格**

先取特権者または質権を有する者（質物を任意に提出した者）は、その権利を証する文書を提出して配当要求をすることができる（民執133条）。不動産執行におけると違って、動産執行では、配当要求ができる権利者を優先権のある先取特権者と質権者に限り、執行力のある債務名義を有する債権者や仮差押債権者にはこれを認めていない。後者の債権者は、二重執行の申立てをし、事件の併合の手続によって配当にあずかることができるものとしたのである。

執行官は、先取特権や質権の存否、内容についての実質的判断をする権限を有しないと解されるので、形式的にその権利を証する文書と認められる文

303

書を提出して配当要求があれば、これを認めるべきである。これらに争いがある場合は、配当異議の手続によって解決されることになろう。

　　(イ)　配当要求の時間的制約

　配当要求の終期は、売得金については執行官がその交付を受ける時、差押金銭についてはその差押えの時、手形等の支払金についてはその支払いを受ける時である（民執140条）。

　(2)　配当等の実施

　　(ア)　配当等を受けるべき債権者の範囲

　配当等（売得金の配当または弁済金の交付）を受けられる債権者は、①差押債権者、②事件の併合により配当要求の効力を認められた債権者および、③配当要求債権者である（民執140条）。

　　(イ)　執行官による配当等の実施

　債権者が1人である場合または債権者2人以上であって売得金、差押金銭もしくは手形金等の支払金で各債権者の債権および執行費用の全部を弁済することができる場合には、執行官は、債権者に弁済金を交付し、剰余金を債務者に交付する（民執139条1項）。

　これ以外の場合（配当を要する場合）で、売得金等の配当について債権者間に協議が調ったときは、執行官は、その協議に従って配当を実施する（民執139条2項）。

　　(ウ)　執行裁判所による配当等の実施

　上記の協議が調わないときは、執行官は、その事情を執行裁判所に届け出なければならない（民執139条3項）。そして、執行官から債権者間の協議不調の事情届があったときは、直ちに、執行裁判所は配当等の手続を実施する（民執142条1項）。

　なお、債権が停止条件付きまたは不確定期限付きであるとか、仮差押債権者の債権であるとか、執行停止文書の提出にかかるなど所定の事由があるときは、執行官は、配当等の額に相当する金銭を供託し、その事情を執行裁判所に届けなければならないが（民執141条1項）、これらの供託事由が消滅し

Ⅴ　動産執行―クレジット代金債権（支払督促）の動産執行による回収

たときには、執行裁判所は、配当等の手続を実施する（民執142条1項）。これらの手続については、不動産強制競売における配当手続の規定が準用される（同条2項）。

参考裁判例

〔1〕　最判平成11・11・29民集53巻8号1926頁

1　銀行と利用者との間の貸金庫取引は、銀行の付随業務である保護預り（銀行法10条2項10号）の一形態であって、銀行が、貸金庫室内に備え付けられた貸金庫ないし貸金庫内の空間を利用者に貸与し、有価証券、貴金属等の物品を格納するために利用させるものである。そして、前記一2、5の事実によれば、本件のような貸金庫取引においては、貸金庫は銀行の管理する施設内に設置され、銀行がその保管専用するマスターキーによる施錠を解かなければ、利用者は貸金庫を開扉することができず、また、銀行は、所定の手続を履践しない利用者に対して、貸金庫室への立入りや貸金庫の開扉を拒むことができるものと解され、利用者としては、銀行の協力なくして貸金庫に格納された内容物を取り出すことができない。これらの点にかんがみると銀行は、貸金庫の内容物に事実上の支配を及ぼしており、その「所持」（民法180条）を有することが明らかである。また、銀行は、業務として貸金庫取引を行うものであり、貸金庫の安全保持を通じてその内容物を安全に保管する責任を負っているから、「自己ノ為メニスル意思」（同条）を持って貸金庫の内容物を所持していることも肯定することができる。したがって、銀行は、貸金庫の内容物について、利用者と共同して民法上の占有を有するものというべきである。

　もっとも、銀行は、貸金庫契約上、緊急を要する場合等を除き、貸金庫の開扉に際してマスターキーによる施錠を解いた後は、貸金庫の開閉や内容物の出し入れには関与せず、したがって、利用者が何を貸金庫に格納し又は取り出したかを知らず、貸金庫に実際に物品が格納されているか否かも知り得る立場にはない。このような貸金庫取引の特質から考えると、貸金庫の内容物に対する銀行の前記占有は、貸金庫に格納された有価証券、貴金属等の各

物品について個別的に成立するものではなく、貸金庫の内容物全体につき一個の包括的な占有として成立するものと解するのが相当である。
2 　そして、利用者は、貸金庫契約に基づいて、銀行に対し、貸金庫室への立入り及び貸金庫の開扉に協力すべきことを請求することができ、銀行がこれに応じて利用者が貸金庫を開扉できる状態にすることにより、銀行は内容物に対する事実上の支配を失い、それが全面的に利用者に移転する。そうすると、銀行に対し、貸金庫契約の定めるところにより、利用者が内容物を取り出すことのできる状態にするよう請求する利用者の権利は、内容物の引渡しを求める権利にほかならない。また、1に述べたところからすれば、この引渡請求権は、貸金庫の内容物全体を一括して引き渡すことを請求する権利という性質を有するものというべきである。
3 　以上によれば、貸金庫の内容物については、法143条に基づいて利用者の銀行に対する貸金庫契約上の内容物引渡請求権を差し押さえる方法により、強制執行をすることができるものと解される。
4 　ところで、貸金庫の内容物引渡請求権が差し押さえられると、法163条により、債権者の申立てを受けた執行官において、貸金庫の内容物の引渡しを受け、これを売却し、その売得金を執行裁判所に提出することになる。もっとも、貸金庫の内容物についての貸金庫契約上の引渡請求権は、前記のとおり、貸金庫の内容物全体を対象とする一括引渡請求権であるため、これが差し押さえられると、差押禁止物や換価価値のない物を含めて貸金庫内に在る動産全体の引渡請求権に差押えの効力が及ぶ。この場合には、執行官をして、貸金庫の内容物全体の一括引渡しを受けさせた上、売却可能性を有する動産の選別をさせるのが相当であり、このように解することは、引渡請求権の対象である動産の受領及び売却について執行官を執行補助機関として関与させた法163条の趣旨にもかなうものである。なお、債権者において特定の種類の動産に限定して引渡請求権の差押命令を申し立てた場合、その趣旨は、執行裁判所に対して売得金の配当を求める動産の範囲を限定するものと解するのが相当である。そして、差押命令においてこのような限定が付された場合には、執行官が売却可能な動産を選別するに当たってこの制限に服すべきものであるが、このことにより、既に説示した貸金庫の内容物全体についての一括引渡請求権という性質が変わるものではない。
　　そうすると、貸金庫契約に基づく引渡請求権の差押えにおいては、貸金庫を特定することによって引渡請求権を特定することができる。さらに、差押

命令に基づく動産の引渡しが任意にされない場合の取立訴訟においても、差押債権者は、貸金庫を特定し、それについて貸金庫契約が締結されていることを立証すれば足り、貸金庫内の個々の動産を特定してその存在を立証する必要はないものというべきである。

5　これを本件について見るに、前記一2の事実によれば、Aは、被上告人との間で本件貸金庫について貸金庫契約を締結しているから、被上告人に対し、別紙記載二の方法により本件貸金庫の内容物全体を引き渡すよう求める一括引渡請求権を有していることが明らかである。したがって、上告人は、Aに対する仮執行宣言付支払命令に基づく強制執行として、右引渡請求権を差し押さえることができ、引渡請求権の特定にも欠けるところがない。そして、上告人は、Aに対して右引渡請求権の差押命令が送達された日から一週間を経過したことにより、本件貸金庫の内容物を執行官に引き渡すよう求める権利を取得したものである（法163条1項）。なお、本件の差押命令においては、対象動産が「現金、株券など有価証券、貴金属」（本件動産）に限定されているから、執行官が売却可能な動産を選別するに当たってこの制限に服すべきことは、前記のとおりである。

右に説示したところによれば、上告人の本件請求のうち、Aと被上告人との間の貸金庫契約に基づき、別紙記載一の貸金庫（本件貸金庫）内に存在する動産を別紙記載二の方法により執行官に引き渡すよう求める請求は、理由がある。

〔関連設問〕

1　貸金庫に保管されている動産に対する強制執行は、どのような方法によりすることができるか（参考＝最判平成11・11・29民集53巻8号1926頁、参考裁判例〔1〕、近藤崇晴ほか編『民事執行の基礎と応用〔補訂増補版〕』282頁以下）。

2　譲渡担保権者や所有権留保債権者は、動産執行において配当要求ができるか（参考＝中野真一郎『民事執行法〔増補新訂5版〕』616頁以下）。

Ⅵ 債権およびその他の財産権に対する執行

1 債権等執行の意義、通則等

(1) 債権等執行の種類等

　民事執行法は、「債権及びその他の財産権に対する強制執行」を、執行の対象となる財産（権利）の性質に応じて、次のとおり分類している。

- ① 債権に対する執行（債権執行）（民執143条〜166条）
  - ⓐ 金銭債権に対する強制執行
  - ⓑ 船舶・動産等の物の引渡請求権に対する強制執行
- ② その他の財産権に対する強制執行（その他財産権執行）（民執167条）
- ③ 少額訴訟債権執行（民執167条の2〜167条の14）

　①の債権執行とは、執行債権者が、金銭債権の満足のため、執行債務者が第三者（これを「第三債務者」と呼ぶ）に対して有する金銭債権または船舶・動産の引渡請求権（動産執行の目的となる有価証券が発行されている場合を除く）を財産権として捉え、その財産的価値を差し押さえ、これを換価して、配当等を実施し、各債権者の弁済に充てることを目的とする手続である。
　このうち、ⓐの金銭債権執行（金銭の支払いを目的とする債権に対する強制執行）は、実務上、債権執行の大部分を占めるものであり、民事執行法もこれを債権執行の原則的なものとしてその手続を規定している。
　また、ⓑの物の引渡請求権に対する執行は、船舶・動産等が債務者の占有下にないときには動産執行によることができないので、債務者が第三者に対してこれらの物の引渡請求権を有するときは、これを強制的に実現して債務者に占有を移したうえで、その物に対する金銭執行を可能にするものである。したがって、この執行手続は、まず引渡請求権を差し押えてその実現までを行い、その引渡しを受けた後の物の換価手続は船舶執行または動産執行の手

続によることになる。

　②のその他財産権執行とは、不動産、船舶・動産および債権以外の財産権に対する執行である。具体的には、知的財産権である特許権・実用新案権・意匠権・商標権・著作権、持分会社（合同会社、合名会社・合資会社）の社員持分権、ゴルフ会員権などを対象とするものであり、これらに対する強制執行は債権執行の例によって行われる（民執167条1項）。なお、その他財産権についても、実務上定型的なものとされる電話加入権、預託株券、振替社債等に関する強制執行については民事執行規則により特別に規定されている（民執規146条以下、150条の2以下、150条の6以下）。

　③の少額訴訟債権執行は、平成16年改正により創立されたものであり、地方裁判所における通常の債権執行制度に加えて、簡易裁判所において、少額訴訟に係る債務名義による金銭債権に対する強制執行をすることができるものとしたものである。

(2)　債権執行手続の流れと特徴

　債権執行は、給料債権、預金債権、売買代金債権等に対する金銭執行が圧倒的に多い。その執行手続の流れは、【図14】のとおりである。

　差押対象である債権は、不動産や動産のように物理的に存在しない「観念的存在」であり、かつ、登記等で公示されているわけではないから、債権者側からみると、債務者が第三債務者に対して債権を有しているかどうかについて、事前に探索することが困難である。

　そのことは、逆に言えば、債務者の有する第三債務者に対する債権（責任財産）をうまく発見すれば、発見した債権者は、自己の債権について他の債権者に先駆けて回収することが可能になる。銀行等の金融機関や大口の債権を持つ債権者は不動産強制競売（または担保不動産競売）を申し立てることが多いが、比較的小口の金融機関や一般債権者は、不動産強制競売において配当にあずかる機会が少なくなるので、この債権執行手続を多く利用することになる。とりわけ、サラリーマン金融機関（サラ金業者）やクレジット会社（信販社）などが最も多く利用している。一般的にいえば、この種の債

権は小口であるから、債権者としては定期的に少しずつ回収できればよいわけであり、債務者が公務員・会社員等の給与所得者であるならば、官庁・会社（第三債務者）に対する給料債権の存在が明らかであるから、将来の被差押債権発生が保証されていることになる。また、給与所得者は、給料の振り込み等で必ずどこかの預金・銀行口座を持っているから、当該銀行等に対する他の預金債権を持っている可能性が高い。サラ金業者等は、このような債権執行手続の利用を視野に入れているから、その営業が成り立つわけである。

そのほかの債権執行の特徴を挙げれば、次の点を指摘することができる。

① 債権執行においては、実体法上の当事者でない第三債務者が存在していて、これを手続に巻き込む形になる。第三債務者にしてみれば、ある日突然、裁判所からの差押命令を受ける立場になり、その対応に戸惑うことがある。

② 差押えの対象となる債権（実務では「差押債権」と呼ばれるが、本書では、差押債権者が有する請求債権と区別するために「被差押債権」と呼ぶことがある）については、たとえば預金債権等であれば、第三債務者たる銀行は、顧客の守秘義務を盾にして預金者以外の者からの照会には応じないので、申立債権者の立場からすれば、被差押債権につきその存在はもとより特定すること自体が困難となる。申立人は、債権執行申立ての際に差押えの対象を特定しなければならないが、これを厳格に運用すると、実質的に差押えが困難になるので、その被差押債権の特定性については実務上の工夫がなされている。また、被差押債権の存在（債務者の責任財産の帰属性）について立証を求めない扱いであり、第三債務者の陳述の制度より差押債権者もその存否を知ることになる。

③ 債権執行では、不動産競売のように差押えに続く換価等の手続は当然に予想されていないから、開始決定ではなく、差押命令という形で執行が開始される。

④ 差押え後の手続では、不服申立てにより是正する機会がないから、執行抗告という形で上訴審の判断を仰ぐことになる。

⑤　換価については、基本的には裁判所が関与せず、当事者（差押債権者）が行うことになり、それには債権者の取立て、転付命令、第三債務者の供託など多様な方法がとられる。

⑥　手続が短期間で回転するために、他の債権者が配当参加する機会が制限され、配当等は原則として、第三債務者が供託した場合に実施される。給料等の継続的債権については、差押えの効力が継続して、配当手続を数回実施することがある。

【図14】 債権執行の手続概要図

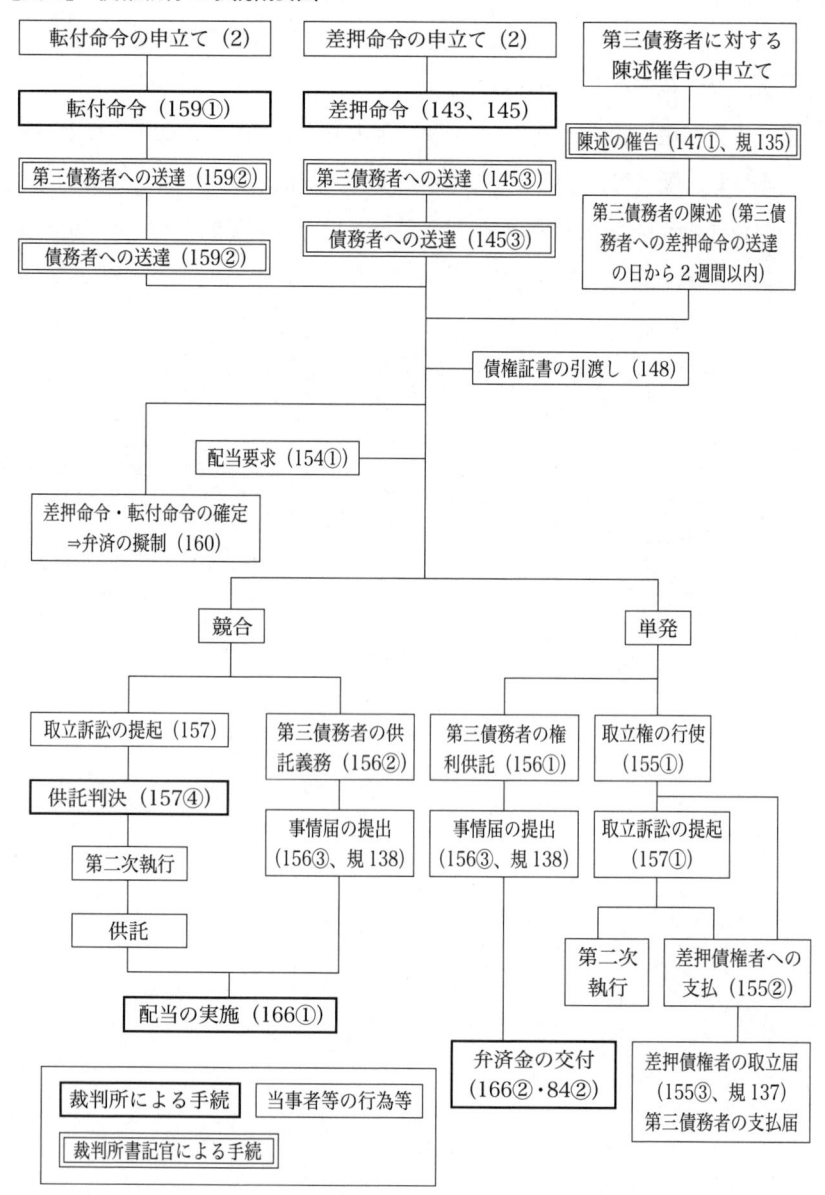

```
転付命令の申立て（2）      差押命令の申立て（2）      第三債務者に対する
         │                        │                陳述催告の申立て
         ▼                        ▼                       │
  転付命令（159①）          差押命令（143、145）             ▼
         │                        │              陳述の催告（147①、規135）
         ▼                        ▼                       │
第三債務者への送達（159②）  第三債務者への送達（145③）              ▼
         │                        │              第三債務者の陳述（第三債
         ▼                        ▼              務者への差押命令の送達
  債務者への送達（159②）      債務者への送達（145③）       の日から2週間以内）
                                  │
                                  ▼
                         債権証書の引渡し（148）

                         配当要求（154①）

                    差押命令・転付命令の確定
                    ⇒弁済の擬制（160）

              ┌──────競合──────┐     ┌──────単発──────┐

取立訴訟の提起（157）  第三債務者の供託     第三債務者の権    取立権の行使
                     義務（156②）       利供託（156①）    （155①）
         │                 │                 │                │
         ▼                 ▼                 ▼                ▼
  供託判決（157④）    事情届の提出       事情届の提出      取立訴訟の提起
         │         （156③、規138）   （156③、規138）       （157①）
         ▼
   第二次執行                                          第二次  差押債権者への
         │                                            執行    支払（155②）
         ▼
      供託                                                    差押債権者の取立届
         │                                   弁済金の交付        （155③、規137）
         ▼                                 （166②・84②）       第三債務者の支払届
  配当の実施（166①）
```

裁判所による手続	当事者等の行為等
裁判所書記官による手続	

(3) 債権等執行の対象となりうる財産権

㋐ 独立の財産であること

　差押えの対象となる債権（被差押債権）は、それ自体処分できる財産でなければならない。他の財産権と共にするのでなければ処分できないもの（商号権等）、一定の法律関係から分離して存在できないもの（法律行為の取消権・解除権等）などは、それのみで執行の対象にならない。利息債権は、既に弁済期の到来したものについては独立して譲渡が可能だから執行の対象になるが、未発生の部分については、主債権に付随して発生すべき権利であって、これのみを譲渡することができないから、執行の対象にすることができない。将来発生すべき債権や条件付債権については、現在、その権利を特定することができ、かつ、その発生の確実性が期待できて財産的価値の認められるものであれば、差押えの対象となる。

㋑ 金銭的評価のできる財産であること

　換価可能な財産または金銭的評価をなし得るものでなければならない。ガス、水道または電気など一定の設備によって供給を受ける権利は、財産権の1つであるが、金銭的に評価することができないから、債権執行の対象にできない。

㋒ 譲渡性があること

　執行の目的は、対象となった財産を換価して弁済に充てることであるから、当該財産権それ自体が譲渡のできるものでなければならない。一般的には、債権には譲渡性が認められるが、多くの例外がある。そこで、次の点が問題になる。

① 賃借権のように賃貸人の承諾を得なければ譲渡できない債権（民612条）については、差押えができても、換価することができない。ただし、登記簿上、譲渡自由の特約が存在するときに譲渡性が認められる。

② 法律により譲渡等が禁止されている債権は、債権執行の対象となり得ない。たとえば、扶養を受ける権利（民881条）、恩給を受ける権利（恩給法11条1項）、郵便年金（郵便年金法34条）、老齢年金（国民年金法24条）

313

などに対しては、差押えができない。
③　債権の性質上、譲渡が禁止されているものがある。たとえば、債権者の肖像を描かせることを内容とする債権（債権者が変わることによってその給付内容が全く変わってしまうから）である。
④　譲渡禁止の特約のある債権（民466条2項）については、差押債権者の善意悪意を問わず、その差押えは有効である、とするのが判例（最判昭和45・4・10民集24巻4号240頁、参考裁判例〔1〕）である。

(エ)　差押禁止債権でないこと

民執法は、差押禁止債権として、152条にその種類や差押禁止の範囲を規定している。また、後で説明するとおり、社会保障関係の受給権については、種々の法律により個別的な差押禁止等の規定が設けられていることがある。

2　金銭債権に対する強制執行―売掛代金債権（民事調停調書）の金銭債権執行による回収

> **設問8**
>
> 　Aは、古くからの友人であるBが経営しているC企画株式会社に対し、継続的に商品を納入していたが、平成16年末にはその売掛代金の未払額が1200万円に達した。そこで、AはC社に対しその支払いを強く督促したところ、C社は、東京簡易裁判所に、上記債務の分割払いを求める民事調停の申立てをした。
>
> 　数回の調停期日が開かれた後、結局、「C社は、Aに対し、金1200万円の債務があることを認め、これを30回に分割して支払うこと。ただし、Cがその分割払いを1回でも怠ったときは期限の利益を失い、残額に年6分の割合による遅延損害金を付加して一時に支払うこと」を主内容とする調停が成立した。
>
> 　しかし、C社は、当初の5回の分割金を支払ったのみで、それ以降の分割払金を支払わない。Aが調査をしたところ、C社には不動産はない

> が、一応従前どおり営業を継続しているようであり、その取引銀行の口座には日々顧客から一定金額が振り込まれている可能性があることが判明した。Aは、C社の預金を差し押さえて債権回収ができないか。

(1) 売掛代金債権と民事調停調書

設問の売掛代金が金銭債権であることは説明を要しないであろう。

債務者から債権者に対し債務の分割払いを求めて、簡易裁判所に民事調停の申立てがなされることは、実務ではよくあることである。債権者、債務者どちらからの申立事件であっても、当事者間に調停が成立すれば、その調停調書は確定判決と同一の効力を有するものとして債務名義になる（民執22条7号、民調16条、18条3項）。

民事調停や和解で債務分割払いの合意をする場合、分割金（割賦金）の支払いを怠ったときには期限の利益を失い残債務（これに遅延損害金を付加して）を直ちに支払う旨のいわゆる過怠約款（失権約款）の条項が記載されることがある。

この場合、債務者が分割金の支払いを怠ったとの事実（債務不履行の事実）は、債権者がその事実の到来を証明する（民執27条1項）のではなく、債務者が分割金を支払ったことを証明しなければならないとするのが、判例・実務の考えである。したがって、債権者は、この過怠約款条項により残金を一括して強制執行する場合、調停調書正本に単純執行文の付与を受けて、申立書に過怠約款条項の適用を主張すれば足りることになる。

(2) 債権差押命令の申立て

(ア) 管轄等

金銭債権に対する強制執行は、執行裁判所の差押命令によって開始されるが（民執143条）、その差押命令は、債権者の申立書の提出によってなされる。この場合の執行裁判所は、原則として債務者の普通裁判籍の所在地を管轄する地方裁判所である（民執144条1項）。

315

強制執行であるから、基本的には、執行力ある債務名義の正本、送達証明があって確定期限が到来しているなど、民執法25条以下の強制執行開始の要件が必要である。

　(イ)　申立書

　(A)　記載事項

　申立書には、①当事者として、債権者、債務者および第三債務者、②債務名義の表示、③差し押さえるべき債権の種類およびその他の債権を特定するに足りる事項を記載し、④債権の一部を差し押さえる場合にはその範囲を明らかにしなければならないとされる（民執規133条）。

【参考書式11】の債権差押および転付命令申立書参照。

　(B)　第三債務者

　このうち、①の当事者に「第三債務者」が存在することが債権執行の特徴である。第三債務者が国または地方公共団体あるいは法人などであるときは、その代表者を記載するが、公務員の給料の差押えなどでは、所属する省庁の支出官庁名を記載する。また、預金の差押えでは、口座の支店所在地を記載して、そこに差押命令が送達できるようにする。差押えの効力が、いわば時間単位で争われることがあるからである。

　(C)　被差押債権の特定

　③の、「差し押さえられるべき債権」（被差押債権）についてその特定が必要である。通常、債権を特定する方法は、当該債権の発生原因と同じく、「債務者乙と第三債務者丙は、平成○年○月○日、A商品を代金10万円で売買する旨の契約を締結した」と記載するのが正確であろう。しかし、平成15年改正において財産開示制度が創設されたものの、これはあくまで債務者自身に開示を求めるものであり、第三債務者に開示を求めることまで認めていないから、申立債権者がこれを探索して特定することは容易ではない。特に、銀行預金債権などでは、金融機関は、預金者の信用保持のため顧客の預金に関する情報について秘密を厳守しているので、申立債権者が債務者の預金債権を特定することは極めて困難である。そこで、執行実務では、取引通念上、

第三債務者および債務者が識別しうる程度に記載すれば足りるとして、被差押債権の特定について種々の工夫をしている。

　すなわち、「銀行預金債権」については、「債権差押及び転付命令申立書」の添付「差押債権目録」記載のように、銀行支店名、請求債権の総額を表示するとともに、数種のしかも数口の預金があることを想定して、差押えの順序を指定し、先行の差押え・仮差押えがあるときは、それのないものを先順位とし、数種の預金では差押えの順を、たとえば定期預金、普通預金、当座預金、通知預金というように記載し、同種の預金が数口あるときは弁済期の早いもの、金額の多いものの順とする、というように記載をして、いわば点で特定できないものについて縦横の線を交差させることにより特定しているのである。もっとも、実務上、預金の取扱い本店・支店名の記載がない場合や数カ所を併記したような場合に不適法となるか否かについては判例が分かれている（東京高決平成5・4・16判時1462号102頁、参考裁判例〔2〕、東京高決平成8・9・25判時1585号32頁、東京高決平成17・6・21金判1227号48頁、東京高決平成18・6・19金法1782号47頁）。

　また、不動産の「賃料債権」については、その発生根拠となる賃貸の対象不動産が特定されていれば客観的に特定できるから、たとえば「別紙目録記載の不動産についての○年○月分からの賃料」と特定すればよいとされている。

　さらに、会社員・公務員等の給与債権等については、現在勤務している状況で特定が可能である。

　被差押債権について金額を明示するが、これは債権の特定のためである。後で説明するように、差押えの効力は、1口の債権についてはその全部に及ぶのである。

【参考書式11】 債権差押えおよび転付命令申立書

```
┌─────┐
│収 入│         債権差押えおよび転付命令申立書
│印 紙│
└─────┘                         平成○○年○○月○○日


　○○地方裁判所民事部　御中


                        債　権　者　　　　高　田　早　吉
                        債権者代理人弁護士　甲　野　太　郎
                                    TEL03-0000-0000
                                    FAX03-0000-0000


                    当 事 者　　別紙当事者目録記載のとおり
                    請求債権　　別紙請求債権目録記載のとおり
                    差押債権　　別紙差押債権目録記載のとおり

　債権者は，債務者に対し，別紙請求債権目録記載の執行力ある債務名義の正本に表示された上記請求債権を有しているが，債権者がその支払をしないので，債務者が第三債務者に対して有する別紙差押債権目録記載の債権の差押命令及び差押命令に係る債権を支払に代えて券面額で債権者に転付する旨の命令を求める。

                    添　付　書　類
            1　執行力ある債務名義の正本          1通
            2　債務名義の送達証明書              1通
            3　資格証明書                        2通
            4　委任状                            1通
```

　　　　　　　　　　　当　事　者　目　録

〒000-0000　東京都新宿区□□△丁目△番△号
　　　　　　　債　権　者　高　田　早　吉

〒000-0000　東京都千代田区永田町△丁目△番△号
　　　　　　　　□　□　法　律　事　務　所
　　　　（送達場所）
　　　　　　　　　　　　　　電　話　03(0000)0000
　　　　　　　　　　　　　　ＦＡＸ　03(0000)0000
　　　　　　　　　　　　債権者代理人　弁護士　甲　野　太　郎

〒000-0000　東京都千代田区□□△丁目△番△号
　　　　　　　債　務　者　株式会社馬場企画
　　　　　　　代表者代表取締役　馬　場　稲　造

〒000-0000　東京都千代田区丸の内△丁目△番△号（本店）
　　　　　　　第三債務者　株式会社丸の内銀行
　　　　　　　代表者代表取締役　日　本　元　気
　　　　（送達場所）

〒000-0000　東京都千代田区永田町△丁目△番△号
　　　　　　　株式会社丸の内銀行永田町支店

請　求　債　権　目　録

　東京簡易裁判所平成17年(ノ)第1234号売掛金債務分割事件の執行力ある民事調停調書正本に表示された下記債権及び執行費用
　　　　　　　　　　　　　記
1　元金　　　　　　　　　　　　　　　金1,000万円
　　上記債務名義に基づく元本
2　遅延損害金　　　　　　　　　　　　金50万5,000円
　債務者が平成16年△月△日を支払日とする分割金の支払いを怠ったので，特約条項により，同日の経過をもって期限の利益を喪失した。上記1に対する平成17年△月△日から18年△月△日まで年5分の割合による遅延損害金。
3　執行費用　金1万0,270円

(内訳)

本申立手数料	金4,000円
本命令正本送達料	金2,820円
本申立書作成及び提出費用	金1,000円
資格証明書交付手数料	金2,000円
送達証明書申請手数料	金150円
執行文付与申請手数料	金300円
合　計	金1,051万5,270円

差 押 債 権 目 録

金1,051万5,270円

　ただし，債務者が第三債務者（株式会社丸の内銀行永田町支店扱い）に対して有する下記預金債権にして，下記に記載する順序により頭書金額に満つるまで。

記

1　差押えのない預金と差押のある預金があるときは，次の順序による。
　(1)　先行の差押え，仮差押えのないもの
　(2)　先行の差押え，仮差押えのあるもの
2　円貨殖預金と外貨殖預金とがあるときは，次の順序による。
　(1)　円貨殖預金
　(2)　外貨殖預金

　ただし，本差押命令が第三債務者に送達された時点における第三債務者の電信買相場（先物為替予約がある場合には，原則としてその予約相場）により換算した金額（外貨）。

3　数種の預金があるときは次の順序による。
　(1)　定期預金
　(2)　定期積金
　(3)　通知預金
　(4)　貯蓄預金
　(5)　納税準備預金
　(6)　普通預金

(7) 別段預金
(8) 当座預金
4　同種の預金が歌口あるときは，口座番号の若い順序による。
なお，口座番号が同一の預金が数日あるときは，預金に付せられた番号の若い順序による。

【参考書式12】　第三債務者に対する陳述催告の申立書

第三債務者に対する陳述催告の申立書

平成○○年○○月○○日

○○地方裁判所民事部　御中

　　　　　　　　　　　　債　権　者　　　　高　田　早　吉
　　　　　　　　　　　　債権者代理人弁護士　甲　野　太　郎

債　権　者　　　　高　田　早　吉
債　務　者　　　　株式会社　馬場企画
第三債務者　　　　株式会社　丸の内銀行

本日御庁に申し立てた上記当事者間の債権差押命令申立事件について，第三債務者に対し，民事執行法147条1項に定める陳述の催告をされたく，申し立てる。

---

(3)　**申立ての審理**

(ア)　**無審尋で発令**

　差押命令は、債務者および第三債務者を審尋しないで発令する（民執145条2項）。事前に債務者らを審尋してしまうと、差押えを予知して被差押債権を他に債権譲渡するなど処分してしまうからである。

　執行裁判所は、申立てが適式かどうか、差し押さえるべき債権（被差押債権）が後で説明するような差押禁止債権でないかどうか、また必要以上の債

321

権を差し押さえる超過差押え（民執146条2項）にならないかなどを審査するが、差し押さえるべき債権の存否については審査しない。したがって、債権者は、申立てに際してその存否についての証明をする必要はない。その存否は、第三債務者の陳述により明らかになるのである。仮に存在しない債権を対象とした場合であっても当該差押命令は有効であり、第三債務者が被差押債権の存在や支払義務を争う場合には、債権者は取立訴訟（民執157条）等により対処することになる。

　　(イ)　差押命令

　差押命令においては、差し押さえるべき債権を特定し、債務者に対してその債権の取立てその他の処分を禁止するとともに、第三債務者に対して債務者への弁済を禁止する（民執145条1項）。

　　(ウ)　裁判の告知等

　差押命令は、債務者および第三債務者に送達される（民執145条3項）が、差押えの効力は、差押命令が第三債務者に送達された時に生ずる（同条4項）。差し押さえた債権について登記・登録された担保権（先取特権、質権、抵当権）があるときは、裁判所書記官が差押えの登記・登録を嘱託する（民執150条）。

　申立債権者に対しては、執行裁判所が差押命令を発令した段階で告知される（民執規2条1項2号）。また、差押命令が債務者および第三債務者に送達されたときは、裁判所書記官は、債権者に対し、その旨および送達の年月日を通知しなければならない（民執規134条）。これにより差押債権者は、取立権の発生（民執155条1項）を知ることができるのである。

　債務者に対しては、直ちに告知すると債権を第三者に移転するおそれがあるので、まず第三債務者に送達をして差押えの効力が生じてから送達される。

　差押命令の申立てについての裁判に対しては、関係者は執行抗告ができる（民執145条5項）。

(4) 差押えの効力

　(ア) 差押えの効力発生の時期

　差押えの効力は、差押命令が第三債務者に送達された時に生ずる（民執145条4項）。その後、債務者にも送達されるが、債務者への送達の有無は、その効力発生に影響がない。

　(イ) 差押えの効力の主観的範囲

　(A) 債務者に対する効力

　債務者に対しては、差し押さえられた債権の処分、たとえば、第三債務者から取り立てたり、他に譲渡したり、免除や相殺をしたり、あるいは質入するような行為が禁止される（将来の賃料債務の免除につき、最判昭和44・11・6民集23巻11号2009頁、参考裁判例〔3〕）。ただし、債務者は、差押えにより債権者たる地位を失うわけではないから、処分禁止の効力も、差押債権者の執行手続との関係で生じるだけである。不動産強制競売の中で「手続相対効」を説明したが、ここでもその考え方が導入される。つまり、債務者のした債権譲渡等の効力は、その譲渡に先行する差押債権者のした差押手続の中では主張できないが、譲渡に先行する執行手続に参加していない債権者に対しては、その効力を主張できるのである。

　たとえば、次の図のように、債権者Xが50万円の請求債権で債務者Yの第三債務者Wに対する100万円の債権を差し押さえたとする。仮に、差押え後にYがこれをZに譲渡した場合、Zへの譲渡は、Xの差押えに基づく執行手続上では無視されるから、差押債権者X、配当要求債権者AおよびBの各債権者に対して債権譲渡をもって対抗できない。したがって、たとえば、第三債務者Wの権利供託により弁済金交付手続があれば、X、AおよびBはそれぞれ弁済を受けることになり、残り10万円は剰余金として債務者Yに交付されることになる（参照＝最判平成10・3・24民集52巻2号399頁、参考裁判例〔4〕）。

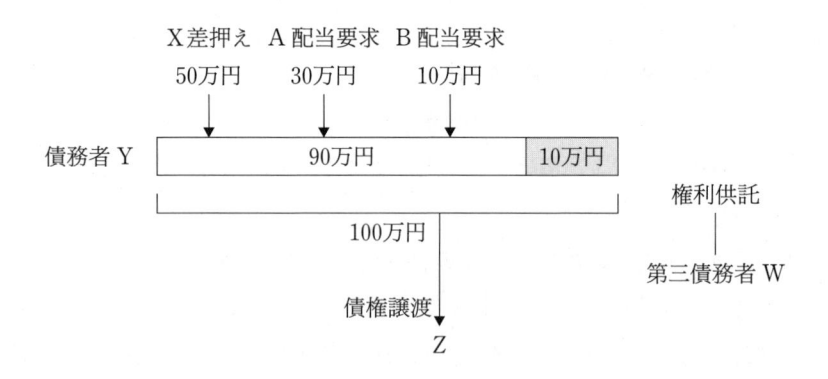

```
            X差押え    A配当要求   B配当要求
            50万円      30万円      10万円
              ↓          ↓          ↓
  債務者Y  ┌─────────────────────┬──────┐
           │      90万円          │10万円│       権利供託
           └─────────────────────┴──────┘
           └──────────┬──────────────┘        第三債務者W
                  100万円
                      ↓
                  債権譲渡
                      Z
```

　しかし、この処分禁止効が働くのは差し押さえられた債権に限るから、その債権の発生となる法律関係（たとえば労働賃金における雇用契約、賃料債権における不動産の賃貸借契約等）には何ら影響を及ぼすものではない。したがって、たとえば、継続的給付債権である給料債権に対する差押えがあった後に債務者が退職するとか、賃料債権に対する差押えがあった後に賃貸借契約を法定解除権により解除するような行為は、差押債権者に対抗することができる（名古屋高判昭和28・4・13下民集4巻509頁）。

　差押え後に債務者が被差押債権について給付訴訟を提起できるかについては見解が分かれ、①差押えの効果として取立てが禁じられているから、債務者は給付訴訟はできないとする見解（東京地判昭和56・12・21判時1042号118頁）と、②債務者は給付訴訟を提起することができ、これに対し即時給付の判決ができるとの見解（旧法下のものとして最判昭和48・3・13民集27巻2号344頁、参考裁判例〔5〕）とがあるが、後者が通説・実務である。もとより、債務者が給付判決を得ることができても、権利の満足的段階まで進行させることはできない（ただし、時効中断の効果は期待できる）。

　債務者が被差押債権に関する証書（たとえば、金銭消費貸借証書、預金証書等）を所持している場合には、差押債権者に対し、その証書を引き渡さなければならない（民執148条1項）。債務者が任意に引き渡さなければ、差押債権者は、差押命令に基づいて、民執169条により動産引渡しの強制執行の方

法により、引渡しを受けることができる（同条2項）。

　(B)　第三債務者に対する効力

　第三債務者に対しては、被差押債権につき債務者への支払いが禁止される（民執145条1項）。第三債務者が、これに違反して債務者または他の者に弁済しても、差押債権者に対抗できないから、差押債権者から請求を受けると二重に弁済しなければならなくなる。したがって、第三債務者は、突然、債権者と債務者の係争関係に巻き込まれることになるが、その対応を誤ると不測の損害を招くこともあり得るのである。

　第三債務者は、差押え時に債務者に対して主張することができた抗弁（弁済、同時履行の抗弁等）をもって対抗することができる。

　第三債務者は、差押え後に発生した債権または他から取得した債務者に対する債権を自働債権として相殺することはできない（民511条）。しかし、差押命令を受ける前から有していた反対債権（自働債権）があれば、弁済期の前後を問わず、両債権が取立ての時点において相殺適状に達していさえすれば、第三債務者はその反対債権を自働債権として相殺することができる、とするのが判例である（最判昭和45・6・24民集24巻6号587頁、参考判例〔6〕、最判昭和45・12・18金法603号17頁、最判昭和46・11・19金法637号29頁）。そのため、銀行預金に対する差押えでは、第三債務者から反対債権による相殺が主張されることが多い。

　(C)　債権者に対する効力

　差押債権者は、差押え後は、仮に債務者が被差押債権を他に処分し、または第三債務者が弁済するなどしても、これを無視し、執行手続を進めることができ、差押命令が債務者に到達後1週間を経過すると、差し押さえた債権を取り立てることができる（民執155条1項）。この取立権については、また後に触れるが、第三債務者がこれを拒絶した場合、債権者は取立訴訟を提起することができるのである（民執157条）。

　(ウ)　**差押えの効力の客観的範囲**

　(A)　1個の債権につき全額に及ぶ

325

差押命令において特に範囲を制限しない限り、執行債権の額にかかわらず、差し押さえられた債権の全部に及ぶ（民執146条１項）。たとえば、貸金100万円の債務名義で、１個の300万円の売買代金債権を差し押さえたときは、その300万円全部について差押えの効力が及ぶことになる。

(B) 超過差押えの禁止

被差押債権が複数のときは、そのうちの１個または数個の被差押債権の額で請求債権額（執行費用を含む）を超える場合は、その余の債権の差押えができない（民執146条２項）。たとえば、債務者の第三債務者である銀行に対する預金が30万円、50万円および60万円の３口がある場合に、債権者が100万円の請求債権で差し押さえるときは、60万円と50万円の２口の預金に対する差押えはできるが、それにプラスして30万円の預金についても差し押さえることはできない。

債権の一部についてだけ、たとえば、300万円のうち100万円の限度で差し押さえることはできる（民執149条、民執規133条２項）。実務では、被差押債権が銀行預金等の場合に、「請求債権100万円に満つるまで差し押さえる」と表示することが多いが、この被差押債権が、たとえば300万円の定期預金である場合には、一部差押えになる。

(C) 将来発生する債権

差押えの目的となる債権は、財産的価値があるものでなければならないから、差押えの時点で存在していなければならないのが原則である。しかし、差押えの時点では存在しないものの、将来発生する可能性のある債権については、独立の価値を有する場合がある。そこで、既に、その発生の基礎となる法律関係が存在し、近い将来における発生が確実に見込まれる場合には、財産的価値があるとして、差押えが認められる。たとえば、医師の診療報酬債権は、多数の被保険者に対する診療の事実から生ずるもので、毎月の患者数や疾病の種類程度により債権額の変動が激しく、平均的な固定収入を客観的に予測することは困難であるが、判例（最判昭和53・12・15判時916号25頁、参考裁判例〔７〕）は、将来の１年分について債権譲渡を有効としたことから、

その範囲で差押えができるとされている。

(D) 継続的給付に係る債権に対する差押え

継続的給付に係る債権に対する差押えにあっては、その差押えの効力は、差押債権者の債権および執行費用の額に満つるまで、差押え後に受けるべき給付に及ぶ（民執151条）。これは、継続的給付債権は、本来はその1つひとつが別々の債権であり、個別的に差し押さえるべきものであるが、単一の原因に基づき継続的に発生する債権については、包括的な差押えを認めないと手続が煩雑であり、また1個の差押えに全体に効力を及ぼしても、第三債務者も債務者も特に不利益を受けることにならないと考えられることから、その差押えの効力について、特別に規定を設けたものである。継続的給付に係る債権としては、継続的な労働関係に基づく給料債権、会社の取締役等の役員報酬、国会議員、地方議会議員の歳費、賃貸借契約に基づく賃料等がある。判例（最決平成17・12・6判タ1205号158頁、参考裁判例〔8〕）は、健康保険法上の保険医療機関、生活保護法上の指定医療機関等の指定を受けた病院または診療所が社会保険診療報酬支払基金に対して取得する「診療報酬債権」は継続的給付に係る債権であるとしている。

継続的給付の債権に対して差押えがされた後に、さらに差押えまたは仮差押えがされて、差押えと差押えまたは仮差押えとが競合したときは、各請求債権・保全債権および執行費用の合計額の限度まで差押えの効力が拡大し、その分だけ差押えの期間が伸びることになる（民執149条）。たとえば、甲債務者の給料（差押可能額月10万円）について、まずA債権者が50万円の請求債権で差し押さえた後に、B債権者が30万円の請求債権で差し押さえた場合、甲は5カ月間に3カ月間プラスして差押えを受けることになる。

なお、扶養義務等に係る定期金債権を請求する場合（民執151条の2）については、後の別項目で説明する。

(E) 差押えの競合

被差押債権の一部について、差押えまたは仮差押えがなされた場合において、その残余の部分を超えて、後日、差押命令が発せられたとき、たとえば、

100万円の売買代金債権のうち甲債権者により70万円について差押えがなされている場合において、後に、その債権について乙債権者より50万円の限度で差押えがなされた場合には、前後の各差押えの効力はその債権の全部に及ぶことになる（民執149条前段）。すなわち、いずれの差押えも、それぞれ100万円全額を差し押さえたことになるのである。

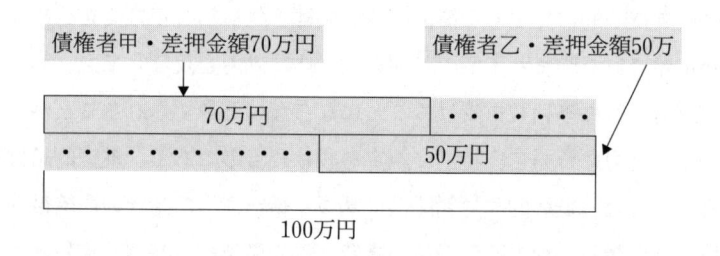

　債権の全部について、差押えまたは仮差押えがなされた場合において、後に、その債権の一部について差押命令が発せられたときの後行の差押命令の効力も、その債権全額に及ぶ（民執149条後段）。たとえば、甲債権者が100万円の全額を差し押さえた後に、乙債権者がその一部50万円につき差し押さえた場合は、乙の差押えの効力も全額に及び、差押えが競合する、

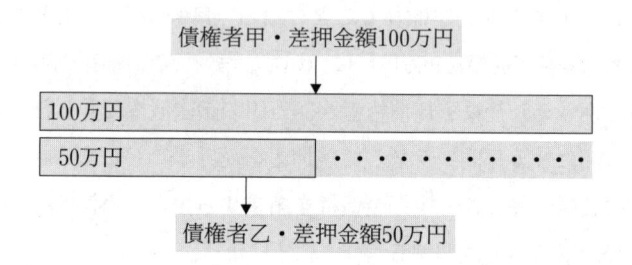

　反対に、1つの債権について、2つの差押えがなされたとしても、残余があれば差押えの競合はない。たとえば、100万円の売買代金債権について、

先行の差押えが30万円の限度で、後行の差押えが50万円の限度で、それぞれ差し押さえた場合は、差押えの競合はないことになる。競合しない場合は、各債権者は、それぞれ執行債権の全額の満足を受けることができるが、競合した場合には、先行差押債権者と後行差押債権者との間で被差押債権について請求債権額（執行債権額）の割合で分配するのが、債権者平等主義に合致することになるからである。

(F) 担保付債権に対する差押えの効力

差押えの効力は従たる権利にも及ぶので（民87条参照）、差し押さえられた債権（被差押債権）が抵当権等の担保権によって担保されているときは、担保権の被担保債権への随伴性から、差押えの効力は担保権にも及ぶことになる。そこで、登記または登録された担保権の被担保債権に対する差押命令が効力を生じたときは、裁判所書記官は、差押債権者の申立てにより、差押えがされた旨の登記または登録を嘱託する（民執150条）。この場合、取立権を取得した差押債権者は、抵当権の実行としての競売申立てができることになる。

(5) 第三債務者に対する陳述の催告

差押命令は、第三債務者をあらかじめ審尋しないで発せられるから（民執145条2項）、差押債権者は、爾後の換価手続の選択のため、被差押債権の存否、範囲あるいは他から既に差し押さえられているかどうかなどについて、これを確かめる必要がある。そこで、差押債権者は、執行裁判所に対し、裁判所書記官が第三債務者に対して、それらの陳述をするように申立てができる。陳述催告の申立てをするかどうかは、差押債権者の自由であるが、陳述の催告が「差押命令を送達するに際して」しなければならないから、その申立ては、差押命令の申立てと同時か遅くても差押命令の発送前にしなければならない。

差押債権者が差押命令の発送前に申立てをしたときは、裁判所書記官は、差押命令を送達するに際して、第三債務者に対し、差押命令の送達の日から2週間以内に差押えに係る債権の存否その他の事項について陳述すべき旨を

329

催告する。陳述すべき事項は、①差押えにかかる債権の存否・種類および額（金銭債権以外の債権については、その内容）、②弁済の意思の有無および弁済する範囲または弁済しない理由、③差押債権に優先する権利を有する者があるときは、その旨の表示並びにその権利の種類および優先する範囲、④他の債権者の差押えまたは仮差押えの執行の有無並びに関連事項、⑤滞納処分による差押えの有無並びに関連事項である（民執規135条）。

第三債務者が催告に対し、故意または過失により陳述しなかったり、または不実の陳述をしたときには、そのために差押債権者が被った損害につき賠償責任を負わなければならない（民執147条2項）。たとえば、既に弁済により債権が存在しないのに、第三債務者が被差押債権の認諾と支払意思存在の陳述をした場合は、差押債権者は、被差押債権が存在しそれによって弁済を受けられると考えるのが通常であるから、結果的に弁済を受けられなかった額が損害ということになる。

(6) 差押禁止債権とその範囲

差押命令の対象となるのは、執行開始当時の債務者に属する債権であるが、そのうち特別法または民事執行法により差押えが禁止されているものがある。

㋐ 特別法による禁止

債権執行においても、社会政策的配慮に基づき債権の種類および範囲を画して差押えを禁止し、債務者の最低限度の生活の保障を図っている。たとえば、社会保険給付の請求権（国民年金法24条、国家公務員共済組合法49条、健康保険法68条、厚生年金保険法41条、国民健康保険法67条、雇用保険法11条）、公的扶助や援助の請求権（生活保護法58条、母子保健法24条）、その他恩給、介護保険給付（恩給法11条3項、介護保険法25条）など、諸般の法律により、その法律の保護利益の実現に必要な範囲の権利について差押えを禁止している。

㋑ 民事執行法上の差押禁止とその範囲

民事執行法は、権利の実現を求める債権者の立場と、生活の維持を要する債務者の立場と、いわば相反する利益の調整により、次のような独自の差押禁止規定（民執152条）を置いている。

① 債務者が国および地方公共団体以外の者から生計を維持するために支給を受ける慈恵的な継続的給付に係る債権。たとえば、教会その他の慈善団体等から受ける生活援助費用等である。

② 給料、賃金、俸給、退職年金および賞与並びにこれらの性質を有する給与に係る債権については、原則として、「支払期に受けるべき給付」の4分の3に相当する部分。ただし、その額が「標準的な世帯の必要生計費を勘案して政令で定める額」を超えるときは、超える部分は差押可能な範囲となる。具体的に説明すると、債務者の給料等の手取額(給与の名目総額ではなく、源泉徴収される所得税・住民税・社会保険料を差し引いた手取額。これには、扶養手当、超勤手当、管理職手当、都市手当は含むが、実費補償の通勤手当、出張手当は含まれない)の4分の3が、原則として差押禁止となるのである。ただ、上記の政令で定める額は、現在月額33万円なので、給与等の手取額が月額33万円以下ならば、手取額の4分の1＝11万円以下しか差押えができないが、33万円を超えるならば、33万円を超える部分の全部を差し押さえることができる。

```
─────手取額月44万円─────
│   33万円禁止   │ 11万円 │
                  │超える部分 差押え可│
```

雇用などの継続的役務関係にある者が退職または死亡したときに一時金として支払いを受ける退職手当およびその性質を有する給与債権については、その給付の4分の3に相当する部分が差押禁止になる(民執152条2項)。

なお、平成15年改正により、婚姻費用の分担金等の扶養義務等に係る定期的債権を請求する場合には、債務者の給料等の2分の1を差し押さえることができることになった(民執152条3項)。

(ウ) 差押禁止範囲の変更

　画一的に差押禁止の範囲を法定化すると、具体的な事案においては、正義・公平に沿わない結果になることがある。

　たとえば、従来、離婚した夫が妻に子の養育費を定期的に支払う義務があって家庭裁判所の審判を受けているのに、元夫は給料の4分の3の範囲で生活ができるのに、債権者である元妻の方は4分の1でしか権利が実現しないことになる。また、反対に、金融機関から4分の1でも差押えを受けると、もともと給料総額が低い事例などでは、債務者の最低限度の生活が維持できなくなることもある。

　こうした場合に、執行裁判所は、債務者の申立てにより、債務者および債権者の生活状況その他の事情を考慮して、差押命令の全部または一部を取り消して差押禁止範囲を拡張することができるし、反対に、債権者の申立てにより、執行裁判所は、債権者および債務者の生活状況その他の事情を考慮して、民執法が定める差押禁止の範囲を縮減して差押命令を発することができる（民執153条）。差押禁止範囲の拡張または縮減の申立てをした債権者または債務者は、その申立てを理由づける特別の事情の存在につき証明責任を負うことになる。

　なお、(ア)の特別法によって差押えを禁止された債権については、民執法152条の適用はなく、全額について差押えが禁止される。また、153条によって差押禁止範囲の変更もできないと解されている。

コラム　新しい債権質制度

　債権も財産権の1つとして、質権の目的とすることが可能である（民362条）。一般的に質権設定契約は要物契約であるため（民344条）、債権を質権の目的とする際にも、従来はその債権に証書がある場合には、質権設定者から質権者に対し、証書の交付がなされなければ質権の効力が発生しないとされていた（旧民363条）。ただ、指名債権については必ずしも証書が存在するとは限らないし、証書がある場合でも、その所在が不明だったり、設定者が隠匿して交付しなか

った場合もあるので、その効力が問題になることが少なくなかった。

　そこで、平成15年の民法改正により、質権設定契約の効力発生のために証書の交付が必要とされるのは、債権譲渡において証書の交付が必要とされるような特別の債権に限ることになった。つまり、債権証書が必ず存在し、その交付がなければ権利の設定、移転ができないという債権、たとえば、指図債権や無記名債権、記名式所持人払債権、記名社債、記名国債、指図禁止手形、指図禁止小切手などを目的とする質権設定契約の際には証書の交付が必要となるが、それ以外の通常の指名債権については、意思表示のみによって質権設定の効力が生ずることとしたのである。

(7) 換価手続
(ア) 金銭債権の換価方法

　一般の取引上、債権の持つ金銭価値を現実化するには、債権者による債権の取立てと債権譲渡の2つの方法がある。債権執行における被差押金銭債権の換価の方法も、これに沿うように、まず、差押債権者による被差押債権の取立てを原則とし、券面額のある金銭債権については代物弁済的に差押債権者に移転する転付命令を認め、さらに特別換価の手段として譲渡命令・売却命令等を許すこととしている。

　不動産強制競売および動産執行においては、強制執行権を持つ国家の執行機関が責任をもって強制換価するのであるが、債権執行においては、私人たる差押債権者の取立て等の活動に大きく依存し、特に転付命令が発令されると、現実の金銭化は執行手続外に押し出されてしまう。この点が債権執行の特徴であり、それだけに、まず債権者側がその構造を理解することが必要となってくる。

　差押債権者は、その取立権の発生後は、善良な管理者の注意をもって被差押債権の行使に当たるべく、それを怠って執行債務者に対して損害を生じた場合（たとえば、時機を失して十分な取立てができなくなったり、時効中断のための措置を怠って消滅時効が完成したりした場合）には、その賠償責任を負う

ことがある（民執158条）。

(イ) 差押債権者による取立権の行使

(A) 取立権行使の要件

　差押債権者は、差押命令を受ければ、旧法下のように取立命令を得て別に取立権の付与を受けることなく、当然に、第三債務者から債権の取立てができる。ただし、次の要件が必要である。

① 取立権の行使は、差押命令が債務者に送達された日から1週間を経過した後でなければならない（民執155条1項）。債務者に対する差押命令が送達されると、裁判所書記官がその旨および送達の年月日を差押債権者に通知することになっている（民執規134条）から、差押債権者は、第三債務者に対してその通知書を示して取立てをすればよいのである。

② 取立権の範囲は、差押えの効力の及ぶ範囲に及ぶから、差押命令が被差押債権の全部について発せられた場合（たとえば、100万円の請求債権で300万円の債権全部を差し押さえた場合）には、執行債権額にかかわらず、その全額に及ぶことになる。ただし、差押債権者が取立金から満足を受け得るのは、その執行債権と執行費用の額を限度とする（民執155条1項ただし書）。

③ 債権者は、自己の名で、第三債務者に対して被差押債権の取立てに必要な裁判上および裁判外の一切の行為をすることができる（たとえば、生命保険契約の解約返戻金請求権を差し押さえた債権者は、これを取り立てるため、債務者の有する解約権を行使することができる。最判平成11・9・9民集53巻7号1173頁、参考裁判例〔9〕）。支払いを催告し、支払督促を申し立て、取立訴訟を提起し、あるいは強制執行ができることになる。もっとも、取立目的を超える行為、たとえば目的債権の免除、放棄、期限の猶予、債権譲渡などはできない。

④ 差押えに係る債権が金銭債権であっても、条件付き、期限付き、反対給付に係る等の理由により取り立てになじまないものである場合には、取り立てることができない。この場合は、民執法161条の規定する譲渡

命令等の申立てをし、その旨の執行裁判所の命令に基づき換価することになる。

⑤　債権者が競合していないことが要件である。民事執行法は、債権者平等主義を貫くために、差押えの競合または配当要求により債権者が競合した場合には、第三債務者に差押えにかかる債権の供託を義務付け、差押債権者の取立てを禁止している。この点は、第三債務者の供託の問題として、後で説明する。なお、第三債務者は、債権者の競合を差押命令の送達または配当要求通知（民執154条2項）により知ることができる。

⑥　執行停止その他の障害事由が存在しないことが要件である。差押命令に対し執行抗告があっても、執行停止の効力がないから、当然には取立権の行使を阻止することができない。しかし、債務者が執行抗告の提起に伴う執行停止決定（民執10条6項）を得てその決定正本を執行裁判所に提出すると、差押債権者は取立権を行使することができなくなる。その他、第三債務者の破産、民事再生、会社更生等による執行障害事由がある場合にも取立権を行使することができない。

　なお、執行裁判所に対し執行停止文書が提出された場合には、裁判所書記官から、第三債務者に対し、執行停止文書が提出された旨および差し押さえられた債権について支払い等をしてはならない旨の通知がなされる（民執規136条）。

(B)　取立届と支払届

　差押債権者が請求債権および執行費用の全額の支払いを第三債務者から受けたときは、それにより弁済の効果が生じて差押えの目的が最終的に達せられたことになるから、執行裁判所が事件終了の措置を取るために、差押債権者に「取立届」の提出が義務づけられている（民執155条3項）。

　民事執行法には規定されていないが、実務では、執行裁判所は、第三債務者に対して、差押債権者の取立てに応じて被差押債権の弁済をしたときは、「支払届」の提出を求めている。これは、差押債権者が取立てを完了したにもかかわらず裁判所に取立届の提出を怠っていると、いつまでも事件が未済

335

として残ったままになるので、この第三債務者からの支払届により、取立ての事実を確認して、差押債権者に取立届の提出を促すためである。

　(C)　取立訴訟

　差押債権者の取立てに対して、第三債務者が任意に応じないときは、差押権者は、第三債務者に対して、被差押債権について、①債権者競合がないときは、直接自己への支払いを求めて、②債権者競合があるときは、供託を求めて訴えを提起することができる。これを「取立訴訟」という（民執157条）。

　取立訴訟の訴訟物は、債務者の第三債務者に対する被差押債権たる給付請求権である。債権の一部だけを差し押さえたときは、その部分のみが訴訟物となる。取立訴訟は、差押債権者が債務者に代わって取立権に基づいて提起するものである。その法的性質については、第三者の法定訴訟担当の一場合と見るのが通説であるが、差押債権者固有の実体的地位に基づく給付訴訟とみる固有適格説もある。[12]

　原告は差押債権者であり、被告は第三債務者である。債権者の競合があれば、どの債権者も原告となる。債権者の競合がないときは、訴訟の代わりに簡易裁判所の支払督促（民訴382条以下）の申立てもできる。

　訴状の請求の趣旨は、㋐債権者が競合しないときは、単純に「被告は、原告に対し、金100万円を支払え」ということになるが、㋑債権者の競合があるときは、「被告は原告に対し、金100万円を支払え。この支払は、供託の方法によりしなければならない」と記載することになる（供託判決という）。なぜそうなるかというと、後で説明するように、債権者競合のときは供託させてから配当を実施するからである。

　第三債務者の申立てがあるときは、受訴裁判所は、取立訴訟の訴状の第三債務者への送達時までに同じ目的債権を差し押さえた他の債権者に対し、共同訴訟人として原告に参加すべき旨の命令として「参加命令」を発する（民執157条1項）。取立訴訟を1回かつ共同で済ますことにより、手続経済が図

12　中野・民事執行法672頁。

られるし、第三債務者の保護になるからである。

　この参加命令を受けて他の債権者が参加したときは、類似必要的共同訴訟（民訴40条）になる。また、参加命令を受けながら取立訴訟に参加しない債権者に対しても、その判決の効力が及ぶことになる（民執157条3項）。

　取立訴訟の判決は債務名義となるので、これに執行文の付与を受ければ、第三債務者の責任財産に対して強制執行をすることができる。供託判決によっても、同じように強制執行ができるが、その手続（たとえば不動産強制競売）で配当等を受ける際に、現実に配当金を受けることはできず、執行機関がその額に相当する金銭を供託することになる（民執157条5項）。この供託された金銭を、今度は取立訴訟の根拠となった債権執行手続において配当等の手続が実施されることにより、各債権者が満足を得ることになるのである。

　㈦　第三債務者の供託

　(A)　執行供託の意義

　差押命令の送達により、第三債務者は債務者に被差押債権を支払うことができなくなるが、債権差押命令は、債務者と第三債務者との間で実体法上の弁済そのものまで禁止しているものではないと解されるので、第三債務者が被差押債権の弁済期を経過しても弁済しないでいると、履行遅滞の責任（民415条）を負うことになる。

　このような場合、弁済期に差押債権者が被差押債権の取立てをしてくれれば問題は生じないと思われるが、差押債権者が取立てができるのにしないときや、取立て前に執行停止文書が執行裁判所に提出されたときのように手続上の問題で取立てができないときは、第三債務者としては、弁済したくてもできないという事態が生じることがある。

　第三債務者としては、支払いの相手方が被差押債権の債権者（執行債務者）であれば問題はないが、差押命令の結果、支払いの相手方が差押債権者となったのである。このように、取引の相手方でもない者に支払いをしなければならないのでは、信用上の問題もあるし、また手続的な煩雑を避けたいという気持もあろう。

337

他方、同一の被差押債権に差押命令が重複したときは、どの差押債権者に対しても取立てに応じて弁済ができるとすると、現実の被差押債権の回収が早い者勝ちになってしまうことになり、債権者平等という民法や民事執行法の基本原則が無視され、優先権を持つ債権者の権利が保護されない可能性もある。

　そこで、これらの諸問題を避けるために、民事執行法は、第三債務者が被差押債権について供託をすることにより免責を得る方法を定めたのである。第三債務者の供託は、性質上、執行機関が供託金の払渡しにつき直接の管理権限を有する、いわゆる執行供託である。

(B)　権利供託

　第三債務者は、債権差押命令が1個のとき、または複数であっても競合しないときには、差押えに係る金銭債権（被差押債権）の金額に相当する金銭を債務の履行地の供託所に供託することができる（民執156条1項）。実務では、この供託を「権利供託」または「1項供託」と呼んでいる。

　権利供託は、供託することが第三債務者の権利として認められているものであり、供託するかどうかは第三債務者の判断によって決めることができる。すなわち、権利供託ができるときでも、供託によらないで、差押債権者の取立てに応じて弁済して免責を得ることも可能である。給料債権や賃料債権のように継続的給付債権のときには、各支払期ごとに差押債権者の取立てに応じて弁済するか、権利供託により弁済をするかを選択する。ただし、各支払期ごとに弁済の方法を変えるのは第三債務者にとっても差押債権者にとっても煩雑なだけなので、実際にはどちらかを選択したうえで、それを繰り返すことになろう。

　供託額は、被差押債権の全額を原則とする。しかし、被差押債権の額が執行債権と執行費用の合計額を超えるときは、超過部分は、理論上、弁済供託（民494条）である。債権の一部差押えの場合は、被差押債権の全額でも、被差押部分だけの供託でもよい。

　権利供託の場合、第三債務者から供託の「事情届」があると、執行裁判所

が差押債権者に執行債権・執行費用の合計額の支払委託をする。一部差押えで残余があるときには、執行債務者に支払委託をし、執行債務者は還付請求ができる。

(C) 義務供託

第三債務者は、取立訴訟の訴状の送達を受ける時までに、被差押債権のうち差し押さえられていない部分を超えて発せられた債権差押命令または債権仮差押命令の送達を受けたときは、その債権の全額に相当する金銭を債務の履行地の供託所に供託しなければならない（民執156条2項）。また、配当要求があった旨を記載した文書の送達を受けたときも同様である。実務では、これを「義務供託」とか「2項供託」と呼んでいる。

つまり、義務供託は、債権者が競合したときに、第三債務者に供託を義務付けることにより、競合した債権者間の公平を保とうとするものであり、供託をしなければならないというのは、第三債務者は供託の方法によらなければ被差押債権について弁済による免責を得ることができない、ということである。給料債権や賃料債権のような継続的給付債権については、各支払期ごとに供託をしなければならないことになる。

第三債務者が、この規定に違反して、差押債権者の1人だけに支払いをしたときは、その者に対する関係では弁済の効力が認められても、その他の債権者に対して弁済をもって対抗することができず、二重払いの危険を負担しなければならないことになる（民481条）。

そうすると、第三債務者の立場からみると、債権差押命令を受けたときに、権利供託をすればよいのか、義務供託をしなければならないのかは、差押えが競合しているかどうか、あるいは配当要求通知書の送達を受けたかどうかを判断する必要がある。差押えの競合については既に説明したところであるが、要するに、債権執行においては、1個の金銭債権に対する多重の差押えや仮差押えを認めているため、1個の被差押債権に異なる申立債権者の差押えや仮差押えの執行がいくつも重なることがある。しかも、金銭債権に対する執行では、債権が差し押さえられていることを公示する手段がないので、

多重の差押えまたは仮差押えの執行の機会は、不動産執行と比較するとかなり多いことになる。

　ある被差押債権に対する差押えまたは仮差押えの執行が重なり、それぞれの被差押債権額を合算した額が被差押債権額の実際の債権額を超えたときのことを「差押えの競合」と呼ぶ。また、これに配当要求があったときのことを併せて「債権者の競合」という。いずれの場合も、債権者間の配当実施が必要になってくるのである。

　2個の債権だけでなく、3、4個の債権が競合することも珍しくないし、また、滞納処分としての差押えと競合することがある。差押えの競合が生じると、競合したすべての差押えの効力が、債権の全部に拡張することになる（民執149条、滞調20条の4、36条の4）。

　権利供託ができる場合と義務供託をしなければならない場合とを図示すると、次のとおりである。

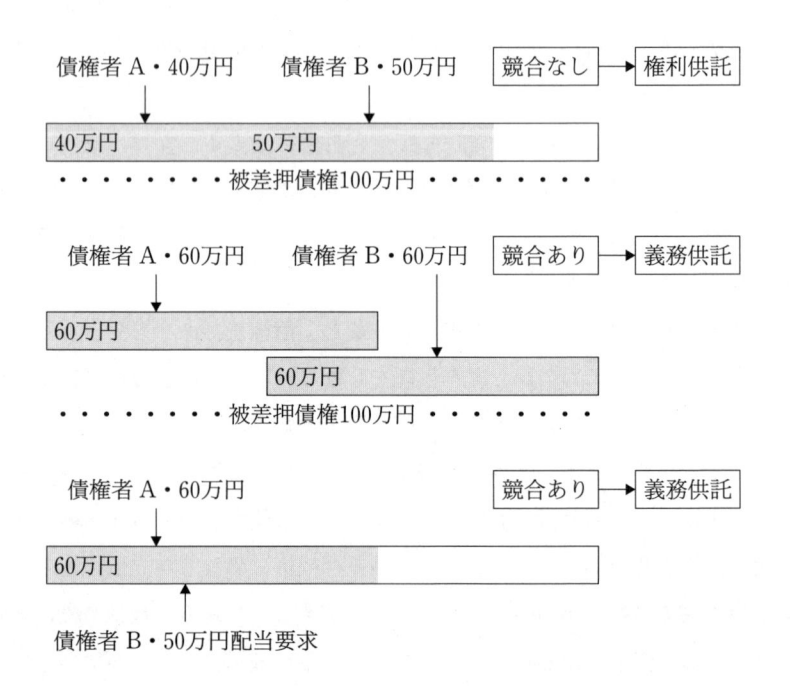

債権者A・40万円　　債権者B・50万円　　競合なし → 権利供託

| 40万円 | 50万円 |

・・・・・・・被差押債権100万円・・・・・・・

債権者A・60万円　　債権者B・60万円　　競合あり → 義務供託

| 60万円 |
　　　　　| 60万円 |

・・・・・・・被差押債権100万円・・・・・・・

債権者A・60万円　　　　　　　　　　　競合あり → 義務供託

| 60万円 |

債権者B・50万円配当要求

義務供託をした第三債務者は、供託した旨の事情届を供託書正本を添えて執行裁判所に提出しなれければならない（民執156条3項、民執規138条）。

このように、第三債務者の供託は、被差押債権を消滅させる（民494条）とともに、執行手続上、配当加入の終期の基準となって（民執165条1号）、配当等の手続へと移行させ、それまでに差押え・仮差押えの執行または配当要求をした債権者を対象として配当等の手続がなされ、剰余金は債務者に交付されるのである（民執166条1項1号・2項、84条2項、85条）。

なお、被差押債権について債権譲渡と債権差押えが競合する関係になったときに、民法494条と民事執行法156条の双方を根拠条文としてする供託を、実務上、「混合供託」または「競合供託」と呼んでいる。混合供託は、民法を根拠とする供託としては弁済供託であり、民事執行法を根拠とする供託としては執行供託であって、いずれか一方のみを根拠とすることができないため、第三債務者保護の観点から、供託実務上、双方を根拠とすることが認められているのである。この混合供託に関しては、債権譲渡と債権差押えとの競合関係だけでなく、質権と債権差押えとの競合関係など、各種の競合関係が考えられる。

　　㈎　転付命令

差し押さえた債権の換価の方法の1つとして、転付命令（民執159条）がある。

　　(A)　転付命令の意義

債務者が第三債務者に対して有する金銭債権である被差押債権を、差押債権者に強制的に移転させることにより、その移転された範囲で差押債権者の金銭債権の満足を図ろうとするものである。

転付命令の申立てをした差押債権者を「転付命令債権者」、転付命令の申立てにかかる被差押債権を「被転付債権」という。

転付命令は、債務者および第三債務者に送達され（民執159条2項）、確定しなければその効力が生じない（同条5項）。

転付命令の申立てに対する裁判については、執行抗告がすることができる

341

から（同条4項）、債務者または第三債務者が転付命令の送達を受けてから1週間以内に執行抗告をすると、転付命令は確定しないことになる。

　また、転付命令が第三債務者に送達される時までに、被転付債権について、他の債権者が差押え、仮差押えの執行または配当要求をしたときは、転付命令はその効力を生じない（同条3項）。

　転付命令が確定すると、転付命令が第三債務者に送達された時に遡って、差押債権の債権および執行費用は、被転付債権が存在する限りで、その券面額で弁済されたものとみなされる（民執160条）。すなわち、転付命令の確定により、転付命令が第三債務者に送達された時をもって、被転付債権が差押債権者に移転するとともに、その移転した範囲で差押債権者の請求債権が消滅することになる。その結果、被転付債権は差押債権者が有するものとなるから、他の債権者が差し押さえたり、その配当等に加入することができなくなる。また、請求債権は転付命令の確定によって当然に消滅することになるので、第三債務者が無資力で、被転付債権の現実の弁済を受けられなくても、請求債権が復活することはない。すなわち、転付命令は、被転付債権について独占的な満足を得ることができる反面、債務者に対する有名義債権（債務名義がある債権）が第三債務者に対する無名義債権（債務名義のない債権）となって、かつ、第三債務者が無資力である場合には債権回収ができない危険を負うことになる。しかし、金融機関等のように十分な支払能力を持つ者を第三債務者とするときには、第三債務者の資力を心配することなく、他の債権者を排除して被転付債権から独占的に満足を得ることができるので、実務上、転付命令の申立ては多い。

　(B)　転付命令の要件

　(i)　差押えが有効であること

　差押命令は、有効な債権差押えがあることを前提として発せられるものであるから、債権差押命令が第三債務者に送達されて差押えの効力が生じていることが必要である（民執145条4項）。もっとも、債権差押命令と転付命令との間に時間的な間隔が必要ということではないので、債権差押命令申立て

342

と転付命令申立てを同時に行い、この申立てに基づいて債権差押命令と転付命令が同時に発せられることは認められている。

　(ii)　被差押債権が転付に適するものであること（被転付債権の譲渡性）

　転付命令は、被差押債権を券面額で差押債権者に移転させるものであるから、被差押債権が譲渡性を有するものでなければならない。一身専属性のある債権など、法律上またはその債権の性質上譲渡を許さない債権は、もともと差押えもできないが、被転付適格もない。もっとも、被差押債権が譲渡禁止の特約付きのものであっても、転付命令による債権移転の妨げにならず、転付命令が確定すれば、その債権は差押債権者に移転する、というのが判例である（最判昭和45・4・10民集24巻4号240頁、参考裁判例〔1〕）。

　(iii)　被差押債権が券面額を有するものであること（被転付適格）

　転付命令は、被差押債権が、その実質的価値を考慮されることなく券面額で差押債権者に移転し、かつ、それが存在する範囲で請求債権が当然に消滅する効力を有することから、転付命令の発令時に「券面額」を有することが必要とされる。被差押債権が転付により執行債権と即時に決済できるために「券面額」を有しなければならない、というのである（即時決済可能性）。

　ここで「券面額」とは、債権証書等の上に記載されている額面金額の意味ではなく、債権の目的として給付すべき金額のことを意味する。したがって、この金額がない債権については券面額がなく、転付命令の対象にならないことになる。金銭債権でない債権に券面額がないことは当然であるが、金銭債権であれば常に券面額があるというわけではない。たとえば、売買代金債権、預金債権、約束手形等の不渡処分異議申立預託金の返還請求権等は「券面額」のある債権の典型であるが、金銭債権であっても、将来の債権ないし条件付きの金銭債権は、概ね被転付適格を有しない。すなわち、その発生や金額が未だ確定していないものや、代替できない反対給付の履行に係る将来の債権は、執行債権と即時に決済できないから、券面額がないとされる。金額の一定していない金銭債権も券面額があるとはいえない。したがって、将来の家賃債権、労務の提供が終わっていない将来の給料債権、反対給付にかか

343

る債権、他人の優先権の目的となっている金銭債権などは「券面額」のない債権である。ただし、その発生や金額は、客観的に確定しているが、当事者間に争いがあるにすぎない場合には、被転付適格がある。

　これまでの裁判例で「券面額」の有無が問題になった債権には、いろいろな事例がある。判例により券面額がないとされた事例としては、将来の賃料債権（賃借物の使用収益の履行に係る債権。大判大正14・7・10民集4巻12号629頁）、将来の給料債権、退職金債権（労務の提供の履行に係る。大判昭和9・4・26民集13巻8号622頁）、賃借物返還前の敷金返還請求権（明渡し時に賃貸人が有する一切の債権を控除してなお残額があることを条件に、その残額について発生するもの。賃借物返還前はその発生および金額が未確定。最判昭和48・2・2民集27巻1号80頁、参考裁判例〔10〕）などがある。保険事故が発生する前の保険請求権については、その発生、金額が未確定だから、被差押適格はあるものの被転付適格は有しないと解されているが、保険事故が発生して既に具現化している保険金請求権については、被転付適格を有するとされている。火災保険金請求権について、その発生原因である火災が発生している以上、その債権の存否、金額が確定されていなくても転付命令の目的となり得るとした裁判例がある（東京高判昭和60・12・5東京高民報36巻10〜12号177頁）。

　完成前の工事請負代金請求権は、その発生、金額が未確定なはずであるが、判例の中には被転付適格を肯定しているものがある（仙台高判昭和56・6・14判タ431号103頁）。ただし、学説は、請負代金債権における債権の発生時期は工事完成時と見るべきとの考えから判例には批判的であり、実務でも認めない扱いが多いようである。

　(iv)　被差押債権について債権者の競合がないこと

　被差押債権について債権者の競合があるときは、そのうちの1人の債権者にのみ独占的満足を与えることは、その債権者が優先権を有しない限り、債権者平等の原則に反することになるから、このような場合には転付命令を発することができない。

　転付命令が第三債務者に送達される時までに、転付命令に係る金銭債権に

ついて、他の債権者が差押え・仮差押えの執行、または配当要求をしていないことが要件となる（民執159条3項）。取立訴訟を提起してその訴状が第三債務者に送達された後は、他の債権者の差押えや配当要求があっても、配当参加できないことになるから（民執165条2号参照）、転付命令を発することができる。

競合する債権者の存在の有無は、転付命令への第三債務者の送達時が基準となるから、転付命令の発令の段階では債権者の競合があるかどうかを執行裁判所が知ることは困難なので、原則として、執行裁判所は債権者の競合の有無を調査することなく発令してもよいことになっている。

同一の債務者に対する複数の債権者が、共同して同一の債権に対して1個の債権差押命令を申し立てる、いわゆる共同差押えのときには、共同差押債権者の請求債権額の合計が被差押債権額を超えるときは、共同差押えといっても、その手続上の関係は各債権者ごとに別個であって、債権者の競合が生じるから、転付命令を発することはできないことになる。

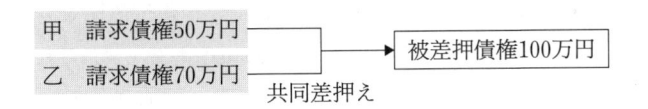

```
甲  請求債権50万円 ─┐
                    ├─→ 被差押債権100万円
乙  請求債権70万円 ─┘
            共同差押え
```

この場合で、共同差押債権者があらかじめ被差押債権の額を各債権者に割り振ったうえで債権差押命令および転付命令の申立てをしたときは、手続上の関係を個別化することができるので、共同して割り振られた債権について、それぞれ転付命令を受けることができると解される。

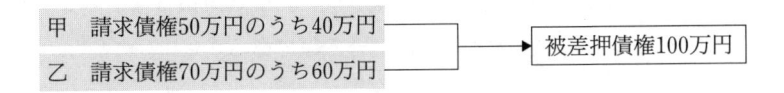

```
甲  請求債権50万円のうち40万円 ─┐
                              ├─→ 被差押債権100万円
乙  請求債権70万円のうち60万円 ─┘
```

もっとも、こうした扱いが有効になるためには、被差押債権の額を正しく認識していなければならないので、仮に被差押債権が実際は80万円しかなかったとしたら、やはり債権者が競合することになるので、転付命令は無効となる。

　なお、債権者が競合するときに転付命令の効力が生じないのは、転付命令を求めた債権者に優先する債権者または平等の立場にある債権者が差押債権者として競合している以上、そのうちの1人に転付命令による独占的な満足を認めるべきでないからである。したがって、反対に、転付命令の申立てをした債権者が競合する他の債権者に優先するときは、債権者の競合があっても転付命令による独占的満足を得ることができる、とするのが通説・判例である（最判昭和60・7・19民集39巻5号1326頁、参考裁判例〔11〕）。[13]

　(C)　転付債権者の権利行使

　転付命令を受けた債権者は、債権差押命令および転付命令が確定したときは、転付命令に係る金銭債権が存在する限り、その債権および従たる権利は、転付された限度で、差押債権者の債権および執行費用が弁済されたのと同様の効果をもって差押債権者に移転する。つまり、被差押債権をもって代物弁済があったのと同じ効果が出るのである（権利の移転効と弁済効）。

　したがって、これにより執行手続は終了し、差押債権者としては、これらを第三債務者に証明して、直接、被差押債権につき支払いを求めることができるのであるが、これは執行手続とは無関係なことなのである。差押債権者は、自己の債権として、被差押債権につき任意に取り立て、譲渡・相殺に供することができ、自ら給付の訴えの提起し、あるいは執行債務者が既に第三債務者に対して訴えを提起しているのであれば訴訟承継ができ、既に判決を得ているのであれば承継執行もできる。反面、第三債務者の資力についての危険は、差押債権者が負担しなければならない。第三債務者は、あらゆる実体上の事由をもって転付債権者に対抗できるのである。

13　中野・民事執行法683頁、697頁。

転付される債権が存在しないときは転付命令は無効であるが、執行債権が存在しない場合には、債務者は差押債権者に対し不当利得による返還請求ができる。

(D) 転付命令と執行停止

転付命令に対しては執行抗告ができ、確定しなければ効力が生じないが（民執159条4項、5項）、転付命令が発せられた後に、債務者から、民執法39条1項7号または8号の強制執行停止決定の正本、弁済証書、弁済猶予書面を提出したことを理由として執行抗告がされたときは、他の理由により転付命令を取り消す場合を除き、抗告裁判所は執行抗告についての裁判を留保しなければならない（民執159条6項）。

転付命令確定の前に執行停止が生じた以上、そのまま転付命令を確定させることができないし、さりとて、転付命令を取り消せば、執行停止中に債権者の競合を生じて転付の独占的効果を逸してしまう事態を招くからである。

(オ) 特別換価

被差押債権が条件付きもしくは期限付きであったり、反対給付に係るその他の事由により、差押債権者の取立てが困難な場合には、多くは転付命令も不可能だったり不適当だったりする。そこで、執行裁判所は、差押債権者の申立てにより、特別の換価方法として、譲渡命令、売却命令、管理命令その他相当な方法による換価を命ずることができる（民執161条1項）。

執行裁判所が、これらの換価方法を許す場合には、その決定前に債務者を審尋することを要し（同条2項）、また必要があれば、評価人を選任して被差押債権を評価することができる（民執規139条）。この決定には執行抗告ができ、決定は確定しなければ効力を生じない（民執161条3項・4項）。

(A) 譲渡命令

被差押債権を執行裁判所が定める価額で支払いに代えて、差押債権者に譲渡する裁判である。差押命令および譲渡命令が確定すると、差押債権者の債権および執行費用は、執行裁判所の定めた価額で、譲渡命令が第三債務者に送達された時に弁済されたものとみなされる。代物弁済と同様の効果がある

347

点で、転付命令に類することになるが、券面額でなく、執行裁判所の定めた額で効果があることになる。

　執行裁判所の定める価額が差押債権者の債権および執行費用の額を超えるときは、一部の譲渡としないで、執行裁判所は、譲渡命令を発する前に、差押債権者にその超える額に相当する金銭を納付させ、譲渡命令が効力を生じた時これを債務者に交付することとされている（民執規140条）。

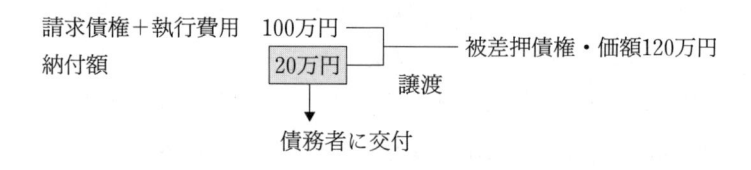

```
請求債権＋執行費用    100万円
納付額              ┌─────┐      被差押債権・価額120万円
                   │20万円│
                   └─────┘   譲渡
                      ↓
                   債務者に交付
```

　(B)　売却命令

　被差押債権の取立てに代えて、執行裁判所が売却方法を定めてその売却を執行官に命じる裁判である（民執161条1項）。執行官による売却は、執行裁判所の定める方法によって実施されるが、その手続は不動産の売却手続に準ずる。執行官は、債権を売却したときは、債務者に代わり、第三債務者に対し、確定日付のある証書によって譲渡の通知をし（民執161条5項）、債権証書を買受人に引き渡すことになる（民執規141条3項）。

　(C)　管理命令

　執行裁判所が、債権の管理人を選任して、被差押債権の管理を命じる裁判であって、その管理の収益をもって執行債権の弁済を図る方法である。強制管理の規定が広く準用される（民執161条6項、民執規145条）。利用例としては、債務者が大きな共同住宅を有しており、その賃借人である多数の第三債務者に対する賃料債権を差し押さえたときなどが考えられる。この場合、差押債権者は、差押命令に基づく取立権によって各第三債務者から直接賃料を取り立てることができるが、多数の第三債務者がいるときは、自ら取り立てることとすると、その管理が非常に煩雑となってしまう。そこで、管理命令

を得て、執行裁判所で選任した管理人に第三債務者からの賃料の取立てその他の管理を任せ、差押債権者としては執行裁判所の定める期間ごとの配当等によって債権の回収を図ることができるのである。ただし、実務上、このような場合、強制管理の方法によることが多く、管理命令が申し立てられることは極めて少ない。

(8) **債権執行における配当等**

(ア) **配当要求の意義**

債権執行においては、多重の差押えが認められるので、既に他の債権者が債権差押えをしているときでも、自ら差押命令の申立てをしてもよいが、配当要求の申立てをしてもよい。

自ら二重差押えをする場合に比較して、配当要求の方法は、利点として、手続が若干簡略であること、手続費用が安いこと、基本事件の差押え後に債権譲渡があっても（手続相対効の影響により）基本事件の配当等に加入することができること、申立ての時点で配当要求の効力が生じること、債権執行の手続進行に気を配る必要がないことが挙げられる。

反対に、不利な点として、取下げ等により基本事件が終了した場合は配当要求も確定的に目的を達することができなくなること、二重差押えのように差押えの拡張効が生じないので、常に差し押さえられた債権の範囲内で配当等が実施され、配当要求の請求債権の全部について配当等を受けられる可能性が極めて低いことなどが挙げられる。

このように、配当要求は、債権者にとって利点もある手続であるが、実務上は、不動産競売などとは異なり、金銭債権執行の場合は差押えを公示する手段がなく、金銭債権執行の目的にしようとしている債権が既に他の債権者から差し押さえられているのかどうかを知ることができない場合がほとんどなので、申立ての例が少ない。金銭債権執行において、申立債権者が自ら請求債権の拡張をしたいときや、他の債務名義上の債権についても配当等を求めたいときに時々利用される程度である。

迅速な手続という観点からも、配当要求をするために苦労して情報収集を

349

するよりも、自ら債権差押命令の申立てをした方が結果的に早い、ということであろう。

　(イ)　**配当要求できる債権者の資格**

　債権執行において、配当要求が認められる者は、①執行力のある債務名義を有する債権者、②文書により先取特権を有することを証明した債権者（一般先取特権者（民306条～310条）、特別先取特権者（民314条、320条、証券取引法97条4項）等）だけである。

　債権執行では、不動産執行の場合と異なり、仮差押債権者の配当要求を認めていない。これは、仮差押えの執行が競合すれば、第三債務者は必ず被差押債権全額を供託しなければならならず（民執156条2項）、その際、執行裁判所は、仮差押債権者の存在を知ることになるので（同条3項）、仮差押債権者としては、配当要求をしなくても配当等にあずかれるからである（民執165条）。

　また、同様に、債権執行では、不動産執行の場合と異なり、債権質権者が配当要求債権者から除外されているが、これは、債権質権者は、差押えの有無にかかわらず、債権の取立てができるからである（民366条1項）。

　抵当権に基づく物上代位権を行使する債権者は、他の債権者による債権差押命令申立事件に配当要求をすることによって優先弁済を受けることができないかどうかが問題になるが、判例（最判平成13・10・25民集55巻6号975頁、参考裁判例〔12〕）は、これを否定している。

　したがって、執行力ある債務名義の正本を有しない債権者は、判決等の債務名義を取得するか、または当該債権の仮差押えをしない限り、配当等の手続に加入することはできない。また、文書によって先取特権を有することが証明できない債権者は、訴訟手続その他の方法で先取特権を有することを文書で証明できるように努力するほかない。

　(ウ)　**配当要求の終期**

　配当等の手続においては、配当等を受けるべき者を確定する必要があるから、配当要求には時間的制限が設けられている。これを「配当要求の終期」

という。配当要求の終期は、次のいずれかの時、すなわち被差押債権が具現化した時に到来する。

① 第三債務者が取立てに応じて支払うかまたは供託（民執156条1項・2項の規定による）をした時（民執165条1号）
② 取立訴訟の訴状が第三債務者に送達された時（民執165条2号）
③ 被差押債権の売却命令（民執161条1項）により執行官が売得金の受けた時（民執165条3号）
④ 管理命令による管理においては、各配当期間の満了の時（民執161条6項、107条4項）
⑤ 動産引渡請求権に対する執行においては、執行官が動産の引渡しを受けた時（民執165条4号）

配当要求の終期後に配当要求の申立てをしても、配当等に加入することができず、不適法な申立てとして却下される。

　㈡　配当等の実施

配当要求は、債権の原因・額を記載した配当要求書を、差押命令を発した執行裁判所に提出する。その時に配当要求の効力が生じる。執行裁判所は、配当要求があった旨の通告書を第三債務者に送達する（民執154条2項）。第三債務者は、この通知を受けたときには、供託することになる。なお、税務署長等が行う交付要求がある（国徴82等）と、配当等と同様に扱われる。

金銭債権に対する執行においては、被差押債権の換価金が執行機関・供託機関の手中に置かれる場合には、執行裁判所が配当または弁済金交付を実施する。すなわち、第三債務者が権利供託・義務供託をした場合、取立訴訟の判決に基づく供託がされた場合、被差押債権が売却命令により売却された場合、または管理命令による管理中に配当協議が不調となり、管理人により供託された場合である。

配当等の手続は、不動産強制競売における配当等の手続に関する規定が、所用の読替えを含んで準用される。

3 船舶・動産等の引渡請求権に対する執行

　債務者所有の船舶、航空機でも、第三者の占有しているものに対しては船舶執行（民執112条以下）はできないし、同じく債務者所有の動産でも、それを占有する第三者が提出を拒む場合には動産執行（民執124条以下）はできないので、債務者の有するこれらの物の引渡請求権を差し押さえる債権執行の方法によらなければならない（民執162条、163条、民執規142条）。

　船舶・動産等の引渡請求権に対する執行は、金銭債権に対する執行と同じく債権執行であるが、船舶・動産等の引渡請求権は、金銭債権と性質が異なるから、執行手続については、この債権の目的に適応した特別の構造が採用されている。

　最近の裁判例で問題になったものとして、銀行の貸金庫の内容物に対する強制執行がある。これは、動産執行の方法によるのを本則とするが、銀行が任意に内容物を提出しない場合には、貸金庫利用者である債務者が銀行に対して有する、貸金庫契約に基づく内容物引渡請求権に対する強制執行によるとしている（最判平成11・11・29民集53巻8号1926頁、参考裁判例〔13〕）。この判例では、貸金庫契約に基づく内容物引渡請求権の差押えにおいては、貸金庫をその存在する銀行の店舗名により特定することによって引渡請求権を特定することができること、第三債務者に対する陳述の催告（民執147条1項）が、貸金庫契約の存否・個数、約定の引渡方法等を確認するために役立つこと、動産受領の申立て（民執163条1項）を受けた執行官は、銀行に請求し、貸金庫契約の定めるところにより貸金庫の内容物の引渡しを受け、動産執行の売却手続により売却すること、執行官の請求にかかわらず銀行が貸金庫の内容物の引渡しに応じないときは、差押債権者は、銀行を被告として取立訴訟を提起しなければならないが、その際にも、貸金庫を特定し貸金庫契約の締結を証明すれば足り、貸金庫内の個々の動産を特定してその存在を立証する必要はないこと、取立訴訟により債務名義を得た差押債権者は、執行官に対し、銀行を債務者として「法163条1項の動産の引渡しを受けるべき執行

352

官」への貸金庫の内容物の引渡執行（民執169条）を申し立てることができ、当該執行官が貸金庫の内容物を受領して、動産執行の売却手続により売却できるとしている（なお、民執規142条の2参照）。

　船舶・動産等に対する執行には、差押禁止債権、差押債権者による取立て、第三債務者による供託、転付命令などに関する規定は、適用されない。

4　その他の財産権に対する執行

　その他の財産権、すなわち不動産、船舶、動産および債権以外の財産権、たとえば、賃借権、特許権、実用新案権、意匠権、著作権、持分会社の社員権、船舶・動産の共有持分権、条件付所有権、電話加入権などに対する強制執行については、特別の定めがあるもののほか、債権執行の例による、とされる（民執167条1項）。預託株券等に関する民事執行は、預託株券等についての共有持分に対する執行の方法で行われるから（株券等の保管及び振替えに関する法律24条、38条）、債権執行の規定が準用される（民執規150条の2ないし150条の5）。これらの権利は多種多様であるから、執行裁判所がその性質に応じて適当な換価方法を命じることになるが、通常は、譲渡命令、売却命令の方法が執られる。なお、電話加入権執行については、特別規定が設けられている（民執規146条以下）。

参考裁判例

〔1〕　最判昭和45・4・10民集24巻4号240頁

　譲渡禁止の特約のある債権であっても、差押債権者の善意・悪意を問わず、これを差し押え、かつ、転付命令によって移転することができるものであって、これにつき、同法466条2項の適用ないし類推適用をなすべきではないと解するのが相当である。けだし、同法466条2項は、その文理上、債権の譲渡を禁止する特約につき、その効力を認めたものであって、譲渡以外の原因による債権の移転について同条項の規定を準用ないし類推適用すべきものとする見解には、首肯するに足りる合理的根拠を見い出すことができないのみならず、譲渡禁止の特約のある債権に対して発せられた転付命令について、同法466条2項の準用があると解すると、民訴法570条、618条が明文をもって差押禁止財産を法定して財産中執行を免れ得るものを制限的に特定し、同法600条が差し押さえた金銭の債権について差押債権者の選択に従い取立命令または転付命令を申請できる旨定めている法意に反し、私人がその意思表示によって、債権から強制執行の客体たる性質を奪い、あるいはそれを制限できることを認めることになるし、一般債権者は、担保となる債務者の総財産のうち、債務者の債権が、債務者、第三債務者間の譲渡禁止の特約により担保力を失う不利益をも受けなければならないことになるのであって、法の予想しない不当な結果をうむものといわなければならず、このような結果は、転付命令申請の際に差押債権者が善意であれば保護されるということや、差押債権者には取立命令を得る道が残されているということで補われるものではないからである。

〔2〕　東京高決平成5・4・16判時1462号102頁

　債権に対する強制執行においては、申立書に強制執行の目的とする財産を表示しなければならず（民事執行規則21条3号）、そのためには差し押さえるべき債権を特定するに足りる事項を明らかにしなければならない（同規則133条2項）とされているが、これは、関係人間に強力な法律効果が発生する強制執行の性質にかんがみ、その対象を客観的に他の債権と区別できるように明確にしておく必要があり、また、差押禁止債権であるか否か、差押許容限度を超過していないかなどの諸点についての執行裁判所の審査に資するために定められ

ているものである。

　しかしながら、どの程度に差押債権を特定すべきかが一義的に定まっているわけではないので、右の制度趣旨に徴し、かつ、当該債権の給付内容に照らして、債権の種別ごとに判断するほかない。

　ところで、この債権を特定するための要素として、当該債権の当事者(執行債務者と第三債務者)、債権の種類(給付内容)を掲記することが必要であることはいうまでもない。問題は、それ以外の要素、殊に当該債権の発生原因及びその日付、第三債務者が支店を置いている場合における取扱本支店(以下「取扱店舗」という。)等の具体的な事項まで明示することを要するか否かである。申立人にこれらの事項を詳細に掲記させることが望ましいには違いないけれども、当該法律関係の当事者でない執行債権者には確知できない事項もあるから、過度にこれを要求すると、実質上強制執行が不可能ということにもなりかねないし、表示された事項と実際とが微妙に食い違っていた場合における差押えの有効性の判断に困難を来すことも考えられるところである。また、強制執行は、関係人の権利・利益に配慮しながら、適正かつ迅速に行うべきものであるから、関係人にどの程度の負担をかけるのが相当かという観点も無視できない。そこで、一般的には、差押債権の表示を合理的に解釈した結果に基づき、しかも、第三債務者において格別の負担を伴わずに調査することによって当該債権を他の債権と誤認混同することなく認識し得る程度に明確に表示されることを要するものということができる。

　これを本件で問題となっている預金債権についてみると、まず金融機関は顧客の信用保持のため預金の有無及び内容を第三者に公表することはないのが一般であるから、預金債権の発生原因及びその日付の表示を常に要求するのは相当ではない。しかしながら、預金債権の所在場所(取扱店舗)の表示については、金融機関は、法人格としては単一であるとしても、実際の取引は本支店ごとにある程度独立して行っているという実態(したがって、預金債権は口座を開設した店舗ごとに別個のものとなる。)に即して考察し、かつ、取扱店舗が表示されない差押命令の送達を受けた金融機関においては当該預金を探索するのに相当の時間と手間が掛かるのに対し、執行債権者は自ら強制執行を申し立てて権利の実現を図ろうとする以上多少の困難が伴っても申立てに先立って取扱店舗を調査する程度の負担を負わせられてもやむを得ない立場にあることをも併せ考慮すると、債権執行の申立書において預金債権の取扱店舗を具体的に表示することを要求しても不当ではないというべきである。

右の点に関し、抗告人は、金融機関においては預金債権をコンピューター管理しているので、該当預金の探索にさほどの手間はかからないはずであると主張するが、むしろ金融関係者が取扱店舗を明示しない差押命令が送達された場合の対応の困難さを指摘している文献も少なくないのであり、これを排斥して抗告人の右主張を認めるに足りる証拠はない。

〔3〕　最判昭和44・11・6民集23巻11号2009頁
　将来における継続収入の債権の一種である建物の賃料債権の差押は、差押債権額を限度として、差押後に収入すべき賃料に及ぶものであるところ（民訴法604条）、基本たる建物の賃貸借契約が第三債務者である賃借人との間に存続する以上、右第三債務者に対する差押命令が送達されてその効力が発生した後は、差押債務者がする賃料債務の免除は、その事情のいかんにかかわらず、差押債権者を害する程度において差押債権者に対抗できないと解すべきである。

〔4〕　最判平成10・3・24民集52巻2号399頁
　自己の所有建物を他に賃貸している者が第三者に右建物を譲渡した場合には、特段の事情のない限り、賃貸人の地位もこれに伴って右第三者に移転するが（最高裁昭和35年(オ)第596号同39年8月28日第二小法廷判決・民集18巻7号1354頁参照）、建物所有の債権者が賃料債権を差し押さえ、その効力が発生した後に、右所有者が建物を他に譲渡し賃貸人の地位が譲受人に移転した場合には、右譲受人は、建物の賃料債権を取得したことを差押債権に対抗することができないと解すべきである。けだし、建物の所有者を債務者とする賃料債権の差押えにより右所有者の建物自体の処分は妨げられないけれども、右差押えの効力は、差押債権者の債権及び執行費用の額を限度として、建物所有者が将来収受すべき賃料に及んでいるから（民事執行法151条）、右建物を譲渡する行為は、賃料債権の帰属の変更を伴う限りにおいて、将来における賃料債権の処分を禁止する差押えの効力に抵触するというべきだからである。

〔5〕　最判昭和48・3・13民集27巻2号344頁
　仮差押の目的は、債務者の財産の現状を保存して金銭債権の執行を保全するにあるから、その効力は、右目的のため必要な限度においてのみ認められるのであり、それ以上に債務者の行為を制限するものと解すべきではない。これを債権に対する仮差押について見ると、仮差押の執行によって、当該債権につき、

第三債務者は支払を差し止められ、仮差押債務者は取立、譲渡等の処分をすることができなくなるが、このことは、これらの者が右禁止に反する行為をしても、仮差押債権者に対抗しえないことを意味するにとどまり、仮差押債務者は、右債権について、第三債務者に対し給付訴訟を提起しまたはこれを追行する権限を失うものでなく、無条件の勝訴判決を得ることができると解すべきである。このように解して、右仮差押債務者が当該債権につき債務名義を取得し、また、時効を中断するための適切な手段をとることができることになるのである。殊に、もし、給付訴訟の追行中当該債権に対し仮差押がされた場合に仮差押債務者が敗訴を免れないとすれば、将来右仮差押が取り消されたときは、仮差押債務者は第三債務者に対し改めて訴訟を提起せざるを得ない結果となり、訴訟救済に反することともなるのである。そして、以上のように仮差押債務者について考えられる利益は、ひいて、仮差押債権者にとつても、当該債権を保存する結果となる。さらに、第三債務者に対する関係では、もし、右判決に基づき強制執行がされたときに、第三債務者が二重払の負担を免れるためには、当該債権に仮差押がされていることを執行上の障害として執行機関に呈示することにより、執行手続が満足的段階に進むことを阻止しうるものと解すれば足りる（民訴法544条）。

〔6〕　最判昭和45・6・24民集24巻6号587頁
　ところで、相殺の制度は、互いに同種の債権を有する当事者間において、相対立する債権債務を簡易な方法によつて決済し、もつて両者の債権関係を円滑かつ公平に処理することを目的とする合理的な制度であつて、相殺権を行使する債権者の立場からすれば、債務者の資力が不十分な場合においても、自己の債権については確実かつ十分な弁済を受けたと同様な利益を受けることができる点において、受働債権につきあたかも担保権を有するにも似た地位が与えられるという機能を営むものである。相殺制度のこの目的および機能は、現在の経済社会において取引の助長にも役立つものであるから、この制度によって保護される当事者の地位は、できるかぎり尊重すべきものであつて、当事者の一方の債権について差押が行なわれた場合においても、明文の根拠なくして、たやすくこれを否定すべきものではない。
　およそ、債権が差し押さえられた場合においては、差押を受けた者は、被差押債権の処分、ことにその取立をすることを禁止され（民訴法598条後段）、その結果として、第三者債務者もまた、債務者に対して弁済することを禁止され

357

(同項前段、民法481条1項)、かつ債務者との間に債務の消滅またはその内容の変更を目的とする契約、すなわち、代物弁済、更改、相殺契約、債権額の減少、弁済期の延期等の約定などをすることが許されなくなるけれども、これは、債務者の権能が差押によつて制限されることから生ずるいわば反射的効果に過ぎないのであつて、第三債務者としては、右制約に反しないかぎり、債務者に対するあらゆる抗弁をもつて差押債権者に対抗することができるものと解すべきである。すなわち、差押は、債務者の行為に関係のない客観的事実または第三債務者のみの行為により、その債権が消滅しまたはその内容が変更されることを防げる効力を有しないのであつて、第三債務者がその一方的意思表示をもつてする相殺権の行使も、相手方の自己に対する債権が差押を受けたという一事によつて、当然に禁止されるべきいわれはないというべきである。

　もつとも、民法511条は、一方において、債権を差し押さえた債権者の利益をも考慮し、第三債務者が差押後に取得した債権による相殺は差押債権者に対抗しえない旨を規定している。しかしながら、同条の文言および前示相殺制度の本質に鑑みれば、同条は、第三債務者が債務者に対して有する債権をもつて差押債権者に対し相殺をなしうることを当然の前提としたうえ、差押後に発生した債権または差押後に他から取得した債権を自働債権とする相殺のみを例外的に禁止することによつて、その限度において、差押債権者と第三債務者の間の利益の調節を図つたものと解するのが相当である。したがつて、第三債務者は、その債権が差押後に取得されたものでないかぎり、自働債権および受働債権の弁済期の前後を問わず、相殺適状に達しさえすれば、差押後においても、これを自働債権として相殺をなしうるものと解すべきであり、これと異なる論旨は採用することができない。

〔7〕　**最判昭和53・12・15判時916号25頁**
　ところで、現行医療保険制度のもとでは、診療担当者である医師の被上告人ら支払担当機関に対する診療報酬債権は毎日一定期日に一か月分づつ一括してその支払がされるものであり、その月々の支払額は、医師が通常の診療業務を継続している限り、一定額以上の安定したものであることが確実に期待されるものである。したがつて右債権は、将来生じるものであつても、それほど遠い将来のものでなければ、特段の事情のない限り、現在すでに債権発生の原因が確定し、その発生を確実に予測しうるものであるから、始期と終期を特定してその権利の範囲を確定することによつて、これを有効に譲渡することができる

というべきである。

〔8〕 最決平成17・12・6判タ1205号158頁
　法律の規定（健康保険法63条3項1号、国民健康保険法36条3項等）に基づき保険医療機関としての指定を受けた病院又は診療所は、被保険者に対して診察等の療養の給付をした場合、法律の規定（社会保険診療報酬支払基金法1条、15条1項、健康保険法76条、国民健康保険法45条等）に基づき、診療担当者として、保険者から委託を受けた支払基金に対して診療報酬を請求する権利を取得することになる。そして、上記の診察担当者として診療報酬を請求し得る地位は、法律の規定に基づき保険医療機関としての指定を受けることにより発生し、継続的に保持される性質のものであるため、上記指定を受けた病院又は診療所は、被保険者に対し診察等の療養の給付をすることにより、支払基金から定期的にその給付に応じた診察報酬の支払を受けることができる。また、診療報酬債権に係る上記の法律関係は、病院又は診療所が生活保護法に基づき指定医療機関として指定を受け同機関として療養の給付をした場合、児童福祉法に基づき指定育成医療機関として指定を受け同機関として育成医療の給付をした場合等、支払基金が法律の規定に基づき委託を受けて医療機関に対して診療報酬を支払うものとされている場合についても、基本的に同様である（社会保険診療報酬支払基金法15条2項、生活保護法49条、53条、児童福祉法20条、21条の3等）。
　そうすると、保健医療機関、指定医療機関等の指定を受けた病院又は診療所が支払基金に対して取得する診療報酬債権は、基本となる同一の法律関係に基づき継続的に発生するものであり、民事執行法151条の2第2項に規定する「継続的給付に係る債権」に当たるというべきである。

〔9〕 最判平成11・9・9民集53巻7号1173頁
　生命保険契約の解約返戻金請求権を差し押さえた債権者は、これを取り立てるため、債務者の有する解約権を行使することができると解するのが相当である。その理由は、次のとおりである。
1　金銭債権を差し押さえた債権者は、民事執行法155条1項により、その債権を取り立てることができるとされているところ、その取立権の内容として、差押債権者は、自己の名で被差押債権の取立てに必要な範囲で債務者の一身専属的権利に属するものを除く一切の権利を行使することができるものと解

される。

2　生命保険契約の解約権は、身分法上の権利と性質を異にし、その行使を保険契約者のみの意思に委ねるべき事情はないから、一身専属的権利ではない。
　　また、生命保険契約の解約返戻金請求権は、保険契約者が解約権を行使することを条件として効力を生ずる権利であって、解約権を行使することは差し押さえた解約返戻金請求権を現実化させるために必要不可欠な行為である。したがって、差押命令を得た債権者が解約権を行使することができないとすれば、解約返戻金請求権の差押えを認めた実質的意味が失われる結果となるから、解約権の行使は解約返戻金請求権の取立てを目的とする行為というべきである。他方、生命保険契約は債務者の生活保障手段としての機能を有しており、その解約により債務者が高度障害保険金請求権又は入院給付金請求権等を失うなどの不利益を被ることがあるとしても、そのゆえに民事執行法153条により差押命令が取り消され、あるいは解約権の行使が権利の濫用となる場合は格別、差押禁止財産として法定されていない生命保険契約の解約返戻金請求権につき預貯金債権等と異なる取扱いをして取立ての対象から除外すべき理由は認められないから、解約権の行使が取立ての目的の範囲を超えるということはできない。

〔10〕　最判昭和48・2・2民集27巻1号80頁
　敷金は、賃貸借終了後家屋明渡までの損害金等の債権をも担保し、その返還請求権は、明渡の時に、右債権をも含めた賃貸人としての一切の債権を控除し、なお残額があることを条件として、その残額につき発生するものと解されるのであるから、賃貸借終了後であつても明渡前においては、敷金返還請求権は、その発生および金額の不確定な権利であつて、券面額のある債権にあたらず、転付命令の対象となる適格のないものと解するのが相当である。そして、本件のように、明渡前に賃貸人が目的家屋の所有権を他へ譲渡した場合でも、賃借人は、賃貸借終了により賃貸人に家屋を返還すべき契約上の債務を負い、占有を継続するかぎり右債務につき遅滞の責を免れないのであり、賃貸人において、賃借人の右債務の不履行により受くべき損害の賠償請求権をも敷金によって担保しうべきものであるから、このような場合においても、家屋明渡前には、敷金返還請求権は未確定な債権というべきである。したがつて、上告人が本件転付命令を得た当時Ａがいまだ本件各家屋の明渡を了していなかつた本件においては、本件敷金返還請求権に対する右転付命令は無効であり、上告人は、これにより右請求権を取得しえなかつたものと解すべきであつて、原判決中これ

と同趣旨の部分は、正当として是認することができる。

〔11〕　最判昭和60・7・19民集39巻5号1326頁

　民法304条1項但書において、先取特権者が物上代位権を行使するためには物上代位の対象となる金銭その他の物の払渡又は引渡前に差押をしなければならないものと規定されている趣旨は、先取特権者のする右差押によつて、第三債務者が金銭その他の物を債務者に払い渡し又は引き渡すことを禁止され、他方、債務者が第三債務者から債権を取り立て又はこれを第三者に譲渡することを禁止される結果、物上代位の目的となる債権（以下「目的債権」という。）の特定性が保持され、これにより、物上代位権の効力を保全せしめるとともに、他面目的債権の弁済をした第三債務者又は目的債権を譲り受け若しくは目的債権につき転付命令を得た第三者等が不測の損害を被ることを防止しようとすることにあるから、目的債権について一般債権者が差押又は仮差押の執行をしたにすぎないときは、その後に先取特権者が目的債権に対し物上代位権を行使することを妨げられるものではないと解すべきである（最高裁昭和56年(オ)第927号同59年2月2日第一小法廷判決・民集38巻3号431頁参照）。
（中略）
　民事執行法159条3項は、「転付命令が第三債務者に送達される時までに、転付命令に係る金銭債権について、他の債権者が差押え、仮差押えの執行又は配当要求をしたときは、転付命令は、その効力を生じない。」と規定するが、転付命令が第三債務者に送達される時までに、転付命令に係る金銭債権について、他の債権者が差押、仮差押の執行又は配当要求をした場合でも、転付命令を得た者が物上代位権を行使した先取特権者であるなど優先権を有する債権者であるときは、右転付命令は、その効力を生ずるものと解すべきところ、本件の前記事実関係によれば、上告人が本件物上代位権の行使として得た本件転付命令は、被上告人らの仮差押が執行されたのちに本件第三債務者に送達されたものではあるが、その効力を生じたものというべきである。

〔12〕　最判平成13・10・25民集55巻6号975頁

　抵当権に基づき物上代位権を行使する債権者は、他の債権者による債権差押事件に配当要求をすることによって優先弁済を受けることはできないと解するのが相当である。けだし、民法372条において準用する同法304条1項ただし書の「差押」に配当要求を含むものと解することはできず、民事執行法154条及

び同法193条1項は抵当権に基づき物上代位権を行使する債権者が配当要求をすることは予定していないからである。

〔13〕　最判平成11・11・29民集53巻8号1926頁
1　銀行と利用者との間の貸金庫取引は、銀行の付随業務である保護預り（銀行法10条2項10号）の一形態であって、銀行が、貸金庫室内に備え付けられた貸金庫内の空間を利用者に貸与し、有価証券、貴金属等の物品を格納するために利用させるものである。そして、前記一2、5の事実によれば、本件のような貸金庫取引においては、貸金庫は銀行の管理する施設内に設置され、銀行がその保管専用するマスターキーによる施錠を解かなければ、利用者は貸金庫を開扉することができず、また、銀行は、所定の手続を履践しない利用者に対して、貸金庫室への立入りや貸金庫の開扉を拒むことができるものと解され、利用者としては、銀行の協力なくして貸金庫に格納された内容物を取り出すことができない。これらの点にかんがみると銀行は、貸金庫の内容物に事実上の支配を及ぼしており、その「所持」（民法180条）を有することが明らかである。また、銀行は、業務として貸金庫取引を行うものであり、貸金庫の安全保持を通じてその内容物を安全に保管する責任を負っているから、「自己ノ為メニスル意思」（同条）を持って貸金庫の内容物を所持していることも肯定することができる。したがって、銀行は、貸金庫の内容物について、利用者と共同して民法上の占有を有するものというべきである。

　もっとも、銀行は、貸金庫契約上、緊急を要する場合等を除き、貸金庫の開扉に際してマスターキーによる施錠を解いた後は、貸金庫の開閉や内容物の出し入れには関与せず、したがって、利用者が何を貸金庫に格納し又は取り出したかを知らず、貸金庫に実際に物品が格納されているか否かも知り得る立場にはない。このような貸金庫取引の特質から考えると、貸金庫の内容物に対する銀行の前記占有は、貸金庫に格納された有価証券、貴金属等の各物品について個別的に成立するものではなく、貸金庫の内容物全体につき一個の包括的な占有として成立するものと解するのが相当である。

2　そして、利用者は、貸金庫契約に基づいて、銀行に対し、貸金庫室への立入り及び貸金庫の開扉に協力すべきことを請求することができ、銀行がこれに応じて利用者が貸金庫を開扉できる状態にすることにより、銀行は内容物に対する事実上の支配を失い、それが全面的に利用者に移転する。そうすると、銀行に対し、貸金庫契約の定めるところにより、利用者が内容物を取り

出すことのできる状態にするよう請求する利用者の権利は、内容物の引渡しを求める権利にほかならない。また、1に述べたところからすれば、この引渡請求権は、貸金庫の内容物全体を一括して引き渡すことを請求する権利という性質を有するものというべきである。

3　以上によれば、貸金庫の内容物については、法143条に基づいて利用者の銀行に対する貸金庫契約上の内容物引渡請求権を差し押さえる方法により、強制執行をすることができるものと解される。

4　ところで、貸金庫の内容物引渡請求権が差し押さえられると、法163条により、債権者の申立てを受けた執行官において、貸金庫の内容物の引渡しを受け、これを売却し、その売得金を執行裁判所に提出することになる。もっとも、貸金庫の内容物についての貸金庫契約上の引渡請求権は、前記のとおり、貸金庫の内容物全体を対象とする一括引渡請求権であるため、これが差し押さえられると、差押禁止物や換価価値のない物を含めて貸金庫内に在る動産全体の引渡請求権に差押えの効力が及ぶ。この場合には、執行官をして、貸金庫の内容物全体の一括引渡しを受けさせた上、売却可能性を有する動産の選別をさせるのが相当であり、このように解することは、引渡請求権の対象である動産の受領及び売却について執行官を執行補助機関として関与させた法163条の趣旨にもかなうものである。なお、債権者において特定の種類の動産に限定して引渡請求権の差押命令を申し立てた場合、その趣旨は、執行裁判所に対して売得金の配当を求める動産の範囲を限定するものと解するのが相当である。そして、差押命令においてこのような限定が付された場合には、執行官が売却可能な動産を選別するに当たってこの制限に服すべきものであるが、このことにより、既に説示した貸金庫の内容物全体についての一括引渡請求権という性質が変わるものではない。

　そうすると、貸金庫契約に基づく引渡請求権の差押えにおいては、貸金庫を特定することによって引渡請求権を特定することができる。さらに差押命令に基づく動産の引渡しが任意にされない場合の取立訴訟においても、差押債権者は、貸金庫を特定し、それについて貸金庫契約が締結されていることを立証すれば足り、貸金庫内の個々の動産を特定してその存在を立証する必要はないものというべきである。

5　これを本件について見るに、前記一2の事実によれば、Aは、被上告人との間で本件貸金庫について貸金庫契約を締結しているから、被上告人に対し、別紙記載二の方法により本件貸金庫の内容物全体を引き渡すよう求める

363

一括引渡請求権を有していることが明らかである。したがって、上告人は、Aに対する仮執行宣言付支払命令に基づく強制執行として、右引渡請求権を差し押さえることができ、引渡請求権の特定にも欠けるところがない。そして、上告人は、Aに対して右引渡請求権の差押命令が送達された日から一週間を経過したことにより、本件貸金庫の内容物を執行官に引き渡すよう求める権利を取得したものである（法163条1項）。なお、本件の差押命令においては、対象動産が「現金、株券など有価証券、貴金属」（本件動産）に限定されているから、執行官が売却可能な動産を選別するに当たってこの制限に服すべきことは、前記のとおりである。
　右に説示したところによれば、上告人の本件請求のうち、Aと被上告人との間の貸金庫契約に基づき、別紙記載一の貸金庫（本件貸金庫）内に存在する動産を別紙記載二の方法により執行官に引き渡すよう求める請求は、理由がある。

〔関連設問〕

1　債務者の給与が銀行に振り込まれた場合、給与債権自体が消滅して預金債権となり、債権者は、その全額について差押えができるのか。それとも、預金債権の原資が給与等であるとして、原則4分の3が差押禁止となるのか（参考＝中野貞一郎『民事執行法〔増補新訂5版〕』634頁、東京地判平成15・5・28金法1687号44頁、東京高決平成2・1・22金法1157号40頁）。

2　X債権者は、Y債務者に対する債務名義に基づき、A会社名義の第三債務者（Z銀行）に対する普通預金について、この預金が実質的にはYの預金であるとして債権執行申立てができるか（参考＝東京高決平成14・5・10判時1803号33頁、佐藤歳二・判評536号39頁（判時1828号201頁））。

Ⅶ 扶養義務等に係る金銭債権についての強制執行の特例——子の養育費等債権（家事調停調書）の債権執行による回収

> **設問9**
>
> 　Ａ女とＢ男は、婚姻中にＣ（女、10歳）とＤ（男、7歳）をもうけたが、平成15年10月1日、甲家庭裁判所における家事調停において、ＡとＢは離婚をしてＣおよびＤの親権者・監護者をＡと定めること、ＢはＣおよびＤに対し、両名が成人に達するまで養育費として毎月15万円を月末までにＡの銀行口座に振り込んで支払うことを合意した。
> 　ところが、Ｂは、養育費を1年間は約束どおり支払っていたが、その後は支払いを滞るようになり、最近3カ月分についてはＡが催促しても支払おうとしない。Ｂは、以前と同じく乙株式会社に勤務しており、毎月手取40万円の給料を得ているが、競馬等のギャンブルに手を出して借金を重ねてしまい、街のサラ金業者などからの借入れもあると聞いている。
> 　Ａは、近くのスーパー店にパート勤務をしているが、月10万円程度の収入しかなく、上記養育費が入らないと生活が苦しくなる。
> 　そこで、Ａは未払養育費債権を強制執行によって回収したいが、どのような手続をとればよいか。このままだと、Ｂは将来に発生する分についてもその支払いを怠るおそれもあるが、将来分の養育費についても強制執行ができるだろうか。

1　子の養育費債権とその回収方法

(1)　子の養育費の法的性質

　親の未成熟子に対する扶養は、親子という身分関係そのものから発生するものであって、他の親族間の扶養義務より重いもの（生活保持の義務）とされている。父母が離婚した場合の未成年者に対する扶養義務は、子に対し親権を有する者または生活を共同にする者が当然他方より先順位にあるものではなく、両者は離婚後においてもその資力に応じて未成熟子の養育費を負担すべき義務を負っている（民877条）。

　養育費の程度および方法について、民法879条は、まず当事者間で協議をして決めることとし、その協議が調わないとき、または協議をすることができないときは、家庭裁判所が、扶養権利者の需要や扶養義務者の資力その他一切の事情を考慮して決めるものとしている。

　設問の事例では、家庭裁判所の調停において協議が成立したのであるが、仮に調停が不成立になったときには、家庭裁判所が審判によりこれ決めることができる（家審9条1項乙類8号）。

　また、設問の事例では、支払義務者となっている父Bについて約束が履行できない正当事由があるのか否か不明であるが、仮に養育費を決めたときに斟酌した事情が時の経過に伴い変化が生じたようなときは、家庭裁判所は、養育費に関する過去の協議または審判の内容を変更または取消しをすることができる（民880条）。

(2)　履行確保制度

　支払義務者が調停もしくは審判で決まった義務を履行しない場合には、民事執行法による強制執行手続とは別に、家庭裁判所が後見的役割としてその義務の実現を図るという履行確保等の制度が設けられている。

(ア)　履行確保

　家庭裁判所は、権利者の申出があるときは、調停・審判で定められた義務の履行状況を調査し、義務者に対して、その義務の履行を勧告することがで

きる（人訴38条、家審15条の5、25条の2、家審規143条の2ないし143条の4）。ただし、義務者がこれに従わないときでも、その制裁規定がない。

(イ) 履行命令

家庭裁判所は、調停・審判で定められた金銭の支払いその他財産上の給付を目的とする義務の履行を怠った者がある場合において、相当と認めるときは、権利者の申立てにより、義務者に対し、相当の期限を定めてその義務の履行をすべきことを命じ、この命令に従わないときは、10万円以下の過料に処することができる（人訴39条1項・4項、家審15条の6、25条の2、家審規143条の5ないし143条の8）。

(ウ) 寄　託

家庭裁判所は、調停・審判で定められた金銭の支払いを目的とする義務の履行について、義務者の申出があるときは、権利者のために家庭裁判所が義務者から金銭を預かり、これを権利者に支払う（家審15条の7、25条の2、家審規143条の9ないし143条の11）。

(3) **強制執行の方法と債務名義**

以上のような家事審判法上の履行確保のほかに、債権者は、民事執行法上の強制執行によっても債権回収をすることができる。

調停手続において、当事者間に合意が成立し、これを調書に記載したときは確定判決と同一の効力を有する（家審21条1項本文）。ただし、子の養育費等のような家事審判法9条1項乙類に掲げる事項については、確定した審判と同一の効力を有する（同21条1項ただし書）。したがって、執行力ある債務名義と同一の効力があるので（同15条）、これに執行文を付与しなくても強制執行することができることになる。

2 扶養義務等に係る債権（定期金債権）を請求する場合の特例

民事執行法151条の2第1項の各号に掲げる「扶養義務等に係る債権」を請求する場合には、平成15年改正および同16年改正により、債権執行におい

て特例が設けられている。

　すなわち、その執行債権が確定期限の定めのある定期金債権の場合には、①期限未到来執行（予備的差押え）の特例があり、それが定期金債権でない場合であっても、②差押禁止範囲および③間接強制の適用について特例が設けられている。

　扶養義務等に係る債権とは、次のとおりである。

①　夫婦間の協力および扶助の義務（民執151条の2第1項1号、民752条）
　　未成熟の子を含む夫婦一体としての共同生活に必要な原資（これには子の養育費を含む）を、夫婦間で供与し合う義務をいう。

②　婚姻から生ずる費用の分担の義務（同項2号、民760条）　夫婦双方の財産、収入、社会的地位に応じて、婚姻当事者を中心とする世帯の生活を保持するのに要する費用（これには子の養育費を含む）を、夫婦の一方が他方に対して分担する義務をいう。

③　子の監護費用の分担の義務（同項3号、民766条、749条、771条、788条）
　　夫婦が離婚した場合において、父母の一方が、子を監護する他方に対して子の監護に必要な費用を分担する義務をいう。

④　親族間の扶養の義務（同項4号、民877条ないし880条）　直系血族および兄弟姉妹等が、互いに扶養する義務をいう。

(1) 定期金債権の期限未到来執行（予備的差押え）

　本来、確定期限の付いた請求権については、確定期限が到来してからでないと強制執行ができないはずである（民執30条1項）。しかし、そうなると、設問の事例の子の養育費のような扶養義務等に係る定期金債権についても、債権者は、その期限が到来した分につき、すなわち債務者が遅滞するたびに、その遅滞部分だけの強制執行しかできないことになってしまう。そこで、平成15年改正では、この種の民事執行法151条の2第1項各号に掲げる扶養義務等に係る定期金債権については、期限が到来している部分について債務者の不履行があれば、期限が到来していない部分についても債権執行を開始することができ（「予備的差押え」と呼ばれる。民執151条の2第1項）、この場合、

各定期金債権について、その確定期限の到来後に弁済期が到来する給料債権（その他継続的給付に係る債権）のみを差し押さえることができるものとした（同条2項）。

これにより、調停や家事審判により子の養育費等の扶養義務に関して支払いを約束しまたは命じられた相手方に対し、滞納過去分はもちろん、将来に期限が到来する分についても、給料等を差し押さえることが可能となったのである。

(2) 差押禁止範囲の特例

給与等の継続的給与債権を差し押さえる場合、原則として「支払期に受けるべき給付（手取額）」の4分の3に相当する部分が差押禁止になる（民執152条1項。この点の詳細については第2章Ⅵ(6)(イ)参照）。しかし、この原則どおりであるとすると、設問の事例のように、子の養育費の支払義務を履行しない父（元夫）の方は給料の4分の3（事例では30万円）を確保して生活できるのに対し、現に子を養育している母（元妻）の方は、4分の1（事例では10万円）に対する差押えによって債権回収をしなければならないわけであり、極めて不公平であるといえる。

そこで、平成15年改正により、債権者の執行債権が法151条の2第1項各号に掲げる扶養義務等に係る金銭債権（定期金債権に限らない）である場合には、差押禁止の範囲は「支払期に受けるべき給付」の「4分の3に相当する部分」から「2分の1に相当する部分」に縮減することになった（民執152条3項）。つまり、元妻は、元夫の給与等の半分の差押えができるのである（なお、給与等の手取額が33万円を超える部分については、どの債権者も差押えが可能なので（手取り44万円を超えるならば33万円を超える部分の全部を差押えできる。この禁止範囲の縮減が機能するのは、給与債権の額が66万円に達するまでの部分であり、その範囲では2分の1が差押禁止となる）。

設問の事例では、他の金融機関がその貸金債権により4分の1について差押えをすることが予想されるので、元妻Aが扶養義務等による債権で2分の1（4分の2）を差し押さえることになると、4分の1（10万円）につい

てだけ債権競合することになり、残り4分の1（10万円）については、Aだけが差押え可能の範囲ということになる。Aは、競合しない4分の1については、第三債務者から取立てをすることが可能である。

(3) **間接強制**

扶養料等債権については、上記のように、債務者の給料債権等の差押えによる回収もできるが、その手続は煩雑であり手続費用もかかる。

そこで、平成16年改正により、扶養義務等に係る債権についての強制執行には、金銭執行でありながら間接強制の方法が認められ、債権者は一般の金銭執行の方法と間接強制の方法とを選択して申し立てることができるようになった（民執167条の15、172条1項）。

間接強制は、債務者の債務不履行に対し金銭支払義務を課することを予告し、債務者を心理的に圧迫することによって、債務者の自発的な債務の履行を促す強制執行の方法である。債務者の自由意思に干渉するものであり、債務者の人格尊重の趣旨から、かつては、直接強制や代替執行の方法による強制執行ができない場合、いわば補充的な執行として認められていた。しかし、直接強制の方法よりも、心理的圧迫により債務者の自発的な履行を促す方法がむしろ人格尊重の理念に適合するとの考えもあることから、平成15年改正により、直接強制の方法によることができる建物明渡債務等の物の引渡債務（民執168条ないし170条）、代替執行の方法によることができる建物収去土地明渡債務等の代替的作為義務や不作為義務（民執171条、民414条2項本文・3項）についても、間接強制の方法による強制執行が認められた（民執173条）。

そして、金銭債権について間接強制の方法による強制執行をすることができるかについて検討が続けられていたが、平成16年改正により、一般的に金銭債権についてはこれを採用しなかったが、扶養義務等に係る金銭債権に限って、間接強制の方法による強制執行ができるとされたのである。これは、扶養義務等に係る金銭債権の実現は債権者の生計維持に不可欠なものであること、債務者の給料等の差押えでは実効性が上がらない場合があること（差押えがきっかけとなり、勤務先を退職・失職してしまうことがある）、養育費等

の扶養義務等に係る金銭債権の額を決める際には、債務者側の資力等が主要な考慮要素とされており、一般的に資力のない債務者に間接強制がなされるものでないことなどから、金銭債権の中で例外的に扶養義務等に係る債権に限って採用したものと思われる。

　㋐　執行機関

　間接強制の執行機関は、執行裁判所であるが、一般的な金銭執行のそれとは異なり、その管轄は、債務名義との関連で決まる（民執167条の15第6項、173条2項、33条2項）。

　㋑　間接強制の要件

① 　間接強制ができるのは、上記の扶養義務等に係る金銭債権についての強制執行に限る（民執167条の15第1項本文、151条の2第1項）。
② 　債務者が、支払能力を欠くためにその金銭債権に係る債務を弁済することができないとき、または、その債務を弁済することによってその生活が著しく窮迫するときは、間接強制は許されない（民執167条の15第1項ただし書）。資力のない債務者に対して、徒に新たな強制金の負担を加えて苛酷な結果となることを避止するというものである。
③ 　間接強制の開始も、債務名義上、給付が確定期限の到来に係る場合には、その期限の到来後に限る（民執30条1項）。しかし、例外として、執行債権が扶養義務等に係る定期金債権であり、その一部に債務不履行があるときは、その定期金債権のうち6カ月以内に確定期限が到来するものについては、間接強制を開始することができる（民執167条の16）。この種の定期金の額は少額であることが多いから、確定期限の到来ごとに執行申立てをしなければならないとすると手続費用が重すぎるし、また、強制金の額を定めるために考慮しなければならない事情（民執167条の15第2項）は時の経過に従って変化する可能性があり、変化が予測できない将来の分にわたって確定期限未到来のまま執行を開始することは適当でないため、一括して間接強制ができる将来分の定期金債権を6カ月に限定したものである。

(ｳ) 間接強制の手続

(A) 執行申立てと審理手続

　債権者は、扶養義務等に係る金銭債権についての間接強制申立書を提出して申立てをする（民執規21条、15条の2）。

　執行裁判所は、一般の執行要件および上記の間接強制の要件を審査し、決定をもって裁判する。強制金決定を発令するには、あらかじめ債務者を審尋しなければならない（民執167条の15第1項・6項、172条3項）。

(B) 認容（強制金）決定等

　執行裁判所は、間接強制の認容決定（支払予告決定）をするときは、債務者に対し、次の3つのいずれかを命ずることになる（民執167の15第1項本文、172条1項）。

① 債務の履行の遅延の期間に応じて一定額の金銭（強制金）の支払いを命ずる方法（定期払いの方法）　たとえば「債務者が本決定送達の日のから〇日以内に前項記載の債務を履行しないときは、債務者は、債権者に対し、上記期間経過の日の翌日から履行済みまで1日につき未払養育費〇円当たり〇円の割合による金員を支払え」とする。

② 相当と認める一定の期間内に履行しない場合に一定額の金銭（強制金）の支払いを命ずる方法（一時払いの方法）　たとえば「債務者が本決定送達の日から〇日以内に前項記載の債務を履行しないときは、債務者は、債権者に対し、〇万円を支払え」とする。

③ 上記①、②を併用する方法。

　上記の強制金の金額は、裁判所が心理強制の目的に即した合理的裁量によって決することになるが、金銭債権についての間接強制というその性質に照らし、債務者にとって過酷な結果が生じないように、執行裁判所は、⑦債務不履行により債権者が受ける不利益、④債務者の資力状態、⑤従前の債務の履行の有無や程度、履行拒絶の態様を考慮しなければならないとされている（民執167条の15第2項）。なお、強制金には法定利息による制限はなく、利息制限法で認められている遅延損害金の額を超えた強制金も定めることができ

372

る。

　間接強制の申立てが、その要件を欠いていたり、または理由がないときは、執行裁判所はその申立てを却下するが、これに対して、債権者は執行抗告ができる（民執167条の15第6項、172条5項）。

　(C)　間接強制決定の変更・取消し

　間接強制の決定の際には債務者に債務の弁済に必要な資力があるとして認容決定がなされたが（債務者に支払能力がないときは間接強制認容の決定ができない。民執167条の15第1項ただし書）、その後、債務者が資力を失った場合には、そのまま債務者に対し間接強制金が課されるとすると、債務者に過酷な結果になることがある。

　そこで、そのような事情の変更があったときは、執行裁判所は、債務者の申立てにより、作為・不作為執行における場合と同じように、間接強制決定を変更することができる（民執167条の15第6項、172条2項）。ただ、ここでいう決定の変更には、強制金の減額をすることが含まれるが、間接強制の認容決定自体を遡って取り消すことはできないとされている。

　ところが、扶養義務等に係る金銭債権についての間接強制においては、事情の変更があったときは、執行裁判所は、債務者の申立てにより、その申立てがあった時まで、その申立てがあった後に事情変更があったときは、その事情の変更があった時まで、それぞれ遡って、間接強制の決定を取り消すことができるとされている（民執167条の15第3項）。この取消しの決定は、債務者の審尋を経て行われ（民執167の15第6項、172条3項）、この決定に対しては執行抗告ができる（民執167条の15第6項、172条5項）。

　(D)　強制金の取立て

　間接強制決定がなされても扶養義務等の履行がないときは、その決定の正本に執行文の付与を受けて、強制金の取立てのために債務者の財産を差し押さえて（直接強制である金銭執行）、扶養料等に加えての執行満足を受けることができる。

373

Ⅷ 少額訴訟債権執行—敷金返還債権（少額訴訟判決）の少額訴訟債権執行による回収

> **設問10**
>
> Aは、Bから、マンション1室を「賃料月額20万円、敷金40万円（賃料の2カ月分）、礼金10万円、賃貸期間2年」という約束で賃借していたところ、期間満了時に明け渡したので、Bに対し敷金の返還を求めた。
>
> しかし、Bは、Aが賃借中にマンションの壁を傷付けるなど著しく内部を損耗・汚損したので、その修復費用等で50万円を出費し同額の損害を被ったと主張して、敷金の返還を拒絶した。これに対し、Aは、通常の使用をしていたので特に損耗・汚損をした覚えがなく、家主Bの主張は敷金を返還しないための言いがかりに過ぎないと反論したが、結局、話し合いは物別れになった。
>
> そこで、Aは、甲簡易裁判所に少額訴訟を提起したところ、同裁判所は、Bに対し、Aの主張どおり40万円の支払いを命ずる判決を言い渡し、これが確定した。しかし、Bは、敗訴判決を受けてからも支払おうとしない。
>
> Aは、この少額訴訟判決を債務名義として、Bが他の部屋の賃借人Cに対して有する賃料債権を差し押さえて、上記の敷金返還債権を回収したいと考えている。どのような手続を取ればよいか。

1 敷金返還請求権と少額訴訟制度

(1) 敷金返還請求権の法的性質

建物の賃貸借契約の際に、賃借人から賃貸人に敷金が交付されることが多

い。この敷金とは、建物（不動産）の賃貸借契約に付随して、賃借人の賃料債務その賃貸借契約上生ずる債務を担保する目的で、賃貸人と敷金提供者（通常は賃借人であるが、理論上は他の者でもよい）との間で、賃貸借契約終了時に、債務不履行があればその弁済に充当し、債務不履行がなければ全額を返還するとの停止条件を付した敷金契約に基づいて交付される金銭である。こう解するのが、通説・判例である。

つまり、建物賃貸借における敷金は、賃貸借終了後、実際に賃借人が建物を明渡しするまでの間、それまでに生じた、①滞納賃料や、②賃料相当の損害金（契約終了によって明渡義務が生じてから発生した損害金）あるいは、③賃貸人が賃借人に対し取得する一切の債権（賃借人が居住中または引越し時に破損した場合、賃貸人が負担した原状回復費用等）を控除して、なお残額がある場合に、その残額につき具体的に発生するものである（参考・最判昭和48・2・2民集27巻1号80頁、同昭和45・9・18判時612号57頁、同昭和49・9・2民集28巻6号1152頁等）。

賃借人は、契約またはその目的物の性質によって定まる用法に従って使用収益する義務（善管注意義務）を負い（民616条、594条1項）、賃貸借契約の終了に伴う目的物返還に際して、原状回復義務を負っている（民616条、598条）。もし、このような義務に違反して賃貸人に損害を与えた場合には、賃借人は債務不履行に基づく損害賠償義務を負うことになり、敷金からその額が控除されることになる。

他方、建物賃貸借契約においては、それに居住して生活することは契約履行の具体的形態であり、通常の使用に伴う損耗は当然に予定されているところであり、賃借人は、その対価としての賃料を支払っているのである。したがって、通常の使用収益に伴う損耗を超えて、故意または過失による異常な使用に伴う損耗を与えた場合にのみ、賃借人は原状回復義務としての損害賠償義務を負うのである。もっとも、特約により、賃借人の修繕義務等を加重することは可能であるが、賃貸人の優越的な地位を利用した一方的な内容であると、公序良俗に反するものとして無効と判断される余地がある。

このようなことから、敷金返還請求をめぐっては、上記③の損害発生の有無が争点になることが多い。

(2) 少額訴訟制度

平成8年の民事訴訟法改正により、少額訴訟制度が創設されているが、これは、一般市民間の紛争額に見合った、簡易、かつ迅速な訴訟手続を創設したものであり、簡易裁判所における60万円（創設時の上限は30万円であったが、平成15年の民事訴訟法一部改正により、60万円に引き上げられた）以下の金銭の支払いを求める訴えにおいて、原則として1回の期日で審理を終えて判決を言い渡す制度である（民訴368条以下）。

少額訴訟手続の利用件数は、着実に増加しており種々の訴訟が提起されているが、貸金業者等の利用制限があることもあって（同一の簡易裁判所において同一の年に10回を超えてこれを求めることができない。民訴368条1項ただし書、民訴規223条）、市民レベルでの訴訟が多く、都市部で目立つのが設問の事例のような敷金返還請求訴訟である。

コラム　少額訴訟制度の創設と簡裁事件の動向

平成10年1月からスタートした少額訴訟手続制度は、少額（制度発足時は30万円、現在は60万円）の金銭請求事件につき、1回の審理で終了し即日に判決をするという迅速な手続であり、しかも法律に素人の者でも利用できるという簡易な手続が強調された。

そのため、本人訴訟が多く、簡易裁判所の裁判官は、法廷に持ち込まれる証拠を整理しながら争点を整理するなど、訴訟指揮に格別の配慮が必要とされる。

都市部と地方では、持ち込まれる事件の種類が若干異なるが、敷金返還請求事件、労働賃金請求事件、売買代金請求事件、交通事故（物損）による損害賠償請求事件、貸金請求事件など、多種多様なものがある。簡易裁判所に持ち込まれる通常の訴訟は、金融業者や信販会社が原告となる貸金請求、立替金（クレジット代金）が多く、両者で全事件の75％近くになるといわれているから、少額訴訟手続の方は一般市民がよく利用していることがわかる。

2 少額訴訟債権執行の意義・特徴

　少額訴訟が創設されたことにより、少額債権の権利の確定という観念的な形成の場面では、その債権額に見合った簡易な訴訟手続が設けられたが、この権利の実現の場面、すなわち強制執行の申立てについては、従来は、簡易裁判所ではなく、地方裁判所（不動産執行および債権執行。なお、動産執行は執行官）にしなければならなかった。

　もっとも、少額訴訟制度においては、裁判所が原告の請求を認容する判決をする場合には、判決言渡日から3年を超えない範囲内で、支払猶予もしくは分割払いを命じる判決をすることができ、また猶予判決の履行を条件として、訴え提起後の遅延損害金の支払いを免除することができるものとされており（民訴375条1項・2項）、この制度は、いわば債務者（被告）側の任意の履行を期待しているともいえる。しかし、債務者が任意の履行に応じなければ、債権者としては強制執行の申立てをして金銭債権の回収をするほかはない。

　そこで、平成16年改正により、少額訴訟制度をより便利なものとし、円滑な権利の実現を図るため、少額訴訟にかかる債務名義により、その債務名義を作成した簡易裁判所において債権執行を行うことができることとしたものが、少額訴訟債権執行である（民執167条の2）。このような目的で設けられたものであるから、この手続は、簡易・迅速に行われる必要がある。

　もちろん、債権者は、少額訴訟債権執行手続を利用できる場合であっても、従来どおり、地方裁判所に通常の債権執行を申し立てることもできるので、その選択をすることになる。後述のように、少額訴訟債権執行手続の対象は金銭債権執行に限られているし、転付命令等を申し立てた場合や配当が必要になる場合には、地方裁判所における債権執行手続に事件を移行すべきものとされているので、常に少額訴訟債権執行手続によるべきものとすると、かえって債権者に不利となる場合もあるから、債権者の選択に委ねたのである。

377

3 少額訴訟債権執行手続

(1) 少額訴訟に係る債務名義

　少額訴訟債権執行手続を利用することができるのは、「少額訴訟において形成された債務名義（少額訴訟に係る債務名義）」を有する債権者に限られる。この少額訴訟に係る債務名義は、次のとおりである（民執167条の2第1項1号～5号）。

① 少額訴訟における確定判決
② 仮執行の宣言を付した少額訴訟の判決
③ 少額訴訟における訴訟費用または和解の費用の負担の額を定める裁判所書記官の処分
④ 少額訴訟における和解または認諾の調書
⑤ 少額訴訟における民事訴訟法275条の2第1項の規定による和解に代わる決定

　少額訴訟の終局判決に対する異議の申立てがあった場合の審理および裁判は通常の訴訟手続によるが（民訴378条、379条）、その手続で成立した債務名義も、少額訴訟に係る債務名義となる（民訴380条1項参照）。

　なお、平成16年改正法の施行（平成17年4月1日）前に少額訴訟の被告となった者の利益を考慮して、同改正法の施行前に成立した少額訴訟に係る債務名義によっては少額訴訟債権執行の申立てをすることができない（同改正法附則10条1項）。

(2) 執行対象

　少額訴訟債権執行の執行対象は、金銭債権に限られる（民執167条の2第1項）。対象債権の特定に問題がなく、かつ取立てが容易なものが適例といえるから、預貯金債権、給料債権、不動産の賃料債権、敷金返還請求権などが、実務では執行対象に選ばれているようである。

(3) 執行機関

　上記の少額訴訟に係る債務名義を有している債権者は（従来どおり、通常

の強制執行（不動産執行、債権執行および動産執行）を地方裁判所または執行官に申し立てることができるほか）、少額訴訟手続の受訴裁判所であった簡易裁判所の裁判所書記官に金銭債権執行の申立てができる（民執167条の2第1項）。これは、少額債権の簡易・迅速な実現という観点から、権利確定の段階と権利執行の段階とを連続性を有する一連の手続とみて、受訴裁判所たる簡易裁判所の裁判所書記官に金銭債権執行の申立てができるようにして、少額訴訟制度の趣旨を貫徹しようとするものである。

　なお、裁判所書記官の処分に対する執行異議の申立て（民執167条の4第2項）や差押禁止債権の範囲の変更の申立て（民執167条の8第1項・2項）については、裁判所書記官の所属する簡易裁判所が執行裁判所となって判断する（民執167条の3）。

　さらに、少額訴訟債権執行の不許を求める第三者異議の訴えは、通常の民執法38条3項にかかわらず、執行裁判所（裁判所書記官が所属する簡易裁判所）の所在地を管轄する地方裁判所が管轄する（民執167条の7）。民執法38条3項によれば、第三者異議の訴えは、執行裁判所が管轄するものと定められているので、この定めどおりだとすると、裁判所書記官が属する簡易裁判所が管轄裁判所になってしまうので（民執167条の3）、第三者に地方裁判所での訴訟手続を保障するために、特に地方裁判所が管轄裁判所になることを明定したものである。

(4)　**執行手続の特則**

　(ア)　申立て

　申立てには、通常の債権執行の申立ての要件が必要になるが、転付命令等の申立てをすると、地方裁判所における債権執行手続へ事件が移行されてしまうので（民執167条の10項・11項）、取立てを前提とした申立てになる。また、上記(1)の①、②の債務名義については原則として執行文付与は必要ないが（民執25条ただし書）、承継執行および条件成就執行の場合にはそれぞれの執行文が必要になる（民執27条）。

　司法書士は、簡易裁判所の民事訴訟手続等につき代理人となることができ

ても地方裁判所の民事執行手続については代理人となることができないが、少額訴訟債権手続については、請求価額が140万円〈附帯の利息・損害金・執行費用の請求額を含まない〉を超えないものは、代理人となることができる（司法書士法 3 条 1 項 6 号ホ）。少額訴訟の訴額上限は60万円であるが、これを超える額で和解して債務名義が成立するような場合には、140万円までの事件なら司法書士の代理を認めたものである。ただし、請求異議の訴え等の執行関係訴訟では代理できない。

　　(イ)　差押処分

　少額訴訟債権執行は、裁判所書記官の差押処分により開始し（民執167条の 2 第 2 項）、その手続も裁判所書記官が行う（同条 1 項）。裁判所書記官は、差押処分において、債務者に対し金銭債権の取立てその他の処分を禁止し、かつ、第三債務者に対し債務者への弁済を禁止する（民執167条の 5 ）。この執行処分は、特別の定めがある場合を除き、相当と認める方法で告知することによって効力を生ずる（民執167条の 4 第 1 項）。

　この裁判所書記官の処分に対し、関係者は、告知を受けてから 1 週間以内に、執行裁判所（裁判所書記官が所属する簡易裁判所）に執行異議の申立てができる（民執167条の 3 、167条の 4 第 2 項、167の 5 第 3 項）。この執行異議の裁判に対しては、執行抗告ができる（民執167条の 5 第 4 項）。

　　(ウ)　差押禁止債権の範囲とその変更

　民執法152条 1 項は、その支払期に受けるべき給付の 4 分の 3 に相当する部分（その額が標準的な世帯の必要生計費を勘案して政令で定める額を超えるときは、政令で定める額《民事執行法施行令 2 条 1 項 1 号によると、支払期日が毎月の場合は33万円》に相当する部分）は差し押さえてはならないものと定め、民執法152条 2 項は、退職手当およびその性質を有する給与に係る債権については、その給付の 4 分の 3 に相当する部分は差し押さえてはならないものと定めている。

　少額訴訟債権執行においても、執行裁判所（裁判所書記官が所属する簡易裁判所）は、申立てにより、債務者および債権者の生活の状況その他の事情を

考慮して、差押処分の全部もしくは一部を取り消し、または上記のように差し押さえてはならない金銭債権の部分について差押処分をすべき旨を命ずることができる（民執168条の8第1項、167条の14、152条）。

なお、事情の変更があった場合には、執行裁判所は、申立てにより、民執法167条の8第1項により差押処分が取り消された金銭債権について差押処分をすべき旨を命じ、または同項の規定によりなされた差押処分の全部もしくは一部を取り消すことができる（民執167条の8第2項）。

(エ) 配当要求

執行力のある債務名義の正本を有する債権者および文書により先取特権を有することを証明した債権者は、少額訴訟債権執行手続において、裁判所書記官に対して配当要求をすることができる（民執167条の9第1項）。この場合、配当要求があった旨を記載した文書を第三債務者に送達しなければならない（民執167条の9第2項、154条2項）。配当要求を却下する旨の裁判所書記官の処分に対しては、告知を受けた日から1週間（不変期間）内に、執行異議を申し立てることができる（民執167条の9第3項）。また、執行異議の申立てを却下する裁判に対しては、執行抗告をすることができる（民執167条の9第4項）。

(オ) 取立権の行使

通常の債権執行と同じように、差押処分が発せられ債務者に告知されてから1週間を経過すると、差押債権者が自ら被差押処分債権につき第三債務者から取り立てることができる（民執167条の14、155条1項）。設問の事例において、Aが少額訴訟判決に基づき少額訴訟債権執行の申立てをすれば、被差押債権（他の室の賃料債権）につきCから取り立てることができるのである。

(5) 地方裁判所における債権執行手続への移行

簡易・迅速に事件を解決するという簡易裁判所の役割からすれば、少額訴訟債権執行において、複雑、困難な手続を行うことは相当ではない。そこで、少額訴訟債権執行においては、換価段階において転付命令等の申立てがなさ

381

れた場合や満足段階において配当が必要とされる場合には、必要的に地方裁判所における債権執行手続へ事件を移行しなければならないとし、また一定の事由がある場合には裁量的に移行することができるとしている。すなわち、少額訴訟債権執行手続においては、転付命令等を発することはできず、また、配当手続も行うことができないのである。ただし、弁済金交付の手続はすることができる（民執167条の11第3項）。

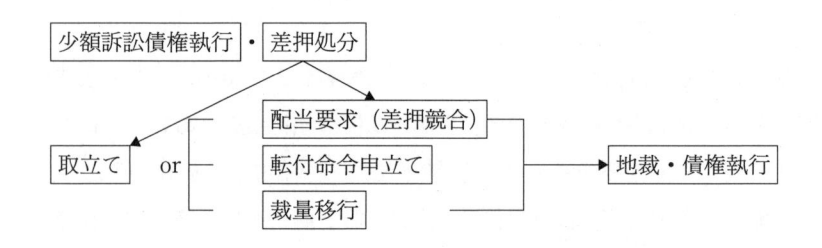

```
少額訴訟債権執行・差押処分
              ↓
    ┌──────→ 配当要求（差押競合）
    │        転付命令申立て      → 地裁・債権執行
取立て or    裁量移行
```

(ア) 転付命令等の申立てがあった場合の必要的移行

　少額訴訟債権執行手続において、差押債権者は、被差押債権について転付命令または譲渡命令、売却命令、管理命令その他相当な方法による換価を命ずる命令（転付命令等）のいずれかの命令を求めようとするときは、執行裁判所に対して、そのいずれの命令を求めるかを明らかにして、地方裁判所における債権執行の手続に事件を移行させることを求める旨の申立てをしなければならない（民執167条の10第1項）。執行裁判所たる簡易裁判所は、このように差押債権者が転付命令等の発令を望む場合には、事件を地方裁判所における債権執行の手続に移行させなければならないのである。転付命令等については、券面額性や被転付適格をめぐって様々な議論があるので、簡易裁判所（または裁判所書記官）がその判断をするのは好ましくなく、簡易・迅速を旨とする少額訴訟債権執行制度の理念に反するからである。

　移行決定の効力が発生する前に、すでに執行処分について執行異議の申立てまたは執行抗告があったときは、当該移行決定は、当該執行異議の申立てまたは執行抗告について裁判が確定するまではその効力は生じない（民執

167条の10第3項)。また、移行決定が効力を生じた場合には、差押処分の申立てまたは民執法167条の10第1項の申立てがあったときに同条2項に規定する地方裁判所にそれぞれ差押命令の申立てまたは転付命令等の申立てがあったものとみなし、すでにされた執行処分その他の行為は地方裁判所における債権執行の手続においてされた執行処分その他の行為とみなされる(民執167条の10第6項)。

移行決定に対しては、不服を申し立てることができないが(民執167条の10第4項)、転付命令等のための移行の申立てを却下する決定に対しては執行抗告をすることができる(民執167条の10第5項)。移行決定に対しては、移行後の手続において不服を申し立てることによって救済を受けることができるから、不服申立てができなくとも特段の不都合はないが、移行申立てを却下する決定に対しては、不服申立てを認めないと、債権者は、地方裁判所における債権執行手続において転付命令を受けるなどして、自己の債権の実現を図る機会を失ってしまうからである。

(イ) 配当を実施する場合の必要的移行

第三債務者により権利供託(民執167条の14、156条1項)または義務供託(民執167条の14、156条2項)が行われ、あるいは取立訴訟の判決に基づき供託(民執167条の14、157条5項)が行われ、かつ債権者が2人以上であって供託金で各債権者の債権および執行費用の全部を弁済することができないため配当を実施する必要がある場合には、執行裁判所(簡易裁判所)は、その所在地を管轄する地方裁判所における債権執行の手続に事件を移行させなければならない(民執167条の11第1項)。

また、上記の場合において、差押えに係る金銭債権についてさらに差押命令または差押処分が発せられたときは、執行裁判所(簡易裁判所)は、その所在地を管轄する地方裁判所における債権執行の手続のほか、当該差押命令を発した執行裁判所(地方裁判所)、または当該差押処分をした裁判所書記官の所属する簡易裁判所の所在地を管轄する地方裁判所における債権執行の手続にも事件を移行させることができる(民執167条の11第2項)。

383

なお、差押えに係る金銭債権についてさらに差押命令が発せられた場合において、当該差押命令を発した執行裁判所が、民執法161条6項において準用する109条の規定または166条1項2号の規定により配当を実施するときは、執行裁判所（簡易裁判所）は、当該差押命令を発した執行裁判所（地方裁判所）における債権執行の手続に事件を移行させなければならない（民執167条の11第5項）。

　配当の場面では、債権者間で利害が鋭く対立することもあり、この調整等を、簡易・迅速に事件を処理することを旨とする簡易裁判所が主宰することは適切でないからである。

　移行決定と移行前の執行異議等との関係は、上記(ｱ)と同じである。また、配当等のための地方裁判所への事件の移行決定については、不服を申し立てることができない（民執167条11第6項）。手続が遅滞することを避けるためである。

　　(ｳ)　裁量による移行

　少額訴訟債権執行手続においては、執行裁判所（簡易裁判所）は、差し押さえるべき金銭債権の内容その他の事情を考慮して相当と認めるときは、その所在地を管轄する地方裁判所における債権執行の手続に事件を移行させることができる（民執167条の12第1項）。これは、少額訴訟債権執行手続においても、上記(ｱ)、(ｲ)の場合以外にも複雑な判断を要する執行事件があり、簡易裁判所（または裁判所書記官）において処理させるときには、かえって少額訴訟債権執行手続を認めた趣旨に反することになるからである。

　移行決定と移行前の執行異議等との関連は、上記(ｱ)のそれと同じである。執行裁判所の裁量により、地方裁判所における債権執行手続へ事件を移行させる決定については、転付命令等申立てによる移行決定および配当実施のための移行決定と同じく、不服申立てはできない（民執167条の12第2項）。

　(6)　**第三債務者の対応等**

　少額訴訟債権執行手続における第三債務者は、差押処分により債務者に対する弁済を禁止され、差押えが競合しないなどの要件があれば、差押債権者

の取立てに応ずる義務があり、また地方裁判所における債権執行手続における第三債務者と同じく、陳述の催告に応ずる義務（民執147条）と権利供託（民執156条1項）ができ、差押競合があるときは義務供託（民執156条2項）をしなければならなくなる（民執167条の14）。

また、被差押債権につき債務者に対する抗弁をもって差押債権者に対抗することができる。

〔関連設問〕

1　Aは、Bに対し、売掛代金60万円の仮執行宣言を付した少額訴訟の判決を有している。Bは、C銀行に対し預金を有しているらしいが、他の信販会社からの借金もあるとの情報もある。Aは、金銭債権を回収する方法としてどのような手続を選択したらよいか。

2　Aは、Bに対し、金50万円の売掛代金請求につき少額訴訟を提起すべく準備中であるが、Bは、最近、妻との離婚騒動があり、自分の財産を他に移転しようとしており、Cに対する貸金債権も他に譲渡するおそれがある。Aは、どのような措置をとるべきか。また、少額訴訟判決を得て少額訴訟債権執行を申し立てた場合、どのように連動するか。

第3章　非金銭執行

I　非金銭執行の分類と執行方法

　金銭の支払いを目的としない請求権の満足のためにする強制執行（非金銭執行）について、民事執行法は、僅か8カ条（法制定当初は6カ条であったが、平成15年改正により現行の条文数になった）を規定するだけであるが、その請求権が、何を目的とするものかによって、その手続構造が異なることを規定している。

　非金銭執行の対象となる請求権の目的としては、①有体物の引渡しを目的とするもの（「与える債務」といわれる）と、②債務者に一定の作為または不作為を求めるもの（「なす債務」といわれる）とに分かれる。そして、①の有体物の引渡しを目的とするものは、その有体物が動産か不動産かによってさらに手続を異にし、②の作為または不作為を求めるものは、債権者が債務者の作為義務、不作為義務もしくは意思表示のいずれを求めるかによって、その手続を異にしている。

　そして、その執行方法は、金銭以外の物（動産、不動産）の引渡し・明渡しの強制執行については、請求権をそのままの態様で強制的に実現する方法である直接強制が採られる。次に、物の給付義務以外の態様による債務者の作為義務のうち、債務者以外の者による代替が可能な代替的作為義務については、他の者によって債務内容を実現させ、その費用を債務者に負担させるという代替執行が採られる。さらに、他の者による代替が不可能な非代替的作為義務や不作為義務については、金銭（強制金）の支払いを命じ、その支払いを望まない債務者の履行を間接的に強制して実現するという間接強制の方法が採られることになる。

なお、従来、間接強制が許されるのは、直接強制や代替執行が不可能な債務に限られていたが（「間接強制の補充性」といわれていた）、平成15年改正により、上記の物の引渡し・明渡しの強制執行や代替的作為義務の執行についても間接強制の方法によることができるようになった（民執173条1項前段。なお、平成16年改正により、金銭債権執行のうち扶養義務等に係る金銭債権についても間接強制の方法によることができるようになった。民執167条の15）。したがって、債権者は、これら複数の方法を選択していずれの方法によることもできるようになったのである。

　不代替的作為義務の中でも、債務者による履行自体に意味はなく、その履行の結果のみに意味があるという特殊な義務である「意思表示義務」については、意思表示の擬制という形で、直接的な請求権の実現が図られている。

　これらの関係を図示すれば、次のとおりである。

【図15】　非金銭執行の分類と執行方法
（i）　与える債務
・動産の引渡しを目的する請求権についての執行 ── 直接強制
・不動産の引渡し・明渡しを目的とする請求権についての執行 ── 間接強制
（ii）　なす債務
・債務者の作為を目的とする請求権の執行
　　代替的作為義務 ── 代替執行　間接強制
　　不代替的作為義務 ── 間接強制
・債務者の不作為を目的とする請求権の執行 ── 間接強制
・意思表示義務の執行 ── 擬制　（狭義の執行なし）

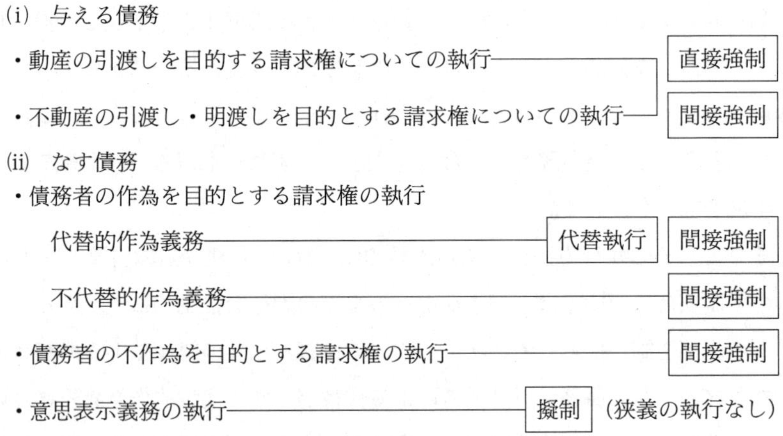

II　物の引渡・明渡請求権の実現

1　引渡し・明渡しの区別

　物の引渡請求権の執行方法としては、債務者の目的物に対する占有を解いて債権者にその占有を取得させる「直接強制」の方法によることができる。ここで、「引渡し」とは単純に物の直接支配を債権者に移転することであり、また、「明渡し」とは、引渡しの一態様であるが、不動産・船舶等の執行の目的物に債務者が居住し、または物品を置いて占有している場合に、その中にある物品を取り除き、または居住者を立ち退かせて、債権者に目的物の完全な直接支配を与えることである。

　引渡し等を求める権利が、実体法上、物権的請求権に基づくものであっても、債権的請求権に基づくものであっても、この点は同じである。

2　不動産の引渡し・明渡しの強制執行

設問11

　Aは、平成14年10月1日、その所有する甲建物を、Bに対し、賃料月30万円、前月末に持参前払い、期間3年の約束で賃貸していところ、Bは3カ月分の賃料の支払いをしなかった。

　そこで、Aは、Bに対し、内容証明郵便により「滞納賃料を書面到達後10日以内に支払うこと、その支払いがなかったときには賃貸借契約を解除する」旨の意思表示をした。しかし、Bは、滞納賃料を支払わず、かつ、Aの明渡しの要求にも応じないし、最近ではその建物に数人の外国人を住まわせているらしい。

　Aは、Bを被告として建物明渡請求訴訟を提起する予定であるが、勝訴判決を得たとき、それに基づき強制執行をするにはどうしたらよい

> か。

(1) 建物明渡請求権の性質と執行方法

「被告は原告に対し、別紙物件目録記載の建物を明け渡せ」という判決が言い渡されることがある。この訴訟物（請求権）には、原告の所有権（物上請求権）に基づく返還請求権と賃貸借終了（原状回復請求権）に基づく返還請求権とが考えられる。前者は物権的な構成であり、後者は債権的構成であるが、いずれによる請求権であっても明渡請求権の実現方法は同じある。

すなわち、不動産または人の居住する船舶・自動車等の引渡・明渡請求についての債務名義があるのに、債務者が任意に引渡し・明渡しをしない場合は、債権者はその債務名義に基づき強制執行により権利の実現を図ることになる。この執行は、執行官が現場に行き、債務者・被告の目的物に対する占有を解いて債権者にその占有を取得させるという直接強制の方法（民執168条1項）により行うのが一般的であるが、間接強制（民執172条、173条1項）の方法によることもできる。

ただし、間接強制の方法は、平成15年改正により認められたものであり、実務ではこれまで利用した実績がほとんどない。物権的請求権による明渡請求権の場合は、被告が不動産を占有していることが請求原因における要件事実になるので、強制執行時にも当該不動産を被告（債務者）が占有している蓋然性が高く、直接強制の方法が適しているといえよう。これに対し債権的構成（原状回復請求権の行使）による明渡請求権については、被告が不動産を現に占有していなくても原告勝訴の判決が出る可能性があるから、強制執行時に被告が占有していないことも想定できる。こうした事例では、間接強制による方法が効果を発揮するものと思われる。

以下は、不動産の引渡し・明渡しの執行として、従来から実務で行われている直接強制（民執168条）を中心に説明する。

(2) 対象となる不動産等（執行目的物）

　ここにいう「不動産」は、民法上の不動産であって、土地および建物、登記のある立木に限られ、民事執行法上の金銭執行における「不動産とみなされる」不動産の共有持分、登記された地上権および永小作権、これらの権利の共有持分（民執43条）は含まれない。

　人の居住する船舶については、これらの中に居住する人を立ち退かせる必要があり、その際は、不動産の引渡しまたは明渡しと同一の執行方法によることとしている。また、キャンピングカー、トレーラー等、その中に人が居住している場合も同様である。

(3) 引渡し・明渡しの執行方法

(ア) 直接強制

(A) 執行機関

　執行機関は、物の所在地を管轄する地方裁判所所属の執行官である。建物明渡しの執行等の場合には、執行補助者の立会いを認めている。トラック、クレーン車、運送、家財道具の搬出のために業者が必要になってくる。

　執行官は、占有者の認定をしなければならないから、執行に際し不動産等に立ち入って、扉を開くのに必要な処分をする権限があるほか（民執168条4項）、電気、ガス、水道等のいわゆるライフラインにつき調査する権限がある（民執168条9項、57条5項）。解錠技術者（カギ屋さんといわれる）なども使うことがある。

　また、居住者が抵抗したときなどでは、執行官は、必要な限度で実力・威力を行使して立ち退きを強要することができる。債務者の抵抗が激しく、執行官においてこれを鎮圧できない場合は、警察上の援助を求めることができる（民執6条1項）。なお、平成15年改正では、執行官が、占有者の特定等のために、占有者や近隣の者に対し、質問権や文書提出を求める権利を与えるなど、その権限を強化している（民執168条2項）。

(B) 執行の申立て

　不動産等の引渡し等の執行の申立ては、その職務行為が実施されるべき地

を管轄する地方裁判所の執行官に対し、書面をもってしなければならない（執行官法4条、民執21条、民執規1条）。

　申立書には、債権者および債務者、代理人の氏名・住所、債務名義の表示、引渡しまたは明渡しの対象となる不動産（または人の居住する船舶等）を表示し、引渡執行か明渡執行かを（債務名義に記載された不動産等の一部執行を求めるものであれば、その旨および範囲を明らかにして）記載しなければならない。

　申立書には、執行力のある債務名義の正本および送達証明書など強制執行に必要な書類を添付し、当事者の資格証明書（民訴規15条、18条）や、代理人による申立てをする場合は、代理権を証する書面（民訴規23条）を添付しなければならない。

　なお、債務者が不特定のまま執行文が付された債務名義の正本に基づく明渡し等の執行は、直接強制のみによることになるが、執行文付与の日から4週間を経過する前に限り許され、目的不動産の占有を解く際にその占有者を特定することができる場合に限ってすることができる（民執27条4項）。その執行によって不動産の占有を解かれた者が、執行債務者になる（同条5項）。

　　(C)　直接強制の方法等

　不動産の引渡しまたは明渡しの強制執行は、執行官が債務者の目的物に対する占有を解いて債権者にその占有を取得させる方法により行う（民執168条1項）。債権者は、その不動産の占有を受け取るために、債権者または代理人が執行現場にいなければならない（同条2項）。明渡しの執行の場合には、必ず債権者側の立会いが必要である。

　特に明渡しの執行では、債務名義に記載されている執行債務者だけでなく、その家族、雇人その他の同居者で債務者に付随して居住しているに過ぎない者（占有補助者）に対しても強制的に退去させることができる。しかし、不動産の一部の賃借人など独立の権限を有すると認められる者に対しては、別にこれらに対する執行正本がないと執行できない。

　実務でよく問題になるのは、夫婦の共同居住家屋の明渡執行であるが、執

行に当たる執行官に期待できる程度の、主として共同居住の外形や利用状況など明白な資料に基づく調査・判断により、独立の占有権原を有しないと認められる配偶者は、強制的に退去させるべきである。また、債務者たる法人の代表者がその資格で法人の不動産を占有する場合、個人のためにも所持すると認めるべき特段の事情がない限り、法人に対する執行正本で足りる、とするのが判例（最判昭和32・2・15民集11巻2号270頁、参考裁判例〔1〕）。である。この場合、代表者を会社の占有補助者とみるのである。

現場での占有認定が難しい事例は少なくない。執行官は、自らの知識と経験に基づき、家財道具の有無、目的不動産の使用状況、立会人・近隣者への質問、表札、名札、看板、営業許可の証票、郵便物の存否、新聞購読の有無等は占有認定の際の有力な判断基準として、占有者が誰かを認定するのであるが、事例によっては、その認定に困難が伴うことも少なくない。そのため、執行官は、申立債権者に対し、債務者の占有の状況、引渡し・明渡しの実現の見込み等についての情報提供その他の手続の進行のために必要な協力を求めることができる（民執規154条の2第5項）。

(D) 明渡しの催告

明渡しの催告制度は、平成15年改正により創設された（民執168条の2の新設）。これは、従来の執行官による執行実務において、いわば慣例上行われていたものを制度化したものである。もっとも、従来の運用場面では、いつ執行に着手したことになるのか、明渡しの猶予期間中に占有移転がなされた場合どうなるのかなど種々の問題があったので、これらを立法的に解決したのである。

執行官は、不動産の引渡しまたは明渡しの強制執行の申立てがあった場合において、当該強制執行を開始することができるときは、当該不動産を占有する者に対して、引渡しの期限を定めて、明渡しの催告をすることができる（民執168条の2第1項）。この催告をするためには、明渡執行を開始することができる条件が整っていること（民執29条〜31条）、債務者が目的不動産を占有していること（民執168条の2第1項ただし書）が必要である。

393

この催告は、原則として明渡執行の申立てから2週間以内に実施しなければならず（民執規154の3第1項）、引渡期限は、原則として催告の日から1カ月以内とされるが、執行裁判所の許可により、それを超える期間を定めることも、事後的に延長することも可能である（民執168条の2第2項・4項）。

　明渡しの催告があったときは、債務者は、催告されている期間、債権者に対し不動産を引渡し・明渡しをする場合を除き、当該不動産の占有を他の者に移転することができない（同条5項）。

　執行官は、明渡しの催告をしたときは、その旨、引渡期限および債務者が不動産の占有を移転することを禁止されている旨を、所定の方法で公示する（同条第3項）。

　明渡しの催告後に当該不動産の占有の移転があったときは、引渡期限が経過する前までは、その占有者に対しては、債権者は、承継執行文の付与を得ることなく、当初の債務者に対する強制執行の申立てにより、強制執行の続行をすることができる（同条6項前段。いわゆる当事者恒定効）。

　上述したように、催告の内容は公示されるので、催告後に占有を取得した者は、催告のあったことを知って占有したものと推定される。その催告があったことを知らず、かつ、債務者の占有承継人でない者（善意の非占有承継人）は、そのことを理由にして、債権者に対し、強制執行の不許を求める訴えを提起することができる（同条7項前段・後段、36条、37条、38条3項）。誤って債務者以外の占有者に対し強制執行が続行されたときは、その者は、執行異議の申立てにおいて、債権者に対抗することができる権原により目的物を占有していること、または明渡しの催告があったことを知らず、かつ、債務者の占有の承継人でないことを理由とすることができる（同条9項）。

【参考書式13】 催告書

```
                              平成　年（執ロ）　　　号
                              平成　年　月　日

                催　告　書

        殿
              ○○地方裁判所執行官        ㊞
                              電話

  債権者（申立人）　　　　から，あなたが占有する本件建物について明
渡（引渡）しの強制執行の申立てがあったので，来る　月　　日までに
すべての動産類を搬出して本件建物より任意に退去するよう催告します。
  上記期日までに任意に退去しないときは，　　月　　日　　時に本件建
物の（引渡）しの強制執行を実施することを告知します。
  任意退去する場合，搬出する動産類（家財道具）に差押物件があるとき
はその搬出移動については前もって当職に連絡の上，許可を受けてくださ
い。
  強制執行の期日には，全戸不在の場合でも開錠して実施しますが，この
場合，建物内にある動産類は，遺留品として処理し，法律の規定により，
あなたが，これらの遺留品を速やかに引き取らないときは次のとおり売却
処分することになります。
  ①　強制執行の日時にその場で売却処分します。
  ②　強制執行の日時にその場で売却処分する場合があります。
  特に貴重品，身のまわり品は，必ず，期日前に持ち出してください。遺
留品を保管した場合の保管費用は，あなたの負担となります。
```
債権者（申立人）の連絡先　　　　　　　　　　　（電話）

【参考書式14】 公示書（催告用）

```
            公　示　書
          （事件番号）　平成　年（　）第　　　号
          （債 権 者）　＿＿＿＿＿＿＿＿＿＿＿
          （債 務 者）　＿＿＿＿＿＿＿＿＿＿＿
```

標記の（①　建物明渡（引渡）し，②　土地明渡し）執行事件について，次のとおり公示する。
1　本日，当職は，債務者に対し，下記物件を債権者に明け渡すよう催告した。
2　下記物件の引渡し期限を　平成　　年　　月　　日と定めた。
3　債務者は，下記物件の占有を他人（債権者を除く）に移転することを禁止されている。
（注意）①下記物件の強制執行実施予定日は平成　　年　　月　　日である。
　　　　②この公示書の損壊等をした場合，刑罰に処せられる。
　　　　平成　　年　　月　　日
　　　　　　○○地方裁判所（△△支部）執行官　　　　　　　　　㊞
　　　　　　　　　　　　　　　記
（物件の表示）

(E)　目的外動産の扱い

　明渡執行の対象不動産の中に動産（目的不動産およびその従物以外の動産）があることが多い。

　執行官は、引渡し等の執行の際に、その目的でない動産（目的外動産）があるときは、それを取り除いて、原則として債務者またはその代理人、同居の親族・使用人その他の従業員で相当のわきまえのある者に引き渡さなければならない（民執168条5項前段）。それができないときは、執行官が保管する（同条6項）。その保管物を債務者等が受け取らず、または保管費用を支払わない場合には、執行官は、動産執行の売却手続（同条5項後段、民執規154条の2）により売却し、その売得金から売却・保管の所要の費用を控除した残額を供託することになる（168条6項〜8項）。

　この目的外動産（残地動産ともいわれる）については、従来、原則として

執行官が保管するものとされていたため、保管の費用や場所の確保などに困難を来していたが、平成15年改正により、これに関する規定が改正され、執行官は、残地動産については、原則として直ちに売却することができるようになった（民執168条5項後段）。なお、上記(D)の明渡しの催告を実施したときは、目的外動産の種類・数量・引取りの意思等を勘案して強制執行予定日（明渡しの断行予定日）を指定するため、債務者等の引き取りの機会が実質的に保障されているので、これと同時に、強制執行実施予定日を定めたうえ、その予定日に目的動産があって、債務者等に引渡しをすることができなかったものが生じたときは、当該実施予定日にこれを強制執行の場所において売却する旨を決定することができる（民執規154条の2第2項前段）。

(F) 引渡執行の終了時期

不動産等の引渡しまたは明渡しの執行は、当該不動産等について債務者の占有を解き、債権者の実力的支配に移した時（占有を取得させた時）に終了する。もっとも、目的外動産が存在し、これらを債務者等に引き渡すことができないときは、これを売却し、その代金を供託した時に引渡し等の執行は終了する。ただし、執行官が保管しなければならない場合でも、債権者の承諾があれば債権者に保管させることができるので、目的外動産を残したままで引渡し等の執行を終了させることができる。

コラム　カギ屋さん

　近時、都市部では夫婦共稼ぎの核家族の家が多いために、執行官が直接強制執行や仮処分執行のために執行債務者宅に赴いても、入口が施錠されていて入れないことが多い。

　そういう事態を想定して、債権者は、解錠技術者・鍵屋さんに同道してもらう。鍵屋さんは、費す時間の長短は別として、ほとんどの鍵を開けてしまうという。もちろん、鍵屋さんに日当・手数料を支払わなければならないが、留守を予測して執行債務者宅に赴いたところ、たまたま同人が任意に扉を開けたとしても、債権者は、手数料等は支払わなければならない。

(イ) **間接強制**

(A) 間接強制の補充性の緩和

間接強制は、債務者の債務不履行に対し金銭支払義務を課することを予告し、債務者を心理的に圧迫することによって、債務者の自発的な債務の履行を促す強制執行の方法である。債務者の自由意思に干渉するものであり、債務者の人格尊重の趣旨から、かつては、直接強制や代替執行の方法による強制執行ができない場合に、いわば補充的な執行として認められていた。しかし、直接強制の方法よりも、心理的圧迫により債務者の自発的な履行を促す方法がむしろ人格尊重の理念に適合するとの考えもあることから、平成15年改正により、直接強制の方法によることができる建物明渡し等の物の引渡義務（民執168条ないし170条）、代替執行の方法によることができる建物収去土地明渡し等の代替的作為義務や不作為義務（民執171条、民414条2項本文・3項）についても、間接強制の方法による強制執行が認められることになった（民執173条）。

(B) 執行機関

間接強制の執行機関は、執行裁判所であるが、その管轄は、債務名義との関連で決まる（民執173条2項、33条2項）。

(C) 間接強制の手続

(i) 執行申立てと審理手続

債権者は、間接強制申立書を提出して申立てをする（民執規21条）。申立書には、申立ての趣旨として、後記の支払予告命令を申し立てる旨記載し、申立ての理由には、債務名義を表示し、不代替的作為義務の内容（設問の事例では特定建物の引渡し・明渡し）を特定して、支払予告決定の参考となる事項、すなわち義務の不履行または不履行状態の継続の可能性、債務者（相手方）の利益、債権者（申立人）の損害等を記載する。

執行裁判所は、一般の執行開始要件および間接強制執行の要件（履行を求める債務と債務名義に表示された債務が同一であること、履行を求める債務の内容が特定できること、履行を求める債務が間接強制の対象となること）を審査し、

決定をもって裁判する。

強制金決定を発令するには、あらかじめ債務者を審尋しなければならないが（民執172条3項）、その機会を与えれば足りる。

(ii) 認容（強制金）決定等

執行裁判所は、間接強制の認容決定（支払予告決定）をするときは、申立てに拘束されることはないが、債務者に対し、次の3つのいずれかを命ずることになる（民執172条1項）。

① 債務の履行の遅延の期間に応じて一定額の金銭（強制金）の支払いを命ずる方法（定期払いの方法）　たとえば「債務者が本決定送達の日のから〇日以内に前項記載の債務を履行しないときは、債務者は、債権者に対し、上記期間経過の日の翌日から履行済みまで1日につき〇万円の割合による金員を支払え」とする。

② 相当と認める一定の期間内に履行しない場合に一定額の金銭（強制金）の支払いを命ずる方法（一時払いの方法）　たとえば「債務者が本決定送達の日から〇日以内に前項記載の債務を履行しないときは、債務者は、債権者に対し、〇万円を支払え」とする。

③ 上記①、②を併用する方法

上記の強制金の金額は、債務不履行により債権者が受ける不利益および債務者が受ける利益、履行拒絶の態様等を考慮し、裁判所が心理強制の目的に即した合理的裁量によって決することになる。

間接強制の申立てが、その要件を欠いていたり、または理由がないときは、執行裁判所はその申立てを却下するが、これに対して、債権者は執行抗告ができる（民執172条5項）。

(iii) 間接強制決定の変更・取消し

間接強制の決定後に事情の変更があったときは、執行裁判所は、債務者の申立てにより、間接強制決定を変更することができる（民執172条2項）。ただ、ここでいう決定の変更には、強制金の減額をすることが含まれるが、間接強制の認容決定自体を遡って取り消すことはできないとされている。

(iv) 強制金の取立て

間接強制決定がなされても義務の履行がないときは、その決定の正本に執行文の付与を受けて、強制金取立てのために債務者の財産を差し押さえて（直接強制である金銭執行により）、執行満足を受けることができる。

(v) 債務不履行による損害賠償

間接強制の決定により支払われた金銭は、その限度で債務不履行による損害額に充当されるが、損害額が上記支払額を超える場合は、債権者は債務者に対しその支払いを請求することができる（民執172条4項）。反対に、間接強制により債務者が債権者に支払った金額が債務不履行による損害額より多いとしても、債権者はその超過分の支払いを債権者に請求することができない。

(vi) 執行抗告

間接強制の決定、変更決定またはそれらの却下決定に対する不服申立ての方法は、執行抗告である（同条5項）。

(4) 占有移転禁止の仮処分との関係

(ア) 当事者恒定の仮処分

訴訟承継主義を採る民事訴訟法の下では、訴訟係属中に被告が係争物の占有を他に移転してしまうと、同被告に対する勝訴判決をもって新占有者に対して明渡し・引渡しの強制執行ができなくなる。そのため、債務者が占有している物に対して、債権者が特定の権利に基づいて引渡・明渡しの請求権を有する場合、その将来における強制執行を保全するために、その物の現在（弁論終結前）の占有関係を維持する目的で、占有移転禁止の仮処分（民保24条、62条）をしておく必要がある。占有移転禁止の仮処分をしておくと、当事者恒定効が働き、たとい被告が第三者に占有を移転しても、被告に対する勝訴判決をもって第三者・新占有者に対し強制執行ができるのである。実務では、建物明渡請求の訴えを提起しようとする原告代理人は、まず被告の占有状況等を調査し、必要であれば占有移転禁止の仮処分の申立てをすることになる。

(イ) **債務者を特定しないで発する占有移転禁止の仮処分**

　係争不動産を誰が占有しているか不明で、仮処分執行前に債務者を特定することを困難とする特別の事情があるときは、裁判所は、債務者を特定しないで、占有移転禁止の仮処分を発することができる（民保25の2）。設問のように、最近は占有者が外国人で頻繁に入れ替わったりする方法で執行を妨害することが多いので、平成15年改正により創設された制度である。その仮処分の執行時に占有を解かれた者が債務者となり（民保25条の2第2項）、執行時においても占有者が特定できないときは執行不能となる（民保54条の2）。

(ウ) **仮処分の内容とその執行**

　占有移転禁止の仮処分は、債務者に対し、目的物の占有の移転を禁止するとともに、目的物の占有を解いて執行官にその保管をさせることを内容とするが、保管中に目的物の使用を債務者または債権者に許すか否かによって、①執行官保管型（債務者等に使用を許さない）、②執行官保管および債務者使用型、③執行官保管および債権者使用型に分かれる。このうち、③は実質的に債権者が引渡しを受けたと同じ状態になるので（断行の仮処分、満足的仮処分）、債務者が目的物を毀損等するおそれがある場合など、例外的に認められる。実務で多いのは、②の債務者使用型であり、次のような主文例になる。

　㋐　債務者は、別紙物件目録記載の建物に対する占有を他人に移転し、または占有名義を変更してはならない。

　㋑　債務者は、上記建物の占有を解いて、これを執行官に引き渡さなければならない。

　㋒　執行官は、上記建物を保管しなければならない。

　㋓　執行官は、債務者に上記建物の使用を許さなければならない。

　㋔　執行官は、債務者が上記建物の占有の移転または占有名義の変更を禁止されていること、および執行官が上記建物を保管していることを公示しなければならない。

　上記②の仮処分の執行は、執行官が債権者および債務者の立会いのもとに、執行官がいったん債務者から目的物の占有を取り上げて、これにつき（その

401

保管方法として)債務者の使用を許し、かつ、債務者が目的物の占有の移転を禁止されていること、および目的物を執行官が保管していることの公示をし、公示書の損壊等に対しては法律上の制裁がある旨を債務者に告知して行われる(民保25条の2第1項、52条1項、民保規44条1項2号、民執168条)。

　　(エ)　仮処分執行の効力

　占有移転禁止の仮処分の執行後に目的物の占有を取得した第三者に対しては、債権者は、債務者に対する本案の勝訴判決を債務名義として、第三者に対する承継執行文(民執27条2項)を受けて目的物の引渡し・明渡しの強制執行をすることができる(民保62条)。これが占有移転禁止仮処分の当事者恒定効であるが、第三者の態様によって、その効力の及ぶ要件が異なる。

　　(A)　承継占有者

　占有を承継した者に対しては、仮処分命令の執行について善意(知らなかった)または悪意(知っていた)を問わず、当事者恒定効が及ぶことになる(民保62条1項2号)。ただし、承継占有者が実体法上債権者に対抗することができる権原を有している場合には、その事由を執行文の付与に対する異議の申立てにおいて主張することにより、強制執行を排除することができる(民保63条)。

　　(B)　非承継占有者

　債務者から承継しないで占有した者に対しては、仮処分の執行につき悪意である限り、当事者恒定効が及ぶことになる(民保62条1項1号)。ただし、仮処分の執行後に占有を取得した者には悪意の推定が働くので(民保62条2項)、実際に非承継占有者が善意であるときとは、たとえば仮処分の公示が剥離していたために仮処分の執行を知らなかったというような例外的な場合に限られてしまう。自分が善意の非承継占有者であることは、執行文の付与に対する異議の申立てにおいて主張することになる(民保63条)。

402

> 参考裁判例

〔1〕 最判昭和32・2・15民集11巻2号270頁
　原判決の認定したところによれば、上告人は訴外大東造船株式会社の代表取締役であつて同会社の代表機関として本件土地を占有しているというのである。そうすると、本件土地の占有者は右訴外会社であつて上告人は訴外会社の機関としてこれを所持するに止まり、したがつてこの関係においては本件土地の直接占有者は訴外会社であつて上告人は直接占有者ではないものといわなければならない。なお、もし上告人が本件土地を単に訴外会社の機関として所持するに止まらず上告人個人のためにも所持するものと認めるべき特別の事情があれば、上告人は直接占有者たる地位をも有するから、本件請求は理由があることとなるが、右特別の事情は原判決の確定しないところである。しからば原判決が、上告人を右訴外会社の「代理占有者としての直接占有者」であると判示しただけで、個人としての上告人に本件土地の明渡しを命じたのは、法人の占有に関する法律上の解釈を誤つた結果審理不尽、理由不備の違法を犯したものであつて、この違法は判決に影響を及ぼすこと明らかであるから原判決はこの点において破棄を免れない。

3　動産引渡しの強制執行

> 設問12

　AとBは、「Aはその所有にかかる甲建設機械をBに対し代金300万円で売却すること、代金は20回に分割して月末に15万円あて支払うこと、Bが割賦金の支払いを2回以上怠ったときはAは無催告で契約を解除することができること、契約が解除されたときは既払い分の代金は使用料相当の損害金に充当され、Bは甲建設機械を直ちにAに返還すること」などの売買契約を締結した。
　しかし、Bは、甲建設機械の引渡しを受けながら連続3回の割賦金の

支払いを怠った。

そこで、AはBに対し、内容証明郵便により売買契約解除の意思表示をしたが、その後、Bの債権者Cが無断でこれを持ち出し自分の倉庫に保管している。AはBおよびCに対し、甲建設機械の引渡しを求める訴訟を提起したが、勝訴判決を得たとき、強制執行するにはどうしたらよいか。

(1) 動産の引渡請求権の法的性質と執行方法

「被告は、原告に対し、〇〇の建設機械を引き渡せ」との判決を得るための訴訟物(請求権)には、契約当事者(設問のB)に対しては、売買契約の解除に伴う返還請求(債権的構成)と所有権に基づく返還請求(物権的構成)が考えられる。また、契約当事者外の第三者(設問のC)に対しては、債権者代位による構成(設問のBの占有権に基づく占有剥奪者Cに対する占有回復請求権を、Aが代位行使する)も考えられるが、通常は所有権に基づく占有者に対する引渡請求という構成になろう。

いずれの構成による動産引渡請求権であっても、その勝訴判決による強制執行の方法は同じであり、直接強制と間接強制の方法をとることができる。ただし、契約当事者間の判決によって、第三者の占有下にある動産の引渡請求権の実現を図るには、第三者占有物の引渡執行(民執170条)を併用する必要がある。

実務では、こうした事例では、直接強制による方法が一般的と思うので、これを中心にして説明することにする。

(2) 対象となる動産

ここにいう動産とは、民法86条2項・3項にいう動産である。人の居住していない船舶、自動車も含まれる。動産引渡しの強制執行では、引渡しの対象が特定されていなければならない。金銭執行における差押禁止動産も、引渡執行の対象になる。

(3) 動産引渡しの執行方法

(ア) 直接強制

(A) 直接強制の方法

債務者の占有する有体動産（有価証券を含む。人の居住する船舶等を除く）の引渡しの強制執行は、執行官が債務者からこれを取り上げて、債権者に引き渡す方法による（民執169条1項）。

執行官の強制立ち入り、捜索、解錠・解函等のための処分、任意弁済受領等の権限は、動産執行の場合に準ずる（民執169条2項、122条2項、23条2項）。

動産の引渡執行では、債権者またはその代理人の立会いを要しない。不在のときは、執行官が保管するからである。ただし、当該動産の種類・数量等を考慮して執行官保管が困難であるなどやむを得ないときは、執行実施を留保できる（民執規155条）。

動産引渡執行の目的動産の中に目的外動産があるとき（たとえば、貨物自動車に運送荷物がある場合）は、不動産の引渡し等の執行の場合と同様に処理する（民執169条2項、168条4項～7項）。

(B) 執行機関

執行官である。

(C) 第三者占有物の引渡しの強制執行

不動産・動産を問わず、引渡執行の目的物を第三者が占有している場合には、直接の引渡しの執行はできないが、第三者が債務者に対し引渡義務を負っているときは、執行裁判所が債務者のその引渡請求権を差し押さえ、請求権行使を債権者に許す旨の命令を発する方法で執行することができる（民執170条1項）。第三者占有物は、不動産・準不動産・動産のいずれであるかを問わず、また、動産の場合には、代替物・不代替物のいずれであるかを問わない。第三者が任意に引渡しをしないときは、債権者は訴訟の提起などにより引渡請求権を実現することになる。第三者が執行場面に登場するなどで債権執行に類似した構造になるので、第三者の陳述、債権者の取立権等の債

執行に関する規定が準用される（民執170条2項、民執規156条）。

> **コラム　子の引渡しと人身保護請求**
>
> 　夫婦が別居状態または離婚した場合に、子の引渡しをめぐる紛争が生ずることが多い。一方の親が監護している子供を、他方の親が強引に拉致してしまう事件の発生も珍しくない。
> 　かつては、こうした場合、人身保護法による救済手続がかなり利用されていた。この手続は、地方裁判所または高等裁判所で迅速に審理され、裁判所の命令に反すると刑罰の制裁があり実効性が確保されたからである（同法1条、26条等）。
> 　しかし、平成5年の最高裁判決（最判平成5・10・19民集47巻8号509頁）が、救済命令の要件として「拘束者がその幼児を監護することが子の幸福に反することが明白であることを要する」と判示したことから、人身保護請求の守備範囲は狭く限定する方向で運用されるようになった。現在の実務では、家庭裁判所の家事審判前の保全処分（家審15条の3）によることが多い。

　(イ)　間接強制

　従前は、動産の引渡執行については直接強制の方法によるものとされていたが、平成15年改正により間接強制との選択的申立てが可能となった。間接強制の方法については、第3章Ⅱ2(イ)参照。

〔関連設問〕

　幼児の引渡しの強制執行は、動産の引渡しと同じく直接強制の方法によることができるか（参考＝広島高松江支判昭和28・7・3高民集6巻6号356頁、大阪高決昭和30・12・14高民集8巻9号692頁、札幌地決平成6・7・8判タ851号299頁）。

III 作為・不作為義務の強制執行

1 概 括

　不動産または動産の引渡執行のように「与える債務」と異なり、「なす債務」としての作為・不作為義務については、本来、直接強制が不可能である。
　そこで、立法上は、2つの対応が考えられる。1つは、給付内容を金銭支払いに変換し、代償的に金銭執行の方法で非金銭債権者に満足を与える方向であり（ローマ法）、いま1つは、あくまでも作為・不作為自体の実現を追求し、そのために債務者に対する人格的強制も辞さないという方向（ゲルマン法）である。近代法は、この両者を折衷する方向を採っているといわれる。[1] 前者の方向を強調すれば「なす債務」の実効性は甚だ希薄になってしまうし、後者の方向を貫けば、苛酷執行になってしまうからである。
　我が国では、民法414条に規定があり、これを民事執行法が受けて規定している。従前の通説的解釈では、作為・不作為義務の執行方法としては、次のように考えられていた。
① 直接強制は認められない（民414条1項但書）。
② 代替的作為義務については、代替執行（民414条2項本文、民執171条）により行う。
③ 不代替的作為義務については、もっぱら間接強制（民執172条。民414条2項は適用されない）による。
④ そのうち債務者の意思表示を求める債務については裁判による代替を認める（民414条2項ただし書。第3章IV参照）。
⑤ 不作為義務については、違反した物的状態の除去については代替執行を認め、将来の違反の禁止に関しては間接強制による（そのほか、将来

---

[1] 中野・民事執行法766頁。

のため適当な処分として直接強制が認められる余地もある。民414条３項２項本文、民執171条、172条）。

ところが、平成15年改正法においては、代替執行の方法によって強制執行を行うことができる作為・不作為債務についての強制執行は、その方法のほか、間接強制の方法によっても行うことができ、いずれの方法を行うかは、債権者の申立てにより定まるとしたので（民執173条１項）、上記のような債務内容に応じた執行方法の区分は見直されることになった。

2 建物収去土地明渡請求権の執行（代替執行と直接強制の接合）

設問13

　Ａは、Ｂに対し、自己所有の甲土地を賃貸したところ、Ｂは甲地上に乙建物（木造２階建て）を築造し居住していた。

　契約時から30年を経過する直前に、ＢはＡに対し借地契約の更新を請求したが、これに対しＡは、甲土地には最近結婚した息子夫婦のために建物を建築したいとの理由から更新を拒絶し、立退料として800万円の支払いをする旨を申し入れた。しかし、Ｂは、Ａの更新拒絶には正当事由がないとして争った。

　そこで、Ａは、Ｂに対し、建物収去土地明渡請求訴訟を提起したところ、裁判所は、「被告は、原告から1000万円の支払いを受けると引換えに、原告に対し、乙建物を収去して甲土地を明け渡せ」との判決を言い渡した。

　この判決が確定した場合、Ａはどのような方法で甲土地の明渡しを実現するか。仮に、Ｂが乙建物を他に譲渡したり、賃貸したりするおそれがある場合、Ａはどうすればよいか。また、仮に、Ｂが乙建物を取り壊して堅固な鉄筋コンクリート造３階建てに改築しようと工事を始めた場合、Ａはどうすればよいか。

(1) 建物収去土地明渡請求権の法的性質と執行方法

「被告は原告に対し、別紙物件目録(1)記載の建物を収去して同目録(2)記載の土地を明け渡せ」という主文の判決がある。この主文を得る訴訟物（請求権）には、賃貸借契約終了に基づく原状回復請求権という構成と、所有権に基づく妨害排除ないし返還請求権という構成が考えられる。後者の場合、建物の収去請求部分と土地の明渡請求部分とに訴訟物を分けるべきか否かの議論があるが、執行の場面で考えると、いずれにしても両者の執行方法が異なり建物収去執行が土地引渡執行に先行するので、訴訟物の個数論はあまり影響はない。

すなわち、建物の収去は、後述のように、代替的作為義務であるから代替執行の方法によりこれを実現し（更地にする）、その後の土地の明渡しについては直接執行の方法によることになる。両執行は、執行機関も執行方法も異なるが、相互に接合して実施され、執行過程において建物・土地からの退去を包含している。ただし、これらを間接強制の方法によっても実現することが可能である。

なお、設問では、借地権の消滅の有無が争点となり、AからBに対し立退料（借地借家法6条による正当事由を補完する金銭給付）が支払われることになり、これと建物収去土地明渡義務とが同時履行の関係になっており、いわゆる引換給付の判決が出ている。債務者の給付が反対給付と引換えにすべきものである場合は、その反対給付のまたは提供の証明が執行開始の要件になっているので（民執31条1項）、Aは、まず1000万円の供託をしてから、その証明書を添付して代替執行の申立てをすることになる。

次に、建物収去執行の方法から検討してみる。

(ア) 代替執行（建物収去）

(A) 制度の趣旨等

請求の内容が債務者自身によってなされるか、債務者以外の者が代わってなされるかによって債権者に与える経済的または法律的効果には変わりがない種類の請求権（代替的作為請求権）の強制執行は、原則として代替執行に

よる（民執171条1項、民414条2項本文・3項）。

　たとえば、所有権に基づく更地の明渡しを命ずる判決による強制執行は、不動産引渡等の執行として、直接強制の方法が採れるが（民執168条）、設問のように、土地の上の「建物を収去して」土地を明け渡せとの命令の場合には、建物収去の部分については直接強制が適しないため、代替執行により行うほかない。この場合、建物の収去についての執行は、ここにいう代替執行であり、その後の土地明渡しは民執法168条により執行官が明渡執行（直接強制）をすることになるのである。

　そのほか、妨害物除去の義務、防音壁の設置義務、建物の修理、物品の運送等も代替的作為義務の例である。

　謝罪広告を新聞紙上に掲載すべき債務は、「債務者自身の謝罪を目的とする債務」（不代替的債務）とは異なり、給付の内容たる行為が債務者によりなされようと、第三者によりなされようと、その経済的効果に差異がないことから、その性質は代替的作為と解されている（最判昭和31・7・4民集10巻7号785頁、参考裁判例〔1〕、最判昭和45・12・18民集24巻13号2151頁、参考裁判例〔2〕）。

　(B)　代替執行の手続

　(i)　執行申立て

　作為・不作為執行の執行機関は、執行裁判所である。ただし、金銭執行のそれとは異なり、債務名義の区分に応ずる所定の裁判所である（民執171条2項、33条2項1号・6号）。

　代替執行の申立ては、授権決定の申立てによる（同時に費用前払決定を申し立てる）。執行裁判所は、あらかじめ債務者を審尋して審査し、決定をもって裁判する。

　(ii)　授権決定

　授権決定とは、執行債権の満足を導くような特定の行為、つまり代替行為を、債務者の費用で債務者以外の者に実施させることを、債権者に授権する旨の決定である（民執171条1項、民414条2項本文）。代替行為の具体的表示

を要するが、実施者の指定をしなくてもよい。建物収去の例では「債権者の申立てを受けた執行官は、別紙物件目録記載の建物を債務者の費用で収去することができる」と命令する。

　授権を受けるのは債権者であり、債権者は、執行機関たる執行裁判所の共助機関たる地位を持つことになる。授権決定に対しては、当事者は執行抗告ができるが、即時に執行力が生じる。

　(ⅲ)　代替行為の実行

　債権者は、授権決定に基づいて、代替行為の実行に当たる。行為者の指定がないときは、債権者自身が行い、または任意の第三者たる私人に行わせることができる。建物の収去などは建物解体を専門業とする会社があって、木造の建物などは半日程度で解体し、材料を他に運んで更地にしてしまうという。業者との請負契約は私的契約であり、執行手段として実施しているのであるから、債権者等が代替行為の実行の際に抵抗を受けるような場合には、執行官に援助を求めることができる（民執171条6項、6条2項）。代替行為の実行は、行為者が債権者、債権者の委任した第三者、あるいは執行官のいずれの場合であっても、結局、「債務者の意思を排除して国家の強制執行権を実現する行為であるから、国の公権力の行使である」ので、執行官の実施について、それが違法となれば、国家賠償法1条の適用もあり得る。

　代替行為実施の所要費用は、債務者の負担となる（民414条2項）。債権者の申立てがあれば、執行裁判所は、債務者に対し、所要の費用をあらかじめ債権者に支払うべき旨を命ずる決定（費用前払決定）をする（民執171条4項）。後日、債権者は、これを債務名義として、金銭執行により取り立てることができる。

　代替執行は、代替行為の実行が完結した時に終了する。

コラム　解体専門業者

　実務では、建物収去の執行、すなわち建物の解体を専門業者に委託すること

> が多い。建物を物理的に解体する工事だけでなく、その際に排出される屋根瓦、木材等の多くの廃材の処理、電機引込線・下水道・ガス配管等の撤去などが必要なので、これらの仕事を総合的に請け負ってくれる専門業者が必要になる。都道府県の条例等により、廃棄物の投棄等については種々の規制があり、いわゆるリサイクル法により80m²以上の建物を解体するときは、分別解体事前届の提出も求められる。これらを全部処理して物の滅失登記を経て、ようやく終了する。

(イ) 間接強制

　平成15年改正法により、代替的作為義務でも、間接強制が許されることになった。たとえば、履行内容にかなり幅があり、債務者と同等の技術を持つ者を求めるのが困難な工事の債務などについては、代替的債務であっても、代替執行の実施が実際上困難あるいは著しく不相当と認められるときは、間接強制の方がベターであろう。

　間接強制の方法については、第3章II 2(3)(イ)参照。

(ウ) 直接強制（土地明渡し）

　建物収去につき代替執行が終了して更地となってからは、土地明渡しについて執行官が直接強制（民執168条）により実施する。上記IIの2「不動産の引渡し・明渡しの強制執行」参照。

(エ) 仮処分執行との関係

(A) 当事者恒定（主観的現状不変更）の仮処分

　建物収去土地明渡請求訴訟の訴訟物が土地の明渡請求権だとすると、係争物につき当事者恒定効を有する仮処分ができるか否か疑問が出るが、民事保全法は、建物収去土地明渡請求権を保全するための地上建物の処分禁止の仮処分を認める規定を置いている（民保55条）。訴訟係属中（口頭弁論期日前）に、建物の所有者名義が変更されてしまうと、債務者（旧建物所有者）に対する判決をもって新建物所有者に対して強制執行（代替執行）ができなくなるからである。建物の占有者に対しても同様である。

412

建物の処分禁止の仮処分が発令されるとその旨の登記がなされ、債権者は、債務者に対する本案の債務名義に基づき、その登記がされた後に建物を譲り受けた者に対し、建物の収去および土地（敷地）の明渡しの強制執行ができる（民保64条）。ただし、登記請求権を保全する処分禁止の仮処分の執行とは異なり、処分禁止の登記後にされた第三者の登記を抹消する効力はない。

なお、この建物処分禁止仮処分を申し立てている場合でも、債務者が建物の占有を移転するおそれがあるときは建物につき、また土地が広く敷地以外の部分の占有が第三者に移転されるおそれがあるときは土地につき、それぞれ占有移転禁止の仮処分（民保62条）をかけておき、当事者恒定効を得ておく必要がある。

(B) 客観的現状不変更を命じる仮処分

建物収去土地明渡請求訴訟を提起しようとしている場合に、設問のように地上建物が普通の建物から堅固な建物に改造されてしまうと、実際には強制執行に時間と費用がかかり事実上困難になるおそれがある。

このような場合、債権者は、土地明渡・引渡請求権を保全するために地上建物につき増改築禁止、建築工事続行禁止等の仮処分を求める必要がある。債務者が上記禁止の仮処分に反して建築工事を続行した場合には、債権者は、代替執行（民保52条1項、民執171条、民414条3項）によって、その物的状態を除去することができるというのが通説である。

3 不代替的作為義務の強制執行

執行債権たる作為請求権の目的が代替性を有しない場合には、その強制執行は、間接強制による（民執172条）。

たとえば、

① 芸能人の劇場に出演する義務、鑑定義務などのように、義務の本旨に従う履行が、債務者本人の特別の地位、技能、経験等に依存する場合、

② 財産管理人の清算行為をなすべき義務のように、債務者本人が自ら法律上の責任において行為しなければならない場合、

③ 代行者の選任義務のように、債務者本人の裁量に委ねなければならない場合

などがあるが、これら実現方法については間接強制が適している。

ただし、不代替的作為義務のすべてが間接強制の方式による強制執行が許されるというわけではない。すなわち、

㋐ 「意思表示をすべき義務」は不代替的作為義務であるが、民執174条および民法414条2項ただし書の特則により意思表示が擬制されるので間接強制の対象にならない。

㋑ 債務者の自由意思に反してその履行を強制しても、なお本来の内容の実現が期せられない場合は、間接強制が許されない。たとえば、義務の履行に債務者本人の特別の学識、技能を要する著作、講演、演奏・演劇をする義務、鑑定、絵画を書く義務などである。

㋒ 債務者の自由意思に反してまで履行を強制することが現代の文化観念に反する場合も、間接強制に適しない。たとえば、夫婦の同居義務（大決昭和5・9・30民集9巻926頁）、婚姻予約の不履行（大判大正8・5・12民録25輯765頁）などである。

㋓ 債務者の意思だけで履行できない場合も、間接強制の対象にならない。たとえば、会社からの新株の発行、他から交付を受けて債権者に引き渡すべき義務などである。

㋔ 債権者において特別な設備をしなければ債務を履行できない場合も同様である。たとえば、債権者の受電設備の完了前における送電義務などである。

これらの場合には、債権者は債務者に対し、債務不履行による損害賠償を求めるほかない。

4 不作為義務の強制執行

(1) 不作為義務の内容等

不作為義務は、①債務者に債権者または第三者が権利として行う行為を受

忍すべきこと（受忍義務）を内容とするものと、②債務者に一定の積極的な行為をなすことを禁止すること（狭義の不作為義務、禁止）を内容とするものとに分けることができる。

　②の不作為義務は、たとえば、「毎夜10時以降は騒音を発しない義務」のように反復的なものと、「債務者は債権者が特定の道路を通行することを妨害してはならない」とか「工作物を設置してはならない義務」のように継続的なものとがあるが、これらの給付については、債務名義成立後に具体的な義務違反がなければ任意に履行がされているわけである。したがって、不作為義務の執行ということはあり得ないが、債務者においてこの不作為義務に違反した場合、たとえば、「工作物の不設置義務に違反して工作物が設置された場合」とか「増改築の禁止に違反して増築したような場合」には、その工作物の除去等については代替性があるため、代替執行の方法が認められる。

(2) 執行方法と適用の諸態様

　このように不作為義務の強制執行については、不作為自体の強制的実現を図るときは間接強制によるが、違反結果の除去または将来のための適当な処分として代替的作為を命じたときは代替執行または間接強制による。同一の不作為義務の債務名義の執行につき、間接強制と代替執行が併用される場合もあり得る。

　もともと、不作為義務は、その内容（債務者の積極的行為の禁止か、債権者・第三者の行為の受忍か。1回的不作為か、反復的不作為か、継続的不作為か）を問わず、すべて、当然に不代替的であるから、執行方法としては間接強制だけでよいはずであるが、法は、不作為執行の手続構成上のテクニックとして作為義務を派生させて、起訴責任の転換を図りつつ、不作為義務違反がなかったのと同じ状態あるいは違反が起こらない状態を形成する方法を認めたのであり、この派生的作為義務の実現のためにも代替執行または間接強制が適用されるのである。[2]

2　中野・民事執行法776頁。

なお、債権者は、代替執行なら授権決定の申立てを、間接強制なら強制金決定の申立てをする。

(A) 不作為義務違反が現に継続中である場合

それが単純な不作為義務の違反ならば、間接強制により、執行裁判所が、以後の違反継続の期間に応じ、または相当と認める一定の期間内に違反を止めないときは、直ちに、一定の額の金銭を債権者に支払うべき旨を命ずる（民執172条1項）。違反行為の危険が重大・明白な場合には、不作為の事前強制としての間接強制も可能である。間接強制決定の申立てをする場合、債権者は、「債務者が不作為義務に違反するおそれがあることを立証すれば足り、債務者が現にその不作為義務に違反していることを立証する必要がない」とするのが判例である（最決平成17・12・9民集59巻10号2889頁、判時1920号39頁、参考裁判例〔3〕）。

受忍義務の違反が物的設備による妨害ならば、違反結果除却の代替執行によるべきであるが、債務者またはその指図に従う者の人力による抵抗ならば、やはり間接強制によることになる。

(B) 不作為義務の違反が何ら物的状態を残さない場合

この場合には、債権者としては、受けた損害の賠償請求に甘んずるほかない。これに対し、不作為の債務名義成立後の違反行為が違法な物的状態（たとえば、建築禁止義務に違反の建物、通行受忍義務違反の木柵・塀など）を残す場合には、代替執行により、債権者は、執行裁判所の授権決定を得て、債務者の費用で除却できる。違反結果の除却は、本来、不作為義務の内容に属せず、債権者は改めて除却請求の訴えを提起しなければならないはずであるが、不作為の債務名義成立後の債務者の違反行為により債務名義が容易に形骸化されるのでは救済の実を上げ得ないところから、一種の代償的執行としての除却を認めたのである。

(C) 反復的・継続的な不作為義務の違反がある場合

この場合には、債権者は、執行裁判所の「将来のため適当な処分」（予防的処分）を得て、その内容（違反防止のための物的設備の構築、担保の提供な

ど）に従い、代替執行・間接強制等によることができる。

　不作為自体の間接強制と予防的処分は、ともに違反行為の防止を目的とするから、同時にその双方を求めることはできないと解すべきであるが、不作為自体の間接強制または予防的処分と、違反結果除却処分は併行を妨げない。

参考裁判例

〔1〕　最判昭和31・7・4民集10巻7号785頁
　民法723条にいわゆる「他人の名誉を毀損した者に対して被害者の名誉を回復するに適当な処分」として謝罪広告を新聞紙等に掲載すべきことを加害者に命ずることは、従来学説判例の肯認するところであり、また謝罪広告を新聞紙等に掲載することは我国民生活の実際においても行われているのである。尤も謝罪広告を命ずる判決にもその内容上、これを新聞紙に掲載することが謝罪者の意思決定に委ねるを相当とし、これを命ずる場合の執行も債務者の意思のみに係る不代替作為として民訴734条に基き間接強制によるを相当とするものもあるべく、時にはこれを強制することが債務者の人格を無視し著しくその名誉を毀損し意思決定の自由乃至良心の自由を不当に制限することとなり、いわゆる強制執行に適さない場合に該当することもありうるであろうけれど、単に事態の真相を告白し陳謝の意を表明するに止まる程度のものにあつては、これが強制執行も代替作為として民訴733条の手続によることを得るものといわなければならない。そして原判決の是認した被上告人の本訴請求は、上告人が判示日時に判示放送、又は新聞紙において公表した客観的事実につき上告人名義を以て被上告人に宛て「右放送及記事は真相に相違しており、貴下の名誉を傷つけ御迷惑をおかけいたしました。ここに陳謝の意を表します」なる内容のもので、結局上告人をして右公表事実が虚偽且つ不当であつたことを広報機関を通じて発表すべきことを求めるに帰する。されば少くともこの種の謝罪広告を新聞紙に掲載すべきことを命ずる原判決は、上告人に屈辱的若くは苦役的労苦を科し、又は上告人の有する倫理的な意思、良心の自由を侵害することを要求するものとは解せられないし、また民法723条にいわゆる適当な処分というべきであるから所論は採用できない。

〔2〕　最判昭和45・12・18民集24巻13号2151頁
　民法723条にいう名誉とは、人がその品性、徳行、名声、信用等の人格的価値について社会から受ける客観的な評価、すなわち社会的名誉を指すものであつて、人が自己自身の人格的価値について有する主観的な評価、すなわち名誉感情は含まないものと解するのが相当である。けだし、同条が、名誉を毀損された被害者の救済処分として、損害の賠償のほかに、それに代えまたはそれとともに、原状回復処分を命じうることを規定している趣旨は、その処分により、加害者に対して制裁を加えたり、また、加害者に謝罪等をさせることにより被害者に主観的な満足を与えたりするためではなく、金銭による損害賠償のみでは填補されえない、毀損された被害者の人格的価値に対する社会的、客観的な評価自体を回復することを可能ならしめるためであると解すべきであり、したがつて、このような原状回復処分をもつて救済するに適するのは、人の社会的名誉が毀損された場合であり、かつ、その場合にかぎられると解するのが相当であるからである。
　ところで、原審の確定したところによれば、上告人らが本件委嘱状の送付を受けたことにより毀損されたのは同人らの社会的名誉またはそれと同視すべき同人らに対する政治的信頼ではなく、同人らの名誉感情にすぎなかつたというのであり、そして、原審の右事実認定は、原判決（その引用する第一審決を含む。以下同じ。）挙示の証拠関係に照らして、首肯することができないわけではないから、このような事実認定のもとにおいては、上告人らは、右委嘱状の送付を受けたことにより民法723条にいう名誉を毀損されたとして、同条所定の原状回復処分を求めることは許されないものと解すべきである。

〔3〕　最判平成17・12・9民集59巻10号2889頁、判時1920号39頁
　不作為を目的とする債務の強制執行として民事執行法172条1項所定の間接強制決定をするには、債権者において、債務者がその不作為義務に違反するおそれがあることを立証すれば足り、債務者が現にその不作為義務に違反していることを立証する必要はないと解するのが相当である。その理由は、次のとおりである。
　間接強制は、債務者が債務の履行をしない場合には一定の額の金銭を支払うべき旨をあらかじめ命ずる間接強制決定をすることで、債務者に対し、債務の履行を心理的に強制し、将来の債務の履行を確保しようとするものであるから、現に義務違反が生じていなければ間接強制決定をすることができないというの

では、十分にその目的を達することはできないというべきである。取りわけ、不作為請求権は、その性質上、いったん債務不履行があった後にこれを実現することは不可能なのであるから、一度は義務違反を甘受した上でなければ間接強制決定を求めることができないとすれば、債権者の有する不作為請求権の実効性を著しく損なうことになる。間接強制決定の発令後、進んで、前記金銭を取り立てるためには、執行文の付与を受ける必要があり、そのためには、間接強制決定に係る義務違反があったとの事実を立証することが求められるのであるから（民事執行法27条1項、33条1項）、間接強制決定の段階で当該義務違反の事実の立証を求めなくとも、債務者の保護に欠けるところはない。

　もっとも、債務者が不作為義務に違反するおそれがない場合にまで間接強制決定をする必要性は認められないのであるから、この義務違反のおそれの立証は必要であると解すべきであるが、この要件は、高度のがい然性や急迫性に裏付けられたものである必要はないと解するのが相当であり、本件においてこの要件が満たされていることは明らかである。

〔関連設問〕

1　Aは、Bとフランチャイズ契約を締結して居酒屋を営業していたが、その後両者間の上記契約は解約された。この契約には、終了後2年間は類似する営業を行ってはならないとする競業禁止条項があったにもかかわらず、Aはこれに違反して類似する営業をしたために、BはAに対し、営業差止請求訴訟を提起して勝訴判決を得た。

　　その後もAが類似営業を続けている場合、Bはどのような方法で止めることができるか。

2　公害訴訟や生活妨害訴訟等において、たとえば「被告は、原告に対し、その工場から発生する音量が隣接する原告の自宅中央部において、55ホーン以上侵入しないように防音装置を施せ」というような抽象的差止判決（作為・不作為の具体的内容を指示しない債務名義）が出る場合があるが、これは、どのような方法で強制執行するのか（参考＝名古屋高判昭和60・4・12判時1150号30頁）。

Ⅳ 意思表示義務の執行

> **設問14**
>
> 　Aは、Bから、平成16年5月30日、同人所有の甲建物を、代金2000万円、契約時に400万円を支払い、残代金を2カ月後に所有権移転登記手続と同時に支払うとの約束で買い受けた。
> 　Aは、知り合いの司法書士に甲建物の所有権移転手続申請を依頼していたが、Bは、約定の期限が経過しても同登記手続に協力しなかった。
> 　そこで、Aは、Bを相手に甲建物の所有権移転登記請求訴訟を提起したところ、裁判所は、「被告Bは、原告Aに対し、原告から1600万円の支払いを受けるのと引き換えに、甲建物につき平成16年5月30日付け売買による所有権移転登記手続をせよ」との判決を言い渡し、Bから控訴もなかったので同判決は確定した。
> 　その後もBが協力しない場合、Aはどのような手続により所有権移転登記を了することができるか。

1　登記請求権の法的性質

　登記申請は、不動産登記法により登記権利者と登記義務者が共同で申請するのが原則である（不登60条。共同申請主義）。登記義務者がこれに協力しない場合、登記権利者に、登記義務者が協力すべきことを求める実体法上の請求権を認める必要がある。これが登記請求権である。これは、登記官に対する登記申請という公法上の意思表示をすべきことを求める権利である。
　したがって、この訴訟の請求の趣旨としては「被告は、原告が、本件建物について、平成○年○月○日付け売買契約に基づく所有権移転登記手続をす

るに際して、登記義務者としての意思表示をせよ」というのが理論的に正しいのであろうが、実務では「被告は原告に対し、△△の登記手続をせよ」という作為命令のような書き方をするのが慣例である。

　登記請求権の法的性質については、古くから学説が分かれ、①物権的登記請求権説（現在の実体的な物権関係と登記とが一致しない場合に、その不一致を除去するため、当該物権そのものの効力として発生するのが登記請求権であるとする）、②債権的請求権説（不動産の売買契約のように、物権の移転を目的とする契約の効果として財産権移転義務の一内容として当事者が対抗要件を具備させる義務を負う場合、あるいは中間省略登記請求権、賃貸借契約等のように当事者間で一定の登記手続をするとの契約・特約があるときに発生するのが登記請求権であるとする）、あるいは③物権変動的登記請求権説（実体的権利変動があるのに、その変動の過程、態様と登記が一致しない場合に、その不一致を除去するために物権変動それ自体からこれに対応する請求権として発生するのが登記請求権であるとする）があるが、判例は、そのいずれであっても登記請求権が発生する（多元説）としている。

2　登記請求権（意思表示請求権）の実現

(1)　意思表示擬制の原則

(ア)　実現方法

　登記義務のような意思表示義務は、不代替的作為義務の一種であるが、法は、これについて特異な執行形態を認めた。意思表示義務を表示する債務名義の発効時点その他の所定時点で、その意思表示をしたものと擬制するのである（民執174条）。

　一般に、意思表示義務にあっては、その意思表示の結果として生ずべき法律効果が与えられれば執行の目的を達し、債務者に現実の表示行為の実施を強いるのは迂遠であり、徒に債務者に負担を加える結果となるからであり、この擬制は、性質上、1つの執行方法にほかならない。実務では、意思表示義務に関するものとしては登記義務がもっとも多い。

(イ) 擬制の要件と効果

　この意思表示の擬制があるのは、意思表示請求権を執行債権とする場合に限る。ここで意思表示とは、一定の法律効果を伴う意思表示でなければならないが、法律行為の要素たる意思表示に限らず、準法律行為たる観念の通知（たとえば、債権譲渡の通知）や意思通知（催告等）を含み、要式行為たる意思表示、公法上の意思表示、第三者に対する意思表示でもよい（たとえば、官公署に対する許認可申請）。ただし、観念的な法律効果の発生で足りる場合でなければならず、債務者自身の事実的行為を要する意思表示（たとえば、証券上の署名を要する手形行為等）をなすべき義務の執行は、この方法ではできず、間接強制の方法によることになる。

　意思表示を命ずる判決その他の裁判が確定し、または、その旨の和解、認諾、調停の調書もしくは労働審判に係る債務名義が成立したときは、債務者は、その確定または調書の成立のときに意思表示をしたものとみなされる（民執174条1項本文）。もちろん、判決その他の債務名義上で、意思表示の内容が明確になっていなければならないが、これらの判決確定等のときに、原則として、債務者が有効適式にその意思表示を現実に行ったものとみなされるのであって、何らの現実の執行処分は必要ない。たとえば、AがBから不動産を買い受け、代金を支払ったがBがその所有権移転登記手続に協力しないときには、Bに対し訴えを提起して勝訴判決を得れば、その判決が確定することにより、売主Bの登記申請行為に代わるものとなる。そこで、Aはその判決謄本を添付することにより単独で登記申請手続をすることができる（不登63条）。

　意思表示の相手方が第三者、特に官公庁である場合には、債権者が裁判や調書の正本・謄本を第三者に送付または提示すれば足り、その到達または提示の時に擬制された意思表示が到達して法律効果が発生する。

　判決確定または調書成立に伴う意思表示の擬制により意思表示の執行は、即時に終了するから、執行文の付与は原則として必要ではない。

422

(2) 例外（執行文が必要な場合）

① 意思表示義務が確定期限の到来に係る場合には、その期限の到来時に擬制される（民執30条1項）。

② 次の場合は、執行文が付与された時に、意思表示が擬制される。

　㋐ 債務者の意思表示が債権者に証明責任のある事実（債権者の先給付、不確定期限の到来、農地の売買における県知事の許可等）の到来に係る場合（民執174条1項ただし書）

　　条件成就（補充）執行文（民執27条1項）が付与された時に意思表示があったものとみなされる。たとえば、農地の売買において知事の許可を条件として所有権移転登記を命ずる債務名義においては、債権者がその許可を得たことを証明して条件執行文を取得した時点で、債務者の移転登記意思の表示があったことが擬制される。執行文付与の訴えにより執行文が付与された場合は、その認容判決確定の時点で擬制の効果が生ずる。

　㋑ 意思表示が反対給付との引き換えに係る場合（民執174条1項ただし書・2項）

　　債権者が反対給付またはその提供を証する文書を提出したときに限り、執行文を付与することができ、その執行文が付与された時に意思表示したものとみなすことになっている（この場合の執行文付与申立書の記載事項につき民執規157条、16条1項）。これは、反対給付の履行を執行機関が調査する機会がないので、執行文付与機関がチェックするのである。設問のような引換給付の場合の反対給付は、通常は執行開始要件とされているが（民執31条1項）、意思表示の場合、債権者としては、結果として先給付を強いられることになるとしても、執行文の付与と同時に請求権が満足されるので、不都合はないからである。

　㋒ 債務者の意思表示が債務者の証明すべき事実（債務の履行等）のないことに係る場合（民執174条1項・3項）

　　意思表示義務がいわゆる過怠約款における債務不履行にかかるとき

423

が問題になる。たとえば、和解調書に「……の期日までに支払いがないときは代物弁済を原因とする所有権移転登記手続をする」との和解条項があるときには、その債務不履行は債権者の証明すべき事実に当たらないが、「過怠あり」とする債権者の単独の移転登記申請を認めるのでは、過怠を争う機会が債務者に保障されないことになる。そこで、法は、意思表示の擬制時点を執行文が付与された時とするとともに、1つの緩衝措置を定めたのである。すなわち、この執行文付与（単純執行文）の申立てがあったときは、裁判所書記官は、債務者に対し一定の期間を定めて当該事実の不存在（債務の履行等）を証明する文書の提出を催告しておき、これに対し、債務者が所定期間内に証明文書を提出しないときに限り、執行文を付与することができるとした。

(3) 救済方法

執行文付与が拒絶されたときは、債権者は、執行文付与に関する異議（民執32条）、執行文付与の訴え（民執33条）を提起することができる。債務者が過怠していないこと（履行したこと）を証明する文書を提出できないときは、執行文付与前に請求異議の訴え（民執35条）を提起し執行停止の仮の処分を得て、これを裁判所書記官に提出して、意思表示の擬制を妨げることができる。

条件成就執行文が付与されたときには、付与された執行文と債権者提出の証明書が債務者に送達されるから（民執29条）、債務者は、執行文付与に対する異議（民執32条）、執行文付与に対する異議の訴え（民執34条）に基づいて、執行文の付与を取り消してもらえば、擬制による意思表示も遡って失効する。

第4章　違法執行・不当執行に対する救済

　強制執行手続は、適法かつ正当に進められなければならない。しかし、ときには、債権者の執行手続の利用が正当な理由なく断られたり、反対に、債務者または第三者が違法に強制執行を受けたり、あるいは実体的な理由もないのに不当な強制執行を受けたりすることがあり得る。こうした場合には、これらを救済する方法が用意されていなければならない。

Ⅰ　違法執行と不当執行に対する救済方法の概括

1　違法執行

　違法執行とは、執行機関の執行行為が執行に関する手続法規に違反していることである。

　違法執行に対する救済方法としては、民事執行法上、関係人が「執行抗告」または「執行異議」によって是正を求める。

　また、それによって損害を受ける者があるときは、実体法上、執行手続外で、執行機関、すなわち国に対して国家賠償請求を求めることができ、また、差押債権者に故意・過失があったときには、民法709条に基づき不法行為による損害賠償請求の訴えを提起することが考えられる。

2　不当執行

　不当執行とは、執行法上は適法であるが、実体法上は違法である執行のことである。

　不当執行に対する救済方法としては、執行法上の救済として、請求異議の

訴え、第三者異議の訴え等のいわゆる執行関係訴訟が用意されており、また民事訴訟法上の定期金による賠償を命じた確定判決の変更を求める訴え（民訴117条）も、上記の請求異議の訴えと同じ機能をもっている。既に説明してきたように、執行手続の基本構造としては、執行機関が権利判定機関から分離していて、執行機関は請求権の存在または内容が公証された債務名義に準拠して執行を実施すれば適法とされている。すなわち、債務名義に表示された請求権が実体法上存在しなかったり、その債務名義の成立当時に存在していた実体権がその後消滅し、あるいはその権利内容に変化が生じても、これによってその執行力が当然に消滅することはなく、当該債務名義による執行も適法とされ、その実体権との齟齬は、上記の執行関係訴訟等の提起を待って権利判定機関の判断により是正されるのである。

　また、執行手続外では、実体法上、債務者または第三者が差押債権者に対し損害賠償請求訴訟を提起したり、他の配当受領債権者に対して不当利得返還請求訴訟を提起することが考えられる。

　ただし、「違法執行に対しては執行抗告と執行異議により、不当執行に対しては訴えによる」との原則は、債務名義を有しない担保権実行の手続においては、必ずしも徹底していない。たとえば、担保不動産競売の開始決定に対する執行異議においては、担保権の不存在・消滅という実体異議事由が主張できるし（民執182条）、担保不動産収益執行の開始決定に対しては、同じ実体上の理由を執行抗告の理由として主張することができる（民執188条）。また、動産競売においては、差押えに対する執行異議の理由として、担保権の不存在・消滅を主張することができる（民執191条）。さらに、債権等に対する担保権実行手続においても、差押命令に対する執行抗告の理由として、担保権の不存在・消滅を主張することができる（民執193条2項、182条）。つまり、担保権実行手続の場合には、執行抗告および執行異議は、不当執行の是正のための手段としても機能することがある（実体異議、実体抗告といわれる）。

　なお、強制執行における金銭執行の例で、違法執行・不当執行に対する救

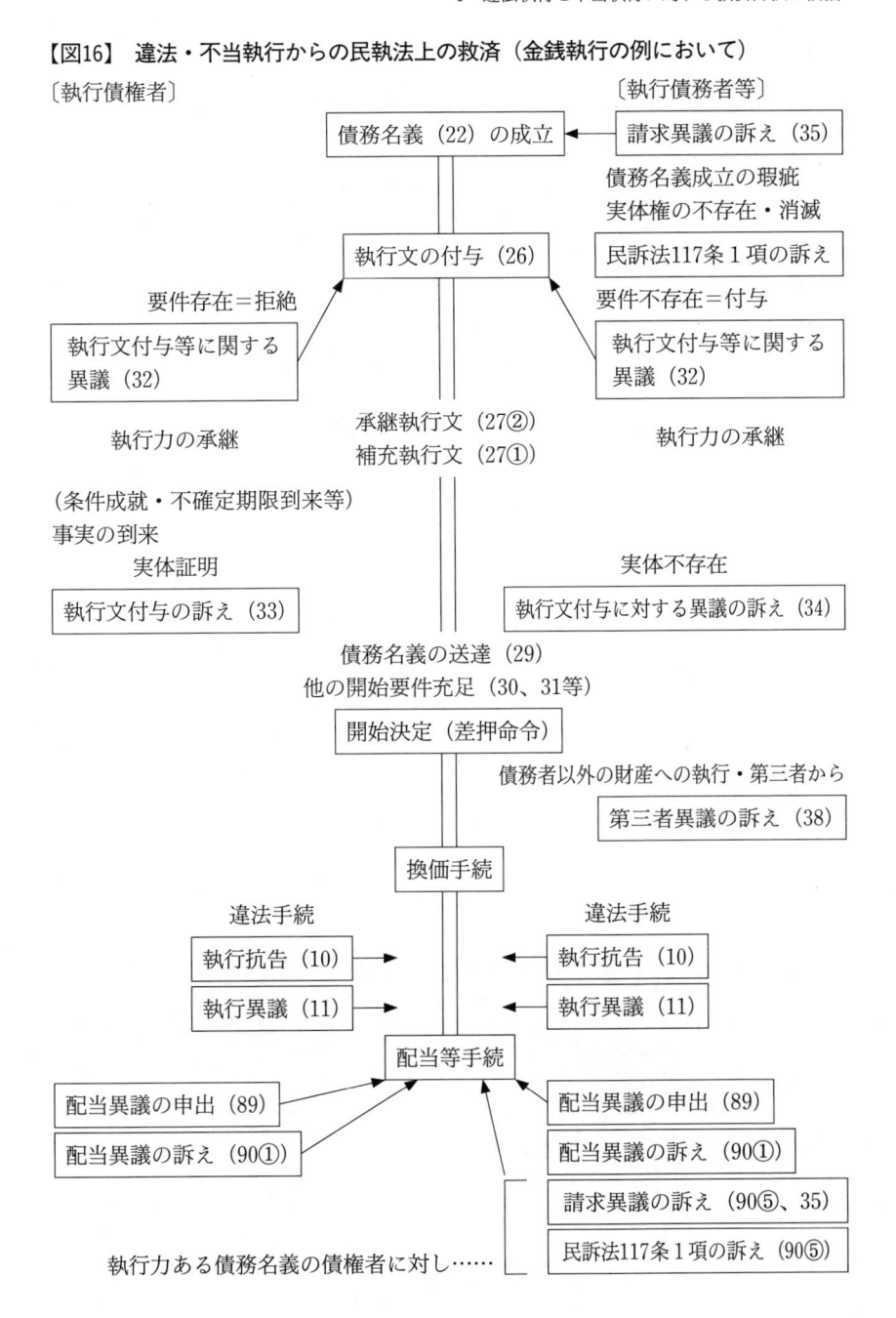

I 違法執行と不当執行に対する救済方法の概括

【図16】 違法・不当執行からの民執法上の救済（金銭執行の例において）

〔執行債権者〕　　　　　　　　　　　　　　　　　〔執行債務者等〕

```
                    債務名義（22）の成立  ←  請求異議の訴え（35）
                           │
                           │               債務名義成立の瑕疵
                           │               実体権の不存在・消滅
                           │
                    執行文の付与（26）        民訴法117条1項の訴え
        要件存在＝拒絶   ↑      ↑   要件不存在＝付与
   ┌──────────────┐       ┌──────────────┐
   │執行文付与等に関する│       │執行文付与等に関する│
   │異議（32）         │       │異議（32）         │
   └──────────────┘       └──────────────┘
     執行力の承継                              執行力の承継
                    承継執行文（27②）
                    補充執行文（27①）
   （条件成就・不確定期限到来等）
     事実の到来
        実体証明                              実体不存在
   ┌──────────────┐       ┌──────────────┐
   │執行文付与の訴え（33）│       │執行文付与に対する異議の訴え（34）│
   └──────────────┘       └──────────────┘
                    債務名義の送達（29）
                    他の開始要件充足（30、31等）
                           │
                    開始決定（差押命令）
                           │               債務者以外の財産への執行・第三者から
                           │               ┌──────────────┐
                           │               │第三者異議の訴え（38）│
                           │               └──────────────┘
                    換価手続
        違法手続                              違法手続
   ┌──────────────┐       ┌──────────────┐
   │執行抗告（10）    │ →   ← │執行抗告（10）    │
   │執行異議（11）    │ →   ← │執行異議（11）    │
   └──────────────┘       └──────────────┘
                    配当等手続
   ┌──────────────┐       ┌──────────────┐
   │配当異議の申出（89）│       │配当異議の申出（89）│
   │配当異議の訴え（90①）│       │配当異議の訴え（90①）│
   └──────────────┘       └──────────────┘
                                           ┌──────────────┐
                                           │請求異議の訴え（90⑤、35）│
                                           │民訴法117条1項の訴え（90⑤）│
                                           └──────────────┘
   執行力ある債務名義の債権者に対し……
```

427

済方法を図示すれば、【図16】のとおりである。

II 違法執行に対する救済

1 執行手続内における救済

　執行機関の執行に関する処分には、執行裁判所が執行処分を行う場合（不動産執行、債権執行）と、執行官が行う場合（動産執行）とがあるが、前者に対する不服申立てには「執行抗告」と「執行異議」があり、後者に対する不服申立てには「執行異議」がある。ただし、少額訴訟債権執行における裁判所書記官が行う執行処分に対しては、「執行異議」の方法による。

(1) 執行抗告

(ｱ) 制度の趣旨

　執行抗告および執行異議は、民事執行法が執行機関の違法な執行処分に対する救済手段として規定した不服申立方法であるが、このうち、執行抗告は、民事執行手続に関する執行裁判所の裁判（決定・命令）について、執行抗告をすることができるとする特別の定めが法規にあるものを対象とするものであり、上級審への不服申立てである（民執10条）。

　執行抗告の制度は、執行手続の適正・迅速を図るために、旧法の即時抗告制度における不服申立ての濫用による執行手続の遅延を防止するということで、民事執行法においては、大きな変革が加えられた。すなわち、特別の規定がある場合に限って申立てができること（旧法下では執行裁判所の執行異議を一般的に許したこととの対比）、抗告期間の制限があることは即時抗告と変わらないものの、当然に執行停止の効力がないこと（民訴332条、334条参照）、抗告につき理由強制の制度をとったこと、債権執行の債権差押・転付命令等に対して執行抗告が認められたことなどが特徴である。

(ｲ) 執行抗告の対象となる執行裁判所の裁判

　執行抗告は、執行裁判所の執行処分としての裁判について、原則として、その取消し、変更を求める抗告裁判所に対する上訴である。執行抗告ができ

る旨の特別規定があるときに限り認められるが、対象となる裁判は、概ね次の3種類である。

　(A)　民事執行全体または特定の関係人にとっての執行手続を終局させる裁判

　たとえば、執行抗告の申立てを却下する原裁判所の決定（民執10条8項）、民事執行の申立てを却下する決定（民執14条5項、45条3項、145条5項等）、民事執行の手続を取り消す決定（民執12条1項前段）等であるが、これらは、違法な裁判を是正する最後の機会となってしまうので、執行抗告の対象とされる。

　(B)　その段階で執行抗告を認めないと関係人に重大な不利益を与えるおそれがある裁判

　たとえば、売却のための保全処分の申立てについての裁判（民執55条6項）、最高価買受人等のための保全処分に関する裁判（民執77条2項、55条6項）、強制管理中の建物の使用許可に関する決定（民執97条3項）、差押禁止財産の範囲の変更に関する裁判（民執132条4項、153条4項）等である。これらは、基本となる執行手続から独立した性格のもので執行手続の一定の段階でなされることに意義があり、その段階での正当性につき決着をつけておく必要性があるが、その効果について債権者・債務者が実体的にも利害関係を有することになるので、執行抗告の対象とされる。

　(C)　実体関係の変動あるいは確定を生ずる裁判

　たとえば、不動産の売却許可・不許可決定（民執74条1項）、不動産引渡命令の申立てについての裁判（民執83条4項）、不動産の強制管理開始決定（民執93条5項）、代替執行における授権決定または費用前払命令の申立ての裁判（民執171条5項）、債権差押・転付命令の申立てについての裁判（民執159条4項）等である。これらは、その裁判により実体関係の変動が生じあるいは確定してしまうので、執行抗告の対象とされる。

　㈦　執行抗告において主張できる事由

　原則として、執行裁判所の遵守すべき手続法規の違背に限られ、執行債権

の不存在や消滅等の実体法上の事由を主張することは許されない（ただし、担保権実行における執行抗告については実体法上の事由が主張できる）。

　㈐　**執行抗告の手続等**
　⒜　抗告権者
　その裁判に対し不服申立ての利益を有する申立人・相手方およびその他の利害関係人である。

　⒝　執行抗告手続
　抗告の提起期間は、裁判の告知を受けた日から１週間の不変期間内であり（民執10条２項）、抗告人は、この期間内に、抗告状を原裁判所（執行裁判所）に提出する。抗告裁判所に直接、または原裁判所以外の裁判所へ提出した場合は、移送されず、不適法な申立てとして却下される（最決昭和57・7・19民集36巻６号1229頁、参考裁判例〔１〕）。抗告人は、抗告の理由を抗告状に記載するか、抗告状提出の日から１週間以内に理由書を原裁判所に提出しなければならず、それには規則に定めるところにより、原裁判の取消しまたは変更を求める事由を具体的に記載する必要がある（民執10条３項・４項、民執規６条）。

　⒞　原裁判所での手続
　執行抗告状は原裁判所に提出されるので、まず原裁判所が審査するが、原裁判所は、次の場合は自ら執行抗告を却下しなければならない（民執10条５項）。
　①　抗告状または理由書に執行抗告の理由が記載されていないとき
　②　執行抗告の理由が形式的には記載されているが、原裁判の取消しまたは変更を求める事由が具体的に記載されていないとき
　③　執行抗告が不適法であってその不備を補正することができないことが明らかであるとき
　④　執行抗告が民事執行の手続を不当に遅延させることを目的としてなされたものであるとき
以上いずれかに該当する場合である。

原裁判所の却下決定に対しては、さらに執行抗告ができる（民執10条8項）。

次に、原裁判所は、執行抗告を理由ありと認める場合は、原裁判を取り消しまたは変更することができる（民執20条、民訴333条）。これを再度の考案という。また、理由がないと認めるときは、原裁判所はその旨の意見を付して抗告裁判所に事件を送付する（民執規15条の2、民訴規206条）。

　(D)　執行停止の仮の処分

執行抗告ができる裁判で、例外的に確定しなければ効力が生じないとされるものがあるが（民執12条2項、159条5項等）、それ以外は、執行抗告の申立てがあっても、当然に執行停止の効力が生じない。

そこで、抗告裁判所は、執行抗告についての裁判が効力を生ずるまでの間、担保を立てさせ、もしくは立てさせないで、原裁判の執行の停止もしくは民事執行の手続の全部もしくは一部の停止を命じ、または担保を立てさせてこれらの続行を命ずることができる。事件の記録が原裁判所にあるときは、原裁判所もこれらの処分を命ずることができる（民執10条6項）。この決定に対しては、不服を申し立てることができない（同条9項）。

　(E)　抗告審の審理と裁判

抗告裁判所は、原裁判に対する抗告人の不服の当否について審判するが、抗告状または抗告理由書に記載された抗告理由に限って調査する（民執10条7項本文）。抗告理由書の提出期間後に抗告理由の追加を認めるべきかについては見解が分かれるが、期間経過後新たに生じた不動産の滅失（民執53条）や損傷（民執75条）等については認めるべきであろう（参考＝東京高決平成10・12・2判時1669号80頁）。抗告裁判所は、原裁判に影響を及ぼす可能性のある法令の違反または事実の誤認の有無については、職権で調査することができる（民執10条7項但書）。

審理は、民事訴訟法における抗告審と同じように、書面または審尋によりなされ、決定で処理する。

抗告裁判所は、執行抗告が不適法の場合にはこれを却下し、適法であっても抗告の理由がない場合は棄却する。抗告の理由があると認める場合、また

432

II 違法執行に対する救済

は職権調査により取消事由があることを認めた場合は、原裁判を取り消し、自判または差戻しの決定をする（民執20条、民訴307条〜309条、331条）。

(F) 許可抗告等

執行抗告についての裁判に対しては、抗告裁判所が地方裁判所である場合（簡易裁判所が執行裁判所になる場合）を除き、再抗告はできない（裁7条2号）。

高等裁判所が抗告審として決定に対しては、その高等裁判所の許可があった場合に限り、最高裁判所へ抗告することができる（民執20条、民訴337条）。これを許可抗告という。現行民事訴訟法がこの許可抗告制度を設けたことにより、最高裁の決定により重要な執行実務の方針が確立することができるようになった。

また、憲法違反を理由とするときは特別抗告（民執20条、民訴336条）が、また所定の事由があれば再審抗告（民執10条10項、民訴349条）が、それぞれ可能である。

コラム　即時抗告と執行妨害

旧法（民事執行法制定前の旧民事訴訟法）時代は、執行妨害の手段として即時抗告が頻繁に悪用された。たとえば、即時抗告に執行停止の効力がない場合であっても、抗告状は原裁判所または抗告裁判所のいずれに対しても提出することができ、抗告があると原裁判所は競売の一件記録全部を抗告裁判所に送付する扱いであり、原裁判所には執行記録がなくなってしまうので執行手続を事実上停止するほかなかった。

そのため、執行妨害屋は、理由なき即時抗告を濫発して時間稼ぎをしたのである。

しかし、現行法の下では、即時抗告とは異なる執行抗告制度を設け、抗告状は必ず原裁判所に提出すること、抗告状や理由書に所定の理由の記載のない場合や執行手続を不当に遅延させる目的が明らかな場合には原裁判所で却下できること、さらに原裁判所が却下しない場合でも、民事執行事件の記録を送付する必要がないと認めたときは、抗告事件の記録のみを送付すれば足りるとした

433

ので(民執規7条)、上記の方法による執行妨害を防ぐことができるようになった。

(2) 執行異議
　(ア) 制度の趣旨

　執行異議は、執行裁判所の裁判で執行抗告をすることができないもの(民執11条1項前段)、執行官の執行処分および遅怠(民執11条1項後段)をそれぞれ対象とするものである。なお、少額訴訟債権執行の手続において、裁判所書記官が行う執行処分に対しては、執行裁判所(簡易裁判所)に執行異議を申し立てることができる(民執167条の4第2項)。

　いずれも、執行機関の執行手続上の個別の処分に対する不服申立てであり、その点で、執行債権の存否あるいは執行文付与の要件その他の要件を争って執行全体の排除を求める請求異議の訴え、執行文付与等に関する異議等との救済手段とは異なる。

　(イ) 執行異議の対象

　執行異議の対象は、第1に執行裁判所の執行処分で執行抗告が認められないものである。執行裁判所の裁判だけでなく、その他の処分も含まれ、執行裁判所が執行処分をするべきなのにしない場合も含まれる。第2に執行官の執行処分またはその懈怠に対して許される。

　いずれも、原則として手続違背を理由とする、執行裁判所に対する不服申立てである(ただし、担保権実行に関しては、手続違背だけでなく、実体上の事由を理由とすることができる)。

　(ウ) 執行異議の手続等
　　(A) 申立権者

　執行異議を申立てできるのは、執行処分または懈怠により自己の法的利益を害された者である。異議手続では2当事者対立構造を前提としていないが、異議の内容により申立人と対立する利害関係を持つ者が特定される場合には、

434

その者を相手方とする。

(B) 申立期間等

申立期間については特に制限はないが、執行手続が完結した後は、もはや執行処分を取り消す余地はないから、執行異議は却下される。

申立ては、期日外では、書面により、かつ、異議理由を明示しなければならない（民執規8条）。

(C) 執行停止の仮の処分

執行異議は、執行手続を停止する効力をもたない。申立人は、執行抗告の場合と同じく執行停止等の仮の処分（上記(1)(ェ)(D)）を得て、これを執行機関に提出しなければならない（民執11条2項、10条6項前段、39条）。

(D) 異議の審理と裁判

執行異議についての裁判は、執行抗告と同じように、口頭弁論を経ずして審理をし、決定による（民執4条）。執行裁判所は、異議申立てが不適法であれば却下し、理由がないときは棄却決定をする。また、異議に理由があるときは、当該処分を取消し・変更したり、懈怠が違法であるときは新たな執行処分をする。特に執行官の執行処分等に対する異議では、執行官のした執行処分を許さない旨の宣言をしたり、その取消し、新たな執行処分をすべきことを命令した内容の決定をする（参考＝東京地八王子支決平成11・7・19判時1691号115頁）。

(E) 不服申立て

異議の裁判に対しては、原則として、不服申立てができない。ただし、①民事執行の手続を取り消す旨の決定、②執行官がした民事執行の手続を取り消す処分に対する異議の申立てを却下する裁判、③執行官に対し民事執行の手続の取消しを命ずる決定に対しては、執行抗告ができる（民執12条1項）。

(3) **執行文付与等に関する異議**（民執32条）

(ア) 執行文付与等をめぐる救済方法の種類

執行文付与に関する救済方法としては、次の3種類が定められている。すなわち、①一般的な不服申立てとして「執行文付与に関する異議」、②民執

435

27条所定の条件成就や承継執行の成否に関して、債権者の救済手続として「執行文付与の訴え」、そして③債務者の救済手続として「執行文の付与に対する異議の訴え」である。

このうち、執行文付与等に関する違法性を主張して不服申立てするのが、執行文付与等に関する異議申立てである。これについては、㋐執行文付与拒絶に対する債権者の異議と、㋑執行文付与に対する債務者の異議とがある。

なお、少額訴訟の確定判決または仮執行宣言付少額訴訟判決あるいは支払督促の再度付与等に関する処分についても、これら異議に関する規定が準用されている（民執32条5項）。

　(イ)　異議の当事者

上記㋐の裁判所書記官または公証人によって執行文付与の申立が違法に拒絶されたときは「債権者」が、㋑の裁判所書記官等によって違法に執行文が付与されたときは「債務者」が、それぞれ後記の管轄裁判所に異議の申立てができる（民執32条1項）。

㋐について申立てを拒絶された債権者は、後で説明する「執行文付与の訴え」を提起することができる。また、付与拒絶処分が取り消され執行文が付与されても、債務者は「執行文付与に対する異議の訴え」を提起できる。

㋑について、異義の申立てが排斥されても、債務者は「執行文付与に対する異議の訴え」を提起することができる。また、異議が認容されても、債権者は、「執行文付与の訴え」を提起することができる。

　(ウ)　管　轄

いずれも、裁判所書記官の処分については、その書記官の所属する裁判所、公証人の処分については、その公証人役場の所在地を管轄する地方裁判所が管轄する（民執32条1項）。

　(エ)　異議の事由

　(A)　拒絶に対する異議

執行文付与の要件が具備していること（付与機関の調査すべき事項についての判断が不当であること）である。具体的には、補充執行文の事実到来、承

継執行文の執行力拡張についての債権者の証明の有無が問題になる。

(B) 付与に対する異議

執行文付与の要件が具備していないことである。たとえば、裁判未確定により債務名義の執行力が現存しない、民執法27条所定の証明文書の提出がないなどの形式的要件の欠缺が原則である。条件成就の成否、承継の有無という執行文付与の要件に関する実体的事実まで主張できるか否かについては見解が分かれるが、肯定すべきである。[1]

(オ) 　審理および裁判

口頭弁論を経ないで審理することができ、裁判は決定をもってなされ、この裁判に対しては不服申立てができない（民執32条3項・4項）。

異議に理由があるときは、上記(エ)の(A)については、執行文付与拒絶の処分を取り消す旨を宣言し、(B)については、執行文付与を取り消し、かつその執行文を付した債務名義の正本に基づく執行を許さない旨を宣言する。

(カ) 　執行停止の仮の処分

執行文の付与に対して異議の申立てがあっても、当該債務名義の正本に基づく強制執行は当然には影響を受けない。異議の申立てを受けた裁判所（または急迫の事情があるときは裁判長も）は、異議についての裁判をするまでの間、職権で、（担保を立てさせまたは立てさせないで）強制執行の停止をしたり、または（担保を立てさせて）強制執行の続行を命ずることができる（民執32条2項）。この仮の処分も口頭弁論を経ないで行われ、また、これに対して不服の申立てができない（民執32条3項・4項）。

(4) 　**配当異議の申出**（民執89条）

(ア) 　**制度の趣旨**

配当表に記載された各債権者の債権額・配当額について不服のある債権者は、配当期日において、配当異議の申出をすることができる（民執89条1項）。配当異議を申し出ることができるのは、配当期日に呼び出しを受けた債権者

---

[1] 中野・民事執行法272頁。

および債務者である。配当表に記載のない債権者は、まず配当表に対して執行異議の申立てをすべきであり、直ちに配当異議の申出ができないとするのが判例である（最判平成6・7・14民集48巻5号1109頁、参考裁判例〔2〕）。

(イ) 配当異議の完結

配当異議の申出は、訴えによって完結されなければならない。すなわち、配当期日から1週間以内（差引納付の場合は2週間以内）に、執行裁判所に提訴の証明がされないときは、配当異議の申出は取り下げられたものとみなされる（民執90条1項・6項）。そこで、配当異議を申し出た者は、次の場合に分けて必要な訴えを提起することになる。

① 債権者の異議または債務名義を有しない債権者（無名義債権者）に対する債務者の異議の場合は、配当異議の訴え（民執90条1項。後記Ⅲの1の(6)参照）

② 債務名義を有する債権者（有名義債権者）に対する債務者の異議の場合は、請求異議の訴え（民執35条）または定期金による賠償を命じた確定判決の変更を求める訴え（民訴117条。後記Ⅲの1の(1)、(2)参照）

配当異議訴訟が提起された債権に対しては、配当額は供託され（民執91条1項7号）、当該訴訟の結果を待って還付請求または配当表の変更ができる。

2 執行手続外における救済

(1) 国家賠償請求訴訟

執行機関（執行官、執行裁判所）が違法な執行処分をすると、それは公務員の公権力の行使に当たるので、それにより損害を被った者は、国に対し国家賠償を求めることができる（国家賠償法1条）。もっとも、判例（最判昭和57・2・23民集36巻2号154頁、参考裁判例〔1〕）は、被害者が民事執行法上の不服申立手段による救済を求めなかった場合には、執行裁判所が自ら執行処分を是正すべき場合等特別の事情があるときを除き、国家賠償を求めることができないとしている。

438

(2) 民法709条による不法行為による損害賠償請求

　差押債権者の申立て等の行為が不法行為を構成することになれば、被害者から差押債権者に対して民法709条による損害賠償請求をすることが考えられる。

〔関連設問〕

　債権差押・転付命令に対する執行抗告手続において、抗告理由書提出期間経過後に民執法159条6項の抗告理由を追加することができるか（参考裁判例＝東京高決昭和56・12・11判時1032号67頁（肯定・百選77①）、東京高決昭和57・3・15判時1042号103頁（否定・同②））。

III 不当執行に対する救済

1 執行関係訴訟等による救済

(1) 請求異議の訴え（民執35条）──不当な債務名義からの救済
(ア) 制度の趣旨

　これまで説明してきたように、強制執行は、執行力ある債務名義に基づいて実施される。債務名義は、一般に高度の蓋然性をもって給付請求権・執行債権の存在と内容を表示するが、その表示どおりの請求権が実体法上存在しなかったり、あるいは債務名義の成立当時には存在していたが、その後消滅したり、または内容や態様に変更を生ずる場合がある。この場合でも、その債務名義の執行力が当然に消滅・変更するのではないから、それに基づき執行機関が強制執行を開始しても、その手続は何ら違法ではない。

　もちろん、これは実体法秩序に違反する執行であるから、それは実体的に違法という意味で「不当執行」となり、これにより債務者は不当な侵害を被ることになる。そこで、法は、債務名義の制度的論理を貫いて、このような不適合については、債務者のイニシアティブにより開始される裁判上の手続において主張させ、その結果として得た反対名義の執行機関への提出を待って強制執行の停止・取消しをするようにしたものである。

　その反対名義を得るには、上訴・異議・再審などの民事訴訟法上の不服申立てによって、債務名義自体を取消しまたは変更することができるが、不服申立ての期間があるものについては手続を利用できないことがあるし、執行証書のように裁判以外の債務名義については、その名義自体の取消し・変更の制度がない。

　そこで、反対名義形成のための独立の手続を認める必要があり、しかも、そこでは実体権の存否・内容の確定がなされなければならない以上、必要的口頭弁論において判決により裁判をするのが相当である。

このように、債務名義制度の採用とともに、債務者の側に、債務名義に表示された請求権の存在または内容について異議を主張し、その債務名義の執行力の排除を求める独立の訴えが、請求異議の訴えである。つまり、請求異議の訴えは、債務者の救済機能を有するとともに、反面として、強制執行の実体的正当性を担保する機能を有することになる。

(イ) **訴えの性質等**

請求異議の訴えは、債務名義の表示が実体法上の権利関係と一致しないこと、またはその成立について瑕疵があることに基づいて、その債務名義としての執行力を将来に向かって排除し、これに基づく強制執行を阻止することを目的とする訴えである。債務名義自体の取消し・変更を目的とするものではなく、また個々の財産に対する個別執行の排除を目的とするものでもない。

このような請求異議の訴えの性質をどのようにみるべきかについては、執行請求権ないし債務名義の執行力とも関連して、古くから学説上大いに議論されてきた。ただ、この性質論は執行実務にそれほど影響を与えるものではないので、ここでは主要な見解を簡単に紹介するにとどめる。[2]

(A) 給付訴訟説

債務名義に表示された請求権の不行使を求める訴えとか、債務名義の返還を求める訴えとか、執行機関に対する執行禁止命令を求める訴えなどと説明する見解である。

(B) 形成訴訟説

執行力の排除または変更を生ぜしめる訴訟法上の形成権である異議権を訴訟物とする訴訟法上の形成訴訟であるとする見解であり、かつての通説といわれる。

(C) 確認訴訟説

執行力もしくは実体上の請求権の不存在確認を求める訴えであるとする見解である。

---

2 詳細について、中野・民事執行法225頁以下およびその引用文献。

(D) 特殊訴訟説

(A)ないし(C)だけでは説明できない、複合的機能を有する執行法上の特殊な訴えと説明する見解であり、近時の通説といわれる。もっとも、この訴訟における「請求権不存在等の確認」と「債務名義の執行力の排除」と「判決主文における執行不許の宣言」という異なる機能のうち、それぞれどのように併存するかについて、さらに見解が分かれ、

① 請求権不存在等の確認という確認的機能と執行力排除という形成的機能とが併存する特殊の訴えとする「救済訴訟説」(三ヶ月教授)
② 執行が実体上違法であることの確認と執行機関に対する執行不許の指示ないし命令を求める訴えであるとする「命令訴訟説」(竹下教授)
③ 特定の債務名義につき執行力の排除を求めうる地位にあるとの形成的な法的主張を訴訟物とする訴えであるとの前提に立ち、特定の債務名義による強制執行を不当とする法的状態の確認に債務名義の執行力の排除という法的効果が結び付けられた判決を求める訴えであるとする「新形成訴訟説」(中野教授)
④ 特定の債務名義について、これに表示されている請求権の不存在または態様の異なることもしくは債務名義が成立の瑕疵により無効であることの確認とそれに付随する強制執行不許の宣言を求める訴訟であるとする「新確認訴訟説」(山木戸教授)、などがある。

これらの近時の学説において、この訴えの性質に関する見解は説明の仕方は異なるが大筋において一致しているといえる。判例は、(B)の形成訴訟説を採っているとされる。

(ウ) **対象となる債務名義**

請求異議の訴えは、執行力の排除を目的とするものであり、執行力を有するあらゆる債務名義を対象とする。ただし、裁判としての債務名義と、裁判以外の債務名義とでは、主張できる異議事由などに差があるから、これを分けて考える必要がある。

(A) 裁判としての債務名義

判決、執行判決付きの外国判決（民執24条）、不動産引渡命令（民執83条）、金銭の支払いを命ずる間接強制決定（民執172条）、婚姻費用の分担を命ずる家事審判（家審9条乙3号）等の裁判としての債務名義が対象になる。ただし、仮執行宣言付きの判決は、未確定であっても執行力を備えているが、上訴や異議（少額訴訟の場合など）の手続により、その効力を争うことができるので、請求異議の訴えの対象にならない（民執35条1項前段括弧書）。また、仮差押命令や物の給付その他の作為または不作為を命ずる仮処分命令も、保全手続内での救済（民保26条、38条、39条）が設けられているので、請求異議訴訟の対象とはならない。

(B) 裁判以外の債務名義

公正証書（執行証書）、和解調書、調停調書、認諾調書、支払督促、執行判決付きの仲裁判断、破産債権表、更生債権表等の裁判以外の債務名義も、請求異議の訴えの対象となる。

(エ) 異議の事由

民事執行法は、「異議」とは別に「異議事由」の概念を採用し、確定判決についての異議の事由は、口頭弁論の「終結後に生じたもの」に限る旨を定めるとともに、「数個の異議の事由は同時に主張すべきもの」とした（民執35条3項、34条2項）。異議訴訟の繰り返しによる執行の遅延を防ぐために請求異議の紛争を1個の訴訟に集中して解決することにあり（別訴の禁止）、したがって「同時に」とは同一訴訟を意味し、また同時主張を強制されるのは訴訟物である異議請求についてである。

そこで「異議の事由」とは何かが問題になり、請求異議訴訟の訴訟物の同一性＝特定識別の基準について、学説の見解が分かれる。

① 異議原因説　　異議の理由となる事実ごとに訴訟物が別個とする見解である。

② 異議態様説（実体関係説）　　異議の態様によって訴訟を特定するとの見解である。すなわち、請求権の存在についての異議と給付義務の態様についての異議と債務名義成立についての異議などをそれぞれ別個の訴

訟物と見る。この説の下では、異議のそれぞれの態様を枠付ける事実、たとえば弁済、免除、時効の完成、不成立等の具体的事実を包む抽象的概念が異議事由であるとする。

③　債務名義説　　主張される異議の種類・内容にかかわらず、訴訟物は特定の債務名義につき執行力の排除を求める地位にあるとの法的主張として、1個・同一であるとする見解である。この説の下では、異議の事由は、執行力の排除を求める理由となる事実となるとする。

請求異義の訴えで原告が請求原因として主張できるのは、主に次のような異議事由である。

㋐　上記の㈦の(A)(B)すべての債務名義ついての消滅に関する異議

　債務名義に表示される請求権が弁済、免除、更改、消滅時効、解除、取消し、解除条件の成就などにより、債務名義の執行力の絶対的排除を求める場合である。

㋑　上記の㈦の(A)(B)すべての債務名義について請求権の内容等に関する異議

　債務名義に表示される請求権自体は消滅していないが、弁済期限の猶予、停止条件等に基づいて、債務名義の執行力の一時的排除を求める場合である。不執行契約の存在、債務者の限定承認、請求権の主体の変更、たとえば、債権譲渡により債権者でなくなったとか、免責的債務引受により債務者でなくなった場合も、この異議に準ずるものと解されている。

㋒　上記㈦の(B)の裁判以外の債務名義について成立に関する異議

　裁判以外の債務名義については、その成立過程についての瑕疵も異議事由とすることができる（民執35条1項後段）。たとえば、実務では、執行証書につき、その作成嘱託ないし執行受託の陳述した代理人が無権代理人であるとか意思表示に錯誤により無効であると主張されることが多いが、これにより債務名義そのものを廃棄することを求める場合である。また、和解調書、調停調書についても、錯誤による無効、詐欺・強迫による取消しの民法規定が適用されるというのが判例であるから、これら

の事由を主張して成立当初から不成立であることを主張する。

　なお、執行証書の要件である「金額の一定性」の欠如や公証人・作成嘱託人の署名捺印の欠缺などの形式的事項で記録から容易に判断できる事由は、執行文付与に対する異議の申立てを主張すべきであって、請求異議の訴えの事由にはならないと解されている。

　㈺　**異議事由の時的制限**
　(A)　確定判決
　口頭弁論の終結後に生じたものに限る（民執35条2項）。既判力は、事実審の最終口頭弁論の終結時を基準として認められ、基準時前に生じた事由については遮断効を生じるからである。なお、認諾調書、和解調書、調停調書等の確定判決と同一の効力を有する債務名義（民執22条7号）については、既判力が認められるかどうか学説が分かれるが、これらについては時的制限の適用を認めないのが判例である。

　(B)　仮執行宣言を付した支払督促
　旧民訴法下での仮執行宣言付支払命令については裁判なので時的制限があったが、現行民訴法下の支払督促は、書記官の発令するものであるから、時的制限の適用ない。

　(C)　執行証書その他既判力のない債務名義
　これらについては、異議事由について、時的制限がない。

　(D)　形成権の行使等
　基準時前に発生した取消権・相殺権等の形成権を基準時後に行使し、その効果を請求異議の事由として主張することができるかについては、学説上争いがあり、積極説、消極説、折衷説がある。

　詐欺等による取消権と相殺権とを区別し、取消権は請求権に内在的に付着したものであるとして基準時後にこれを行使することは既判力により遮断されるが、相殺権は両債権の対立という訴求債権にとって外在的な原因によって成立するものであるとして基準時後の行使を許す、とする折衷説が多数説である。近時の判例は、書面によらない贈与の取消し、詐欺による契約取消

445

しなどに関して、基準時後に取消権を行使してその効果を主張することは既判力に触れ許されないとしている。解除権、時効援用権、手形の白地補充権についても、既判力により遮断されるとしている。これに対して、相殺権、借地借家法による建物買取請求権については基準時後の行使を認めている（最判平成7・12・15民集49巻10号3051頁、参考裁判例〔3〕）。

(カ) 訴訟手続と裁判

　管轄は、債務名義の区分に応じて定められており（民執35条3項、33条2項）、専属管轄である（民執19条）。

　訴訟手続は、通常の訴訟手続の場合と変わらない。

　訴え提起の時期については、債務名義成立後は、執行文の付与前であっても、また執行開始後でもできるが、執行が完結してしまった後には、提起できない。執行完結後は、不当利得返還請求または不法行為による損害賠償請求の訴えを提起することになり、あるいは請求異議の訴えが係属中ならばこれらの訴えに変更することができる。

　裁判所は、請求を認容すべきときは、終局判決においてその債務名義による執行を永久的にまたは一定時まで許さない旨を宣言する。たとえば、「被告から原告に対する〇〇法務局所属公証人△△作成の平成18年第10号金銭消費貸借公正証書に基づく強制執行は、これを許さない」などとする。

　請求認容の判決が確定しまたは仮執行宣言が付されたときは、原告・債務者は、その正本を執行機関に提出して、強制執行の停止または取消しの措置を求めることになる（民執39条1項、40条1項）。

(キ) 執行停止の仮の処分

　請求異議の訴えを提起しても、執行は当然に影響されず続行される。そこで、債務者の利益保護のために、執行を暫定的に停止し、または取り消す仮の処分が認められる。すなわち、原告が異議のために、主張した事情が法律上理由があるとみえ、かつ、事実上の点について疎明があったときは、受訴裁判所は、申立てにより、終局判決をするまでの間、口頭弁論を経ることなく債務者に担保を立てさせ、もしくは立てさせないで、強制執行の停止を命

じ、または、これとともに、反対に債権者に担保を立てさせて強制執行の続行を命じ、もしくは債務者に担保を立てさせて、既にした執行処分の取消しを命ずることができる。急迫の事情があるときは、裁判長だけで、これらの処分を命ずることができる（民執36条1項・2項）。また、急迫の事情があるときは、執行裁判所も、同様の仮の処分をすることができる（同条3項）。これらの裁判に対しては、不服を申し立てることができない（同条5項）。

　上述のように、受訴裁判所は、請求異議の訴えの終局判決で、同じように仮の処分をし、または前にした仮の処分を取消し、変更、認可することができる（民執37条）。

(2) **定期金による賠償を命じた確定判決の変更を求める訴え**（民訴117条）

　交通事故による損害賠償請求訴訟などにおいては、重傷被害者の将来の逸失利益、介護費用および入院費等の損害は将来にわたり継続的に現実化していくので、一時金賠償方式よりは定期金賠償方式の方が合理的な賠償額算定とされることがある。こうした場合、裁判所は、「被告は原告に対し、○年○月から毎月末に△万円を支払え」という趣旨の定期金による賠償を命ずることができる。

　こうした形での損害賠償額は、当該後遺障害の程度、将来の加療・介護の要否、賃金水準等の諸事情を基礎にして算定することになるが、確定判決の口頭弁論終結後にその損害額の算定の基礎となった上記の事情に著しい変化が生じる場合には、予測に基づく損害額が現実のそれと齟齬してしまうことになる。そこで、当事者は、こうした場合、その確定判決の変更を求める訴えを提起することができる（民訴117条）。

　この訴えにおいては、裁判所は、確定判決の定期金給付額を増額することも減額することもできるが、減額されたときには債務名義となっている旧確定判決の執行力を一部減ずるのであるから、この訴えは請求異議の訴えと同じ機能を有することになる（参考＝民執90条1項）。

447

(3) 執行文付与の訴え（民執33条）

(ア) 制度の趣旨

　補充執行文または承継執行文の付与を受けるについて、必要な「事実の到来」または「執行力拡張事由」を証明する文書を提出することができないとき、債権者が債務者を被告として、証明文書の提出に代えて執行文の付与を受けることができる訴えである（民執33条1項）。この訴えによる請求認容の判決は、執行文に代わるものではなく、付与の要件たる事実の証明に代わるものであって、判決が確定しまたは仮執行宣言が付されたときは、原告はこの判決正本を付与機関に提出して、執行文の付与を受けることができる。

(イ) 訴えの法的性質

　訴えの性質については学説が分かれ、①債務名義に表示する請求権について給付を求める「給付訴訟説」、②判決により原告・債権者に執行文付与機関に対する付与請求権という訴訟法上の権利を形成する訴訟と捉える「形成訴訟説」、③執行文付与の要件を具備すること、すなわち執行力の現存の確認を求める訴訟と捉える「確認訴訟説」、④執行力の現存、条件成就・承継の事実の存在につき既判力を伴う認定を行いその前提に立って執行機関に対して執行文の付与を命ずるという職務命令的機能を併有する特殊の訴訟と捉える「救済訴訟説」、⑤条件成就執行文あるいは承継執行文を付与してよいか否かを判定機関が判定し、執行文付与機関のとるべき措置を指示命令する訴訟ととらえる「命令訴訟説」などがある。現在の通説は、③の「確認訴訟説」といわれる。[3]

(ウ) 審理および裁判

　管轄は、債務名義の区分に応じて定まっていて、専属管轄である（民執33条2項、19条）。

　審理は、通常訴訟と同じと考えてよい。認容判決の主文は、たとえば「原告と被告間の東京地方裁判所平成18年(ワ)第〇号売買代金請求訴訟事件の判決

---

[3] 中野・民事執行法273頁および引用の文献。

について東京地方裁判所書記官は被告に対し強制執行のため原告に執行文を付与すべきことを命ずる」などとする。

　この訴訟において、被告は、請求権の不存在、消滅、裁判以外の債務名義についての不成立など、請求異議の訴えにおける異議の事由を抗弁として主張できるかについては学説が分かれ、積極説と消極説がある。判例は、執行文付与の訴えと請求異議の訴えとは本質的な機能を異にするからとの理由により、消極説を採っている（最判昭和52・11・24民集31巻6号943頁、参考裁判例〔4〕）。本訴の審理の対象は、条件の成就または承継の事実の存否である、とするのである。

(4) 執行文付与に対する異議の訴え（民執34条）

(ア) 制度の趣旨

　補充執行文または承継執行文が証明文書の提出によって付与された場合に、債務者が債権者を被告として、債権者の証明すべき事実の到来していないこと、または執行力拡張の不存在を主張し、その執行文の付された債務名義の正本に基づく強制執行を許さないとする旨の判決を求める訴えである（民執34条1項）。執行文付与に対する異議によっても同じ事実を争うことができるが、異議手続においては証拠方法が書面に限られてしまうのに対し、この訴えであれば証拠方法に制限がないし、また、認容判決を得ればこの点の争いにつき既判力をもって確定することに意義がある。

　この訴えの法的性質についても、上記(3)と同じく見解が分かれるが、判例は形成訴訟説だといわれている。

(イ) 審理および裁判

　管轄は、債務名義の区分に応じて定まっており、専属管轄である（民執34条3項、19条）。

　この訴えの原告となるのは一般に債務者である。ただし、その債務者に対する他の債権者は、債権者代位権（民423条）に基づいてこの訴えを提起することができる。また、承継執行文の付与を受けた債権者との間で債権譲渡の事実を争う者は、債権者および債務者を共同被告としてこの訴えを提起す

ることができる。

　この訴えの請求原因としては、債権者の証明すべき事実の到来したこと（条件成就）がない、または執行力拡張の事由（承継事実）が存在しない、として争うことである。補充執行文については、たとえば過怠約款付請求権では債権者の解除の意思表示が不存在であることを主張することができ（ただし、履行懈怠の事実がないことの主張は、請求異議の訴えによる）、また、承継執行文については承継がないことを主張することになる。もっとも、それ以外の執行文付与の一般要件が欠けている旨の主張も許される。

　ただし、債務者は、執行文付与に対する異議の訴えにおいて請求異議の訴えの事由を併せて主張できるか（また、反対に請求異議の訴えにおいて執行文付与に対する異議事由を併せて主張できるか）については、次のように見解が分かれる。

　① 訴権競合説　　両訴は目的を異にする別個の訴えであり、一方の異議事由を他方の訴えで主張することは認められない。両者が主張されている場合は訴えの併合と見る見解である。

　② 法条競合説　　両訴は本質的に同一であって、一方の異議事由を他方の訴えで主張することができ、かつ、そこで主張しておかなければ失権し、改めて他方の訴えで主張することができないとする見解である。

　③ 折衷説　　一方の訴えで他方の異議事由を主張することができるが、主張しなくても失権することがないとする見解である。

　判例は、訴権競合説を採る（最判昭和55・5・1判時970号156頁、参考裁判例〔5〕）。

　異議の事由が数個あるときは、債務者は同時にこれを主張しなければならない（民執34条2項）。

　請求が認容される場合は、判決において、当該執行文の付された債務名義の正本に基づく強制執行はこれを許さない旨の判決をする。訴えの性質につき形成訴訟説を採る判例の立場では、「〇〇の債務名義につき付与された執行力ある正本に基づく強制執行はこれを許さない」との主文になる。

この判決の確定（または仮執行宣言）によって当該債務名義の執行文の効力は失うが、この判決によって当然に強制執行が停止されるのではなく、原告・債務者がこの判決正本を執行機関に提出することによって、強制執行の終局的停止と既になされた執行処分の取消しが行われる（民執39条1項1号、40条）。

　なお、執行文付与に対する異議の訴えの提起と執行停止等の仮の処分の関係は、上記(1)の請求異議の訴えにおける(キ)と同じである（民執36条）。

(5) 第三者異議の訴え──責任財産に関する救済
(ア) 制度の趣旨

　特定の請求権の実現の引当てとなっている財産、すなわちその強制執行の対象（目的物）となり得る財産を「責任財産」という。責任財産は、原則として執行開始時における債務者の一般財産である。

　強制執行は、債務者の責任財産を対象としてなされるべきであるが、執行法上、執行機関は、執行開始にあたって執行の目的物が債務者の責任財産に属するかどうかについて、実質的・確定的に判定することなく、ある程度の外形的調査、たとえば、不動産執行では登記事項証明書の記載、動産執行ではその動産の占有状態などに基づいて迅速に判断すべきものとされている。これを「外観主義」という。

　これは、執行機関が執行の目的物である財産について権利関係を実質的に確定することは、執行機関が裁判機関と分離されており、また執行官も執行機関であることから、現実に実施困難であるし、そのような確定作業をしていては、執行の迅速性の要請を満たすことができなくなるからである。

　そうすると、強制執行が債務者の責任財産でない財産に対してなされること、つまり第三者の財産権を侵害することがあり得るわけであるから、このような第三者を保護する方法が必要である。そこで、強制執行等の目的物について、所有権その他目的物の譲渡または引渡しを妨げる権利を有する第三者は、債権者を相手方として、訴訟によって、その執行の不許を求めることができる、としたのが第三者異議の訴えである（民執38条）。

この訴えは、強制執行の場合だけでなく、担保権実行としての競売等（民執194条）や民事保全（民保46条）にも適用される。

(イ) 責任財産の範囲

　責任財産は、原則として、執行当時における債務者に属する一切の財産である。請求権の成立当時に債務者に属していても、執行開始当時までに、既に債務者が有効に処分し対抗要件を具備した財産は、責任財産ではなくなってしまう。ただし、その処分が詐害行為であるときは、債権者は、詐害行為取消権（民424条）を行使して、責任財産への回復を図ることができる。

　金銭債権執行における責任財産は、原則として執行開始当時に債務者に属し、金銭に換価しうる財産であって、差押禁止財産となっていないものである。人格権、身分権は責任財産でなく、また金銭に換価できない財産、たとえば、一身専属権、不融通物、金銭的価値のない物も責任財産ではない。

　責任財産である債務者の一般財産のうちどの財産を執行の対象とするかは、債権者がその執行申立てにおいて指定する。ただし、動産執行では、債権者は責任財産のある場所を指定し、執行官が具体的財産を選択する。

　特定物の引渡し・明渡しを目的とする債権では、「債務者の占有する物」あるいは「債務者の第三者に対する引渡請求権」が執行の対象である。

　代替物の給付を目的とする債権では、債務者の所有するその種類の動産が執行の対象である。しかし、これらの債権にあっては、債務不履行により損害賠償債権となるので、究極的には債務者の一般財産が責任財産となる。

　作為・不作為を目的とする債権では、代替執行における費用の取立て、間接強制における制裁金の取立てに関して、金銭執行におけると同様に債務者の一般財産が責任財産である。

　有限責任・物的有限責任は、特定の債権につき債務者の財産中の特定の物または財産のみが引当て（責任財産）になっている場合であって、法律または契約で特に定まっている場合に認められる。たとえば、商法607条（預かり証券所持人の義務）、同812条（積み荷所有者の物的有限責任）などのように一定の債権につき特別の規定がある場合、債務者が相続の限定承認をした場

合（民922条）、任務による当事者としてその管理財産に限って責任を負う場合、当事者が特約によって責任を制限した場合などである。この有限責任における責任の限定は、特定の債権の特殊の性質に基づく実体法的属性であって、法律による差押禁止が執行債権とは無関係に執行の対象たるべき財産の性質に基づく執行法的制限であるのと異なる。

(ウ) **訴えの法的性質**

第三者異議の訴えの性質については、請求異議の訴えにおけると同じく、古くから学説が分かれ、給付訴訟説、形成訴訟説、確認訴訟説があり、さらに最近では、救済訴訟説、命令訴訟説、新形成訴訟説、新確認訴訟説などがある。[4]

(エ) **異議の事由**

法文では、異議事由は「目的物について所有権その他目的物の譲渡又は引渡しを妨げる権利を有する」ことと規定されている（民執38条1項）。

第三者異議訴訟において争い得るのは、目的物について当該強制執行等がなされる正当性自体であり、一般的には、目的物に関する第三者の権利が執行行為により侵害され、あるいは侵害のおそれが生じ、その状態が執行法上違法であると評価される場合である。第三者からみれば、執行により自己の権利が侵害され、その侵害を受忍すべき理由がない場合がこれに該当する、ということである。

異議の存否は、原則として、第三者の権利の種類・優先順位と執行の態様との相関によって判定されることになる。次に主なものを検討する。

(A) 所有権

執行対象物件について所有権を有する第三者は、執行の結果、善意取得等により所有権そのものを失ってしまう場合だけでなく、執行行為によって所有者としての権利行使に障害が生ずる場合であっても、第三者異議の訴えを提起できる。第三者の所有権が対抗要件を具備していることが必要かについ

---

[4] 中野・民事執行法290頁および引用の文献。

ては見解が分かれるが、判例は必要としている。仮登記のままでよいかについては争いがあり、消極説が多数説であるが、下級審の判例には肯定するものもある。

　(B)　共有権

　共有者は、共有物全体について、保存行為（民252条ただし書）として、その執行の不許を求め得る。

　(C)　債　　権

　債権に対して強制執行がなされたが、当該債権が執行債務者以外の者に帰属していた場合、第三債務者が執行の正当性を信じて弁済すれば、債権の準占有者に対する弁済（民478条）として、真実の債権者といえども、第三債務者に対して支払いを求め得なくなってしまうことがあり得る。したがって、真の権利者でない者に対する債務名義に基づく債権差押えの効力が真の権利者に及ばないとしても、債権が差し押さえられているという外観を取り除くため、この者に第三者異議の訴えを認めることになる。

　(D)　譲渡担保権

　不動産の譲渡担保の場合、登記名義が譲渡担保権者に移転していれば、執行債務者に対する執行は考えられず（責任財産について登記という外観がない）、反対に、登記名義が移転していなければ、譲渡担保権者は、対抗要件を具備していないから、差押債権者に対抗することができない。

　動産の譲渡担保の場合も、占有が譲渡担保権者に移転している場合には、担保権者は、執行そのものを拒否することができる（民執124条）。

　したがって、譲渡担保権を異議事由とする第三者異議が問題となり得るのは、「占有改定」による「動産の譲渡担保」の場合で、債務者が当該動産を占有している場合である。この場合、第三者異議の事由となり得るかについては、積極・消極と見解が分かれる。判例（最判昭和58・2・24判時1078号76頁、参考裁判例〔6〕）は、特段の事情がない限り、譲渡担保権者は第三者異

5　中野・民事執行法294頁。

議の訴えを提起できるとするが、その「特段の事情」の具体的意味については、さらに論議がある。

　(E)　所有権留保

　譲渡担保権におけると類似の議論があるが、判例（最判昭和49・7・18民集28巻5号743頁、参考裁判例〔7〕）は、所有権留保の売主は、第三者異議の訴えができる、としている。

　(F)　その他の物権

　不動産強制競売においては、地上権、永小作権、不動産上の質権、留置権など、占有・使用を内容とする他物権については、対抗要件を具備している限り、これによる占有・使用を妨げられないから、この他物権は第三者異議の事由にならない。

　強制管理においては、その対象たる不動産を占有して管理および収益をなすことを目的とする執行であるから、当該不動産についてこれらの他物権を有する者は、第三者異議の訴えを提起できる。

　(オ)　**審理および裁判**

　この訴訟は、執行裁判所の管轄に専属する（民執38条3項、19条）。

　原告は、その執行により目的物につき有する自己の権利が侵害されることを主張する第三者であり、被告は執行債権者である。ただし、第三者は、この訴えに併合して、債務者に対して強制執行の目的物についての訴え（引渡請求など）ができる（民執38条2項）。本来、専属管轄の訴訟では請求の併合が許されないのであるが（民訴7条、13条）、その例外として明文の規定を設けたものである。両者は、通常の共同訴訟となる。

　提訴の時期は、原則として、目的物に対する執行開始後その終了前にのみ提起すべきであり、この訴訟の係属中に執行が完了した場合には、第三者は、本訴を「不当利得返還」または「損害賠償請求」の訴えに変更するほかない。

　訴え提起後、裁判所は、第三者の申立てにより、執行停止の仮の処分をすることができる（民執38条4項、36条）。

　訴訟手続は、原則として一般の判決手続の例による。裁判所は、請求を理

由ありとするときは、その目的物に対する執行を許さない旨を宣言する判決をする。請求認容判決が確定しまたは仮執行の宣言が付されたときは、原告たる第三者は、その正本を執行機関に提出して、執行の停止・取消しを求める（民執39条1項1号、40条1項）。

(6) 配当異議の訴え（民執90条）

(ア) 制度の趣旨

配当異議の申出をした債権者、執行正本を有しない債権者に対し配当異議の申出をした債務者は、その後、配当異議の訴えを提起しなければならない（民執90条1項）。配当額・順序の実体上の不服は、必要的口頭弁論を経て判決により解決する趣旨である。

(イ) 訴えの性質等

訴えの性質は、古くから争われており、形成訴訟説、確認訴訟説、救済訴訟説、命令訴訟説等がある。

(ウ) 審理および裁判

管轄は、訴額にかかわらず執行裁判所の専属管轄である（民執90条2項、19条）。

原告適格を有するのは、配当期日において配当異議の申出をした債権者・債務者（またはそれらの承継人）である。また、被告適格を有する者は、原告の配当異議が認容されることにより配当表上の自己への配当額を減殺されるべき、配当異議の申出の相手方となった債権者である。

原告は、訴状における請求の趣旨で、前に配当期日に申し出た異議に対応して、その範囲内で、「配当表に記載された被告への配当額を〇〇円を減殺すべきであり、これに応じて原告への配当額を〇〇円増加すべきである」旨を主張する。この訴えは、配当期日から1週間以内に提起し、この訴状受理証明書を執行裁判所に提出する必要がある（民執91条3項）。

訴訟手続は、通常の訴訟と同じである。ただし、原告が、第1回口頭弁論期日に出頭しないときは、訴えが却下される（民執90条3項）。濫用的な配当異議を防止するためである。

原告は、請求を理由あらしめる事実として、被告の債権が不成立、消滅した、配当表記載の優先権が欠如している、反対に原告の債権に優先権があるなどの実体上の事由はもちろん、被告の差押え・配当要求が無効などの手続上の事由により、被告が配当表の記載どおりの配当額を受けられないこと、かつ、原告により多くの配当額が与えられるべき一切の事由を主張することができる。

　原告の請求の全部または一部を理由ありとする場合には、裁判所は、配当表の取消しまたは配当表を変更する旨の判決をしなければならない（民執90条4項）。その取消しまたは認容の判決が確定すると、当初の配当表は、該当部分につき失効するので、執行裁判所は、その判決正本の提出を受けてから新配当表を調整しまたは配当表を更正したうえ、配当を実施する。

2　執行手続外における救済

(1)　民法703条に基づく不当利得返還請求

　配当にあずかれる債権者が配当表に記載されなかったり、配当表記載の配当額が不当に少ないにもかかわらず、当該債権者が配当異議の申出をしなかった場合、事後に、配当表に従い配当を受けた他の債権者に対して、執行手続外で不当利得返還請求ができるか。この点については、消極説と積極説とに分かれる。[6] 判例は、一般債権者は特定の執行目的物につき優先弁済を受けるべき実体的権利を有せず、民法703条にいう損失の発生がないことを理由に認めないが（最判平成10・3・26民集52巻2号513頁、参考裁判例〔8〕）、抵当権者による不当利得返還請求を認めている（最判平成3・3・22民集45巻3号322頁、参考裁判例〔9〕、最判平成4・11・6民集46巻8号2625頁）。

　債務者は、配当異議の申出等をしたか否かにかかわらず、自己に対する本来の債権額を超えて配当を受けた債権者に対し、債務名義の既判力に妨げられない限り、不当利得の返還請求が認められる（最判昭和63・7・1民集42巻

　6　中野・民事執行法531頁以下および引用の文献。

457

6号477頁、参考裁判例〔10〕）。

(2) **民事訴訟法260条2項に基づく無過失損害賠償請求訴訟**

　仮執行宣言付きの判決により強制執行を受けた被告が、その本案判決において全部または一部勝訴する場合、申立てをすれば、被告が給付したものの返還（原状回復）等を求めることができる。

Ⅳ　執行の停止・取消し

1　制度の趣旨

　執行の停止とは、法律上の事由により執行機関が執行を開始または続行することができず、既に開始された個々の執行手続をその時点で凍結することである。執行の取消しとは、執行機関が既になされた執行処分の全部または一部を除去し、当初に遡って強制執行がなかった状態にすることである。

　執行の停止には、終局的停止（民執39条1項1号〜6号、40条）と将来の続行の可能性がある一時的停止（民執39条1項7号・8号）とがあり、終局的停止においては、執行の停止にとどまらず、既にした執行処分の取消しが伴うことになる（民執40条1項）。

　執行の停止・取消しは個々の執行についてなされるが、停止の原因が債務名義または執行文にある場合には、それに基づく個々の執行のすべてに停止・取消しを生ずるので、結局、全体としての強制執行が阻止ないし除去されることになる（全部停止）。ただし、執行の停止は、執行債権の一部、執行目的物の一部、執行債権者または執行債務者の一部などについてのみ生ずることもある（一部停止）。

　執行の停止・取消しは、原則として、債務者または第三者が次の停止・取消文書を執行機関に提出してその申立てをした場合になされるが（民執39条、40条）、債権者の申立てによる場合（執行申立ての取下げ、弁済の猶予等）もあるし、執行機関が執行を当然に無効とするような事由（債務名義正本の欠缺、破産開始による執行障害等）を知った場合には、職権により停止・取消しされることがある。

2　執行取消文書・執行停止文書

　次に掲げる文書が提出されたときは、執行機関は、強制執行を停止しなけ

ればならないが（民執39条1項）、そのうち①ないし⑥の文書は執行取消文書（将来に向けての停止および既になされた執行処分の取消しをする文書）であり（民執40条1項）、⑦、⑧の文書が単純な執行停止文書である。

① 債務名義（執行証書を除く）もしくは仮執行の宣言を取り消す旨または強制執行を許さない旨を記載した執行力のある裁判の正本（民執39条1項1号）

　債務名義を取り消す裁判とは、上訴、再審、特別上告、仮執行宣言付支払督促に対する異議などにより、原判決または支払督促を取り消す裁判である（民訴305条、331条、338条、357条、362条2項、395条等）。仮執行宣言を取り消す裁判とは、仮執行宣言のみを取り消す裁判（民訴260条1項・3項）であり、強制執行不許の裁判とは、請求異議の訴え（民執35条）、執行文付与に対する異議（民執32条）または異議の訴え（民執34条）、第三者異議の訴え（民執38条）、執行異議（民執11条）、執行抗告（民執10条）などにより、それが認容されて執行不許が宣言された裁判である。

　なお、確定しなければ効力を生じないものについては、その裁判のほかに確定証明書を執行機関に提出しなければならない。

② 債務名義に係る和解、認諾、調停または労働審判の効力がないことを宣言する確定判決の正本（同項2号）

　和解等の無効確認の確定判決である。直接には債務名義の執行力を排除することを命ずるものではないが、実質的に債務名義の効力がないことが確定されるので、取消文書としたものである。

③ 民事執行法22条2号から4号の2までに掲げる債務名義が訴えの取下げその他の事由により効力を失ったことを証する調書の正本その他裁判所書記官の作成した証明文書（同項3号）

　たとえば、仮執行宣言付判決に対し控訴がされ、その後に期日で訴えの取下げがあった場合の取下げを記載した調書の正本、または訴えの取下書が提出された場合の書記官の取下書受理証明書などである。

④　強制執行をしない旨またはその申立てを取り下げる旨を記載した裁判上の和解もしくは調停の調書の正本または労働審判法21条4項により裁判上の和解と同一の効力を有する労働審判の審判書もしくは同法20条7項の調書の正本（同項4号）

　　不執行の合意または執行申立ての取下げの合意が裁判上の和解、調停または労働審判において成立している場合には、それを理由に請求異議の訴えにおける判決や債権者の執行申立てを待たずに、合意調書等の正本の提出によって直ちに執行を阻止することができる。

⑤　強制執行を免れるための担保を立てたことを証する文書（同項5号）

　　仮執行宣言付判決に仮執行免脱の宣言（民訴259条3項）が付されている場合のその担保を立てたことを証する文書である。担保の提供を供託の方法でしたときは、供託証明書（供託規40条）または供託書正本であり、また、支払保証委託契約を締結する方法でしたときは、銀行等または保険会社の契約締結証明書（民訴76条2項、民訴規29条）が立担保の証明書である。

⑥　強制執行の停止および執行処分の取消しを命ずる旨を記載した裁判の正本（同項6号）

　　上訴、異議の申立てに伴う執行停止および取消し（民訴403条1項1号～4号）、請求異議の訴え、執行文付与に対する異議の訴え、第三者異議の訴えに伴う執行停止および取消し（民執36条1項、38条4項）の裁判、またはそれらの終局裁判に伴う執行停止および取消しの裁判（民執37条1項、38条4項）である。

⑦　強制執行の一時の停止を命ずる旨を記載した裁判の正本（同項7号）

　　強制執行の一時停止を命ずる裁判のうち、執行処分の取消しを命じていない裁判の正本である。上訴、再審や各種の執行関係訴訟等の提起に伴う一時執行停止命令の文書である（民訴403条1項各号、民執10条6項、36条1項、37条1項、38条4項、132条3項等）。実務では、債務者が債権者を相手にして債務分割払いの民事調停（特定調停）を申し立て、調停

法上の執行停止の処分（民調規6条、特調7条）を得ることが多いが、これも含まれる。
⑧　債権者が、債務名義の成立後に、弁済を受け、または弁済の猶予を承諾した旨を記載した文書（同項8号）

　いわゆる弁済受領文書、弁済猶予文書である。私文書であっても構わない。弁済や弁済猶予について争いがあれば、債務者は、これを事由に請求異議の訴えを提起し、それに伴う執行停止の仮の処分（民執36条）を求めることができるが、債権者が作成した弁済受領文書等があれば、執行の一時停止ができるとしたのである。もっとも、後述のように、停止期間等の制限がある。

3　執行取消し・停止の方法と効力

(1)　方　法
(ア)　執行取消し

　執行取消しについては、執行取消文書が提出された場合に、執行機関は既にした執行処分の存在を失わせる措置をとらなければならない。

　執行官の執行の場合、動産の差押えにあっては、差押えを解除し、債務者等に差押物を返還することになるし（民執規127条1項）、建物明渡しの執行にあっては、搬出中の動産は建物内に戻し、執行着手前の状態に復したうえ、債権者にその理由を通知することになる。また、執行裁判所の執行の場合、執行処分が裁判の形式でなされているので、既にした執行処分を取り消す旨の裁判をすることになる。

(イ)　執行停止

　執行停止については、執行官の執行の場合、執行処分を単にそれ以降実施しないという消極的行為によって達成されるが、執行裁判所の執行の場合、多くの場合に停止の宣言、取立禁止の裁判、期日指定の取消し、配当等の供託などの積極的行為が必要となる。

(2) 文書提出の時間的制約

　執行取消文書、停止文書は、強制執行が開始されてから終了されるまでの間に執行機関に提出することが可能であるが、この間に執行当事者以外の利害関係人の保護や緊急性の要請等から、その効果が制限され手続の続行が認められる場合がある。文書の提出によりどのような効果が生ずるかは、次のように、執行の種類と執行手続の段階によって異なる。

(ア) 取消文書

(A) 法39条1項1号・2号・3号・6号文書

　不動産強制競売において、売却許可決定に基づき買受人が代金を納付したときは、買受人は目的不動産の所有権を取得するから（民執79条）、買受人が代金を納付した後に上記の文書が提出されたとしても、買受人の所有権取得の効果は覆ることはない。ただし、執行債権者は執行手続から排除されるが、他に配当または弁済金の交付を受けるべき債権者があるときは、それらの者のために配当等を実施する（民執84条3項）。他に債権者がいないときは、売得金は債務者に交付される。

(B) 同条同項4号・5号文書

　不動産強制競売において、買受けの申出後代金納付時までの間に、4号・5号文書の提出があっても、最高価買受申出人または買受人および次順位買受申出人の同意を得なければ、執行停止の効力はない。ただし、他に配当要求終期前の差押債権者がある場合で、法62条1項2号に掲げる事項について変更が生じないときは、その後行の事件で代金納付を認め、配当手続をすることができるから、上記の者の同意を要せず、執行停止の効力が発生し、当該手続は法40条により取り消される（民執76条2項・1項）。

(イ) 執行停止文書

(A) 法39条1項7号文書

① 不動産強制競売において、売却実施の終了から売却決定期日の終了までの間に7号文書が提出された場合は、他の売却不許可事由のため売却不許可決定をするときを除き、売却決定期日を開くことができなくなる

463

（民執72条1項前段）。この場合には、最高価買受申出人または次順位買受申出人は、買受けの申出を取り消すことができる（同項後段）。買受申出人の保護を図る趣旨である。

　売却許可決定が言い渡された後に7号文書が提出されても、原則として、そのまま執行手続が続行される。例外として、売却許可決定が取り消されるか（民執75条1項等）、その効力を失ったとき（民執80条1項）、または売却決定期日にされた売却不許可決定が確定したときは、執行手続が停止される（民執72条2項）。

　代金納付後に提出された場合は、執行手続は停止せずに配当等が実施される（民執84条4項）。ただし、当該債権者に対する配当等は供託される（民執91条1項3号）。

② 強制管理において、7号（および8号）文書が提出された場合は、配当等の手続を除き、その時の状態で継続することができる（民執104条）。つまり、執行停止にもかかわらず、収益の保存を図るために、管理人による収益の取立て・換価等が認められる。

③ 動産執行において、7号（および8号）文書の提出があった場合でも、差押物について著しい価格の減少を生ずるおそれがあるとき、もしくはその保管のために不相応な費用を生ずるおそれがあるときは、執行停止中でも執行官は差押物を売却することができる（民執137条1項）。

④ 債権執行において執行停止文書が提出されたときは、執行裁判所から第三債務者に通知されるが（民執規136条2項）、第三債務者は差押債権者の取立て（民執155条1項）に応じてはならない。ただし、第三債務者は、供託（民執156条）することはできる。

　(B) 同条同項8号文書

① 8号の弁済受領文書（債務名義の成立後に執行債権の弁済を受けた旨の文書）が提出されたときは、執行機関は4週間に限り執行手続を停止しなければならない（民執39条2項）。本来は、債務者はこの弁済を事由にして請求異議の訴えを提起し、それに伴う執行停止の裁判を得るべきも

のであるが、そのためには相当な時間を要するため、暫定的に強制執行を阻止できるとしたものである。したがって、債務者は、この4週間以内に、請求異議の訴えを提起し執行停止の裁判（民執39条1項7号）を得て、これを執行機関に提出しないと、執行機関は職権で手続を続行することになる。

② 8号の弁済猶予文書の提出による強制執行の停止は、同一の債務名義による同一の強制執行手続につき2回に限り、かつ、その期間を通じて6カ月を超えることができない（民執39条3項）。これは、執行停止の繰り返しによる執行手続の遅延を防止するためである。

③ 不動産強制競売において、売却実施の終了後に8号文書が提出されても、買受人を保護するため、執行機関は原則としてこれを無視して執行手続を続行できる。ただし、例外として、その売却に係る売却許可決定が取り消され、もしくはその効力を失ったとき、またはその売却に係る売却不許可決定が確定して、売却実施前の状態に戻された場合には、強制執行を停止する（民執72条3項）。

代金納付後に8号文書が提出されても、停止せず配当等を実施する（民執84条4項）。ただし、7号文書の場合と異なり、供託事由とされていないので、当該債権者に現実に配当額の交付が行われる。

参考裁判例

〔1〕 最決昭和57・7・19民集36巻6号1229頁
　これを民事執行法の前記規定による執行抗告の申立と解するとしても、右規定による執行抗告については同法10条2項の規定が適用されるから、抗告状を原裁判所でなく当裁判所に提出してした本件申立は、執行抗告としては、右規定に違反するものというべきであるところ、このように民事執行法10条2項の規定に違反してされた執行抗告については、右規定及びその他の同条各項の規

定を通じて看取される法の趣旨に照らし、抗告状を受理した裁判所において民訴法30条を類推適用して事件を原裁判所に移送すべきではなく、直ちに不適法な申立としてこれを却下すべきものと解するのが相当である。

〔2〕 最判平成6・7・14民集48巻5号1109頁

　不動産競売事件の配当手続において、執行裁判所は、民事執行法87条1項所定の配当を受けるべき債権者に該当すると認めた者を配当期日に呼び出し、配当期日において必要な審尋等を行い、配当表を作成するものとされ、配当表には、各債権者について債権の額、配当の順位及び額等を記載するが、配当の順位及び額は、全債権者間に合意が成立した場合にはその合意により、その他の場合には実体法の定めるところにより記載することとされている（同法188条、85条）。配当異議の申出及び配当異議の訴えは、このようにして作成された配当表中の債権又は配当の額に対する実体上の不服につき、争いのある当事者間で個別的、相対的に解決するための手続であると解される。したがって、配当表に記載された債権又は配当の額について配当異議の申出をし、配当異議の訴えを提起することができるのは、配当表に記載された債権者に限られ、配当表に記載されなかった者は、自己が配当を受けるべき債権者であることを主張して配当異議の訴えを提起する原告適格を有しないと解するのが相当である（配当を受けるべき債権者であるにもかかわらず配当表に記載されなかった者は、配当表の作成手続の違法を理由として、執行異議の申立てによりその是正を求めるべきである。）。

　これを本件についてみるに、上告人は、本件配当表に債権者として記載されなかったのであるから、本件配当表について配当異議の訴えを提起する原告適格を有しないというほかはなく、本件訴えは不適法として却下すべきものであったといわなければならない。

〔3〕 最判平成7・12・15民集49巻10号3051頁

　借地上に建物を所有する土地の賃借人が、賃貸人から提起された建物収去土地明渡請求訴訟の事実審口頭弁論終結時までに借地法4条2項所定の建物買取請求権を行使しないまま、賃貸人の右請求を認容する判決がされ、同判決が確定した場合であっても、賃借人は、その後に建物買取請求権を行使した上、賃貸人に対して右確定判決による強制執行の不許を求める請求異議の訴えを提起し、建物買取請求権行使の効果を異議の事由として主張することができるもの

と解するのが相当である。けだし、(1) 建物買取請求権は、前訴確定判決によって確定された賃貸人の建物収去土地明渡請求権の発生原因に内在する瑕疵に基づく権利とは異なり、これとは別個の制度目的及び原因に基いて発生する権利であって、賃借人がこれを行使することにより建物の所有権が法律上当然に賃貸人に移転し、その結果として賃借人の建物収去義務が消滅するに至るのである、(2) したがって、賃借人が前訴の事実審口頭弁論終結時までに建物買取請求権を行使しなかったとしても、実体法上、その事実は同権利の消滅事由に当たるものではなく（最高裁昭和52年㈹第268号同52年6月20日第二小法廷判決・裁判集民事121号63頁）、訴訟法上も、前訴確定判決の既判力によって同権利の主張が遮断されることはないと解すべきものである、(3) そうすると、賃借人が前訴の事実審口頭弁論終結時以後に建物買取請求権を行使したときは、それによって前訴確定判決により確定された賃借人の建物収去義務が消滅し、前訴確定判決はその限度で執行力を失うから、建物買取請求権行使の効果は、民事執行法35条2項所定の口頭弁論の終結後に生じた異議の事由に該当するものというべきであるからである。

〔4〕 最判昭和52・11・24民集31巻6号943頁

民訴法521条（現民執法33条）所定の執行文付与の訴は、債務名義に表示された給付義務の履行が条件にかかるものとされてその条件が成就した場合及び債務名義に表示された当事者に承継があつた場合に、執行債権者において右条件の成就または承継の事実を同法518条2項又は519条所定の証明書をもって証明することができないとき、右訴を提起し、その認容判決をもって同法520条所定の裁判長の命令に代えようとするものであるから、右訴における審理の対象は条件の成就又は承継の事実の存否のみに限られるものと解するのが相当であり、他方また、同法545条は、請求に関する異議の事由を主張するには訴の方法によるべく、数箇の異議の事由はこれを同時に主張すべきものと定めているのである。してみれば、執行文付与の訴において執行債務者が請求に関する異議の事由を反訴としてではなく単に抗弁として主張することは、民訴法が右両訴をそれぞれ認めた趣旨に反するものであつて、許されないと解するのが相当である。

〔5〕 最判昭和55・5・1判時970号156頁

民訴法546条（現民執法34条）の執行文付与に対する異議の訴における審理

の対象は、債務名義に表示された条件が成就したものとして執行文が付与された場合における条件成就の有無、又は承継執行文を付与された場合における債務名義に表示された当事者についての承継の存否のみに限られ、その請求の原因として同法545条（現民執法35条）所定の請求に関する異議事由を主張することが許されないことは、当裁判所の判例の趣旨に徴して明らかであり（昭和51年㈱第1202号同52年11月24日第一小法廷判決・民集31巻6号943頁参照）、これと同趣旨の原審の判決は正当として是認することができる。

〔6〕　最判昭和58・2・24判時1078号76頁
　譲渡担保権者は、特段の事情がないかぎり、譲渡担保権者たる地位に基づいて目的物件に対し譲渡担保権設定者の一般債権者がした民事執行法122条の規定による強制執行の排除を求めることができるものと解すべきである（最高裁昭和53年㈱第1463号同56年12月17日第一小法廷判決・民集35巻9号1328頁参照）。本件記録によれば、上告人は右特段の事情について主張立証を尽していないから、被上告人の本訴請求を認容した原審の判断は、正当として是認することができ、その過程に所論の違法はない。

〔7〕　最判昭和49・7・18民集28巻5号743頁
　おもうに、動産の割賦払約款付売買契約において、代金完済に至るまで目的物の所有権が売主に留保され、買主に対する所有権の移転は右代金完済を停止条件とする旨の合意がなされているときは、代金完済に至るまでの間に買主の債権者が目的物に対して強制執行に及んだとしても、売主あるいは右売主から目的物を買い受けた第三者は、所有権に基づいて第三者異議の訴を提起し、その執行の排除を求めることができると解するのが相当である。

〔8〕　最判平成10・3・26民集52巻2号513頁
　配当期日において配当異議の申出をしなかった一般債権者は、配当を受けた他の債権者に対して、その者が配当を受けたことによって自己が配当を受けることができなかった額に相当する金員について不当利得返還請求をすることができないものと解するのが相当である。けだし、ある者が不当利得返還請求権を有するというためにはその者に民法703条にいう損失が生じたことが必要であるが、一般債権者は、債務者の一般財産から債権の満足を受けることができる地位を有するにとどまり、特定の執行の目的物について優先弁済を受けるべ

き実体的権利を有するものではなく、他の債権者が配当を受けたために自己が配当を受けることができなかったというだけでは右の損失が生じたということができないからである。

〔9〕 最判平成3・3・22民集45巻3号322頁

抵当権者は、不動産競売事件の配当期日において配当異議の申出をしなかつた場合であつても、債権又は優先権を有しないにもかかわらず配当を受けた債権者に対して、その者が配当を受けたことによつて自己が配当を受けることができなかつた金銭相当額の金員の返還を請求することができるものと解するのが相当である。けだし、抵当権者は抵当権の効力として抵当不動産の代金から優先弁済を受ける権利を有するのであるから、他の債権者が債権又は優先権を有しないにもかかわらず配当を受けたために、右優先弁済を受ける権利が害されたときは、右債権者は右抵当権者の取得すべき財産によつて利益を受け、右抵当権者に損失を及ぼしたものであり、配当期日において配当異議の申出がされることなく配当表が作成され、この配当表に従つて配当が実施された場合において、右配当の実施は係争配当金の帰属を確定するものではなく、したがつて、右利得に法律上の原因があるとすることはできないからである。

〔10〕 最判昭和63・7・1民集42巻6号477頁

債権者が第三者所有の不動産のうえに設定を受けた根抵当権が不存在であるにもかかわらず、その根抵当権の実行による競売の結果、買受人の代金納付により右第三者が不動産の所有権を喪失したときは、その第三者は、売却代金から弁済金の交付を受けた債権者に対し民法703条の規定に基づく不当利得返還請求権を有するものと解するのが相当である。けだし、右債権者は、競売の基礎である根抵当権が存在せず、根抵当権の実行による売却代金からの弁済金の交付を受けうる実体上の権利がないにもかかわらず、その交付を受けたことになり、すなわち、その者は、法律上の原因なくして第三者に属する財産から利益を受け、そのために第三者に損失を及ぼしたものというべきだからである。

〔関連設問〕

1 特定の債務名義に基づく強制執行が権利濫用ないし信義則違反になる場合、これを異議事由として請求異議の訴えを提起できるか（参考裁判例＝

第4章　違法執行・不当執行に対する救済

最判昭和37・5・24民集16巻5号1157頁、最判昭和43・9・6民集22巻9号1862頁)。

2　A会社の法人格が執行債務者Bに対する強制執行を回避するために設立されている場合、Aは、執行債務者Bと別個の法人格であることを主張して、第三者異議の訴えを提起することができるか（参考裁判例・最判平成17・7・15民集59巻6号1743頁、判タ1191号193頁)。

第5章　民事保全における不服申立て

I　債権者の救済

　保全命令の申立てを却下する裁判（不適法として却下する裁判、理由なしとして棄却する裁判）に対しては、債権者は、その告知を受けた日から2週間の不変期間内に即時抗告をすることができる（民保19条1項）。抗告状は、原裁判所に提出する（民保7条、民訴331条、286条）。
　ただし、この即時抗告を却下する裁判に対しては、債権者はさらに抗告することはできない（民保19条2項）。
　なお、後述の債務者による保全異議を認めて当初の保全命令よりも債権者にとって不利な裁判がなされた場合には、債権者は、その送達を受けた日から2週間の不変期間内に原裁判所に保全抗告を申し立てることができる（民保41条1項本文）。

II 債務者の救済

1 保全異議（民保26条）

(1) 制度の趣旨

保全命令の申立てを認容した決定に対して、債務者は、その発令裁判所に保全異議の申立てができる（民保26条）。保全異議は、保全命令を発した裁判所が、発令当時における要件、すなわち被保全権利および保全の必要性の存否について、改めて再審理をする手続である。

(2) 申立て

申立てができるのは、債務者、債務者の一般承継人または破産管財人である。債務者の特定承継人（仮差押命令の目的物や仮処分命令の対象物の譲渡を受けた者）は、訴訟承継の手続（民訴49条、51条）において実体上の承継の事実を主張・立証すれば保全異議の申立てができるとする見解が有力であるが[1]、反対説もある[2]。また、債務者の一般債権者が債権者代位の規定（民423条）によって保全異議の申立てができるとするのが通説である[3]。

保全異議の申立てができる時期については特段の制限がなく、保全命令の取消しを求める利益がある限りは、いつでも保全異議の申立てをすることができる。

保全命令を発した裁判所の専属管轄であり（民保6条、26条）、他の競合管轄はないが、管轄違いの申立てがあった場合の移送（民保7条、民訴16条1項）や遅滞を避ける等のための移送（民保28条）がある。

保全異議の理由は、保全命令がその形式的要件または実体的要件を欠いて

---

[1] 上原ほか『民事執行・保全法』282頁。
[2] 原井龍一郎＝河合伸一編『実務民事保全法』489頁、竹下守夫＝鈴木正祐編『民事保全法の基本構造』384頁。
[3] 西山俊彦『新版保全処分概論』177頁。

472

いるということである。すなわち、管轄違い、担保額が低額過ぎること、解放金が高額過ぎること、保全命令の内容の不当性、被保全権利や保全の必要性の不存在、仮差押えの目的物が差押禁止財産であることなどを主張することができる。

(3) 保全執行の停止・取消しの裁判

保全異議の申立てがあっても、保全執行は当然に停止されないので、執行停止の必要があるときは、債務者は、保全執行の停止・取消しの裁判（民保27条1項）を求めなければならない。執行停止の裁判は民執法39条1項7号文書に該当し、執行取消文書は同項6号文書に該当するので、これらを執行機関に提出すれば、執行が停止され、あるいは既にされた執行処分が取り消される。

(4) 審理手続

保全異議においては、裁判所は、口頭弁論または当事者双方が立ち会うことができる審尋の期日を経て審理される（民保29条）。保全異議は、既に発令した保全命令の発令要件の存否につき再審査する手続であり、密行性の要請がないので、当事者双方が対席する機会を与えられるのである。もっとも、審尋期日でも、参考人および当事者本人を証拠調べの対象として審尋することができるので（民保7条、民訴187条）、実務では、口頭弁論が開かれる事例はほとんどない（ただし、公共の利害に関する事項についての表現行為の事前差止めを仮処分によって命ずる場合の口頭弁論・審尋の必要性につき、北方ジャーナル差止め国家賠償事件・最判昭和61・6・11民集40巻4号872頁）。口頭弁論または審尋の期日では、裁判所は、当事者の事務補助者等にも陳述させることができる（民保9条）。

債務者は、保全異議の申立てを、債権者の同意なくして、取り下げることができる（民保35条）。

裁判所は、保全異議の審理を終結するためには、相当の猶予期間をおいて審理を終結する日を決定しなければならない（民保31条本文）。ただし、口頭弁論または双方審尋の期日においては、直ちに審理を終結する旨を宣言する

ことができる（同条但書）。

(5) 裁判と不服申立て

　裁判所は、決定により、保全命令の認可、変更または取消しのいずれかの裁判をする（民保32条1項）。保全命令を取り消す場合には、保全命令の申立てについてこれを却下する旨の宣言をすることになる。

　保全異議の申立てについての決定には、理由を付さなければならない（民保32条4項、16条本文）。

　保全命令を認可しまたは変更する決定においては、債権者が追加担保を立てることを保全執行の実施または続行の条件とする旨を定めることができる（民保32条2項）。

　保全命令を取り消す決定においては、債務者が担保を立てることを条件とすることができる（民保32条3項）。この場合、取消決定の効力は、債務者が担保を立てたときに初めて生ずることになる。これ以外の場合には、取消決定の効力は、告知によって直ちに生ずるのが原則であるが（民保7条、民訴119条）、裁判所は、送達を受けてから2週間を超えない範囲内で相当と定める一定の期間を経過しなければ、取消決定の効力が生じない旨を宣言することができる（民保34条本文）。ただし、取消決定に対して保全抗告をすることができないときは、取消決定の効力発生を猶予することができない（民保34条但書）。

　上記(3)の申立てに伴う執行停止等がある場合は、裁判所は、保全異議についての決定において、既にした執行停止・執行取消しの裁判を取り消し、変更し、または認可しなければならない（民保27条3項）。この裁判に対しては、不服申立てができない（同条4項）。

　なお、保全異議の裁判において、仮処分命令（債権者が物の引渡し・明渡しを受けまたは金銭の支払いを受けたり、物の使用・保管をしているなどの仮処分）を取り消す場合に、裁判所は、債権者に対して原状回復を命ずることができる（民保33条）。

2 保全取消し

保全取消しとは、保全命令を発した段階では被保全権利および保全の必要性が存在していたことを前提とし、その後に生じた事情に基づいて保全命令を取り消すべきか否かを審理する手続である。

取消しの事由に応じて、本案の訴えの不提起等による保全取消し（民保37条）、事情変更による取消し（民保38条）および特別事情による取消し（民保398条）の3種類がある。前2者は、すべての保全命令に共通であるのに対して、特別の事情による保全取消しは、仮処分命令のみに関するものである。

それぞれの手続は、ほぼ同一であり、後述のように、保全異議の規定がほとんど準用される（民保40条）。

(1) 本案の訴えの不起訴等による保全取消し

保全命令は本案訴訟の係属前でも認められるので、債権者が保全命令を執行した後、本案訴訟を提起しないままに放置することも少なくない。そうした場合、債務者は、被保全権利等の存在を争いたいときには、債権者が一定期間内に本案訴訟の提起をするように、保全命令の発令裁判所に命じてもらうことができ（起訴命令の申立て）、この命令に債権者が従わなければ（起訴命令の定めた期間内に訴え提起または訴訟係属を証明する書面を提出しない場合）、債務者は、保全命令を取り消してもらうことができる（民保37条）。

起訴命令に対して現実に提起された訴訟は、保全命令に対して本案の関係に立つことが必要である。ここで本案とは、被保全権利の存否を既判力をもって確定する手続であると解されるので、本案の権利または権利関係と保全命令の被保全権利との同一性が必要であるが、訴訟物が厳格に同一でなくても、請求の基礎（民訴143条1項参照）が同一であればよいとされている（最判昭和26・10・18民集5巻11号600頁）。家事調停の申立て、労働審判手続の申立て、仲裁手続の開始、公害紛争処理法42条の12第1項に規定する損害賠償の責任に関する裁定の申請があるときは、本案の訴えの提起があったものとみなされる（民保37条5項）。支払督促（民訴382条）の申立ても、債務者から

適法な督促異議の申立てがあれば、支払督促の申立ての時に訴えの提起があったとものとみなされる（民訴395条）ので、本案の訴えの提起とみなしてよいと解されている。

この手続については、決定の理由および送達につき保全命令に関する規定（民保37条8項、16条、17条）が準用され、その他の点では保全異議に関する32条の規定を除きすべて準用される（民保40条）。

(2) 事情変更による保全取消し

保全命令の発令後に、被保全権利もしくはその権利関係または保全の必要性がなくなったりなど事情の変更が生じた場合には、債務者は、発令裁判所または本案の裁判所に対し、保全命令の取消しの申立てをすることができる（民保38条1項）。

事情の変更は、通常は、その事由が保全命令の発令後に生じたことであるが、発令当時既に生じていた事由でも、その後に債務者が知りまたはその疎明資料を発見した場合も、これに当たるとするのが実務である。たとえば、被保全権利に関する本案訴訟において債権者の敗訴判決が確定した場合は、この取消事由となる（最判昭和27・11・20民集6巻10号1008頁、参考裁判例〔1〕）。

債権者が債務名義の取得後に本執行に着手しない場合には、執行停止決定があるなど即時執行を妨げる法律上の事由がある場合を除き、保全の必要性に関する事情変更の事由に該当すると解されている。ただし、不動産の仮差押え後に本執行（不動産強制競売）を開始し無剰余取消し（民執63条）になっても、将来的に被保全権利が満足される可能性が残されているような場合には、直ちに保全の必要性が消滅したとはいえないとする判例がある（大阪高決平成11・7・15金法1564号71頁、参考裁判例〔2〕）。

この手続については、決定の理由および送達につき保全命令に関する規定（民保16条、17条）が、また債権者または債務者が担保を立てることを条件とする決定につき保全異議の規定（民保32条2項・3項）が準用され（民保38条3項）、その他の点については保全異議に関する規定がすべて準用される

476

（民保40条）。

(3) 特別の事情による保全取消し

　仮処分命令の場合において、債務者に償うことのできない損害が生じるおそれがあったり、その他の特別の事情がある場合には、債務者は、申立てによって、担保を立てることを条件に仮処分命令の取消しを申し立てることができる（民保39条1項）。これは、仮処分に特有の保全取消制度である。

　特別の事情としては、債務者に「償うことができない損害を生ずるおそれがあるとき」を例示しているが、これは、仮処分命令の存続によって債務者に通常被る損害よりも多大な損害を被るおそれがあることをいう。

　この手続については、決定の理由および送達につき保全命令に関する規定（民保16条、17条）が準用され（民保39条3項）、その他の点については保全異議に関する規定がすべて準用される（民保40条）。

コラム　保全命令・保全抗告の手数料

　保全命令の申立人は、申立書に収入印紙を貼って手数料を納めなければならないが（民事訴訟費用等に関する法律8条）、規定（同附則22条）によると、その額は1500円である（同別表第一・11の2）。ちなみに、保全異議・保全取消しの申立ておよび執行停止の申立ては、いずれも各300円（同17ハ）であり、即時抗告は、保全命令の申立ての手数料の額の1.5倍に相当する2250円（同18(1)）、保全抗告は、おなじく2250円（同18(3)）である。

3　保全抗告

　保全抗告とは、保全異議または保全取消しの申立てについての裁判（民保33条による原状回復の裁判を含む）に対する上訴である（民保41条1項本文）。

　保全抗告は、抗告である以上、民事訴訟法上の即時抗告の規定が準用されるが（民保7条、民訴328条〜337条）、保全抗告の期間は裁判の送達を受けた

日から 2 週間の不変期間であり（民保41条 1 項本文）、再度の考案は禁止され（民保41条 2 項、民訴333条参照）、再抗告はできず（民保41条 3 項）、また、抗告裁判所が発した保全命令に対する保全異議の申立てについての裁判（簡易裁判所が保全命令の申立てを却下し、即時抗告に理由があるとして保全命令が発せられたとき）に対しては、もはや保全抗告ができない（民保41条 1 項ただし書）。さらに、保全抗告には、当然には執行停止の効力（民訴334条 1 項参照）が認められず、保全命令を取り消す決定についてその効力の停止を得るためには、その旨の裁判を申し立てる必要がある（民保42条）。

　保全抗告の審理手続は、基本的に保全異議の手続と同様であり、保全命令および保全異議の規定が準用される（民保41条 4 項・5 項）。

　保全抗告についての裁判に対しても抗告することはできない（民保41条 3 項）。ただし、高等裁判所のした保全抗告に対し、最高裁判所に特別抗告（民訴336条）、許可抗告（民訴337条）をすることは、その要件を満たせば可能である（最決平成11・3・12民集53巻 3 号505頁、参考裁判例〔3〕）。

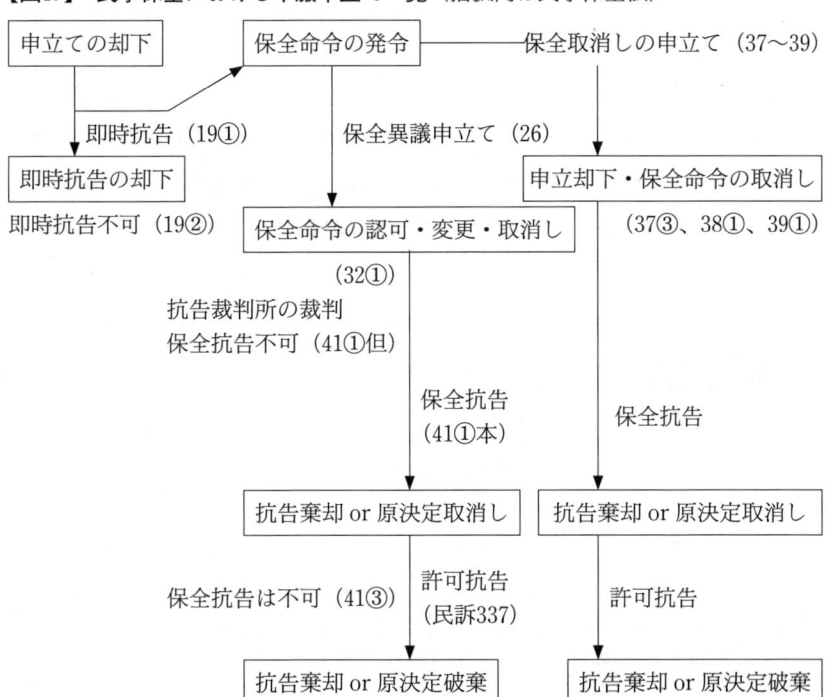

【図17】 民事保全における不服申立て一覧（括弧内は民事保全法）

```
申立ての却下          保全命令の発令  ──保全取消しの申立て（37～39）──
    │                    ↗ ↓
    │即時抗告（19①）       │保全異議申立て（26）
    ↓                    ↓                      申立却下・保全命令の取消し
即時抗告の却下                                    （37③、38①、39①）
即時抗告不可（19②）    保全命令の認可・変更・取消し
                           （32①）
                    抗告裁判所の裁判
                    保全抗告不可（41①但）
                              │保全抗告              │保全抗告
                              │（41①本）             │
                              ↓                      ↓
                    抗告棄却 or 原決定取消し    抗告棄却 or 原決定取消し
        保全抗告は不可（41③）  │許可抗告              │許可抗告
                              │（民訴337）           │
                              ↓                      ↓
                    抗告棄却 or 原決定破棄      抗告棄却 or 原決定破棄
```

4　債権者に対する損害賠償

　債権者が被保全権利がないのにもかかわらず、保全命令を得てこれを執行した場合、それに故意または過失があれば、この保全執行によって損害を被った債務者は、申立債権者に対し、民法709条に基づき不法行為責任を追及することができる（最判昭和43・12・24民集22巻13号3428頁、参考裁判例〔4〕、最判平成2・1・22判時1340号100頁、最判平成8・5・28民集50巻6号1301頁）。

　なお、競売不動産（建物）に不法に入居するなどして執行妨害をする者がある場合、差押債権者は、当該妨害者に対し、交換価値の減少に伴う損害賠償請求をすることができる（福岡高判平成17・6・14判時1922号86頁）。

479

III　第三者の救済

　保全命令の執行により、第三者がその権利（所有権その他目的物の譲渡または引渡しを妨げる権利）を害された場合には、第三者異議の訴え（民執38条）を提起して救済を求めることができる（民保46条）。

> **参考裁判例**
>
> 〔1〕　最判昭和27・11・20民集6巻10号1008頁
> 　本件のように仮処分決定があつた後に仮処分申請者がその本案訴訟に敗れた場合においては、裁判所は、必ずしも常に該仮処分決定を取消すことを要し又は得るものではないがその自由裁量によつて本案判決が上級審において取消されるおそれがないと判断するときには、事情の変更があつたものとして仮処分決定を取消すことができるものと解すべきである。
>
> 〔2〕　大阪高決平成11・7・15金法1564号71頁
> 　本執行が無剰余を理由に取り消された場合にも、保全の目的は達成されていないから、将来的に被保全権利が満足される可能性が残されている限り、仮差押執行の効力は存在しているというべきである。そして、被保全権利が満足される可能性は、それが将来の経済情勢等予測困難な事情に左右されることが多いことに鑑みれば、抽象的な可能性をもって足りると解するのが相当である。
>
> 〔3〕　最決平成11・3・12民集53巻3号505頁
> 　なお、民訴法337条に規定する許可抗告制度は、法令解釈の統一を図ることを目的として、高等裁判所の決定及び命令のうち一定のものに対し、法令の解釈に関する重要な事項が含まれる場合に、高等裁判所の許可決定により、最高裁判所に特に抗告をすることができることとしたものであり（最高裁平成10年(ク)第379号同年7月13日第三小法廷決定・裁判集民事189号登載予定参照）、最高裁判所への上訴制限に対する例外規定である。高等裁判所のした保全抗告に

ついての決定に法令の解釈に関する重要な事項が含まれ、法令解釈の統一を図る必要性が高いことは、執行抗告等についての決定と同様であるから、許可抗告制度の前記立法趣旨に照らせば、同条1項ただし書は、高等裁判所のした保全抗告についての決定を許可抗告の対象から除外する趣旨の規定ではないと解するのが相当である。

〔4〕 最判昭和43・12・24民集22巻13号3428頁

仮処分命令が、その被保全権利が存在しないために当初から不当であるとして取り消された場合において、右命令を得てこれを執行した仮処分申請人が右の点について故意または過失のあつたときは、右申請人は民法709条により、被申請人がその執行によつて受けた損害を賠償すべき義務があるものというべく、一般に、仮処分命令が異議もしくは上訴手続において取り消され、あるいは本案訴訟において原告敗訴の判決が言い渡され、その判決が確定した場合には、他に特段の事情のないかぎり、右申請人において過失があつたものと推認するのが相当である。しかしながら、右申請人において、その挙に出るについて相当の事由があつた場合には、右取消の一事によつて同人に当然過失があつたということはできず、ことに、仮処分の相手方とすべき者が、会社であるかその代表者個人であるかが、相手側の事情その他諸般の事情により、極めてまぎらわしいため、申請人においてその一方を被申請人として仮処分の申請をし、これが認容されかつその執行がされた後になつて、他方が本来は相手方とされるべきであつたことが判明したような場合には、右にいう相当の事由があつたものというべく、仮処分命令取消の一事によつて、直ちに申請人に過失があるものと断ずることはできない。

〔関連設問〕

1 Aは、その所有土地上にBが勝手に建物を築造して不法占拠したとして、建物収去土地明渡しの仮処分（いわゆる断行的・満足的仮処分）を得て執行した。

この場合、Bは保全異議の申立てをすることができるか。また、本案訴訟にどのような影響を与えるか（参考＝西山俊彦『新版保全処分概論』178頁、吉川大二郎「仮処分の執行により仮の履行状態が作り出された場合と本案の裁

判」民商42巻6号827頁、最判昭和35・2・4民集14巻1号56頁、同昭和54・4・17民集33巻3号366頁）。

2　A（妻）は、B（夫）に対し、離婚に伴う慰謝料請求権および財産分与請求権を被保全権利として、Bの不動産に仮差押えをした。その後、BはAに対し離婚請求訴訟を提起したが、Aは、自らは離婚請求訴訟を提起せず、Bからの離婚請求が認容されることを条件に予備的に財産分与を申し立てた。

　Aは、Bに対し、起訴命令の申立てをして仮差押えの取消しを求めることができるか（参考＝東京高決平成5・10・27判時1480号79頁）。

〔参考資料１〕　財産開示手続説明書

財産開示手続について

○○地方裁判所民事第○部

① 財産開示手続は、なぜ制定されたのですか。
　財産開示手続は、金銭債権についての強制執行を実効性のあるものとするため、債務者から財産に関する情報を取得するために制定されたものです。
② 財産開示手続とは、どのような場合に実施されるのですか。
　財産開示手続は、確定判決等の執行力ある債務名義（仮執行宣言付判決、支払督促、公正証書は除かれます。）を有する金銭債権者、あるいは一般先取特権を有する債権者の申立てにより、当該債権の完全な弁済を得られない等一定の要件（※１、２）を満たす場合に実施されます。
　財産開示手続実施決定に対して不服のある債務者は、執行抗告をすることができます。
　（※１）財産開示手続は、次の場合に実施されます。
(1) 配当等の手続（申立ての日より６か月以上前に終了した執行事件を除く。）において、申立債権者が当該債権の完全な弁済を得ることができなかったとき。
(2) 申立人に判明している財産に対して執行を行っても、申立債権者が当該債権の完全な弁済を得られないことの疎明があったとき。
　（※２）ただし、債務者が過去３年内の財産開示期日において財産を全部開示したときは、次の場合を除き、財産開示手続は実施されません。
(1) 債務者が上記財産開示期日の後に新たに財産を取得したとき。
(2) 上記財産開示期日の後に債務者と使用者との雇用関係が終了したとき。
③ 債務者は、手続のなかで、何をする必要があるのですか。
　財産開示手続実施決定が確定すると、裁判所は、財産開示期日と財産目録提出期限を定めます。その場合、債務者（法定代理人がある場合は法定代理人、法人であるときは代表者）（「開示義務者」といいます。）は、債務者の財産について財産目録を作成し、これを提出期限までに裁判所に提出しなければなりません。そして、財産開示期日に出頭し、宣誓の上で、債務者の財産が目録のとおりである旨を陳述しなければなりません。

483

〔参考資料１〕 財産開示手続説明書

④ 開示された情報は、どのように保護されるのですか。
 (1) 財産開示期日における手続は、非公開で行われます。
 (2) 財産開示期日に関する記録の閲覧等は、申立債権者、その他財産開示を申し立てることのできる債権者等のみがすることができます。
 (3) 開示された情報の目的外利用については制限があり、違反した場合には下記⑤のとおり制裁が定められています。
⑤ 罰則はあるのですか。
 次の場合には、30万円以下の過料に処せられることがあります。
 (1) 開示義務者
  ア 正当な理由なく、財産開示期日に出頭しなかったとき、又は宣誓を拒んだとき
  イ 正当な理由なく、陳述をしなかったとき、又は虚偽の陳述をしたとき
 (2) 申立債権者
   財産開示手続において得られた債務者の財産又は債務に関する情報を、当該債務者に対する債権をその本旨に従って行使する目的以外の目的のために利用し、又は提供したとき
 (3) 他の債権者で財産開示事件の記録中の財産開示期日に関する部分の情報を得た者
   当該情報を当該財産開示事件の債務者に対する債権をその本旨に従って行使する目的以外の目的のために利用し、又は提供したとき

財産目録記載要領

○○地方裁判所民事第○部

～財産目録に記載する際には、必ずこの記載要領をお読みください～

この財産目録に虚偽の記載をし、あるいは正確な記載をせず、財産開示期日にそのまま陳述すると、30万円以下の過料の制裁に処せられることがありますので注意してください。また、財産目録を事前に提出しても、財産開示期日に出頭しなければ過料の制裁に処せられることがありますので、必ず期日には出頭してください。

1 財産目録は、1枚目の「財産目録（一覧）」と2枚目以下の「1から8ま

での各目録」とに分かれています。
　※財産目録で、「債務者」とは、今回の財産開示手続を申し立てた債権者に対して裁判等によって金銭の支払いを命ぜられている者のことです。「開示義務者」とは、財産開示期日に出頭・宣誓して、債務者の財産を開示するよう命ぜられたあなたのことです（あなたが債務者本人ではなくても債務者の法定代理人、債務者会社の代表者である場合には開示義務を負います。）。
　※財産目録には、名義等にかかわらず、債務者が所有する財産を記入してください。
2　まず、1枚目の「財産目録（一覧）」の1から8のそれぞれの財産の欄ごとに「ない」あるいは「ある」のどちらかに必ずチェックをしてください。
　(1)　従業員・公務員・役員で「給与・俸給・役員報酬」の支払を受けているときは、「ある」にチェックしてください。そうでないときは、「ない」にチェックしてください。
　(2)　預金・貯金・現金があるときは、「ある」にチェックしてください。そうでないときは、「ない」にチェックしてください。
　(3)　「生命保険契約」や「損害保険契約」があるときは、「ある」にチェックしてください。そうでないときは、「ない」にチェックしてください。
　(4)　他人に対する「売掛金・請負代金・貸付金」等の何らかの債権があるときは、「ある」にチェックしてください。そうでないときは、「ない」にチェックしてください。
　(5)　所有する不動産、賃借している不動産があるときは、「ある」にチェックしてください。そうでないときは、「ない」にチェックしてください。
　(6)　自動車、「電話加入権」（ISDN利用権を含む）があるときは、「ある」にチェックしてください。「ゴルフ会員権」があるときは、「ある」にチェックしてください。そうでないときは、「ない」にチェックしてください。
　(7)　株式会社の「株式」、国債・社債等の「債券」、有限会社・組合等の「出資持分権」、「手形・小切手」、「主要な動産」（宝石、貴金属、書画等）があるときは「ある」にチェックしてください。そうでないときは、「ない」にチェックしてください。
　(8)　その他の財産があるときは、「ある」にチェックしてください。その他の財産には、上記・から・に当てはまらない財産（例えば、船舶（小型船舶）、航空機、建設機械、地上権・永小作権、供託金、リゾートクラブ等

〔参考資料１〕　財産開示手続説明書

会員権等、特許権、著作権、各種権利の実施権、実用新案権、商標権等）のすべてが含まれます。そうでないときは、「ない」にチェックしてください。

3　財産目録の１枚目の「財産目録（一覧）」で「ある」とチェックしたときは、必ず、対応する①から⑧までの各目録に詳細を記入してください。なお、記入する欄が足りないときは、用紙をコピーして記入してください。

(1)　各目録を記入する際には、それぞれの資料を確認してできる限り正確に記入してください。

　　　例えば、①の場合は給与明細書、②の場合は預貯金通帳・証書、③の場合は保険証券、④の場合は各契約書、⑤の場合は不動産登記簿謄本、⑥の場合は自動車登録証・ゴルフ会員権証等、⑦の場合は株券・有価証券・手形・小切手等を見て記入してください。

(2)　②の場合、社内積立・財形貯蓄があるときは、余白に種類・金額等を記入してください。

(3)　④の場合、「契約の対象」欄には、売買契約の目的物や請負契約の工事内容等を記入してください。

(4)　⑧のうち「3　主要な動産」については、所在場所ごとに高額と思われる順番で動産を記入してください。

(5)　財産開示期日までに購入・売却予定の財産があるときは、その旨を注記した上で、各目録に記入してください。

4　財産目録を記入し終わったら、1枚目の「財産目録（一覧）」の「開示義務者」の欄及び「債務者」欄に住所、氏名、この目録を作成した日等の必要事項を記載し、開示義務者欄の氏名の末尾に押印してください。

5　裁判所に提出していただく書面は、1枚目の「財産目録（一覧）」と①から⑧の各目録のうち財産権があるとして記入をしたものです（記入しなかった①から⑧は提出する必要はありません。）。これらの書面は提出期限までに裁判所に提出してください。また、財産開示期日には必ず出頭してください。

6　なお、財産目録を作成するに当たって不明な点がありましたら、○○地方裁判所民事第○○部財産開示係（電話番号　　　　）にお問い合せください。

以上

〔参考資料1〕 財産開示手続説明書

```
┌─────────────────────────────────────────────────────────┐
│  ┌──────────────────┐                                   │
│  │   地方裁判所      │                                   │
│  │ 平成 年（ ）第 号 │                                   │
│  └──────────────────┘                                   │
│              財 産 目 録 （一覧）                        │
│                                                         │
│  ┌──────────────┬────┬────┬──────────────────┬──┐      │
│  │給与・俸給・役員│ない│ある│ある場合にはその詳│ 1│      │
│  │報酬・退職金    │    │    │細について同封の右│  │      │
│  │                │    │    │記番号の書面に記入│  │      │
│  │                │    │    │してください      │  │      │
│  ├──────────────┼────┼────┼──────────────────┼──┤      │
│  │預金・貯金・現金│ない│ある│ある場合にはその詳│ 2│      │
│  │                │    │    │細について同封の右│  │      │
│  │                │    │    │記番号の書面に記入│  │      │
│  │                │    │    │してください      │  │      │
│  ├──────────────┼────┼────┼──────────────────┼──┤      │
│  │生命保険・損害保│ない│ある│同上              │ 3│      │
│  │険              │    │    │                  │  │      │
│  ├──────────────┼────┼────┼──────────────────┼──┤      │
│  │売掛金・請負代金│ない│ある│同上              │ 4│      │
│  │・貸付金        │    │    │                  │  │      │
│  ├──────────────┼────┼────┼──────────────────┼──┤      │
│  │不動産所有権・不│ない│ある│同上              │ 5│      │
│  │動産賃借権      │    │    │                  │  │      │
│  ├──────────────┼────┼────┼──────────────────┼──┤      │
│  │自動車・電話加入│ない│ある│同上              │ 6│      │
│  │権・ゴルフクラブ│    │    │                  │  │      │
│  │会員権          │    │    │                  │  │      │
│  ├──────────────┼────┼────┼──────────────────┼──┤      │
│  │株式・債券・出資│ない│ある│同上              │ 7│      │
│  │持分・手形小切手│    │    │                  │  │      │
│  │・主要動産      │    │    │                  │  │      │
│  ├──────────────┼────┼────┼──────────────────┼──┤      │
│  │その他の財産    │ない│ある│同上              │ 8│      │
│  └──────────────┴────┴────┴──────────────────┴──┘      │
│                                                         │
│  【開示義務者】資格 □ 債務者本人法定代理人（下欄も記載）│
│                     □ 会社代表者（下欄も記載）          │
│   住  所 ............................................. │
│   電話番号 ........................................... │
│   作成日 平成  年  月  日  氏名              印        │
│  【債務者】                                             │
│   住  所 ............................................. │
│   電話番号 ........................................... │
│                            氏名                        │
└─────────────────────────────────────────────────────────┘
```

487

〔参考資料1〕 財産開示手続説明書

1 給与・俸給・役員報酬・退職金目録

従業員・役員の別	
勤務先 勤務先名	
本店所在地	
勤務場所	
金　額（税込）	
賞与 支払時期	
金　額（税込）	
退職の有無及び年月日	
退職一時金の額	

2 預貯金・現金目録
1 預貯金

金融機関名及び支店名	
金　額	

金融機関名及び支店名	
金　額	

金融機関名及び支店名	
金　額	

2　現金

保 管 場 所	
金　　額	

保管場所	
金　　額	

③　生命保険契約・損害保険契約目録

保険会社	経営会社名	
	本店所在地	
保険証券番号		
保険契約者の名称		
保険金受取人の名称		
被保険者の名称又は保険の目的物		
保険事故の有無及び時期		

保険会社	経営会社名	
	本店所在地	
保険証券番号		
保険契約者の名称		

〔参考資料１〕 財産開示手続説明書

保険金受取人の名称	
被保険者の名称又は保険の目的物	
保険事故の有無及び時期	

④ 売掛金・請負代金・貸付金目録

	契約の種別	
契約の相手方	名　　称	
	所　在　地	
契約の金額		
代金等の支払方法		
契約の対象		

	契約の種別	
契約の相手方	名　　称	
	所　在　地	
契約の金額		
代金等の支払方法		
契約の対象		

5 所有不動産・不動産賃借権目録
　　1 所有不動産

所　　在	
不動産の種別	

所　　在	
不動産の種別	

　　2 不動産賃借権

目的不動産	種　　別	
	所 在 地	
賃料・使用料		
契 約 期 間		
特約・敷金等		

6 自動車・電話加入権・ゴルフ会員権目録
　　1 登録自動車

登 録 番 号	
車名・型式	
車 台 番 号	
保 管 場 所	

　　2 電話加入権

〔参考資料1〕 財産開示手続説明書

電話の種別	
電話番号	
設置場所	

3 ゴルフ会員権

会員権発行者	名　　称	
	本店所在地	
会員番号		
会員権番号		
退会の有無及び時期		

7 株式・債券・出資持分権・手形小切手・主要動産目録
　1 株式・債券・出資持分権

株式・社債等の種類		
権利の相手	名　　称	
	本店等所在地	
発券の有無・預託等の別		
預託振替制度	口座機関名	
	本店所在地	

　2 手形・小切手

| 手形・小切手の別 | |

〔参考資料1〕 財産開示手続説明書

振出人	名　称	
	所在地	
券　面　類		

3　主要な動産

所在場所	
動産の種類	
数　量	
購入時期・購入価額	
動産の種類	
数　量	
購入時期・購入価額	

8　その他の財産目録	

493

〔参考資料１〕 財産開示手続説明書

〔参考資料2〕 競売ファイル・競売手続説明書

競売ファイル・競売手続説明書（改訂版）

東京地方裁判所民事執行センター

3点セットと併せてお読みください

目　　次

1－1　期間入札公告書の詳細説明／00
2－1　物件明細書の詳細説明／00
3－1　評価書の詳細説明／00
4－1　公法上の規制の詳細説明／00
5－1　引渡命令の詳細説明／00
6－1　農地売却の詳細説明／00

（以上、表紙部分）

期間入札公告書の詳細説明

1　売却日程

「期間入札の公告」の1枚目に入札期間、開札期日が記載されていますのでよく確認してください。

2　物件番号

競売手続における物件の整理番号です。入札書や特別売却の買受申出書には、対象となる物件番号をすべて記載（連続するときは1～3などと記載）する必要がありますので、この公告書でよく確認してください。

〔参考資料２〕　競売ファイル・競売手続説明書

3　一括売却

　一括売却とは、そこに示された物件を一括して売却するという売却条件です。この場合、個別の物件のみの入札はできません。

4　売却基準価額、買受可能価額、買受申出保証額、固定資産税・都市計画税の額

　売却基準価額（平成16年改正前の最低売却価額）とは、評価人の評価に基づき、執行裁判所が不動産の売却の基準となるべき価額を定めたものです。
　買受可能価額とは、入札価額がこの価額以上（この価額を含む。）でなければ適法な入札とならないという価額です。これは、売却基準価額からその10分の２に相当する額を控除した価額です。
　買受申出保証額とは、入札に参加する際、執行裁判所に提供しなければならない保証金の額で、通常は売却基準価額（買受可能価額ではありません。）の２割相当です。
　固定資産税、都市計画税の額は、競売の申立て時に提出された公課証明書により記載され、必ずしも直近のものとは限りません。この額は、買い受けた後に支払うこととなる物件にかかる税金の参考のためにお知らせするものです。

5　民事執行法63条２項１号の買受申出の保証がある場合

　これは、買受可能価額では、申立債権者の債権の弁済に回る見込みがない場合に、申立債権者がその状態を回避するため、申立債権者の債権に優先する債権（以下「優先債権」という）がない場合にあっては手続費用の見込額を超える額を、優先債権がある場合にあっては手続費用及び優先債権の見込額の合計額以上の額を定め、その額に達する額以上で買受けの申出がなかった場合には申立債権者自らが買い受ける旨の申出をした上で提供した保証の額です。したがって、入札金額が、この保証の額以上の額でなければ、物件を買い受けることはできません。
　なお、この場合、以後の手続について、平成16年改正の後であっても、例外的に改正前の民事執行法が適用される場合があります（該当事件は、期間入札の公告書に「最低売却価額」のみが記載され、「買受可能価額」は記載されていません。）。

496

6　平成15年改正前の民事執行法186条１項の買受申出の保証がある場合

　これは、増価競売の申立てをした抵当権者が提供した保証の額で、この金額に達する額以上で買受申出がなかった場合には申立債権者自らが買い受けることになります。したがって、**入札金額が、この保証の額以上の額でなければ、物件を買い受けることはできません。**

7　農地の入札について

ア）公告書に記載のとおり、①権限を有する行政庁（農業委員会等）の交付した買受適格証明書を有する者か、②買受けについて農地法上の許可又は届出を必要としない者に限り、入札をすることができます。買受適格証明書は、入札書を提出する際に提出してください。

イ）目的物件が小作地又は小作採草放牧地であるときは、原則として、当該小作農等以外の者は所有権を取得することはできず、買受適格証明書の交付を受けることはできません。

ウ）市街化区域内の農地においては、農業従事者等以外の一般の人でも買受適格証明書の交付を受けることができます（買受適格証明書の添付省略はできません。）。この場合、最高価買受申出人は、農地法５条の許可書（農地転用を目的とする所有権移転の許可）を執行裁判所に提出することにより、売却許可決定を受けることができます。

エ）詳細は「農地売却の詳細説明」をご覧ください。

（おわり）

物件明細書の詳細説明

　物件明細書の主要な記載事項の意味は、以下のとおり各インデックス符号（A〜D）で分類されて、説明がなされています。
　お手元の物件明細書の記載を基に、インデックス一覧で番号を探し、これに対応する説明をご覧ください。

〔参考資料２〕　競売ファイル・競売手続説明書

> ここには、事件番号が記載されています。

平成　年（　）第　　号

物　件　明　細　書

平成○○年○○月○○日
東京地方裁判所民事第21部
　　　裁判所書記官○　○　○　○

1　**不動産の表示**　　別紙物件目録記載のとおり
　　　〔物件　〕

> 物件の表示は別紙の物件目録をご覧ください。

2　**売却により成立する法定地上権の概要**

> この欄の記載事項の意味は、インデックスＡの各説明をご覧ください。

3　**買受人が負担することとなる他人の権利**

> この欄の記載事項の意味は、インデックスＢの各説明をご覧ください。

4　**物件の占有状況等に関する特記事項**

> この欄の記載事項の意味は、インデックスＣの各説明をご覧ください。

〔参考資料2〕　競売ファイル・競売手続説明書

5　その他買受けの参考となる事項

> この欄の記載事項の意味は、インデックスDの各説明をご覧ください。

競売ファイル・競売手続説明書（改訂版）について

　この「競売ファイル・競売手続説明書（改訂版）」は、次の法改正に伴い、実務上の取扱いの変更があったので、従前の「競売ファイル・競売手続説明書」及び「競売ファイル・競売手続説明書（補正版）」を一体化したうえ、改訂したものです。

1　平成15年改正について
　担保物権及び民事執行制度の改善のための民法等の一部を改正する法律（平成15年法律第134号、平成16年4月1日施行）により、民法395条が改正され、従来の短期賃借権の制度が廃止されました。その改正の概要は、次のとおりです。
　(1)　最も早い（最先順位の）（根）抵当権に優先する賃借権は、従来どおり買受人の引受けとなります。
　(2)　最も早い（最先順位の）（根）抵当権に後れる賃借権は、短期賃借権の制度が廃止された結果、買受人の引受けとなりませんが、建物につき、差押え前からの占有者であれば、執行妨害目的の占有者や独立の占有を有しない者、信義則上否認すべき賃借権に基づく占有者等を除き、代金納付の日から6か月間その明渡しが猶予されます。
　　　ただし、平成16年4月1日の平成15年改正が施行された際に現に存する抵当不動産の賃借権（この法律の施行後に更新されたものを含みます。）のうち、民法602条に定める期間を超えないものであって、抵当権の登記後に対抗要件を備えたものについては、経過措置により、従前のままの取扱いとなります。
(注)　平成15年改正に関する改訂又は加筆部分は、下線（一重線）部分です。
2　平成16年改正について
　民事関係手続の改善のための民事訴訟法等の一部を改正する法律（平成16年法律第152号、平成17年4月1日施行）により、民事執行法の一部が改正され、裁判所内部の職務分担の見直し、最低売却価額制度の見直し等がされました。その改正の概要は、次のとおりです。

499

(1) 裁判所内部の職務分担の見直し
　　物件明細書の作成が執行裁判所の裁判所書記官の権限とされました。
(2) 最低売却価額制度の見直し
　ア　平成17年4月1日以降に売却実施処分がされた事件については、平成16年改正前の従前の「最低売却価額」を「売却基準価額」と変更し、「売却基準価額」からその10分の2に相当する額を控除した価額（買受可能価額）以上の額での買受けの申出ができることとされました。
　　なお、売却基準価額は、従前と同様、評価人の評価に基づき、執行裁判所が決定します。
　イ　買受けの申出の保証の額は、売却基準価額（買受可能価額ではありません。）の10分の2以上となります。
　ウ　平成17年4月1日以降に売却実施処分がされた事件であっても、平成16年改正前の民事執行法の最低売却価額制度等が適用される場合があります（期間入札公告書の詳細説明5参照）。
（注）平成16年改正に関する改訂又は加筆部分は、下線（波線）部分です。

物件明細書記載事項説明インデックス

A	売却により成立する法定地上権の概要欄

A－1　売却対象外の土地（地番○番）につき、本件建物のために法定地上権成立

A－2　上記法定地上権は、土地の平成○年○月○日付け抵当権設定登記に後れる。

A－3　本件土地につき、売却対象外の建物（家屋番号○番）のために法定地上権成立

A－4　この欄に「なし」と記載してあるもの

B	買受人が負担することとなる他人の権利欄

B－1　①　賃借権　　末尾に「上記賃借権は最先の賃借権である。」との記載があるもの
　　　　②　賃借権　　末尾に「上記賃借権は最先の賃借権である。期限後の更

新は買受人に対抗できる。」との記載があるもの
B－2 ① 賃借権　末尾に「上記賃借権は抵当権設定後の賃借権である。」との記載があるもの
　　　② 賃借権末尾に「上記賃借権は抵当権設定後の賃借権である。期限後の更新は買受人に対抗できない。」との記載があるもの
B－3 賃借権（不明）
　　　賃借権の存否は不明であるが、これを引き受けるものとして売却基準価額が定められている。
B－4 《期限》欄に「定めなし」と記載してあるもの
B－5 敷金・保証金
B－6 《敷金》欄に「○○円（売却基準価額は、左記敷金（保証金）の返還義務を考慮して定められている。）」との記載があるもの
B－7 《敷金》欄に「不明（敷金○○円の主張があるが、過大であるため、適正敷金額を考慮して売却基準価額が定められている。）」との記載があるもの
B－8 特約
B－9 地上権
B－10 地役権
B－11 留置権
B－12 質権
B－13 仮処分
B－14 この欄に「なし」と記載してあるもの

C　物件の占有状況等に関する特記事項欄

（所有者及び所有者に準じる者の占有）
C－1 本件所有者（又は債務者）が占有している。
C－2 ○○が占有している。△△の占有は認められない。
C－3 ○○が占有している。同人の占有権原の存在は認められない。
C－4 ㈱○○が占有している。同社の代表者は本件所有者である。
C－5 ○○が占有している。同人は本件所有者（又は債務者）会社の代表者である。
C－6 ○○が占有している。同人は実行された抵当権の債務者である。
C－7 ○○が占有している。同人は実行された抵当権の設定時の所有者であった。

C－8　○○が占有している。同人は実行された抵当権の設定後の所有者であった。

C－9　○○が占有している。同人は所有権を主張している。

(第三者の占有)

C－10　○○が占有している。同人は実行された抵当権以外の債務者である。

C－11　○○が占有している。同人の占有権原は使用借権と認められる。

C－12　本件は、平成8年改正前の民事執行法が適用される事件である。

C－13　○○が占有している。同人の賃借権は、正常なものとは認められない。

C－14　○○が占有している。同人の占有（又は賃借権）は（仮）差押えに後れる。

C－15　○○が占有している。同人の占有（又は賃借権）は滞納処分による差押えに後れる。

C－16　○○が占有している。同人の賃借権は抵当権に後れる。ただし、代金納付日から6か月間明渡しが猶予される。

C－17　○○が占有している。同人の賃借権は、差押え（仮差押え・滞納処分による差押え）後に期限が経過している。

C－18　○○が占有している。同人の賃借権は、平成○年○月○日の経過により、差押え後に期限が経過するものである。

C－19　○○が占有している。同人の賃借権は、所有権移転の仮登記担保権に後れている。

C－20　○○が占有している。同人の賃借権は抵当権に後れ〔、その期間が5年を超え〕る。

C－21　○○が占有している。同人の賃借権は、一時使用を目的とするものと認められる。

C－22　○○の賃借権に基づき、駐車場（又は資材置場等）として使用されている。同人の賃借権は、対抗要件を有していない。

C－23　駐車場（又は資材置場等）として使用されている。

C－24　転借人（又は転使用借人）○○が占有している。

C－25　本件土地上に、売却対象外建物（家屋番号○番）が存在する。

C－26　○○が占有している。同人の占有権原は使用借権と認められる。同人所有の売却対象外建物（家屋番号○番）が本件土地上に存在する。

C－27　○○が占有している。同人の賃借権は抵当権に後れ〔、その期間が5年を超え〕る。同人所有の売却対象外建物（家屋番号○番）が本件土地上に

存在する。
C-28　占有者は不明である。占有者の占有権原は買受人に対抗できない。
C-29　氏名不詳者が占有している。同人の占有は差押えに後れる。
C-30　氏名不詳者が占有している。同人の占有権原は買受人に対抗できない。
C-31　○○が占有している。同人が留置権を主張するが認められない。
C-32　○○が占有している。同人が改装費（又は修繕費・造作費）を支出した旨主張している。
　　　売却基準価額は、上記改装費（又は修繕費等）を考慮して定められている。
C-33　○○が占有している。同人は外交特権を有している可能性がある。

(農地関係)
C-34　○○が占有している。農地法3条の許可を受けていない。
C-35　○○が占有している。同人の賃借権は抵当権に後れ〔、その期間が5年を超え〕る。農地法3条の許可を受けている。
C-36　○○が占有している。同人の占有権原は使用借権と認められる。農地法3条の許可を受けている。
C-37　○○が占有している。同人の賃借権は差押えに後れる。農地法3条の許可を受けている。

D　その他買受けの参考となる事項欄

(土地・建物に関する事項)
D-1　隣地（地番○番）との境界が不明確である。
D-2　隣地（地番○番）との間で境界確定の訴訟（○○地方裁判所平成○年(ワ)第○号）が提起されている。
D-3　地籍図上筆界未定である。
D-4　本件土地（の一部）は通路（私道）として利用されている。
D-5　公道に至るため、売却対象外の土地（地番○番）を（無償で）利用している。
D-6　本件土地（の一部）は、売却対象外の土地（地番○番）への通行のため（無償で）利用されている。
D-7　売却基準価額は、温泉権を含めて定められている。
D-8　土地区画整理で清算金の徴収が予定されている。

　　　　　土地改良事業で清算金（賦課金）の徴収が予定されている。
　　　　　○○事業で賦課金の滞納あり。
　　　　　マンション建替事業で清算金の徴収が予定されている。
Ｄ－９　本件土地上に現存しない建物（家屋番号○番）の登記が存在する。
Ｄ－10　管理費等の滞納あり。
　　　　　売却基準価額は、滞納管理費等の額を考慮して定められている。
Ｄ－11　本件建物と売却対象外建物（家屋番号○番）の隔壁が取り除かれ、両建物が一体として利用されている。

（建物の敷地利用権に関する事項）

Ｄ－12　本件建物のために、その敷地（地番○番、所有者○○）につき使用借権が存する。買受人は、敷地利用権の設定を要する。
Ｄ－13　本件建物のために、その敷地（地番○番、地積○平方メートル、所有者○○）につき借地権（賃借権）が存する。買受人は、地主の承諾又は裁判等を要する。
Ｄ－14　本件建物のために、その敷地（地番○番、地積○平方メートル、所有者○○）につき借地権（賃借権）が存する。上記借地権は土地の平成○年○月○日付け抵当権設定登記に後れる。
Ｄ－15　上記借地権につき争いあり。
Ｄ－16　上記借地権につき、地主から賃貸借契約解除の意思表示あり。
Ｄ－17　上記借地に関連して、建物収去・土地明渡訴訟が係属中（○○地方裁判所平成○年(ワ)第○号）である。
Ｄ－18　本件建物の敷地に関連して、建物収去・土地明渡訴訟における原告勝訴判決が確定している。
Ｄ－19　本件建物のために、その敷地（地番○番、地積○平方メートル、所有者○○）につき借地権（賃借権）が存する。本件建物所有者と借地名義人は異なる。
Ｄ－20　本件建物につき、その敷地利用権はない。
Ｄ－21　売却基準価額は、敷地利用権が不明であることを考慮して定められている。
Ｄ－22　地代の滞納あり。
Ｄ－23　地代代払の許可あり。

（その他の事項）

D—24　予告登記は、本執行手続では抹消しない。
D—25　買戻特約登記は、本執行手続では抹消しない。ただし、買戻権者から、買戻権の不行使及び買戻特約登記の抹消については買受人に協力する旨の申出がある。
D—26　質権の登記は、本執行手続では抹消しない。
D—27　処分禁止の仮処分の登記がある。
D—28　執行官保管の仮処分（○○地方裁判所平成○年（ヨ）第○号）がある。
D—29　売却のための保全処分（〔平成○年○月○日申立てにかかる〕○○地方裁判所平成○年㈢第○号）として占有移転禁止・公示命令が発令されている。
D—30　○○（地役権等の目的、例えば「電柱設置」等）のための地役権（又は地上権）設定登記がある。
D—31　地番○番を承役地とする地役権設定登記がある。
D—32　本件建物（土地）は共有持分についての売却であり、買受人は、当該物件を当然に使用収益できるとは限らない。
D—33　……審尋の結果……

〔参考資料2〕 競売ファイル・競売手続説明書

1　物件明細書とは

　物件明細書は、物件の売却条件を明らかにするために備え置かれるもので、執行裁判所の裁判所書記官が重要と考える権利関係や物件の状況を記載したものです。すなわち、現況調査報告書、評価書等記録上表れている事実とそれに基づく法律判断に関して、執行裁判所の裁判所書記官の一応の認識を記載したものであり、利害関係人の間の権利関係を最終的に確定する効力はありません。買受け後に訴訟がなされ、物件明細書の記載内容と異なる結論になる可能性もあります。一方、物件明細書の記載は、訴訟等における重要な証拠にもなります。

2　記載事項説明

インデックスNo	事件番号（上部）
	事件を特定するための整理番号です（例平成17年(ケ)第101号）。入札や照会のときには必ず必要となります。
	不動産の表示
	別紙物件目録に不動産を表示してあります。また、現況が登記簿上の表示と異なっている場合は、現況も記載されています。 　物件目録には物件ごとに「物件番号」が付されています。「物件番号」は、競売事件において物件を特定する重要な意味を持ちます。特に入札の際は物件番号の記載に注意してください。
	売却により成立する法定地上権の概要
	土地又はその地上建物の一方のみが競売手続で売却される場合、民法又は民事執行法は、建物と敷地の所有者が競売によって別人になることにより建物が存立できなくなることを避けるため、一定の要件があるときは、売却の効果として法律上当然に建物の敷地利用権としての地上権が発生する場合を規定しています。この地上権を「法定地上権」といいます。 　法定地上権の地代その他の内容は、当事者間の協議により決せられますが、協議が調わないときは、訴訟等を提起して裁判所に決めても

	らうことになります。	
A―1	売却対象外の土地（地番○番）につき、本件建物のために法定地上権成立	売却対象である本件建物のために売却対象外の敷地である○番の土地に本件建物の敷地を利用するために必要な法定地上権が成立することを意味します。
A―2	上記法定地上権は土地の平成○年○月○日付け抵当権設定登記に後れる。	売却対象である本件建物のために法定地上権が成立しますが、敷地に先順位の抵当権設定登記があるため、買受人は敷地の抵当権者に法定地上権の成立を主張することができません。その結果、敷地が競売されると法定地上権が売却によって消滅し、本件建物を収去（取壊し）しなければならなくなる可能性があります。
A―3	本件土地につき、売却対象外の建物（家屋番号○番）地上権成立	売却対象外建物のために売却対象である本件土地に法定地上権が成立して、本件土地を買い受けても法定地上権が続く間は買受人は土地を自ら利用できません。ただし、借地人に対し地代を請求することはできます。
A―4	この欄に「なし」と記載してあるもの	売却対象である土地についても、また売却対象である建物のためにも法定地上権の成立がない場合の記載です。 　理論上は法定地上権が成立しても、敷地と建物が一括売却の場合は双方とも買受人が所有権を取得しますから法定地上権は「なし」となります。この場合でも、評価書上は法定地上権を考慮したものとなります。これは、競売においては敷地と建物のそれぞれの内訳の金額を法定地上権を考慮して算出する必要があるからです。
	買受人が負担することとなる他人の権利	
インデックスNo	売却後も、所有者が他人と締結した契約等（主に賃借権）に基づく権利が売却により消滅しないために、買受人が負担として引き受けることとなる場合に、その他人の権利の内容がこの欄に記載されます。売却後も効力を失わない仮処分の内容もこの欄に記載されます。	

〔参考資料2〕 競売ファイル・競売手続説明書

B－1	①賃借権 　末尾に「上記賃借権は最先の賃借権である。」との記載があるもの ②賃借権 　末尾に「上記賃借権は最先の賃借権である。期限後の更新は買受人に対抗できる。」との記載があるもの	その物件につき、最も早い順位で所有者と第三者との間に賃貸借契約が結ばれており買受人は第三者に対し引き続きその物件を賃貸しなければならないことを意味し、その内容が以下に記載されます。この賃借権は、自己使用の必要性等の法律上の正当事由がない限り、解約することは困難です。このことは、期間の定めのない場合も同様です。 　①は期間の定めがない場合の記載で、②は期間の定めがある場合の記載です。短期賃借権と異なり、期間経過後）に更新された場合にも賃借人は、買受人に対して賃借権を主張することができます（買受人は、更新後も更新内容に従って引き続き賃貸しなければなりません。）。
B－2	①賃借権 　末尾に「上記賃借権は抵当権設定後の賃借権である。」との記載があるもの ②賃借権 　末尾に「上記賃借権は抵当権設定後の賃借権である。期限後の更新は買受人に対抗できない。」との記載があるもの	最も早い（最先順位）抵当権に後れる賃借権ですが、賃貸借の期間が短期（土地については5年以下、建物については3年以下）のため、法律が特に短期賃借権としてその契約を保護する場合を意味し、期間満了後は明渡しを求めることができます。 　期間の定めのないものについては、買受人は原則としていつでも解約申入れができると考えられています。ただし、解約申入れから契約が終了するまでは6か月以上の期間が必要なことから、引渡命令の対象とはならない可能性が大きいです。 　明渡しについて当事者間で合意ができないときは、訴訟又は調停などの法的手段が必要となります。 　①は期間の定めがない場合で、②は期間の定めがある場合です。期限後（期間経過後）に更新された場合には、賃借人は、買受人に対して更新後の賃借権を主張することができません（買受人は、更新契約に拘束されません。）。 (注)　平成15年改正（平成16年4月1日施

			行)により短期賃借権制度は廃止されましたが、法の経過措置により、なお短期賃借権が認められる場合の記載です。
B－3	賃借権（不明） 　賃借権の存否は不明であるが、これを引き受けるものとして売却受けるものとして<u>売却基準価額が定められている</u>。		現況調査や執行裁判所による審尋等の結果によっても、賃借権の有無又は賃借権の負担を買受人が引き受けるべきかどうかが不明の場合もあります。 　左記の記載は、このような場合でも買受人が不測の不利益を被らないために、賃借権を買受人が引き受けることを前提として<u>執行裁判所が売却基準価額を定めた</u>という意味です。
B－4	《期限》欄に「定めなし」と記載してあるもの		賃貸借について、期間の定めがない場合です。契約上の期間の定めがない場合と、建物の賃貸借で契約上は期間の定めがあったものの借地借家法26条1項により法定更新され、同条により期間の定めがないとみなされる場合を含みます。 　短期賃借権の場合は、いつでも解約申入れが可能であるといわれていますが、最先の賃借権の場合は、期間の定めがある場合と同様に法律上の正当事由がない限り解約することは困難です。なお「賃借権（B－1、B－2）の説明もご覧ください。
B－5	敷金・保証金		賃貸借契約終了の際、未払賃料や損害金等を控除した上、賃借人に返還すべきお金で、この返還義務は買受人が引き継ぐことになります。いわゆる敷引き（敷金・保証金の償却）の特約があるときでも、契約時の差し入れ額が表示されます。 　敷金・保証金の返還義務については評価上考慮されることもあります。この場合、買受人が現実に返還を要する敷金・保証金の額は、評価上考慮した金額等に拘束されるものではありません。評価上考慮した金額等は評価額を定めるための一つの基準にすぎないことに注意してください。

B－6	《敷金》欄に「○○円（売却基準価額は、左記敷金（保証金）の返還義務を考慮して定められている。）」との記載があるもの	評価書記載の評価額から、執行裁判所が敷金（又は保証金）額を控除して売却基準価額を定めたことを意味します。この場合は、評価額と売却基準価額が異なることになります。もっとも敷金額を評価に反映している取扱いも多くあります。この場合は、評価額と売却基準価額が一致するので、このような記載はされません。 　買受人が現実に返還を要する敷金・保証金の額は、執行裁判所の控除額に拘束されるものではありません。この控除額は売却基準価額を定めるための一つの基準にすぎないことに注意してください。
B－7	《敷金》欄に「不明（敷金○○円の主張があるが、過大であるため、適正敷金額を考慮して売却基準価額が定められている。）」との記載があるもの	この意味は、 ① 執行裁判所としては、買受人が返還義務を負うこととなる敷金の額は不明であると判断したこと。 ② 賃借人の主張する敷金の額が○○円であること。 ③ その主張に対し契約内容や取引相場から判断して、敷金の額が過大な金額と判断できること。 ④ 売却基準価額を定めるにあたっては、契約内容や取引相場から判断して適正と考えられる金額を一応買受人が返還義務を負う敷金額と想定して考慮したこと。ということです。 　この場合、買受人が具体的に返還義務を負う額は買受人と賃借人間の協議により定めることになります。その場合、売却基準価額を定めるうえで考慮した適正敷金額に拘束されるものではありません。協議が調わないときは、訴訟又は調停などの法的手段が必要となります。 　なお、買受人が返還義務を引き受けないとされた敷金については、賃借人と本件所有者との間で解決されることになるでしょう。

〔参考資料2〕 競売ファイル・競売手続説明書

B－8	特約	買受人に不利益となると一般に考えられる特約があるときに記載され、すべての特約が記載されるものではありません。
B－9	地上権	地上権とは、他人の土地の地上又は地下において建物その他の工作物又は植林の目的となる樹木等を所有するため、その土地を使用することができる権利です。この権利が最も早い（最先順位）抵当権よりも先に登記されている場合は、買受人がその負担を引き受けることになり、地上権の内容が記載されます。ここでいう地上権は当事者間の設定行為により設定されたもので、競売の売却により成立する法定地上権は含みません。
B－10	地役権	地役権とは、他の土地の利用価値を増すために、売却対象土地を利用する権利です例えば他の土地のため、売却対象土地を通行したり、その土地から引水したり、その土地に一定の建物建築をさせなかったりすることを内容とします。そしてこの権利が最も早い（最先順位）抵当権よりも先に登記されている場合は、買受人が地役権の負担を引き受けることになり、地役権の内容が記載されます。この場合、他の土地のために地役権の負担のある土地を承役地といい、利用価値が増す土地を要役地といいます。ここでの記載は、売却対象土地が承役地の場合です。地役権の負担のある土地の買受人は、要役地のために目的に掲げられた一定の行為（通行や引水など）を受忍したり一定の利用をしない（建築をしないなど）義務を負担することになります。
B－11	留置権	留置権とは、物（売却対象物件）の占有者が、その物に関して生じた債権（例えば修繕費など）を有している場合又は商人間の商取引により生じた債権（例えば売買代金など）を有している場合に、その債権の弁済を受けるまでその物の引渡しを拒絶することができる権利で、契約等によらず法律上当然に発生

511

B―11	留置権	する権利です。 　そして、この留置権は競売による売却によっては消滅せず、買受人がその負担を引き受けることになります。よって、買受人は、ここに表示された債権を留置権者に弁済しなければ留置権者から不動産の引渡しを受けることができません。買受人が現実に弁済すべき額は、遅延損害金等が加算され、ここに表示された債権額よりも多くなることもあります。 　なお、留置権により担保される債権額は、<u>執行裁判所が売却基準価額</u>を定めるにあたり考慮されています。
B―12	質権	買受人が負担する質権は、最先順位（最先の抵当権より先順位の登記があるもの）で、使用収益をしない旨の定めのないものが対象で、この欄に記載されます。この場合、質権の存続期間内は、質権者の債権を弁済して質権を消滅させるなどの特別な事情がない限り、買受人は。質権者からの不動産の引渡しを受けることはできません。なお、存続期間は10年の範囲で更新されることがあります。
B―13	仮処分	買受人が負担することになる仮処分がある場合の記載です。これは、本件所有者以外の者から本件所有者に対し仮処分がなされている場合であり、買受人はその仮処分の内容の負担を引き受けることになります。また、被保全権利（仮処分により保全される権利）に関して仮処分権利者との紛争の当事者になります。今後の経緯によっては、買受人は不動産に対する権利に重大な制約を受ける可能性もあります。
B―14	この欄に「なし」と記載してあるもの	その物件について買受人が負担しなければならないとされる他人の権利がないと認められる場合です。 　なお、現実の占有状況は「物件の占有状況等に関する特記事項」欄及びそれに関する説明をご覧ください。

[参考資料2] 競売ファイル・競売手続説明書

インデックス No	物件の占有状況等に関する特記事項	
	これは、現実の占有の状況及びその占有の根拠が買受人が負担することとなる他人の権利とは認められないと執行裁判所の裁判所書記官が判断した内容を記載したものです。この記載は、現況調査報告書を基に記載されるため、現況調査時の状況を記載したものであり、その後に占有状況が変更されている場合もあります。 この欄に記載された占有者は、原則として引渡命令の対象となります（詳細は「引渡命令の詳細説明」を参照してください。）。また、占有者が変わった後の占有者は「差押え後の占有者」として、引渡命令の対象となります。	
C−1	本件所有者（又は債務者）が占有している。	売却対象物件の所有者又は実行された抵当権の債務者が占有していることを意味します。 所有者が占有している形態には、現実に居住している場合のほか、長期間不在の状態や空き家の状態があります。また、空き家の場合も家財道具などの残置物がある場合と完全な空き家の場合があります。 いずれの場合も、鍵の受渡しについて、執行裁判所は関与しません。
C−2	○○が占有している。△△の占有は認められない。	「○○」は執行裁判所の裁判所書記官が認定した占有者です。「△△」は、占有の主張をする者や占有の外観を作っているにすぎない者を意味します。執行官の現況調査報告書において占有を主張する者がいたり、占有の外観がうかがわれる場合でも、占有の実態がなかったり、他人の占有に依存した利用状態にすぎないような者についての判断を記載したものです。
C−3	○○が占有している。同人の占有権原の存在は認められない。	他人の不動産を占有するには、通常、所有者との間で何らかの使用できる権利（占有権原）の設定がされていますが、そのような権原があるとは認められない者が占有している場合の記載です。
C−4	㈱○○が占有している。同社の代表者は本件所	法人が占有し、法人の代表者が所有者である場合の記載です。占有者である法人は、そ

513

	有者である。	の規模その他の状況を考慮すると執行手続上所有者と同視できる場合です。
C－5	○○が占有している。同人は本件所有者（又は債務者）会社の代表者である。	法人が不動産を所有していたり、実行された抵当権の債務者である場合、その法人の代表者が占有しているという意味です。占有者が、所有者（債務者）会社の代表者という特別な関係にあることから、占有権原を主張することが信義則に反すると認められ、執行手続上所有者と同視できると考えられています。
C－6	○○が占有している。同人は実行された抵当権の債務者である。	売却手続進行中の本件競売事件の債務者ではないものの、後から申し立てられた競売事件（後行事件）の基となった抵当権の債務者（所有者以外の者）が占有しているという意味です。 この場合の債務者は既に実行された抵当権の債務者ですので、占有権原を主張することはできず、所有者と同視できると考えられています。
C－7	○○が占有している。同人は実行された抵当権の設定時の所有者であった。	競売事件（後行事件を含む。）の基になった抵当権の設定時の所有者が、その後に不動産を他に譲渡したものの、なお現にこれを占有しているという意味です。 抵当権を自ら設定した者は、他に譲渡したとしても、占有権原を主張して買受人に対し引渡しを拒むことは、著しく信義に反するので、執行手続上所有者と同視できると考えられています。
C－8	○○が占有している。同人は実行された抵当権の設定後の所有者であった。	競売事件（後行事件を含む。）の基になった抵当権を設定した者から不動産を譲り受け、更にこれを他に譲渡したものの、なお現にこれを占有しているという意味です。 このような中間所有者は、不動産の所有を続けていれば、所有者としての立場に立つので、執行手続上所有者と同視できると考えられています。
C－9	○○が占有している。	登記名義上の所有者と異なる者が所有権を

	同人は所有権を主張している。	主張し、占有している場合です。 　所有権の譲渡を受けて不動産を占有していたものの、その所有権移転登記を経ないうちに、競売事件となった場合や他人名義で不動産を取得した者が自ら占有している場合など事実関係が事案ごとに異なり、所有権について争いが起きる可能性がある場合もありますので、注意が必要です。 　このような立場の者は、仮に登記を経ていたとしても所有者の立場に立つことから、この場合も所有者と同視できると考えられています。
C―10	○○が占有している。同人は実行された抵当権以外の債務者である。	賃借権を主張する者が、今回の競売での実行抵当権以外の抵当権の債務者である場合（所有者である場合を除く。）、その者が債務不履行状態と認められるときは、その賃借権が最先のものであっても、買受人が引き受けるべき賃借権とは認められない場合があります。これはその場合の記載です。 　このような場合でも、その者が債務者となった抵当権について競売開始決定がない限り、その占有者に対して引渡命令が発令されない可能性がありますので注意が必要です。
C―11	○○が占有している。同人の占有権原は使用借権と認められる。	使用借権とは相当の対価を支払わないで借りている場合です。この使用借権は、買受人に対してその権利を主張できず、買受人が引き受けるべき権利とはなりません。
C―12	本件は、平成8年改正前の民事執行法が適用される事件である。	平成8年改正前の民事執行法が適用される競売事件においては、引渡命令の対象が現行法より狭く、占有者の占有権原が、使用借権や買受人に対抗できない賃借権であっても、所有者との正当な契約に基づく限り、引渡命令が発令されない可能性があります。引渡命令が発令されないときは、任意の明渡しを受けられなければ訴訟等の方法によることになります。 　平成8年改正前の民事執行法が適用される

		競売事件は、平成8年8月31日以前に申し立てられたものです。
C－13	○○が占有している。同人の賃借権は、正常なものとは認められない。	この記載がなされるのは次の(1)又は(2)の場合です。 (1) 抵当権に後れる賃借権が民法395条の規定により短期賃借権として保護されるのは、利用を目的とし、かつ、実際に利用されている正常な場合に限定されると考えられています。そうでないときは、短期賃借権の外形が認められたとしても、短期賃借権として保護されることはありません。これは法の趣旨が担保権と利用権の調整を図ったものであるからです。この記載は、その保護すべき短期賃借権とは認められないと判断したことを示すものです。 このように判断される主な形態としては以下のようなものが考えられますが、これらに限られるものではありません。 ① 本来の利用を目的としない場合 ② 債権の保全回収目的である場合 ③ 利用の実体がない管理運営目的（単に所有者の代理人的な立場で物件を管理又は賃貸事業を運営するために設定された賃借権）である場合 (注) 平成15年改正（平成16年4月1日施行）により短期賃借権制度は廃止されましたが、法の経過措置により、短期賃借権制度の適用の余地がある占有を前提としたものです。 (2) 平成15年改正の適用がある建物の占有においても、前記①③のような形態にあることから、明渡猶予制度による保護は認められないと判断したことを示すものです。
C－14	○○が占有している。同人の占有（又は賃借権）は（仮）差押えに後れる。	仮差押えや差押えに後れる占有者がいることを意味します。 この場合、仮差押えは差押え前のもので、差押えは本件競売手続の差押えのことです。

		仮にこの占有者が賃借権に基づいて占有していても、仮差押え又は差押えに後れているので、賃借権は売却によって消滅し、買受人がその負担を引き受けることにはなりません。 　ただし、仮差押えに後れるものの差押え前の賃借権の場合は、売却までに仮差押えが効力を失ったときは、買受人がその賃借権を引き受けることもあり得ますので注意してください。
C－15	○○が占有している。同人の占有（又は賃借権）は滞納処分による差押えに後れる。	本件競売手続の差押え前の滞納処分による差押え（租税官庁の差押え）に後れる占有者がいることを意味します。仮にこの占有者が賃借権に基づいて占有していたとしても、滞納処分による差押えに後れているので、賃借権は売却によって消滅し、買受人がその負担を引き受けることにはなりません。 　ただし、売却までに滞納処分が効力を失ったときは、買受人がその賃借権を引き受けることもあり得ますので注意してください。
C－16	○○が占有している。同人の賃借権は、抵当権に後れる。ただし、代金納付日から6か月間明渡しが猶予される。	占有者の賃借権に基づく建物の占有が、最先の抵当権より後れるため、賃借権は売却によって消滅し、買受人がその負担を引き受けることにはなりませんが、買受人が代金を納付した日から6か月間物件の買受人に対する明渡しが猶予されることになります。通常、この明渡猶予期間経過後に引渡命令の申立てをすることになります。 　ただし、買受人が買受けのときより後に、建物使用者に対し買い受けた建物の使用をしたことの対価の1か月分以上の支払いを相当期間を定めて催告し、その相当期間内に支払いがなかった場合には、建物使用者は、明渡しの猶予を受けることができなくなります。 (注)　平成15年改正（平成16年4月1日施行）による建物明渡猶予制度が適用になる占有についての記載です。
C－17	○○が占有している。	この場合、仮差押え又は滞納処分差押えは

	同人の賃借権は、差押え（仮差押え・滞納処分による差押え）後に期限が経過している。	差押え前のもので、差押えは本件競売手続の差押えのことです。 　差押え・仮差押え・滞納処分差押え後に期限が経過した短期賃借権は、それ以降の更新は買受人に対して主張することができないと考えられています。したがって、買受人がその負担を引き受けることにはなりません。 　ただし、売却までに仮差押え又は滞納処分が効力を失ったときは、その賃借権の期限経過が差押え前である限り、賃借期間の更新を買受人に主張できることになり、買受人がその短期賃借権を負担として引き受けることもあり得ますので注意してください。 （注）　平成15年改正（平成16年4月1日施行）により短期賃借権制度は廃止されましたが、法の経過措置により、短期賃借権制度の適用の余地がある占有を前提としたものです。
C−18	○○が占有している。同人の賃借権は、平成○年○月○日の経過により、差押え後に期限が経過するものである。	物件明細書作成時において、前欄の期限経過が間近に迫っている場合の記載例です。この記載がある場合、通常、買受人の代金納付の頃には期限が経過し、その賃借権を買受人が負担として引き受けることはありません。 （注）　平成15年改正（平成16年4月1日施行）により短期賃借権制度は廃止されましたが、法の経過措置により、短期賃借権制度の適用の余地がある占有を前提としたものです。
C−19	○○が占有している。同人の賃借権は、所有権移転の仮登記担保権に後れている。	所有権移転仮登記が担保仮登記である場合、その権利は売却により消滅し、仮登記担保権に後れる賃借権には短期賃借権保護の制度がないため、その後に設定された賃借権も売却により効力を失うので、買受人が負担として引き受ける短期賃借権として扱われることにはなりません。 　ただし、売却までに仮登記担保権が効力を失ったときは、その賃借権を買受人に主張で

		きる場合があり、買受人がその賃借権を負担として引き受けることもあり得ますので注意してください。 (注) 平成15年改正（平成16年4月1日施行）により短期賃借権制度は廃止されましたが、法の経過措置により、短期賃借権制度の適用の余地がある占有を前提としたものです。
C-20	○○が占有している。同人の賃借権は抵当権に後れ〔、その期間が5年を超え〕る。	占有者の賃借権に基づく土地の占有が、最先の抵当権より後れるため、賃借権は売却によって消滅し、買受人がその負担を引き受けることにはなりません。 (注) 〔 〕内を加えていない記載は、平成15年改正（平成16年4月1日施行）により短期賃借権制度が廃止されましたが、土地の賃借権であるため明渡猶予が認められないことを意味します。 〔 〕内を加えた記載は、平成15年改正（平成16年4月1日施行）による短期賃借権制度の廃止には経過措置が定められましたが、期間が5年を超える土地の賃借権については経過措置の適用がなく、また、前記のとおり明渡猶予も認められないことを意味します。
C-21	○○が占有している。同人の賃借権は、一時使用を目的とするものと認められる。	一時使用目的の建物の賃貸借には、借地借家法が適用されず、登記以外の対抗要件（買受人などの第三者に権利を主張できるための要件）はありません。本記載は、賃借権登記もなく、一時使用目的としているため、買受人が負担として引き受ける賃借権には該当しないということです。
C-22	○○の賃借権に基づき、駐車場（又は資材置場等）として使用されている。同人の賃借権は、対抗要件を有していない。	駐車場を経営していたり、資材置場等として利用しているなど、建物所有を目的としない土地賃借権については、対抗要件として賃借権の登記を経ていないときは、その賃借権を買受人に主張することができません。本記載は、駐車場（資材置場等）という土地の利

〔参考資料２〕 競売ファイル・競売手続説明書

		用状況と、賃借権を買受人が負担として引き受けることにならない理由を示したものです。
C－23	駐車場（又は資材置場等）として使用されている。	売却対象土地について、所有者自身又は執行手続上これと同視できる者が、駐車場（又は資材置場等）として利用しているという利用実態を記載したものです。
C－24	転借人（又は転使用借人）○○が占有している。	もとの賃借権自体が、買受人の負担として引き受けることにならない場合で、その賃借権者（転貸人）から更に賃借している人転借人又は無償で借りている人（転使用借人）が占有している場合です。この場合、買受人は転貸借（転使用貸借）による負担を引き受けることにはなりません。通常は、左の記載に引き続き、もとの賃借権が買受人の負担として引き受けることにはならないと判断した理由を簡潔に記載してあります。
C－25	本件土地上に、売却対象外建物（家屋番号○番）が存在する。	売却対象土地の上に売却対象外建物がありますが、借地権や法定地上権などの敷地利用権は認められないという意味です。建物所有者が敷地利用権を証明しない限り、買受人は、建物所有者に建物の収去（取壊し）を求めることができます。任意の収去に応じてもらえないときは、建物収去土地明渡しの訴訟を提起して判決等を得た上、強制執行をする方法があります。 なお、土地に対する引渡命令に基づいて建物収去の執行をすることはできません。
C－26	○○が占有している。同人の占有権原は使用借権と認められる。同人所有の売却対象外建物（家屋番号○番）が本件土地上に存在する。	売却対象土地の上に売却対象外建物があり、その建物所有者が売却対象土地を占有していますが、その敷地利用権が土地の使用借権（無償で借りている権利）であることを意味します。この場合、買受人が地主として土地使用の承諾をしない限り、買受人は、建物所有者に建物の収去（取壊し）を求めることができます。任意の収去に応じてもらえないときは、建物収去土地明渡しの訴訟を提起して判決等を得た上、強制執行をする方法があり

		ます。 なお、土地に対する引渡命令に基づいて建物収去の執行をすることはできません。
C—27	○○が占有している。同人の賃借権は抵当権に後れ〔、その期間が5年を超え〕る。同人所有の売却対象外建物（家屋番号○番）が本件土地上に存在する。	売却対象土地の上に売却対象外建物があり、その建物所有者が売却対象土地を占有していますが、その敷地利用権（賃借権）が同土地の抵当権に後れるため、同土地の買受人にその権利を主張することができない場合であることを意味します。この場合、買受人が地主として土地使用の承諾をしない限り、買受人は、建物所有者に建物の収去（取壊し）を求めることができます。任意の収去に応じてもらえないときは、建物収去土地明渡しの訴訟を提起して判決等を得た上、強制執行をする方法があります。 なお、土地に対する引渡命令に基づいて建物収去の執行をすることはできません。 <u>(注) 〔 〕内を加えていない記載は、平成15年改正（平成16年4月1日施行）により短期賃借権制度が廃止されましたが、土地の賃借権であるため明渡猶予が認められないことを意味します。 〔 〕内を加えた記載は、平成15年改正（平成16年4月1日施行）による短期賃借権制度の廃止には経過措置が定められましたが、期間が5年を超える土地の賃借権については経過措置の適用がなく、また、前記のとおり明渡猶予も認められないことを意味します。</u>
C—28	占有者は不明である。占有者の占有権原は買受人に対抗できない。	一定の調査を尽くしても、占有者が、所有者や実行抵当権の債務者なのか、あるいはそれ以外の第三者なのかが不明であり、その占有権原も買受人が引き受ける可能性のある賃借権かどうかも不明な場合で、次の理由により、買受人の負担として引き受ける権利とは認められない場合の記載です。 仮に第三者が賃借権に基づき占有していた

[参考資料2] 競売ファイル・競売手続説明書

		としても、その占有の開始時期が差押えの後であることが判明していたり、あるいは正常な賃借権とは認められない（C－13参照）場合は、その占有権原が買受人の引き受ける権利とはなりません。 また、所有者や実行抵当権の債務者が占有しているのであれば、当然にその占有権原が買受人の引き受ける権利とはなりません。
C－29	氏名不詳者が占有している。同人の占有は差押えに後れる。	所有者や実行抵当権の債務者以外の第三者が占有していることは判明しているが、その氏名等が特定できず、その占有権原も判然としない場合ですが、その占有の開始時期が差押えの後であることが判明しているため、買受人が負担として引き受ける権利とはならない場合の記載です。
C－30	氏名不詳者が占有している。同人の占有権原は買受人に対抗できない。	所有者や実行抵当権の債務者以外の第三者が占有していることは判明しているが、その氏名等が特定できず、その占有権原も判然としない場合ですが、その占有権原が仮に買受人が引き受ける可能性のある賃借権であったとしても正常な賃借権とは認められず（C－13参照）、買受人が負担として引き受ける権利とはならない場合の記載です。
C－31	○○が占有している。同人が留置権を主張するが認められない。	売却対象物件に対して留置権（B－11参照）を主張して占有する者がいますが、法律上留置権の発生は認められないと認定した場合の記載です。 なお、左の記載に加えて占有の形態と留置権の主張を簡潔に記載してある場合もあります。
C－32	○○が占有している。同人が改装費（又は修繕費・造作費）を支出した旨主張している。	占有者が、売却対象不動産について、修繕費などの必要費又は改装費などの有益費を支出した旨主張していることを意味します。占有者が必要費又は有益費を支出したときは、占有物返還の際に、民法上の一定の要件の下に、所有者に対しその償還を請求でき、また造作についても、一定の要件の下に買取りを

	売却基準価額は、上記改装費(又は修繕費等)を考慮して定められている。	請求できることとされています。競売手続においては、買受人がこれらの請求を受けることがあり得ますので、買受けを検討するときは十分注意してください。 なお、必要に応じ執行裁判所が売却基準価額を定めるにあたり考慮することもあります。後段はその場合の記載です。
C-33	○○が占有している。同人は外交特権を有している可能性がある。	ウィーン条約により、外国の外交官等には外交特権が認められ、日本国の裁判権が及ばない可能性があるため、引渡命令が発令されない可能性があります。
C-34	○○が占有している。農地法3条の許可を受けていない。	農地又は採草放牧地に賃借権又は使用借権を設定するには、農地法3条に定める農業委員会又は知事等の許可を必要とし、その許可がなければ仮に賃借権であっても執行手続上効力を生じません。効力が生じていない権利は、買受人が負担として引き受けることにはなりません。 なお、農地の入札方法については、通常の入札方法と異なりますので「農地売却の詳細説明」を必ずご覧ください。
C-35	○○が占有している。同人の賃借権は抵当権に後れ〔、その期間が5年を超え〕る。農地法3条の許可を受けている。	農地又は採草放牧地に賃借権又は使用借権を設定するには、農地法3条に定める農業委員会又は知事等の許可を必要としますが、その許可があっても、賃借権の設定が抵当権に後れる場合には、短期賃借権としての保護を受けないことから、買受人がそれを負担として引き受けることにはなりません。 なお、この場合、農業委員会の取扱いによっては、買受適格証明書の交付が占有者等に制限され、その取得ができない場合がありますので、あらかじめ管轄する農業委員会に確認してください。 また、農地の入札方法については、通常の入札方法と異なりますので「農地売却の詳細説明」を必ずご覧ください。 (注) 〔 〕内を加えていない記載は、平成

		15年改正（平成16年4月1日施行）により短期賃借権制度が廃止されましたが、土地の賃借権であるため明渡猶予が認められないことを意味します。 　〔　〕内を加えた記載は、平成15年改正（平成16年4月1日施行）による短期賃借権制度の廃止には経過措置が定められましたが、期間が5年を超える土地の賃借権については経過措置の適用がなく、また、前記のとおり明渡猶予も認められないことを意味します。
C−36	○○が占有している。同人の占有権原は使用借権と認められる。農地法3条の許可を受けている。	使用借権とは相当の対価を支払わないで借りている場合です農地又は採草放牧地に使用借権を設定するには農地法3条に定める農業委員会又は知事等の許可を必要としますが、その許可があっても、買受人がそれを負担として引き受けることにはなりません。 　なお、この場合、農業委員会の取扱いによっては、買受適格証明書の交付が占有者等に制限され、その取得ができない場合がありますので、あらかじめ管轄する農業委員会に確認してください。 　また、農地の入札方法については、通常の入札方法と異なりますので、「農地売却の詳細説明」を必ずご覧ください。
C−37	○○が占有している。同人の賃借権は差押えに後れる。農地法3条の許可を受けている。	農地又は採草放牧地に賃借権を設定するには、農地法3条に定める農業委員会又は知事等の許可を必要としますが、その許可があっても、賃借権が差押えに後れると判断される場合には、買受人がそれを負担として引き受けることにはなりません。 　なお、この場合、農業委員会の取扱いによっては、買受適格証明書の交付が占有者等に制限され、その取得ができない場合がありますので、あらかじめ管轄する農業委員会に確認してください。 　また、農地の入札方法については、通常の

〔参考資料2〕 競売ファイル・競売手続説明書

		入札方法と異なりますので「農地売却の詳細説明」を必ずご覧ください。
インデックスNo	その他買受けの参考となる事項	
	1ないし4欄に記載される事項以外の買受けの参考となる事項が記載されています。	
D—1	隣地（地番○番）との境界が不明確である。	このような場合は、買受人としては、隣地所有者と境界確認のための協議が必要となるでしょうし、協議が調わなければ境界確定又は所有権の範囲確認の訴訟又は調停が必要となるでしょう。その結果、売却対象土地の地積が物件目録記載の地積よりも少なくなる可能性があります。この点については、<u>執行裁判所が売却基準価額</u>を定める際に考慮されています。 もっとも不明確の程度がそれほど大きくない場合は、物件明細書にこのような記載をせずに、また、<u>売却基準価額</u>においても特段の考慮をせずに売却する場合もあります。
D—2	隣地（地番○番）との間で境界確定の訴訟（○○地方裁判所平成○年(ワ)第○号）が提起されている。	隣地との境界について、本件所有者と隣地所有者との間で訴訟が提起されている旨の記載です。訴訟の進行状況を確認したい場合は、訴訟をしている裁判所の担当部におたずねください。 買受人が代金を納付し、所有権移転を受けた時点で訴訟が係属中であるときは、民事訴訟法の規定により本件所有者に替わり原告又は被告の地位を引き継ぐことがあります。
D—3	地籍図上筆界未定である。	地籍図とは、国土調査法による地籍調査の成果図で、その写しが登記所に備え付けられます。地籍調査における現地調査の実施前から、当事者間で境界について争いがあるもの又は境界標示杭の設置について土地所有者間の意見が調わない場合、その他土地所有者等の確認がない場合には、筆界未定として扱われます。

525

		このような場合でも争いの範囲が比較的狭い場合は、筆界未定を前提として執行裁判所が売却基準価額を定めて売却する場合があります。 買受人としては、境界不明確の場合（D－1）と同様の負担があると思われます。
D－4	本件土地（の一部）は通路（私道）として利用されている。	売却対象土地の全部又は一部が不特定多数の人により通路又は私道として利用されているという意味です。このように記載されるのは建築基準法上の道路とは認められない場合です。建築基準法上の道路と認められる場合は、物件目録に「現況）公衆用道路」などと記載されます。 複数の人達により通路又は私道として利用されている状況があると、これらの通路等を廃止するのは事実上困難を伴うでしょう。
D－5	公道に至るため、売却対象外の土地（地番○番）を（無償で）用利している。	売却対象土地が無道路地などで、公道に出るために売却対象外の土地を利用していることを意味します今後、土地を利用していく上で、売却対象外土地に依存しなければならず、買受人は、同土地の所有者との利用関係を維持する必要があります。囲にょう地通行権が認められる場合に限らず、通行の事実がある場合一般の記載です。
D－6	本件土地（の一部）は、売却対象外の土地（地番○番）への通行のため（無償で）利用されている。	売却対象土地を特定人が通行しているという意味です。例えば奥にある無道路地に居宅を有する人が、公道との出入りのため土地を通行しているような場合です。 このような場合、囲にょう地通行権が認められて買受人は法律上通行を受忍しなければならないこともありますが、そこまで至らないときでも通行を制約することは事実上困難を伴うでしょう。
D－7	売却基準価額は、温泉権を含めて定められている。	温泉権は不動産の従たる権利と認められるので、執行裁判所が売却基準価額を定めるについては温泉権の価値も考慮したという意味です。この場合、温泉権は上記不動産と一体

		として競売の対象となると考えられます。 　執行裁判所としては、温泉権は不動産と共に買受人が取得することを前提として売却基準価額を定めていますが、その権利の帰属（権利が誰にあるか）が争われた場合には、最終的には訴訟によりその権利関係が決まることになります。
D－8	土地区画整理で清算金の徴収が予定されている。	買受人は、本件土地の代金を納付するほかに、土地区画整理の事業主体から清算金の請求を受けることがあります。清算金は換地処分の公告があった日の翌日において確定します。詳しくは事業主体にお尋ねください。
	土地改良事業で清算金（又は賦課金）の徴収が予定されている。	買受人は、本件土地の代金を納付するほかに、土地改良の事業主体から清算金（又は賦課金）の請求を受けることがあります。清算金は換地処分の公告があった日の翌日において確定します。詳しくは事業主体にお尋ねください。
	○○事業で賦課金の滞納あり。	土地区画整理法、土地改良法その他の法律に基づき土地の換地処分が行われる際に、事業主体は事業の必要経費に充てるため、対象土地の所有者に賦課金の徴収をすることがあります。この場合、所有者が賦課金の支払を滞納していると、その土地を競売により取得した買受人も承継人として支払義務を負うことになり、事業主体から所有者が滞納した賦課金の徴収を受ける可能性がありますので、そのことを知っていただくための記載です。滞納額は時の経過により増減します。
	マンション建替事業で清算金の徴収が予定されている。	マンション建替事業により、再建マンションの区分所有権又は敷地利用権の価額と、従前有していた区分所有権又は敷地利用権の価額に差額があるときは施工者は、その差額を清算金として所有者から徴収し、又は交付することになっており、これらの権利義務は、清算未了中に競売等により所有権の移転があると新所有者（買受人）に承継されます。

527

		その清算金の徴収が予定されている場合の記載です。
D−9	本件土地上に現存しない建物（家屋番号○番）の登記が存在する。	売却対象の土地を所在地番とする建物の表示登記がありますが、その建物は現存しないという意味です。 現存しない建物でも、土地上に表示登記が残っていると、新建物の表示登記をする際に旧建物の滅失登記をしないと新建物の表示登記の申請ができないなどの影響が考えられます。
D−10	管理費等の滞納あり。	物件がマンションの場合、管理費や修繕積立金などの滞納があると、区分所有法の規定により、買受人がその滞納金の請求を管理組合等から受けることがあるので、滞納があることを知っていただくための記載です。現況調査報告書又は評価書に記載されている滞納額は調査時のものですので、時間の経過により増減します。 なお、滞納管理費等は、必要に応じて評価の過程で考慮されることがあります。
	売却基準価額は、滞納管理費等の額を考慮して定められている。	滞納管理費等の意味は、上記のとおりですが、滞納管理費等が売却基準価額に反映される場合、執行裁判所によっては、評価の過程では考慮されず、執行裁判所において滞納管理費等を考慮した一定額を評価額から控除して売却基準価額を定める取扱いもあります。 この場合は、売却基準価額と評価額が異なることになるため、このような記載がなされます。
D−11	本件建物と売却対象外建物（家屋番号○番）の隔壁が取り除かれ、両建物が一体として利用されている。	買受人は、売却対象外建物の所有者と、建物の利用や登記について、協議あるいは訴訟等が必要となることが予想されます。
D−12	本件建物のために、その敷地（地番○番、所	本件建物についての敷地利用権が土地の使用借権（無償で借りている権利）であること

	有者○○）につき使用借権が存する。買受人は、敷地利用権の設定を要する。	を意味し、敷地利用権を買受人が引き継ぐことはできず、建物を維持するためには、地主との間で新たな敷地利用権（賃借権など）の設定をしなければなりません。敷地利用権の設定を受けられないときは建物の収去（取壊し）を求められる場合もありますので、買受けを検討するときは、十分注意してください（土地賃借権の場合と異なり地主の承諾に代わる裁判を取得する方法はありません。）。
D—13	本件建物のために、その敷地（地番○番、地積○平方メートル、所有者○○）につき借地権（賃借権）が存する。買受人は、地主の承諾又は裁判等を要する。	敷地利用権が土地賃借権（地代を払って借りている権利）であることを意味し、対象土地、土地所有者（地主）名が括弧書きで記載されます。契約内容の詳細はここでは記載されません。 借地契約を買受人が引き継ぐには、地主の承諾を得なければなりません（その際、承諾の条件として金銭の支払いが必要となる可能性もあります。）。 地主が承諾しないときは、代金納付から2か月以内に借地の所在地を管轄する地方裁判所に対し借地借家法20条により「土地賃借権譲渡許可」の申立てをして「承諾に代わる譲渡許可の裁判」を取得する方法があります。あるいは借地の所在地を管轄する簡易裁判所に対して、地主の承諾を求める宅地建物調停を申し立てる方法もあります。この場合は前記の期間内に調停の申立てをしておけば、仮に調停が不成立に終わっても、その不成立の日から2週間以内に前記の「土地賃借権譲渡許可」の申立てをすることにより適法な期間内に申立てがあったものとみなされます。
D—14	本件建物のために、その敷地（地番○番、地積○平方メートル、所有者○○）につき借地権（賃借権）が存する。上記借地権は土地の平	本件建物の敷地利用権として表示された借地権は、土地の抵当権の登記より後れるため、もし敷地が競売になると、敷地の買受人から、建物の収去（取壊し）を求められることがある不安定な権利であることを意味します。

〔参考資料2〕 競売ファイル・競売手続説明書

	成○年○月○日付け抵当権設定登記に後れる。	
D－15	上記借地権につき争いあり。	売却対象建物の存立の基礎となる直前に表示された借地権（「**本件建物のために、その敷地（地番○番、地積○平方メートル、所有者○○）につき借地権（賃借権）が存する。**」との記載（D－14参照））について、地主等と争いがあり、その争いがどの段階のものかが記載されています。ただし、売却手続が進行する時間的推移の中で、ここに記載された次の段階に争いの程度が進んでいる場合もありますので注意してください。 　これらの争いがあるときは、争いの段階に応じて地主との交渉はかなり困難が予想されます。また、買受け後に「土地賃借権譲渡許可」の裁判の申立てをしても、認められない可能性もあります。 　まして、建物収去土地明渡訴訟の原告勝訴判決が確定している場合は、建物の買受人は、建物を収去（取壊し）して地主に土地を明け渡す法的義務を引き継ぎます（判決の効力が及びます。）ので、いつでも強制執行を受ける立場となります。そのような場合は、地主との間で新たな借地権を設定しない限り、建物を利用することは困難となります（ただ、このような建物でも、現に存在する限り、地主との交渉の余地はあるので、売却の対象にはなります。）。 　買受けを検討するにあたっては、以上の点に十分に注意してください。
D－16	上記借地権につき、地主から賃貸借契約解除の意思表示あり。	
D－17	上記借地に関連して、建物収去・土地明渡訴訟が係属中（○○地方裁判所平成○年(ワ)第○号）である。	
D－18	本件建物の敷地に関連して、建物収去・土地明渡訴訟における原告勝訴判決が確定している。	
D－19	本件建物のために、その敷地（地番○番、地積○平方メートル、所有者○○）につき借地権（賃借権）が存する。本件建物所有者と借地名義人は異なる。	執行裁判所としては、一応借地権があるものとして売却基準価額を定めていますが、名義が異なる関係で、借地権について争いになる可能性があります。

D-20	本件建物につき、その敷地利用権はない。	売却対象が建物のみの場合で、建物存立の基礎となる敷地利用権がない場合の記載です。買受人は地主との間で新たな借地権を設定しない限り、地主から建物の収去（取壊し）を求められることになります。 買受けを検討するときは、十分に注意してください。
D-21	<u>売却基準価額</u>は、敷地利用権が不明であることを考慮して<u>定められている</u>。	売却対象が建物のみの場合で、建物存立の基礎となる敷地利用権があるかないかが不明であり、<u>執行裁判所は、そのことを考慮して売却基準価額</u>を定めたという意味です。敷地利用権がないときは上記のようなリスクがありますので、買受けを検討するときは、十分に注意してください。
D-22	地代の滞納あり。	地代の滞納は、借地契約の解除事由となるので、その注意のために記載するものです。滞納額は時間の経過により増加し、又は減少します。
D-23	地代代払の許可あり。	地代の滞納はあるが、債権者が執行裁判所に地代代払許可を申請し認められたことを意味します。この決定により債権者が地代を建物所有者に代わって支払うことができ、現実に支払っていれば、地代滞納を理由とする借地契約解除の心配はなくなります。しかし、地代代払許可は債権者が所有者に代わって地代を支払うことを認めただけであり、債権者の代払を強制するものではありませんので、債権者が支払わなかったり、支払いが不完全な場合（債権者の代払状況は債権者又は地主に確認しないと分かりません。）は借地契約を解除される可能性もありますし、地代不払以外の理由による借地契約解除の可能性も否定できません。また、地主が地代代払を無視して借地契約解除の手続を進めることもあり得ます。その場合は後日の裁判で借地契約解除の有効性を争う余地もあります。

〔参考資料2〕 競売ファイル・競売手続説明書

D—24	予告登記は、本執行手続では抹消しない。	所有権登記の抹消又は回復の予告登記があるときは、所有権の帰属（所有権がどちらにあるか。）について争いがあり、それが続いている可能性があります。そして買受人が争いの当事者になる可能性も否定できません。また、この予告登記は代金納付時における執行裁判所の裁判所書記官の抹消登記嘱託の対象とならないので、代金納付後も登記が残ってしまうことを注意的に記載したものです。 　この予告登記があるときは、上記の趣旨を踏まえ、弁護士に相談するなど十分に調査をして慎重に判断してください。 　この予告登記がどうなるかについては、登記を嘱託した裁判所の担当部署（その原因となった訴訟の担当部）に照会するか、弁護士等の法律専門家に相談してください。
D—25	買戻特約登記は、本執行手続では抹消しない。ただし買戻、権者から、買戻権の不行使及び買戻特約登記の抹消については買受人に協力する旨の申出がある。	最先順位の買戻特約登記があり、執行裁判所の裁判所書記官の嘱託では登記を抹消できませんが、買戻権者から、買戻権を行使しない旨の申出があり、また同登記の抹消について買受人に協力する旨の申出もあることを意味します。買戻特約登記を抹消するには、登記名義人と共同で申請することになりますので、買受人から協力を求めることになります。
D—26	質権の登記は、本執行手続では抹消しない。	存続期間が満了しており、買受人が引き受ける権利とは認められませんが、登記は最先順位のため、執行裁判所の裁判所書記官の嘱託では登記を抹消できないことを意味します。登記を抹消するには、登記名義人と共同で申請するか、訴訟によるしかありません。
D—27	処分禁止の仮処分の登記がある。	仮処分の登記は、最先の登記より後順位であれば、代金納付時における執行裁判所の裁判所書記官の嘱託により、抹消されますが、買受人は抹消された仮処分の債権者であった者から所有権の帰属をめぐって訴えられる可能性を否定できません。 　この記載があるときは、上記の趣旨を踏ま

		え、弁護士に相談するなど十分に調査をして慎重に判断してください。
D—28	執行官保管の仮処分（〇〇地方裁判所平成〇年(ヨ)第〇号）がある。	所有者が競売不動産の占有者に対する明渡請求権を保全するため、執行官保管の仮処分がなされている場合です。この場合保全債権者は所有者であり、買受人が保全債権者の地位を引き継ぐことになります。所有者と占有者との間で争いのある場合なので、よく調査をして判断したほうがよいでしょう。
D—29	売却のための保全処分（〔平成〇年〇月〇日申立てにかかる〕〇〇地方裁判所平成〇年(ヨ)第〇号）として占有移転禁止・公示命令が発令されている。	所有者若しくは占有者が競売不動産の価格を減少する行為をするとき、又はそのおそれのある行為をするときには、執行裁判所は、差押債権者の申立てにより、所有者若しくは占有者に対し、<u>占有移転禁止の保全処分及び公示保全処分を命じることができます。</u> <u>〔 〕内を加えた記載は、平成15年改正前の占有移転禁止保全処分のため、後記の当事者恒定効がなく、命令の効力が買受人の代金納付までしか継続しないことを示すものです。その後も同様の保全措置を必要とする場合は、最高価買受申出人又は買受人が民事執行法77条に基づき別途保全処分の申立てをする必要があります。</u> <u>〔 〕内を加えていない記載は、平成15年改正により、占有移転禁止保全処分に当事者恒定効が付与されたことから、保全処分の相手方に対して発せられた引渡命令に基づいて、現在の不動産の占有者（保全処分の発令を知って当該不動産を占有した者や当該決定の執行後に当該執行がされたことを知らないで相手方の占有を承継した者）に対し、不動産の引渡しの強制執行ができることを示したものです。</u>
D—30	〇〇（地役権等の目的、例えば「電柱設置」等）のための地役権（又は地上権）設定登	最先順位の登記ではないため、執行手続上は代金納付の際の執行裁判所の裁判所書記官の嘱託により抹消されることになる地役権又は地上権の登記がある場合の記載ですが、公

533

〔参考資料２〕 競売ファイル・競売手続説明書

	記がある。	共目的であるため、事実上買受人がその負担を回避することが難しく、実質上は買受人の負担となる可能性が高いため、注意喚起として記載してあります。 　執行手続上買受人が引き受けることとなる地役権又は地上権は「買受人が負担することとなる他人の権利」欄に記載されます。 　「地役権」、「地上権」の意味は「Ｂ―10」、「Ｂ―９」をご覧ください。
Ｄ―31	地番○番を承役地とする地役権設定登記がある。	本件土地を要役地、売却対象外の土地を承役地とする地役権設定登記が本件土地の登記簿にあるという意味です。買受人は要役地を取得するのですから、利益であるとも言えますが、本件土地を利用する上で他の土地と関係を持っていかなければならないことにもなります。 　「地役権」、「要役地」、「承役地」の意味は「Ｂ―10」をご覧ください。
Ｄ―32	本件建物（土地）は共有持分についての売却であり、買受人は、当該物件を当然に使用収益できるとは限らない。	建物（土地）の共有持分を競売により取得したとしても、建物（土地）の完全な支配権を得たものではないので、建物（土地）からの占有者の排除やその利用（共有者の誰に使用させるか又は誰かに賃貸するかなど）については、他の共有者と協議して決めなければなりません。 　また、他の共有者が占有している場合、又は共有者の一部から使用を許されている者が占有している場合に、それらの占有者には引渡命令が発令されない可能性があります。 　その意味で、買受人は当然に使用収益できるとは限らないということになります。よって、共有持分の買受けを検討されるときは、以上のことを考慮してください。
Ｄ―33	……審尋の結果……	これは、執行裁判所が関係人から事情等を聴取（これを「審尋」という。）し、その結果を踏まえて認定判断したものであることを明らかにしたものです。

〔参考資料2〕 競売ファイル・競売手続説明書

(おわり)

| 評価書の詳細説明 |

1 評価書とは

　評価書とは、評価人により、適正な売却基準価額を決定するために行われた物件の評価の結果及び過程を記載したものです。
　公法上の規制については、評価書にしか記載されていませんので、よく見てください。

2 評価額

　評価の結論部分であり、これを基に執行裁判所が売却基準価額を決定します。評価額と売却基準価額とが異なることがありますが、それは、評価額算出の過程が場合分けされているときにその一方を採用したり、補充書、意見書、電話聴取書などで評価書の内容を補充している場合が考えられます。それらの補充書面は、評価書の前後に綴られています。

3 評価の条件

　競売物件の特殊性を前提とした評価の条件が記載されています。

4 目的物件

　不動産の現況が物件目録と異なるときは、現況欄に現況が記載されます。物件によっては特記事項が記載されることもあります。

5 目的物件の位置・環境等

　ここには、位置・交通・付近の状況などの概況説明、各物件ごとの概要説明、

利用状況、供給処理施設、主な公法上の規制等が記載されます。建築規制等の確認はここの記載事項を参考にしてください。公法上の規制については「公法上の規制の詳細説明」を参考にしてください。

6　評価額算出の過程

評価額算出の過程が文章と計算式により記載されています。

7　参考価格資料

評価の参考とした地価公示価格等について記載されています。

（おわり）

公法上の規制の詳細説明

1　はじめに

　土地の利用や建物の建築については、一定の行政目的を達成するため、さまざまな法律、政令、条例などによる規制があります。これらを公法上の規制といいます。公法上の規制はかなり数も多く、内容も詳細であるため、ここですべてを網羅して説明することはできませんが、**競売物件買受けに際し、最低限知っておきたい主なものを取り上げて説明します。詳細については区役所又は都の担当課等でお尋ねください。**

2　公法上の規制の記載箇所

　目的物件を含む一帯の地域について指定されている主な公法上の規制に関する事項については、原則として、**評価書**中に記載があります。

3 主な公法上の規制の説明

	建 築 基 準 法 関 係
建築基準法上の道路	都市計画区域内では、敷地が建築基準法上の道路に接面していなければ、建物を建築することができません。建築基準法上の道路は次のとおりです。 1　幅員4メートル（6メートル道路指定区域にあっては6メートル）以上の道路。これを「42条1項道路」といいます。 2　幅員4メートル未満の道路で特定行政庁が指定した道路を「42条2項道路」といいます。 　ただし、道路の中心線より2メートル後退（通称「セットバック」といいます。）した線が道路との境界とされ、その線を超えて建築をすることはできません（下図1参照）。また、道路の対岸が崖や川などの場合は、道路の対岸線から4メートル後退した線を超えて建築をすることはできません（下図2参照）。 3　土地の状態により道路幅員4mが確保できず、やむを得ない場合に、特定行政庁が指定した道路を「42条3項道路」といいます。道の中心線から2m未満1.35m以上の範囲又は片側が川や崖などの場合はその境界線から4m未満2.7m以上の範囲で指定されます。この場合、その範囲の条件を充たすためにセットバックが必要となります。

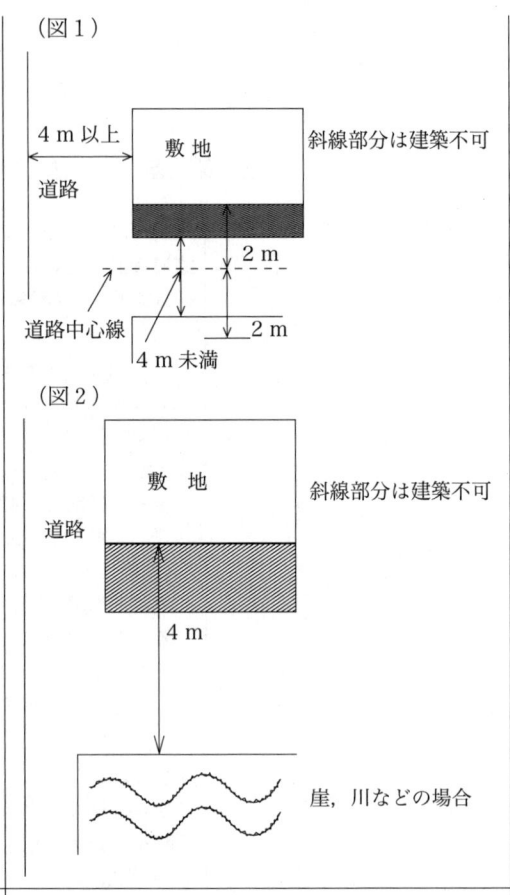

(図1)

敷地　斜線部分は建築不可
4m以上
道路
2m
道路中心線
4m未満
2m

(図2)

敷地　斜線部分は建築不可
道路
4m
崖，川などの場合

接道義務	都市計画区域内では、敷地が建築基準法上の道路に原則として2メートル以上接面していなければ、建物を建築することはできません（建築基準法43条1項）（下図3、4参照）。 　なお、例外として、この原則を緩和している場合（同条1項ただし書）と自治体の条例により要件を付加している場合があります。

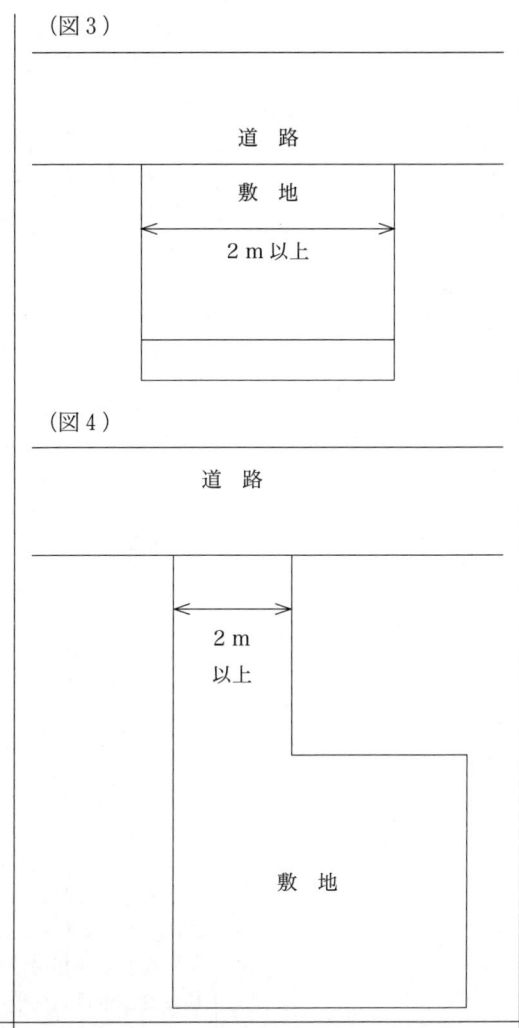

〔参考資料２〕 競売ファイル・競売手続説明書

(図３)

道　路

敷　地

２ｍ以上

(図４)

道　路

２ｍ
以上

敷　地

| 建築基準法42条１項５号道路
(位置指定道路) | 　位置指定道路とは、広い土地を区切って小さな敷地として利用するときに、併行して新たにつくられた私道で、特定行政庁から位置の指定を受けたものをいいます。
　私道が道路位置指定等により建築基準法上の道路になった場合、その私道の変更又は廃止を禁止し、又は制限することができ（建築基準法45条１項）、また、建築物を建てることができないとさ |

539

〔参考資料2〕 競売ファイル・競売手続説明書

	れています（同法44条1項）。この指定を受けた私道が売却対象の場合は、上記の制限を御承知ください。
建ぺい率	建ぺい率とは、建築面積（平面積）の敷地面積に対する割合の規制値をいい、次の算式の関係になります。 　建ぺい率［％］＝建物面積（m²）/敷地面積（m²）×100 　建物は、原則として、建ぺい率を超えて建てることはできません。例えば建ぺい率60％で敷地面積が200m²ならば、120m²を超える建築面積の建物を建てることはできないということです。 　建ぺい率の基本値は都市計画で定められますが、用途地域や建物の構造などにより緩和される場合があります。評価書に記載された建ぺい率は、一般に基本値です。
容積率	容積率とは、延床面積の敷地面積に対する割合の規制値をいい、次の算式の関係になります。 　容積率［％］＝延床面積（m²）/敷地面積（m²）×100 　建物は、原則として容積率を超えて建てることはできません。例えば、容積率200％なら、敷地面積の2倍を超える床面積の建物は建てることができないということです。 　容積率の基本値は都市計画で定められますが、前面道路の幅員により更に制限を受けたり、一定の床面積が容積率算定の際に延床面積に算入されないなどの緩和措置があります。評価書に記載された容積率は、一般に基本値です。
用途地域 第一種低層住居専用地域 第二種低層住居専用地域 第一種中高層住居専用地域 第二種中高層住居専用地域 第一種住居地域 第二種住居地域 準住居地域	用途地域とは、都市にさまざまの用途の建物が混在することのないように、建ててもよい建物の用途や規模を地域ごとに限定するために定められているものです。市街化区域について定められ、市街化調整区域では原則として定められません。それぞれの趣旨の概要は表1のとおりであり、用途地域による建物の規制の主なものは表2のとおりです。

近隣商業地域 商業地域 準工業地域 工業地域 工業専用地域	

(表１)

用途地域		趣旨
住居系	第一種低層住居専用地域	低層住宅の専用地域
	第二種低層住居専用地域	小規模の店舗、飲食店を認めた低層住宅の専用地域
	第一種中高層住居専用地域	中高層住宅の専用地域
	第二種中高層住居専用地域	必要な利便施設の設置を認めた中高層住宅の専用地域
	第一種住居地域	大規模な店舗、事務所を制限する住宅地のための地域
	第二種住居地域	住宅地のための地域
	準住居地域	自動車関連施設等と、住宅が調和して立地する地域
商業系	近隣商業地域	近隣の住宅地の住民のための店舗、事務所等の利便の増進を図る地域
	商業地域	店舗、事務所等の利便の増進を図る地域
工業系	準工業地域	環境の悪化をもたらすおそれのない工業の利便を図る地域
	工業地域	工業の利便の増進を図る地域
	工業専用地域	工業の利便の増進を図るための専用地域

541

〔参考資料2〕 競売ファイル・競売手続説明書

(表2)

用途地域の種類 建築物の用途		低層住居専用地域		中高層住居専用地域		住居地域			近隣商業地域	商業地域	準工業地域	工業地域	工業専用地域
		一種	二種	一種	二種	一種	二種	準					
住居、共同住宅、寄宿舎、下宿													×
兼用住宅のうち事務所、店舗が一定規模以下													×
店舗飲食店	床面積150m²以下の一定のもの	×											×
	床面積500m²以下の一定のもの	×	×										×
	上記以外の物品販売業を営むもの	×	×	×	△	△							×
上記以外の事務所など		×	×	×	△	△							
ホテル、旅館		×	×	×	×	△						×	×
麻雀屋、パチンコ屋、勝馬投票券売場など		×	×	×	×								×
カラオケボックスなど		×	×	×	×	×							
キャバレー、料理店、ナイトクラブなど		×	×	×	×	×	×	×	×			×	×
工場	作業場の床面積合計が50m²以下で、危険性などが非常に少ない。	×	×	×									
	作業場の床面積合計が150m²以下で、危険性などが少ない。	×	×	×	×	×	×	×					
	作業場の床面積合計が150m²を超え、危険性などがやや多い。	×	×	×	×	×	×	×	×	×			
	危険性が大きく著しく環境を悪化させる工場	×	×	×	×	×	×	×	×	×			

×：建ててはいけないもの　△：条件によって建ててもよいもの

防火地域 準防火地域	木造建築物が規制されたり、建物の一定の構造が要求されたりします。
既存不適格建築物	現に存する建築物及び敷地が、新用途区域の適用等により、適用後の規定に適合しなくなった場合で、増改築について制限があります（建築基準法86条の7）

都市計画法関係

本件土地が、市街化調整区域内の土地である。	市街化調整区域は、農業面や緑地保全等に重点がおかれ、市街化を抑制すべき区域であり（都市計画法7条3項）、農林水産業用の建築物や一定規模以上の計画的開発等を除き、建築や開発行為は許されません（同法29条、34条、43条）
本件土地が、都市計画施設の区域にかかる。	道路等の都市計画施設の区域内では、建築をしようとする者は都道府県知事の許可を受けなければならず（都市計画法53条1項）、許可の申請があった場合は、①階数が2階以下で地階を有しないこと、②主要部分が木造、鉄骨造、コンクリートブロック造等であること、③容易に移転し、又は除去できるものと認められることの基準に該当する場合等でなければ許可されません（同法54条）。

宅地造成等規制法関係

本件土地が、宅地造成工事規制区域に指定されている。	宅地造成工事規制区域は、宅地造成に伴い崖崩れ又は土砂の流出を生じるおそれが著しい市街地又は市街地となろうとする土地の区域において、宅地造成工事における災害の防止のため必要があると認める場合に、都道府県知事により指定されます（宅造法3条1項）。その区域において宅地造成に関する工事をする場合には、その着手前に都道府県知事の許可を受けなければならないなどの規制があります（同法8条、9条）。

文化財保護法関係

本件土地が、周知の埋蔵文	貝塚、古墳その他埋蔵文化財を包蔵する土地とし

化財包蔵地に該当する。	て周知されている土地について、土木工事等を行うときは、その着手の60日前までに文化庁長官に届出をしなければならず、文化庁長官は必要があると認めるときは、工事着手前における埋蔵文化財の記録の作成のための発掘調査の実施その他必要な事項を指示することができるとされています（文化財保護法57条の2）。

農業振興地域の整備に関する法律関係

本件土地が、農業振興地域の農用地区域内にある。	都道府県知事が、自然的経済的社会的諸条件を考慮して農業の振興を図ることが相当であると認められ、一定の条件を備えた地域を農業振興地域として指定し（農振法6条）、市町村が、その地域について農用地として利用すべき区域（農用地区域）を定め、その区域内にある土地の農業上の用途区分（農用地利用計画）を策定することになっています（同法8条）。 　農用地区域内の農地及び採草放牧地についての転用・転用目的の権利移動の許可（農地法4条、5条）に当たっては、農林水産大臣・都道府県知事はこれらの土地が農用地利用計画に指定された用途以外の用途に供されないようにしなければならないとされており（農振法17条）、宅地への転用は制限されています。

生産緑地法関係

本件土地が、生産緑地地区に指定されている。	生産緑地法に基づき、生産緑地地区に指定されると、その地域内では建築物の新築等や宅地造成等は、一定の建築等で市区町村長の許可を受けたもの以外はできず（生緑法8条）、これに違反すると原状に回復するように命じられます（同法9条）。

森林法関係

本件土地が、保安林に指定されている。	保安林に指定されると、立木等の伐採、開墾等の土地の形質の変更等には、都道府県知事の許可が必要です（森林法34条）。

〔参考資料２〕　競売ファイル・競売手続説明書

自然公園法関係	
本件土地が自然公園法上の第一種から第三種の特別地域・普通地域に指定されている。	建築物等の建築に規制が加えられています。

(おわり)

引渡命令の詳細説明

1　引渡命令とは

　不動産を競売で買い受けた人（買受人）に対し、簡易、迅速に不動産の占有を確保してもらうため、代金を納付した買受人の申立てにより、執行裁判所が、債務者、所有者及び一定の要件のある占有者に対し、**競売不動産を買受人に引き渡すべきことを命ずる裁判**のことをいいます。簡易、迅速とは、訴訟を提起して判決を得ることと比較した場合であり、多少の手間と占有確保までの多少の時間はかかります。また、引渡命令の執行には相応の費用もかかります。

2　引渡命令の対象

(1)　原則として、次に掲げる者は引渡命令の対象となります。ただし、主な例外として(2)に掲げる場合があります。
　　ア）債務者・所有者
　　イ）物件明細書の「3　買受人が負担することとなる他人の権利」欄に記載されていない占有者（多くは、「4　物件の占有状況等に関する特記事項」欄に記載があります。）
(2)　「4　物件の占有状況等に関する特記事項」欄に記載してある占有者であっても、以下に該当する場合は、引渡命令が発令されない可能性があります。
　　ア）買受人が共有持分を取得した場合（複数所有者の各共有持分を取得し、合計すれば完全な所有権を取得した場合は含みません。）で、他の共有者から使

545

[参考資料２] 競売ファイル・競売手続説明書

　　　用を許されている占有者
　　イ）実行抵当権以外の抵当権（競売申立てをしていない抵当権）の債務者（所有者を除く。）が、最先の賃借権に基づいて占有している場合
　　ウ）外交特権を有する者（外国の外交官など）が占有している場合
　　エ）引渡命令に関する平成８年の民事執行法改正前の旧法が適用される事件における占有者で、差押えの前から所有者との関係で適法な権原に基づき占有しているものと認められる場合（例えば、期限切れの短期賃借権者や使用借権者）
　　　　対象となるのは、平成８年８月31日以前に競売が申し立てられた事件（事件番号の年度が平成７年以前のものと平成８年のものの一部）です。
(3)　原則として、次に掲げる者は引渡命令の対象となりません。
　　　物件明細書の「３　買受人が負担することとなる他人の権利」欄に記載のある占有者。ただし、買受人が代金を納付した後、引渡命令の申立てができる期間内に期限が到来した短期賃借権者については、期限到来後、引渡命令の対象となります。
(4)　土地に対する引渡命令を得て、売却対象外の地上建物を収去をすることはできません。その場合は建物収去土地明渡訴訟を提起して判決等を得る必要があります。
(5)　物件明細書作成後に現れた資料等により執行裁判所の判断が変わる場合もあり得ます。また、抗告審において執行裁判所と異なる判断がされることもあり得ます。
(6)　平成15年改正民事執行法により、代金納付日から６か月間の明渡猶予が認められる占有者については、通常、同期間経過後でなければ引渡命令の申立てをすることができません。
　　　ただし、買受人が買受けのときより後に、建物使用者に対し買い受けた建物の使用をしたことの対価の１か月分以上の支払いを相当期間を定めて催告し、その相当期間内に支払いがなかった場合には、６か月の期間経過前でも申立てをすることができます。

3　引渡命令の手続

　①　引渡命令の申立て
　　ア）申立てができるのは、代金納付の日から６か月以内（代金納付時に明渡猶予が認められる占有者がいた建物の買受人については、代金納付の日か

ら9か月以内）に限られますので注意してください。もちろん代金納付前は申立てができません。
- イ）申立費用として、相手方1名につき500円の収入印紙と決定正本の送達料が必要です。
- ウ）申立ては、申立書を作成し、提出する方法によります。申立書の書き方、添付書類、納付すべき送達料については、執行裁判所の引渡命令担当窓口へお尋ねください。

② 引渡命令の発令、送達

引渡命令が発令されると、当事者に送達されます。

③ 執行抗告期間

当事者に引渡命令が送達された日から1週間は、執行抗告（高等裁判所に対する上訴）を申し立てることができます。申立人も引渡命令申立却下の裁判に対して執行抗告し立てることができます（抗告状は、地方裁判所に提出する。）。執行抗告の申立てがなくこの1週間を経過すると、引渡命令が確定します。

④ 執行文付与申立て・送達証明申請

引渡命令が確定したら、執行の準備として、執行文付与申立てと送達証明のの申請をし、執行文と送達証明書を取得します。

なお、これらには手数料（執行文1通につき300円、送達証明書は相手方の数×150円の各収入印紙）がかかります。

⑤ 執行官に対する執行申立て
- ア）引渡命令正本（執行文付き）と送達証明書を添付の上、引渡命令執行の申立てをします。
- イ）所定の予納金が必要です。
- ウ）申立てを受けた執行官は、予定を立てて執行に着手します。当初は、相手方に期限を決めて明け渡すよう催告するのが普通です。それでも明渡しに応じなければ、運送業者を手配して本格的な明渡しの執行を行いますが、その場合は相応の費用がかかります。
- エ）申立てに関する詳細は、執行官室にお尋ねください。

⑥ 明渡し完了

（おわり）

〔参考資料２〕　競売ファイル・競売手続説明書

農地売却の詳細説明

1　買受適格証明書の必要

　農地の売却について、期間入札又は特別売却による買受けを希望するときは、原則として、市町村の農業委員会等が発行する買受適格証明書が必要です。買受適格証明書が必要な農地である場合には、公告書にその旨の表示があります。
　なお、買受人の資格によっては、農地の買受けであっても、買受適格証明書が不要となる場合があります。主な場合としては、次のようなものがあります。
① 　国又は都道府県が買い受ける場合
② 　地方公共団体又は農業協同組合が特定農地貸付けの用に供するために買い受ける場合
③ 　担保権の実行としての競売においての所有者（債務者でもある場合を除く。）が買い受ける場合

2　買受適格証明書とは

　農地について所有権を移転するときは、農地法の規定により、原則として、農業委員会等の許可（届出で足りる場合もあります。）を受けなければなりません。
　そこで、競売手続においては、農地の買受けを希望する人は、買受適格証明の申請を農業委員会等に対して行い、農業委員会等は、上記の農地法上の許可の申請（又は届出）があった場合と同様の審査を行います。
　買受適格証明書を取得した人が最高価買受申出人又は特別売却の買受申出人と定められた場合は、改めて農業委員会等から所有権移転の許可書（又は届出受理証明書）を取得しなければなりません。
　買受適格証明書を発行する官庁は、原則として、買受希望者が対象物件と同一市町村に居住する場合は物件所在地の市町村の農業委員会で、その他の場合は都道府県知事ですが、例外もあります。

3　買受適格証明書を取得するには

　まず、対象物件所在地の市町村の農業委員会に照会して、買受適格証明書を受けるにあたって、どのような手続が必要なのかを確認してください。その際、農業委員会が開催される時期についても、確認してください。開催時期によっては、競売のスケジュールとの関係で、期間入札又は特別売却に間に合わないこともありますので、注意してください。
　農業委員会によっては、当該農地が競売による売却の手続中であることの証明書を求められることがあります。その場合、執行裁判所に対して同証明書の交付申請をしてください。

4　買受適格証明書が発行されない場合

　買受けをしようとしても、農業委員会等の審査の結果、買受適格証明書が発行されない場合があります。このような場合は、入札をすることができないことになります。主に次に該当する場合は、買受適格証明書が発行されない可能性があります。
① 　小作地について、その小作農又はその世帯員等以外の者が買受けをしようとする場合（例外あり－許可申請6か月以内に小作農が書面で同意している場合等）
② 　取得後に耕作等の事業に供すべき農地のすべてについて、自ら耕作等の事業を行うものと認められない場合（市街化区域内の土地は除く。）
③ 　当該農地を取得した後、利用する土地の合計面積が一定の広さに達しない場合

5　入札にあたって

　買受適格証明書が必要な物件については、入札書に買受適格証明書を添付して、できるだけ執行官に持参又は書留郵便により送付してください。具体的な入札の方法については、執行官室にお尋ねください。
　特別売却における買受けの申出についても、買受適格証明書を添付する必要があります。

> 6　最高価買受申出人と定められた場合（又は特別売却における買受申出人となった場合）のその後の手続

① 買受申出人証明書の取得

　期間入札の開札の結果、最高価買受申出人と定められた場合又は特別売却による買受申出人となった場合、まず、執行裁判所に対して、自分が最高価買受申出人（又は買受申出人）であることを証明する文書を交付するよう求める必要があります。
　この証明文書としては、期間入札調書の謄本（抄本）が該当しますが、農業委員会によっては、別の最高価買受申出人であることの証明書を求めるところもあります。具体的にどのような書面が必要なのかを農業委員会に確認した上、執行裁判所の窓口にその書面の交付を申請してください。

② 農地法上の許可申請

　執行裁判所から①の書面を受領してから、その書面を添付して、農業委員会等に対して農地法上の許可申請（又は届出）をしてください。

③ 許可書等の提出

　許可又は届出の受理があったときは、その許可書（又は届出の受理証明書）を執行裁判所に提出してください。その提出時期は、原則として、あらかじめ定められた売却決定期日までですが、農業委員会等の関係で、許可等がなされるまでに相当の日数を要し、売却決定期日までに提出できないときは、執行裁判所に対して売却決定期日の変更申請をする必要がありますので、その場合は執行裁判所にご相談ください。

④ 売却決定

　執行裁判所では売却決定期日において、許可書（又は届出の受理証明書）を確認の上、売却許可決定をするかどうかを判断します。

⑤　売却許可決定後の手続

　売却許可決定後の手続は、農地以外の入札の場合と同様であり、売却許可決定がなされたときは、その決定が確定した後で、代金納付期限が定められ、執行裁判所から、その期限及び残代金以外に必要な費用や提出書類が記載された通知が届くことになります。

（おわり）

●事項索引●

【英数字】
3点セット　227

【あ行】
相手方を特定しないで発する売却のための保全処分　209
明渡しの催告　393
意思表示擬制　30, 421
一括売却　173
違法執行　425, 429

【か行】
買受申出　233
買受申出をした差押債権者のための保全処分　210
外観主義　78
確定判決　48
確定判決と同一の効力を有するもの　57
仮定性（暫定性）　94
仮差押え　25, 91
仮差押解放金　105
仮差押執行から本執行への移行　111
仮差押執行の効力　108
仮差押執行の停止　110
仮差押えの申立て　98
仮執行宣言付判決　49
仮処分　111
仮処分解放金　105
仮処分執行の効力　402
仮処分の申立て　102
仮の地位を定める仮処分　26, 92
換価性のない動産の差押えの禁止　298
間接強制　29, 370
管理人の権限　276
管理人の資格　275
管理人の責任　277
管理人の地位　276
管理命令　348
期間入札　224, 225
期日入札　224
寄託　367
義務供託　339
客観的現状不変更を命じる仮処分　413
給付義務者への陳述催告　275
強制管理　270
強制管理開始決定　273
強制管理における債権者の競合　277
強制管理の一時停止　281
強制管理の取消し・停止　280
強制競売開始決定　144
強制執行権　27
強制執行の要件　46
供託判決　336
緊急性（迅速性）　95
係争物に関する仮処分　25, 92
継続的給付に係る債権に対する差押え　327
懈怠約款付きの請求権　62
現況調査　173
権利供託　338
抗告によらなければ不服を申し立てることができない裁判　50
国家賠償請求訴訟　438

個別相対効説　150
混合供託　341

【さ行】

サービサー会社　14, 45
債権差押命令の申立て　315
債権執行における配当　349
債権者の競合　340
債権等執行の種類　308
債権届出の催告　158, 253
債権等執行の対象　313
最高価買受申出人　234
最高価買受申出人または買受人のための保全処分　211
財産開示手続　79
裁判所書記官　41
債務者不特定執行文　63
債務者を特定しないで発する占有移転禁止の仮処分　401
債務名義　46
債務名義と執行力　47
債務名義の種類　48
債務名義の送達　73
差押禁止債権　330
差押禁止債権の範囲とその変更　380
差押禁止動産　296
差押禁止範囲の特例　369
差押禁止範囲の変更　332
差押処分　380
差押えの競合　327
差押えの効力　323
差押えの効力の及ぶ客観的範囲　148
差押えの効力の及ぶ主観的範囲　149
差押えの効力の客観的範囲　325
差押えの効力の主観的範囲　323

差押えの処分制限効　146
差押物の評価　299
差押命令　322
事件の併合　302
次順位買受の申出人　234
事情届　338
地代代払いの許可　212
執行異議　434
執行異議の手続　434
執行開始の要件　72
執行官　37
執行官による配当　304
執行機関　31
執行共助機関　41
執行抗告　429
執行抗告の手続　431
執行裁判所　33
執行裁判所による配当　304
執行裁判所の管轄　34
執行証書　52, 53
執行停止の仮の処分　432, 435, 446
執行停止文書　459
執行当事者　43
執行取消し・停止の方法と効力　462
執行取消文書　459
執行文　58
執行文の重複付与　60
執行文の付与機関　60
執行文付与等に関する異議　435
執行文付与に対する異議の訴え　449
執行文付与の訴え　448
執行文付与の要件　60
執行補助者　42
執行申立ての方式　35
執行力　47

事項索引（さ〜た行）

執行力の客観的範囲　47
執行力の主観的範囲　47
支払督促　51
支払届　335
授権決定　410
少額訴訟債権執行　377
少額訴訟制度　376
少額訴訟に係る債務名義　378
承継執行文　62
消除主義　165
譲渡命令　347
剰余主義（無剰余執行の禁止）　169
処分禁止効　294
審尋　35, 103
請求異議の訴え　440
責任財産　77
競り売り　225
競り売りの手続　300
船舶・動産等の引渡請求権に対する執行　352
占有移転禁止の仮処分　111, 400
占有屋　12
送達の特例　36
その他の財産権に対する執行　353

【た行】

代金の納付　238
第三債務者　325
第三債務者に対する陳述の催告　329
第三債務者の供託　337
第三者異議の訴え　451
第三者占有物の引渡しの強制執行　405
代償請求　76
代替執行　29, 409, 410
代理人許可　44
建物収去土地明渡請求権を保全するための建物の処分禁止の仮処分　114
短期賃借権制度　166
単純執行文　61
担保額の決定　104
担保権の実行　3
担保不動産競売　131
担保不動産収益執行　132
仲裁判断　56
超過差押えの禁止　295, 326
超過売却の禁止　169
直接強制　29
定期金債権の期限未到来執行（予備的差押え）　368
定期金による賠償を命じた確定判決の変更を求める訴え　447
手形・小切手等および有価証券の換価の特則　301
手続相対効説　151
転付命令　341
動産執行の対象　290
動産引渡しの執行方法　405
当事者恒定（主観的現状不変更）の仮処分　412
当事者恒定の仮処分　400
特殊保全処分　91, 115
特定競売における特定調査　188
特別売却　225
特別売却条件　164
取立権行使　334
取立訴訟　336
取立届　335

事項索引（な～ま行）

【な行】

二重開始決定　155
任意的口頭弁論　35

【は行】

売却基準価額・買受可能価額　171
売却許可・不許可決定　235
売却等の公告　225
売却のための保全処分　147, 207
売却の方法　224
売却の見込みのない場合の競売手続の停止・取消し　234
売却命令　348
配当異議の訴え　456
配当異議の申出　262, 437
配当原資（売却代金）　258
配当手続　258
配当等の実施　351
配当等の順位　260
配当等を受ける資格　254
配当等を受けるべき債権者　282
配当表　259
配当要求できる債権者　350
配当要求の資格　303
配当要求の終期　157, 252, 350
引受主義と消除主義　164
引換給付義務の履行　75
引渡し・明渡しの執行方法　391
被転付債権の譲渡性　343
被転付適格　343
費用額確定処分　52
評価人の評価　188
附随性　96
不代替的作為義務の強制執行　413
物件明細書　200

不動産強制競売　136
不動産に関する所有権以外の権利の保存、設定または変更についての登記請求権を被保全権利とする処分禁止の仮処分　114
不動産の処分禁止の仮処分　112
不動産の損傷による売却不許可の申出　237
不動産の内覧　228
不動産引渡命令　239
不当執行　425
扶養義務等に係る債権（定期金債権）　367
文書提出の時間的制約　463
弁済金交付手続　258
法定地上権　170
法定売却条件　161, 162
補充（条件成就）執行文　61
保全異議　472
保全抗告　477
保全執行手続　107
保全執行の停止・取消しの裁判　473
保全命令　94
本案の訴えの不起訴等による保全取消し　475

【ま行】

密行性　96
民事訴訟法260条2項に基づく無過失損害賠償請求訴訟　458
民事保全の分類　91
民法703条に基づく不当利得返還請求　457
無剰余差押えの禁止　295

【ら行】

ライフライン調査　175

履行確保　366
履行命令　367

〔著者略歴〕

佐藤　歳二（さとう　としじ）

〔略歴〕

　1964年4月仙台地方裁判所判事補に任官後、新潟、横浜地方裁判所勤務を経て、1974年4月東京地方裁判所判事（通常部、執行部、破産部）。最高裁判所事務総局民事局第一課長兼第三課長、最高裁判所上席調査官、司法研修所第1部上席教官、新潟地方裁判所長、横浜地方裁判所長等を歴任して、2001年3月退官。

　同年4月早稲田大学法学部特任教授（民事訴訟法、民事執行・保全法専攻）に就任して、同時に弁護士登録（新東京法律事務所、東京弁護士会）。2004年4月早稲田大学大学院法務研究科客員（専任扱い）教授（民事訴訟法、民事執行・保全法、民事法総合、民事模擬裁判を担当）。

　上記期間中に、司法試験委員、労働保険審査会委員を歴任し、現在、東京証券取引所規律委員、財団法人労災年金福祉協会参与、財団法人司法協会理事長等を兼務（非常勤）。

〔主な著作〕
- 預託株券等執行・新電話加入権執行手続の解説（共著）（法曹会）
- 注解不動産法(9)・不動産執行（共編著）（青林書院）
- 注解民事執行法〔上巻〕（共編著）（青林書院）
- 不動産競売の実務Q&A（共編著）（新日本法規）

〔主な論文〕
- 「不動産競売における仮差押えの効力」三ケ月章先生古稀記念祝賀・民事手続法学の革新〔下巻〕（有斐閣）
- 「上告審からみた新様式判決書」木川統一郎博士古稀祝賀・民事裁判の充実と促進〔中巻〕（判例タイムズ）
- 「占有移転禁止仮処分の効力と新占有者の保護」竹下守夫ほか編・民事保全法の基本構造（西神田編集室）
- 「新株の不公正発行とその効力」味村最高裁判事退官記念論文集（商事法務研究会）
- 「不動産競売における買受人の占有確保」法曹時報57巻2号1頁

【実務法律講義⑮】
実務 保全・執行法講義〔債権法編〕

平成18年10月19日　第1刷発行

定価　本体4,700円（税別）

著　　者	佐 藤 歳 二
発　　行	株式会社　民事法研究会
印　　刷	株式会社　太平印刷社
発 行 所	株式会社　民事法研究会

〒151-0073　東京都渋谷区笹塚2-18-3 エルカクエイ笹塚ビル5F・6F
TEL 03(5351)1571〔営業〕　FAX 03(5351)1572
TEL 03(5351)1556〔編集〕
http://www.minjiho.com/　info@minjiho.com

落丁・乱丁はおとりかえします。　ISBN4-89628-345-7 C3332 ¥4700E
カバーデザイン　袴田峯男

▶倒産法分野における最高の執筆陣が理論的考察と実務運用のあり方を探求した待望の書！

詳解 民事再生法
―― 理論と実務の交錯 ――

福永 有利 監修
四宮章夫・高田裕成・森 宏司・山本克己 編

Ａ５判上製・755頁・定価 本体6,500円（税別）

本書の特色と狙い

▶第一線の研究者・裁判官・弁護士が、民事再生手続の全体にわたり理論的に探究するとともに、実務的視点からも分析を加えて体系的に詳説した最高水準の書／

▶新倒産法制・新会社法による改正等を踏まえ、最先端の論点についても詳述した最新版／

▶最新の学説・判例を踏まえた理論の展開と裁判手続における実務運用のあり方を論究した、研究者はもとより裁判官・弁護士・企業法務担当者などの法律実務家の必携の書／

本書の主要内容

第1章 民事再生法の制定と改正
第1節 民事再生法の制定
第2節 平成12年以降の改正

第2章 再生手続総論
第1節 再生手続の意義・目的
第2節 再生手続の構造と特徴
第3節 再生手続の当事者
第4節 再生手続の機関

第3章 通常の再生手続
第1節 開始手続
第2節 再生手続開始の効果
第3節 再生債務者の財産の調査・確保・管理処分
第4節 再生債権届出・調査・確定
第5節 再生計画
第6節 再生計画認可後の手続
第7節 再生手続の廃止
第8節 倒産手続相互間の移行

第4章 簡易再生・同意再生
第1節 簡易再生
第2節 同意再生

第5章 個人再生
第1節 総説――個人債務者のための再建型手続の意義・目的・性格
第2節 小規模個人再生手続の特則
第3節 給与所得者等再生手続の特則
第4節 住宅資金貸付債権に関する特則

第6章 外国倒産処理手続がある場合の特則

第7章 罰則

発行 民事法研究会
東京都渋谷区笹塚2-18-3 エルカクエイ笹塚ビル6F
〒151-0073 TEL. 03-5351-1571㈹ FAX. 03-5351-1572
http://www.minjiho.com/ info@minjiho.com

倒産・事業再生・M&Aに必須の判例付き六法！

推薦図書
事業再生実務家協会　事業再生研究機構
全国サービサー協会　全国倒産処理弁護士ネットワーク

倒産・再生再編六法
〔2006年版〕
——判例・通達・ガイドライン付——

編集代表　伊藤　眞　多比羅　誠　須藤　英章

A 5判ビニール装箱入り・1129頁・定価　本体4,500円（税別）

〔編集委員〕松下淳一／土岐敦司／武井一浩／中村慈美／須賀一也／三上　徹

本書の特色と狙い

▶再生型・清算型の倒産手続から事業再生、M&Aまで、広く倒産・再生・再編にかかわる法令・判例・通達・ガイドライン等を収録した待望の実務六法！
▶〔倒産法関係編〕では、法令・最高裁判所規則のほか、民事再生法・会社更生法・破産法には、旧法時代のものも含め、実務上重要な判例（129件）を条文ごとに登載！
▶〔基本法関係編〕では、倒産・民事紛争処理手続上不可欠な民法・会社法（判例1件）・民事訴訟法・民事保全法・民事執行法等について、最高裁判所規則を含め収録！
▶〔関係法令・ガイドライン関係編〕では、株式会社産業再生機構法等の関係法令のほか、私的整理ガイドラインや中小企業再生支援協議会支援の再生計画の策定手順などを収録！
▶〔税務関係編〕〔会計等関係編〕では、倒産・再生の実務に必要な税務・会計関係の法令、通達、ガイドライン・参考書式等を収録！
▶〔参考資料〕として、全国銀行協会の関係通達、各種手続図解を収録！
▶倒産処理や企業再生、M&A等に関与される弁護士、企業・金融機関の法務担当者、裁判官、税理士、公認会計士はもちろん、研究者にとっても至便の必携の六法！

本六法の構成

●倒産法関係編　民事再生法、民事再生規則、会社更生法、会社更生規則、破産法、破産規則　ほか
●基本法関係編　民法、会社法・令・規則、民事訴訟法、民事執行法、民事執行規則　ほか
●関係法令・ガイドライン関係編　サービサー法、私的整理に関するガイドライン　ほか
●税法関係編　法人税法・令・規則、所得税法、租税特別措置法、法人税基本通達・個別通達　ほか
●会計等関係編　財産の価額の評定等に関するガイドライン、資金繰表等参考書式　ほか
■参考資料　「支払不能」基準の検証事項について、担保権消滅手続の流れ　ほか

発行　民事法研究会

東京都渋谷区笹塚2-18-3　エルカクエイ笹塚ビル6F
〒151-0073　TEL. 03-5351-1571（営業）　FAX. 03-5351-1572
http://www.minjiho.com/　info@minjiho.com